复旦国际关系评论

FUDAN INTERNATIONAL STUDIES REVIEW
Vol. 22/2018

《复旦国际关系评论》第二十二辑／2018 年

FUDAN INTERNATIONAL STUDIES REVIEW Vol.22/2018

主办单位：复旦大学国际关系与公共事务学院

主　编：　黄河　贺平

"一带一路"与区域性公共产品

复旦国际关系评论

中文社会科学引文索引（CSSCI）来源集刊

第二十二辑

上海人民出版社

目 录

"区域性公共产品"的中国提供方案

国际政治与经济研究

编前语

黄 河 贺 平

"区域性公共产品"概念被引入中国国际关系学界已超过十年,通过外著译介、评论分析、案例研究等诸多路径,已成为一个广为人知且具有较高接受度的学术概念,在中国领导人的发言和政府官方文件中也频频出现。可以说,在国际与国内同步发展、理论与实践彼此参照方面,"区域性公共产品"是中国的国际关系研究中一个比较成功的事例。但是,实践的生动发展始终走在学理性研究的前面。随着亚洲基础设施投资银行、金砖国家新开发银行、丝路基金等一系列机制的创设和涵盖各个领域的政策尝试不断付诸实施,我们深感对"区域性公共产品"概念及其背后的理论体系有必要从新的视角、新的方法、新的资料等方面给予更多的关注、更深的思考。"一带一路"倡议等日新月异的实践也为这种理论探索提供了难得的机遇和无穷的素材。

基于此,本辑《复旦国际关系评论》以"一带一路"与区域性公共产品为主题,在大量投稿中精选31位作者的21篇论文,从"区域性公共产品"与创新合作机制、"区域性公共产品"提供的国际比较、"区域性公共产品"的中国提供方案等三个方向展示研究成果、开展学术对话,并在"国际政治与经济研究"专栏中辅以其他相关研究。

1."区域性公共产品"与创新合作机制

黄河、黄越、赵琳菲的《区域性安全公共产品与"一带一路"安全合作体系的建构——以中国企业在巴尔干地区的投资为例》以中国企业在巴尔干地区的投资为例展开深入分析,提出,"一带一路"安全合作体系的建构应该以新型合作安全观为指导,建立协作型区域性安全公共产品供给模式,将多元各方都纳入其中,通过整合现有机制、协调集体行动、促进互联互通,以灵活的方式建立具有综合性和广泛性的安全合作机制。这既有助于维护"一带一路"沿线区域的安全稳定,也有利于探索美国霸权模式之外的区域安全合作体系,为全球化的发展提供了新方向。

保建云的《论"一带一路"国家间区域金融合作的机制设计——以中国—南太平洋国家货币清算机制构建为例》集中探讨以中澳自贸区、中新自贸区建设为契机筹建中国—南太平洋清算银行、构建中国—南太平洋货币清算体系具有的必要性和可行性。把中国—南太平洋清算银行和中国—南太平洋货币清算体系机制纳入"一带一路"人民币清算体系之中,不仅能够推动全球人民币清算体系的形成,还能够推动人民币国际化和国际货币体系改革。需要从制度层面设计和构建"一带一路"国家间区域金融合作制度化组织。

罗圣荣、李代霓的《区域性公共产品与南海海盗治理》则聚焦南海海盗问题,强调,国际社会对南海海盗问题的治理,本质上是一个各参与方联合向南海地区供给区域性公共产品的过程。改善供给机制,提供多种公共产品的选择,协调各供给方的矛盾和冲突,是加强治理南海海盗问题区域性公共产品的关键。与此同时,中方可以顺势而为,在南海海盗问题治理过程中发挥积极作用。

郝宇彪在《国际公共产品供给视角下的大国财政分析》深入分析了大国财政这一特殊的国际公共产品,认为,大国是全球治理的塑造者、引领者,大国财政与一般国家财政职能的差别在于,财政不仅仅服务于一国经济的发展,而且在国家治理与国家发展战略中发挥关键的作用,从而有利于一国国际经济与政治战略的实现,其主要机制在于供给国际公共产品。在优化财政职能的基础上,大国应采取"动态平衡预算+债务限额管理+支出管理规则"组合管理的财政预算规则。

高蒙蒙在《区域性公共产品相关研究综述及展望》中对区域性公共产品进行了较为全面的文献梳理,认为,当前关于区域性公共产品的内涵、分类以及理论框架等基本问题的结论比较明晰;在区域性公共产品的供给机制以及成本分担方式两大核心问题上,应充分考虑供给主体地位及公共产品类型等复杂因素;中国政府应主导"一带一路"区域性公共产品供给,并且未来相关研究应更加注重与其他国家的政治经济关系。

2."区域性公共产品"提供的国际比较

王联合在《美国区域性公共产品供给及其变化——以美国亚太同盟体系及区域自由贸易协定为例》中分析认为,美国在亚太地区提供区域性公共产品的经验与教训值得中国评估和借鉴。随着美国实力的相对下降,美国独立支撑双边军事同盟的意愿与政策都在发生变化,聚合安全成为其规划区域性安全公共产品的主要表现。同时,亚太经合组织的空心化和跨太平洋伙伴关系协定的夭折表明,美国对区域性经济公共产品的计算更趋保守、自利和短视,地区经济类公共产品的供给越来越依靠区域内各国的合作而非美国的主导。

包霞琴、李文悦的《日本对东南亚 ODA 外交中的海上防务合作——以 2015 年版"开发合作大纲"为例》聚焦于 2015 年 2 月日本政府通过的"开发合作大纲",剖析了在新 ODA 大纲的原则指导下,日本如何以"提供海上能力建设援助"和"南海问题"为切入点,加强与菲律宾、越南等国的海上防务合作;如何在亚太地区安全格局转型的背景下,突出 ODA 的战略性活用。

贺平的《区域合作理念中的公共产品与功能性合作——以日本"东亚共同体"论为例》则对 20 世纪 90 年代之后在日本国内陆续兴起的诸多"东亚共同体"构想作了深入的再整理,指出,从理论上而言,功能主义与新功能主义理论强调"功能",区域公共产品理论则强调"产品",两者在日本的"东亚共同体"论中实现了某种汇聚:在共同体的建设过程中,"产品"是"功能"的载体和形态,而"功能"是"产品"的效用和目的。日本"东亚共同体"论的兴衰及其与现实的彼此参照,为其他的共同体理念和实践提供了诸多发人深省的启示。

汪晓风的《区域性公共产品与欧盟数据保护的路径》指出,全球性公共问题的解决有赖于全球性公共产品的有效供给,当数据保护公共产品的全球供给严重缺失时,区域路径可以提供替代性选择,而欧盟的个人数据保护经验,则展示了公共产品区域供给的有效性可以从制度层面促进区域合作顺利展开。

3."区域性公共产品"的中国提供方案

李婳的《论人民币国际化过程中保持适度外汇管制的必要性》旗帜鲜明地提出,中国正处于经济发展方式转变的时期,因此不可低估跨境资本流动的冲击力,不可低估在人民币汇率趋向贬值条件下"羊群效应"所产生的影响,不可低估中国资本长期流出的可能性。作者呼吁,在未来相当长的时间里,中国应该在保持金融账户适度管制的前提下推动人民币国际化,继续对人民币形成机制进行改革,保持人民币汇率的弹性,避免人民币汇率出现比较严重的高估的情况。

陈辉、王爽的《"一带一路"与区域性公共产品供给的中国方案》认为,"一带一路"作为各方参与的合作行动,其内在的非排他性、非竞争性和正外部性,即共商、共建与共享加快区域间的互联互通,形塑沿线地方区域性经济与社会发展的新路径,为区域国家间的信任产生激励效应,探索合作增长的动力来源。

杨海燕的《"一带一路"沿线国家的基础设施状况及供给模式——基于区域性混合产品理论的研究》针对基础设施所具有的特征提出了"区域性混合产品"的概念,并在此基础上将其供给模式分为提供方式和生产方式两个层面来展开研究,认为,"一带一路"沿线国家基础设施建设普遍落后和供给严重不足,要提高基础设施的供给水平和生产效率,应进一步加强公私合作,建设资金应由政府和市场共同提供;并根据项目性质,采取以 PPP 为主的多种经营形式。

赵装的《"一带一路"倡议与中国对外援助》考察了"一带一路"倡议与中国对外援助之间的关系,通过比较"一带一路"倡议与中国对外援助政策制定、项目设计规划、建设绩效等几方面的联系与区别提出:"一带一路"倡议与中国对外援助都是中国对外发展合作的一种方式,体现了中国对于发展问题认识的不同阶段,两者统一于中国的人类命运共同体思想。

萧净宇、黄萧嘉的《"一带一路"倡议与中亚发展战略对接研究》认为,在"一带一路"倡议稳步推进的背景下,中亚五国作为"丝绸之路经济带"沿线的重要国家,是保障"一带一路"倡议成功实施的中坚力量。"一带一路"与中亚发展战略的对接具有可行性和广阔的前景。面对对接遇到的障碍与挑战,中国必须作出战略选择。其中主要是加强区域一体化建设,重视信息安全等非传统安全领域的合作,有的放矢地提供区域性公共产品,同时加强对中亚周边关系的考量。

马斌、王润琦的《"一带一路"倡议与欧亚地区区域性公共产品供给体系重构》指出,"一带一路"倡议的强经济性、弱地缘竞争性使它有可能在欧亚地区区域性公共产品供给过程中扮演重要角色。在这个过程中,中国主要通过"1＋N"、"2＋N"模式向欧亚地区提供区域性公共产品。中国与欧亚地区国家共建"一带一路",能对欧亚地区的区域性公共产品供给体系形成有益补充,增加发展型区域性公共产品的供给,但不会从根本上重构该地区的公共产品供给体系。

张雪滢的《国际公共产品与中国构建国际机制的战略选择》指出,霸权与国际公共产品的提供并无直接联系,中国无论在实力还是在意愿上都不是一个霸权国家,但非霸权行为体也可以探索政府间更有效的全球治理机制。事实表明,中国以"合作共赢"、"责任分担"、"协作领导"、"公正平等"为原则的提供理念能极大地避免国际公共产品被"私物化"的可能性,也减少了国际公共产品供给动力不足的问题,中国主导建立的亚洲基础设施投资银行是美国霸权相对衰落后新兴经济体进行国际机制构建的成功尝试。

钱亚平的《区域性公共产品和金砖合作机制》指出,在过去十年里,金砖国家从一个投资概念发展成了全方位的合作机制。论文从区域性公共产品视角出发,试图分析金砖国家为何愿意采取集体行动,以及如何避免集体行动困境的问题。

钟惟东的《中国地方政府参与"一带一路"沿线区域性公共产品提供的路径和风险研究——以新疆、云南、广西、黑龙江为例》认为,"一带一路"倡议要落地生根,迫切需要针对不同国家和地区提供有针对性的区域性公共产品,我国地方政府是参与"一带一路"沿线区域性公共产品提供的重要主体之一,地方政府的参与,能使区域性公共产品的供给渠道更加多元化。

4. 国际政治与经济研究

黄一玲的《共建公正合理的海洋新秩序》一文指出,海洋秩序是国际秩序在海洋领域中的映射,国际秩序的演进与国家之间海洋权益的争夺与海洋强国的兴衰更替密切相关。共建公正合理的海洋新秩序是人类共同开发利用海洋、应对人类共同面临挑战的需要。

谭小芬、李昆、梁雅慧在《中美贸易摩擦的原因、影响及应对措施》中指出,特朗普上台以来贸易保护主义抬头。2017 年 8 月美方对华发起"301调查",标志着中美贸易摩擦升温。目前,美国态度多变,双方关系愈发紧张。在全球经济复苏背景下,中美双方征税措施若落地将对中美经济甚至全球经济都造成较大冲击,贸易战结果将是双输的,中美双方应向合作共赢方向努力。

邹春萌、王闯的《中国—东盟铁路合作中的日本因素分析》指出,随着"一带一路"倡议的实施,中国加快基础设施走出去步伐,与东盟的铁路合作迅速展开。但来自日本的竞争和影响是中国—东盟铁路合作不可回避的重要因素。出于经济与政治目的,日本通过政商协作、发展援助、低利率吸引、舆论攻势等各种手段与中国展开激烈的市场竞争,给中国与东盟的铁路合作和"一带一路"倡议在东盟的顺利推进带来严峻挑战。理性地看待中国—东盟铁路合作中的日本因素并予以积极应对,对于推进中国—东盟铁路合作,服务"一带一路"建设至关重要。

区域性安全公共产品与"一带一路"安全合作体系的建构

——以中国企业在巴尔干地区的投资为例 *

黄 河 黄 越 赵琳菲**

【内容提要】 世界安全形势错综复杂,"一带一路"倡议的落实和推进将会面临来自传统和非传统安全风险的双重挑战。以中国企业在巴尔干地区投资为例,虽然中国在基础设施建设和能源领域投资前景广阔,但是中国企业在巴尔干地区仍面临国家间权力竞争、领土争端、国家内部政治变动等传统政治风险,难民问题和恐怖主义的威胁也十分突出。因此,"一带一路"安全合作体系的建构应该以新型合作安全观为指导,建立协作型区域性安全公共产品供给模式,将多元各方都纳入其中,通过整合现有机制、协调集体行动、促进互联互通,以灵活的方式建立具有综合性和广泛性的安全合作机制。这既有助于维护"一带一路"沿线区域的安全稳定,也有利于探索美国霸权模式之外的区域安全合作体系,为全球化的发展提供了新方向。

【关键词】 "一带一路"倡议;区域性安全公共产品;安全合作体系;企业海外投资

【Abstract】 Under the complicated world security situation, the implementation of the Belt and Road Initiative(BRI) will face enormous challenges from both traditional and non-traditional security risks. This paper investigates the investment of Chinese companies in the Balkans. Though investment in such fields as infrastructure construction and energy is promising, Chinese companies are commonly facing risks from great powers competition, territorial disputes, unstable political orders, as well as the threats from terrorism and refugees. Therefore, a new cooperative regional security cooperation system designed for the BRI should be established under the new concept of cooperative security, by building up a new comprehensive regional security public goods supply mode, integrating diverse parties and existing mechanisms, and promoting collective actions and interconnection in a flexible way. This will not only help maintain the security and stability in the BRI region, but also explore a new mode of regional security cooperation system beyond the US hegemony mode, and contributing to the new development of globalization.

【Key Words】 the Belt and Road Initiative; Regional security public goods; Security cooperation system; Corporate overseas investment

* 本文系国家社科一般项目"'一带一路'倡议与区域性公共产品的中国供给研究"(17BGJ061)的阶段性成果。

** 黄河,复旦大学国际关系与公共事务学院教授;黄越,复旦大学国际关系与公共事务学院本科生;赵琳菲,复旦大学国际关系与公共事务学院硕士研究生。

自 2013 年被首次提出以来,"丝绸之路经济带"和"21 世纪海上丝绸之路"的构想经历为时数年的发展和完善,逐步形成了涵盖多区域和国家、包含多层次和多领域国际合作的"一带一路"倡议。根据国家发展改革委、外交部和商务部联合发布的《推动共建丝绸之路经济带和 21 世纪海上丝绸之路的愿景与行动》报告,"一带一路"倡议是"促进共同发展、实现共同繁荣的系统工程,以实现互利互惠、共同安全的目标"。①"一带一路"建设的本质乃是促进沿线各国的开放合作和经济发展,提供以基础设施为主的、符合沿线各国需求的经济类公共产品,但是从这些国家和地区的社会局势和安全形势来看,"一带一路"倡议将面临来自安全方面的重大挑战。因此,在"一带一路"倡议的推进过程中,除了起主要作用的基础设施建设和经贸合作机制以外,提供一个保障"一带一路"沿线各国国家安全、为经济合作保驾护航的区域安全合作体系势在必行。作为"一带一路"倡议的提出国和主要推动者,同时作为负责任的大国,中国有能力也有必要在"一带一路"沿线区域提供安全类区域性公共产品。

一、区域性安全公共产品

"安全"一直是国际关系中最重要的议题之一,也是"高级政治"中的核心部分。对于"安全"的讨论往往离不开"威胁",因此,提供安全的关键便在于如何消除或减少威胁。传统意义上的威胁一般来源于外部,即如果一个国家周边存在具有进攻性或显著进攻意图的国家,或是具有压倒性综合实力或侵略能力的国家,都会成为该国的潜在安全威胁,降低该国的安全程度。②目前,国际社会上也出现了来自国家和组织内部的众多新形式的安全威胁。

在历史上,维护国家安全的途径往往分为两种,成为霸主或成为霸主的仆从国和盟国。近代以来,以消除集体内部威胁为目标的集体安全开

---

① 《推动共建丝绸之路经济带和 21 世纪海上丝绸之路的愿景与行动》,http://zhs.mofcom.gov.cn/article/xxfb/201503/20150300926644.shtml, 2018-04-20。

② 斯蒂芬·沃尔特:《联盟的起源》,周丕启译,北京大学出版社 2007 年版,第 21—23 页。

始成为国际关系领域获得安全的"第三条路"。在两次世界大战以后,通过集体行动实现安全被认为是实现和平、防止战争的最佳途径。在国际政治经济学领域,国际公共产品被认为能够维持区域力量平衡和充当"调解人"的作用。①第二次世界大战结束后,以欧盟为代表的区域一体化进程不断加速,安全一体化议题重新被学界所重视,安全公共产品也随之附带上了区域属性,区域性安全公共产品开始被用于解决上述安全领域的问题。

区域性安全公共产品,就是区域性公共产品中涉及安全领域的部分,即:在特定的地理区域范围内,由域内一国或多国提供的,且仅服务于该特定区域公共安全的一系列安排、机制或制度。区域性安全公共产品有多种分类标准,一般而言可分为制度型安全公共产品与观念型安全公共产品。前者主要包含以消除或减少国家之间使用武力为目标的一系列原则、规范和制度,主要包含国际机制、协议和条约等,其实体即各种国际组织;后者则是数个国家或地区整体形成的包含特定安全观念的共同认知和理解。制度型和观念型安全公共产品两者相辅相成,自20世纪以来共出现过四种主要安全观念:均势安全、集体安全、共同安全和合作安全,四种安全观念各自促成了目标和行为迥异的安全机制,如20世纪的国际联盟和集体安全观。

但是,由于公共产品的特有属性,在区域性安全公共产品的供给中必然面临"搭便车"的现象,由此导致公共产品的成本和收益不一致。目前,解决公共产品收支不平衡的途径主要有两种:霸权稳定论和国际机制论。②在安全领域,前者表现为以美日同盟和北约为首的军事联盟和安全组织,美国允许其他国家"搭便车",并独自承担了这些安全机制的大部分成本,但同时也凭借作为世界霸主的"特权"仍然获得额外收益。而东盟和欧盟则是后者的典型,虽然两个国际组织都存在美国干预的情况,但是它们都在域内机制的协调下,使域内各国通过相对有效的集体行动,共同承担起除美国供给以外的安全公共产品的成本和责任,维护了区域的安全和稳定。

---

① 刘丰:《安全预期、经济收益与东亚安全秩序》,《当代亚太》,2011年第3期,第15页。
② 郭延军:《美国与东亚安全的区域治理——基于公共物品外部性理论的分析》,《世界经济与政治》,2010年第7期,第38页。

这种不同的供给方式和供给者组合以及相应的供给产品构成了安全公共产品的供给模式，即所谓的"美国模式"或"欧洲模式"。然而，需要注意的是，无论是现行的全球霸权稳定体系，还是现有的区域安全公共产品供给模式，其中都包含了作为世界霸主的美国的影响，因而更具有"联产品（joint product）"的特性。如何提供满足"一带一路"倡议需求的区域性安全公共产品，不能仅仅模仿现行的美国介入下的各种供给模式，更需要从"一带一路"沿线国家的实际需求入手，充分考虑其面临的安全威胁。

二、"一带一路"沿线面临的传统与非传统安全类政治风险

今天，和平与发展仍是时代的主流，世界上绝大多数国家面临的威胁并非大规模战争，而是影响其经济社会稳定与发展的其他安全风险。学界对于安全风险有许多种分类标准，如传统与非传统安全风险、双边与多边安全风险以及政治、经济、环境等更加细分的种类。在"一带一路"沿线区域中，既有印巴之间紧张的"核安全困境"，也有日益猖獗的极端势力和恐怖主义活动，传统和非传统安全风险的特点都十分突出。因此，下文将通过传统与非传统安全风险两个角度展现"一带一路"沿线区域面临的安全需求，以此为基础归纳出中国企业在"一带一路"沿线区域性安全公共产品的需求特征。

（一）"一带一路"区域内的传统安全风险

传统安全风险即政治和安全方面的安全风险，一般以主权国家为主体，主要包含武力使用和军事威胁，以及国家之间的权力竞争、领土争议以及国家内部的政权变动等。这些传统安全风险在"一带一路"沿线区域都有所体现。

首先，"一带一路"沿线区域包含了一系列大国博弈的热点地区。在冷战期间，南亚与东南亚由于其得天独厚的地理优势成为美苏双方激烈争夺的焦点，冷战结束以后，该地区仍是地缘政治博弈的核心。随着21世纪以来中国的迅速崛起，美国开始重启针对中国的"选择性遏制"战略，这需

要将同样对此产生担忧的周边国家一同纳入美国的"遏制联盟"中。①2009年奥巴马上台提出"重返亚太"战略,将战略中心重新放在亚洲太平洋地区。②2017年底特朗普则以"印太战略"推翻了"亚太再平衡"战略,在遏制中国的同时更加强调"美国优先"主义,既巩固与澳大利亚、日本的同盟关系又加强与印度的双边关系,这不仅能够有效化解"一带一路"倡议对美国的压力,还能减少美国介入亚太地区的成本和精力。③2016年至2017年,美国与上述亚太国家举行了一系列军事演习,其中与澳大利亚、泰国等国的演习规模空前庞大。④由此可见,如果美国的"印太战略"成型,将对"一带一路"倡议的推进形成极大的阻碍。

在中东地区,美国和俄罗斯之间的主导权竞争从未停歇。"伊斯兰国"在肆虐三年以后终于在联军和叙利亚军队的包围之下节节败退,而俄罗斯则趁着美国战略收缩,开始更加积极地介入叙利亚局势,以加强其在中东的军事和政治影响力。⑤虽然特朗普表示美国在叙利亚打击极端组织"伊斯兰国"的军事行动将很快结束,并希望将任务移交给当地武装力量和地区盟国⑥,但2018年4月初发生的叙利亚疑似化学武器袭击使得特朗普态度发生反转,美国随即联合英法两国再度对叙利亚展开空袭⑦,使得已走向稳定的叙利亚局势重新陷入混乱。

其次,在欧洲地区,俄罗斯与其他原苏联加盟国之间也曾爆发多次领土冲突,如2008年争夺南奥塞梯的格俄战争、2014年导致克里米亚独立的乌克兰危机等,这些危机使得俄罗斯与欧美国家的关系陷入低谷。事

---

① 黄河:《美国地缘政治战略演变中的遏制思维:从"选择性遏制"到"印太战略"》,《深圳大学学报》(人文社会科学版),2018年第1期,第75页。

② 王浩:《过度扩张的美国亚太再平衡战略及其前景论析》,《当代亚太》,2015年第2期,第9页。

③ 黄河:《美国地缘政治战略演变中的遏制思维:从"选择性遏制"到"印太战略"》,《深圳大学学报》(人文社会科学版),2018年第1期,第75页。

④ 张宇燕、李东燕等:《国际形势黄皮书:全球政治与安全报告(2018)》,社会科学文献出版社2018年版,第46页。

⑤ 同上书,第12页。

⑥ 《叙利亚危机:土俄伊三方"抱团"特朗普有意撤军》,http://www.xinhuanet.com/mil/2018-04/06/c_129-844851.htm,2018-04-12。

⑦ "Syria air strikes:US and allies attack 'chemical weapons sites'," *BBC news*,14 April,2018,http://www.bbc.com/news/world-middle-east-43762251,2018-04-15。

实上,自2014年乌克兰危机以来,北约多次向中欧和东欧地区增兵并提高军事演习的频率和强度。2017年北约在乌克兰、波兰、罗马尼亚和格鲁吉亚等国开展了多场联合演习,作为回应,俄罗斯也在其国内和周边国家举行大规模军事演习。①这实际上使中东欧陷入"新冷战"的安全困境,不利于发挥"一带一路"倡议对该地区经济社会发展的辐射作用。

最后,"一带一路"沿线国家内部的政局动荡也是影响安全风险的重要因素。近年来,中亚、南亚和中东地区的多个国家陷入政局更迭和社会动荡之中,根据2016年学者的相关评估,伊拉克、阿富汗、巴基斯坦、印度、叙利亚5个国家处于高度危险状态,也门、黎巴嫩、利比亚等11个国家处于震荡状态②,这对地区发展和国际合作都造成严重的消极影响。上述国家中除了印度和巴基斯坦以外,其他国家都在最近几年经历过国家分裂和内战等不稳定局面,而这种政局动荡的原因主要来源于宗教极端主义、恐怖主义等非传统安全风险,而非传统意义上的政变或独裁引发的不稳定局面。

总体而言,"一带一路"倡议所面临的传统安全风险将更多地来自各方势力博弈所导致的竞争和敌对态势,同时,领土纷争将成为"一带一路"倡议落实的潜在威胁,并可能成为未来地区合作破裂的导火索。此外,源于非传统安全风险的政局动荡则是"一带一路"倡议面临的最大威胁,其不但改变了传统安全风险的形态,同时也对国家安全和地区整体安全造成极大危害。

(二)"一带一路"区域内的非传统安全风险

非传统安全风险泛指在传统的战争和政治方面以外的潜在安全威胁。③因此,从广义上说,非传统安全风险的范围十分广泛,甚至包括气候环境、自然生态、传染疾病、信息安全、经济安全等诸多方面。由于篇幅所限,本文主要关注"一带一路"区域内的三种主要非传统安全风险:恐怖主义、跨国有组织犯罪、难民移民问题。

首先,恐怖主义是当前"一带一路"倡议所面临的最大的安全威胁之

---

① 张宇燕、李东燕等:《国际形势黄皮书:全球政治与安全报告(2018)》,社会科学文献出版社2018年版,第45—47页。

② 赵敏燕、董锁成、王喆等:《"一带一路"沿线国家安全形势评估及对策》,《中国科学院院刊》,2016年第6期,第693页。

③ 余潇枫:《非传统安全概论》,北京大学出版社2015年版,第82页。

一。根据全球恐怖主义数据库(Global Terrorism Database，GTD)，自20世纪70年代至今，全球恐怖主义活动的频率不断上升，造成的生命财产损失逐年增加，尤其是在2008年世界金融危机之后，恐怖主义活动呈现出显著的活跃状态，并且有向世界各地蔓延的趋势。①根据此数据，国内学者对全球恐怖主义活动展开了空间格局上的分析：从地区分布来看，中亚、中东和南亚是恐怖主义活动的高发地带，1970年以来的恐怖主义活动中有70%左右都发生于此；从国家属性来看，拥有伊斯兰教信仰的国家和地区中发生恐怖主义活动的概率较高；在整体上看，恐怖主义活动主要分布于"北非—中东—西亚—中亚—南亚—东南亚"弧形震荡地带，存在着恐怖主义国际化和当地化的两大趋势。②由此可见，恐怖主义活动在空间上与"一带一路"倡议有极大交集，中亚、南亚等恐怖主义活动的高发地带属于"一带一路"倡议中的核心地区。恐怖主义以推翻现行政权、建立极端政权为目标，与促进区域开放合作的目标背道而驰，这将成为推进"一带一路"倡议亟待解决的首要难题。

其次，与近十几年层出不穷的恐怖主义活动相比，跨国有组织犯罪则是具有长期历史的非传统安全问题。根据《联合国打击跨国有组织犯罪公约及其议定书》，跨国有组织犯罪包括洗钱、腐败、海盗、贩运人口、贩运军火、走私毒品等③，跨国有组织犯罪主要以谋取经济利益为目的，其行动较恐怖主义活动更加隐蔽，规模也较小，但是其造成的危害是长期性和持续性的。例如，中亚是军火和毒品的生产、加工、走私的源头之一。作为原苏联各加盟国的哈萨克斯坦与塔吉克斯坦不仅拥有许多武器制造厂，还继承了大量苏联武器储备库，但是这些设施在苏联解体时管理不善，导致大量武器外流进而向世界各地走私，据估计，两国民间拥有的非法枪支数高达6万支。④而阿富汗是当今世界上鸦片和海洛因产量最大的国家，

---

① Global Terrorism Database，http://www.start.umd.edu/gtd/，访问时间：2018年4月13日。

② 赵敏燕、董锁成、王喆等：《"一带一路"沿线国家安全形势评估及对策》，《中国科学院院刊》，2016年第6期，第691—692页。

③ 《联合国打击跨国有组织犯罪公约及其议定书》，https://www.un.org/ruleoflaw/zh/thematic-areas/transnati-onal-threats/transnational-organized-crime/，2018-04-05。

④ 汪金国、张吉军：《论中亚地区小武器和轻武器的扩散现状及其来源》，《俄罗斯中亚东欧研究》，2011年第2期，第26页。

2004 年以来该国罂粟种植面积保持在 10 万公顷以上①,毒品为"塔利班"等恐怖主义势力提供大量资金,恐怖分子则成为毒品的保护伞。

最后,难民移民问题也是近几年最受世界关注的非传统安全风险之一。根据联合国《关于难民地位的公约》规定,难民是指"因种族、宗教、国籍、特殊社会团体成员或政治见解",从而被迫"置身在原籍国领域外不愿或不能返回原籍国或受该国保护的人"②,而广义上的难民还包括了因为战争、内乱和自然灾害而不得不流离失所的人。在"9·11"事件后美国大规模反恐战争的影响下,许多地区陷入国家分裂、社会动荡、经济凋敝的困境。在此背景下,这些国家的居民往往会选择背井离乡从而偷渡到其他社会稳定发展、经济相对发达的国家成为非法移民。据统计,2014 年有21.8 万难民通过地中海进入欧洲,2015 年该人数增加到 50 万,其中 80%为叙利亚难民③,据联合国难民署的最新数据,截至 2016 年,世界上总共有约 6 560 万难民,其中 84%被安置在土耳其、巴基斯坦等国④(见表 1),这对于社会结构相对脆弱的发展中国家来说也是巨大的挑战。

表 1　2016 年全球十大难民输出国与接收国

类　　目	国家(按照数量从多到少排列)
主要难民输出国	叙利亚　阿富汗　南苏丹　索马里　苏丹　民主刚果　中非共和国　缅甸　厄立特里亚　布隆迪
主要难民接收国	土耳其　巴基斯坦　黎巴嫩　伊朗　乌干达　埃塞俄比亚　约旦　德国　民主刚果　肯尼亚

数据来源:张宇燕、李东燕等:《国际形势黄皮书:全球政治与安全报告(2018)》,社会科学文献出版社 2018 年版,第 116 页。

综合而言,"一带一路"倡议面临的非传统安全风险主要来源于宗教极端主义和分裂势力的恐怖主义活动,这将引起社会动荡、人民恐慌,短

---

① 刘向阳:《当前阿富汗毒品问题及其影响》,载《现代国际关系》,2011 年第 12 期,第 33 页。
② 《关于难民地位的公约》,http://www.un.org/chinese/hr/issue/docs/82.PDF,2018-04-05。
③ 方华:《难民保护与欧洲治理中东难民潮的困境》,载《西亚非洲》,2015 年第 6 期,第 7 页。
④ "Global Trends: Forced Displacement in 2016," *UNHCR*, 19 June, 2017, http://www.unhcr.org/globaltrends2016/, 2018-04-18。

时间内对经济发展与合作造成极大破坏。此外,从长远来看,难民移民问题和跨国有组织犯罪问题也是影响"一带一路"区域合作的潜在安全威胁。

三、中国企业在巴尔干地区投资的 传统与非传统政治风险

巴尔干半岛位于欧、亚、非三洲交界之地,主要包括塞尔维亚(不含科索沃地区)、克罗地亚、波斯尼亚和黑塞哥维那、黑山、阿尔巴尼亚、马其顿、保加利亚、罗马尼亚和希腊九个国家。由于巴尔干半岛面积不大但民族、宗教、语言分布众多,这一地区在历史上积累了诸多矛盾争端;加之其所处地理位置所带来的重要地缘政治价值,巴尔干半岛事务中常常存在大国干涉的身影,一定程度上也强化了这个地区错综复杂的局面,因此被称为"欧洲火药库"。

进入 21 世纪以来,曾经笼罩在巴尔干上空的战争硝烟逐渐散去,和平与发展成为时代的主流。作为欧洲经济相对欠发达地带,巴尔干地区近年来展现出巨大的发展潜力。2016 年巴尔干地区 GDP 规模为 6 484 亿美元,仅占欧洲 GDP 总量的约 4%,但巴尔干地区的 GDP 年增长率稳步向上,从金融危机后的负增长攀升至 2016 年的 2% 左右。[①]得益于新兴市场和欧洲重要门户的双重角色属性,巴尔干地区既是中国"一带一路"倡议布局的关键节点,也是中国企业"走出去"进行海外投资的重要目的地。统计数据显示,2016 年中国在巴尔干地区的直接投资存量已高达 7.23 亿美元,较 2012 年的 3.20 亿美元实现大幅增长,"一带一路"倡议提出后 4 年间复合增长率高达22.6%。[②]

中国企业在巴尔干地区的投资集中在基础设施建设和能源领域(见表 2)。巴尔干地区由于过去多年战乱影响,基础设施水平仍然十分薄弱,

---

① 埃森哲:《巴尔干半岛区域电力市场趋势报告》,https://mp.weixin.qq.com/s/-r9t2Rz2ZbPTcGyJus1fAA,2018-05-20。

② 中华人民共和国商务部:2012—2016 年《中国对外直接投资统计公报》,http://hzs.mofcom.gov.cn/article/Nocategory/201512/20151201223578.shtml,2018-05-20。

亟待加强。根据东南欧交通观察机构①对非欧盟成员的东南欧国家交通领域基础设施的调查分析,阿尔巴尼亚、塞尔维亚、黑山、波黑、马其顿和科索沃地区有 395 公里公路亟待维护,374 公里公路亟待升级或更新提高运能;缺失铁路约 211 公里,运量受限亟待建设的新线路约为 144 公里,运量受限需要较大规模修护的约 178 公里,需要普通维护的约 788 公里。②2018 年《巴尔干半岛区域电力市场趋势报告》则指出,巴尔干地区 2016—2025 年电力需求年均增长 1.7%,跨国电缆投资需求 33.5 亿欧元,2016—2025 年存在超过 50GW 的新增电力装机缺口,风电年复合增长率6.7%。③在"一带一路"倡议下,巴尔干地区庞大的基建与能源需求成为中国企业出海投资的着力点。

表 2 近年来中国企业在巴尔干地区部分投资项目

年份	国家	项目	投资总额	中方投资企业
2013	匈牙利、塞尔维亚	匈塞铁路项目	28.9 亿美元	中国中铁
	塞尔维亚	科斯托拉茨热电站二期项目	7.15 亿美元	国机集团
	塞尔维亚	泽蒙—博尔察大桥	1.7 亿欧元	中国路桥公司
	罗马尼亚	切尔纳沃德核电站 3、4 号机组	90 亿美元	中国广核集团
2014	罗马尼亚	罗维纳里火电项目	10 亿欧元	华电集团
	匈牙利—塞尔维亚—马其顿	中欧陆海快线	/	/
2016	希腊	收购比雷埃夫斯港	3.685 亿欧元	中国远洋海运集团
	波黑	斯坦纳瑞火电站项目	3.5 亿欧元	东方电气

---

① 东南欧交通观察机构(South-east Europe Transport Observatory,SEETO)是 2004 年由欧盟与巴尔干半岛上非欧盟国家(当时克罗地亚尚未入盟)根据《核心地区交通网络发展谅解备忘录》所建立,旨在推动该地区交通设施建设的机构。

② South-east Europe Transport Observatory, "SEETO Comprehensive Network Development Plan-Multi Annual Plan 2015", http://www.seetoint.org/seetodocuments/1396, 2018-05-20.

③ 埃森哲:《巴尔干半岛区域电力市场趋势报告》,https://mp.weixin.qq.com/s/-r9t2Rz2ZbPTcGyJus1fAA, 2018-05-20。

续　表

年份	国　家	项　　目	投资总额	中方投资企业
2017	希腊	希腊国家电网 24% 股权收购	3.2 亿欧元	中国国家电网
	波黑	桑斯基莫斯特火电项目	10 亿欧元	中国能建
	罗马尼亚	收购罗马尼亚石油公司 KMG International NV	6.8 亿美元	中国华信
	塞尔维亚	E763 高速公路苏尔津—奥布雷诺瓦茨段项目	2.33 亿美元	中国路桥公司
	塞尔维亚	"铁路线汇合点 G-拉科维察—雷斯尼克"段铁路修复改造项目	2 380 万欧元	中土集团
2018	黑山	Mozura 风电项目	9 000 万欧元	上海电力

在中国企业加码布局巴尔干地区的同时,为避免潜在的投资损失,中国企业也不能忽视该地区所存在的政治风险。作为"欧洲火药库",传统与非传统政治风险在这里交织并存。

(一)传统政治风险

如前文所述,传统政治风险一般以主权国家为主体。在巴尔干地区,国家间权力竞争、领土争议以及国家内部的政权变动等传统政治风险都有所体现。

1. 国家间权力竞争

巴尔干地区因其重要地缘政治价值历来是大国博弈的热点地区,欧盟、美国、俄罗斯均在此投射力量。作为巴尔干地区的"后来者",中国在推进"一带一路"倡议的过程中可能潜在地改变地缘政治格局,与其他大国地缘战略发生冲突。以基础设施建设为例,尽管巴尔干地区薄弱的基础设施现状得到了欧盟关注,但在投资回报率的考量下,欧盟的资金供给与巴尔干国家的资金需求之间存在巨大缺口。中国企业在巴尔干地区的大量投资受到当地国家欢迎,却引起了欧盟的警惕。在中国企业收购希腊比港并推进中欧海陆快线项目后,德国在 2014 年举行西巴尔干国家[①]首

---

①　在欧盟概念中,西巴尔干国家包括塞尔维亚、克罗地亚、阿尔巴尼亚、波黑、黑山、马其顿六国。

脑会议启动"柏林进程",计划斥资 100 亿欧元提升西巴尔干地区的基础设施状况并力图在 2030 年实现与欧盟基础设施的对接。[①]"柏林进程"在西巴尔干横向铁路网络布局与中欧海陆快线纵向规划并不一致,也被认为试图遏制中国在巴尔干地区快速增长的影响力。

在战略可能发生冲突的背景下,欧盟相关投资规则可能阻碍中国企业在巴尔干地区的项目开展,在欧盟成员国和候选国中都存在这项政治风险。2017 年欧盟委员会主席容克在欧洲议会发表年度演讲时提到,欧盟未来会对来自"第三国"的投资并购计划加强审核——在面对"与欧盟及其成员国合法利益背道而驰的投资时",要保护欧洲价值不受威胁;值得重点审核领域包括能源、电信等重要基础设施领域和人工智能、机器人、半导体、网络安全等关键技术领域;此外还要注意投资方以及买家是否受到第三国政府的控制,是否得到了政府的大量资金支持。[②]容克演讲发表后诸多分析人士认为此举重点就是针对中国。欧盟在提出这一计划的同时也在逐步付诸实践。以匈塞铁路为例,这一项目原计划在 2017 年完工,但欧盟基于自己的政治经济利益考量在 2017 年对匈段铁路的招标程序正式展开调查,明显拖累了项目进程。[③]欧盟相关规则在巴尔干地区影响很大,目前该地区已有四个欧盟正式成员国,非欧盟成员国中马其顿、黑山、阿尔巴尼亚和塞尔维亚均已为正式候选国,波黑是潜在候选国已正式递交入盟申请。在入盟进程中,候选国会根据欧盟标准制定各项法规向入盟门槛靠拢,已经入驻的中国企业可能因为候选国逐渐修改法律而遭受损失,这一风险需提前预估。

2. 领土争议

巴尔干地区当前安全局势基本稳定,但领土争议尚未完全解决,存在诱发的武装冲突的可能性。比如阿尔巴尼亚与塞尔维亚之间,两族、两国历史上积怨未消,1999 年爆发的科索沃战争更进一步加剧了矛盾。尽管

---

① 王洪起:《西巴尔干:"一带一路"海陆联通点》,http://tech.hexun.com/2015-06-15/176746460.html,2018-05-20。

② 《德媒:一带一路投资东南欧 中国扩大在小国的影响力》,http://www.guancha.cn/global-news/2017_09_16_427411.shtml,2018-05-20。

③ 高晓川:《"一带一路"倡议下影响中国中东欧国际合作的制约因素分析》,http://www.guancha.cn/gaoxiaochuan/2018_01_23_444181.shtml,2018-05-20。

2014—2015 年阿尔巴尼亚总理和塞尔维亚总理互访试图改善两国脆弱的关系,但是双方积怨甚深,不排除在未来发生动荡的风险。[①]德国国际政策和安全研究所曾预计巴尔干地区未来可能重新改变现行边界。科索沃、波黑、马其顿几个国家中不断发生族群、政治冲突,新一轮改变边界潮流可能将很快浮现。德国弗里德里希·艾伯特基金会甚至预计波黑会有被解体的危险。[②]中国企业应当对巴尔干地区的领土民族争端加强关注,避免因此受到损失。

3. 国家内部政治变动

巴尔干各国内部政治制度不尽相同,国家内部政治变动,尤其是政党轮替后新政府对前政府投资协议的审查成为中国企业需要注意的政治风险。中远集团收购希腊比雷埃夫斯港一度被左翼的齐普拉斯叫停而搁置,中国水电集团在马其顿承建的米拉蒂诺维奇—斯蒂普和基切沃—奥赫里德两条高速公路在马其顿临时过渡政府那里审批不畅不能如期建成通车。

(二)非传统政治风险

除了传统政治风险,难民问题、恐怖主义问题等非传统政治风险在巴尔干地区也十分突出。

1. 难民移民问题

近年来中东局势的动荡造成大量难民前往欧洲,巴尔干半岛作为进入欧洲的重要通路首当其冲,面临挑战。大量难民登陆对希腊造成巨大压力,也严重影响到了希腊的社会稳定。据联合国难民署和国际移民组织统计,2015 年经由地中海和陆路前往欧洲寻求庇护的难民和移民总数超过100 万,其中 80% 从土耳其出发经过爱琴海抵达希腊。[③]在希腊比港附近,滞留的数千难民因害怕被遣送多次进行示威活动与港口官员发生冲突。[④]

---

① 周帅:《"一带一路"投资政治风险研究之阿尔巴尼亚》,http://opinion.china.com.cn/opinion_48_137548.html,2018-05-20。

② 王洪起:《"一带一路"——马其顿的机遇与安全风险分析》,http://www.dunjiaodu.com/top/2017-09-06/1772.html,2018-05-20。

③ 刘作奎:《收购希腊比港对"一带一路"建设的重要意义及风险预估》,《当代世界》,2016 年第 4 期,第 48 页。

④ 《希腊:害怕被遣返 难民们的绝望之举》,http://star.news.sohu.com/20160407/n443557467.shtml,2018-05-20。

中欧海陆快线计划通过希腊、马其顿等多个巴尔干国家,比雷埃夫斯港也是中国布局一带一路的关键节点,未来仍将面临难民问题,可能影响"一带一路"倡议在巴尔干地区的推进。

2. 恐怖主义

随着难民潮涌入,恐怖主义可能借巴尔干地区输入欧洲。恐怖主义组织有意招募难民,将其发展为恐怖分子后再乔装难民偷渡进入希腊和欧洲。巴尔干政府官员在 2017 年 1 月 30—31 日出席美国参议院组织的"恐怖主义威胁、网络攻击危险及巴尔干局势"论坛期间指出,当前巴尔干国家最为担心的问题之一就是从叙利亚参战返回的人员,"伊斯兰国"的战略就是让这些返回人员在巴尔干地区建立恐怖主义活动的温床[①],因此巴尔干地区将长期面临恐怖主义的威胁。

除了输入型恐怖主义,巴尔干部分国家由于近年来宗教、族群、社会危机并发,本身也可能成为本土型恐怖主义的温床。据美国报刊 *New America* 报道,马其顿在"伊斯兰国"(叙利亚、伊拉克)参战人数按国家人口比例位居前茅。[②]在马其顿国内的阿族极端组织成立十余年,目前仍十分活跃,2015 年 4 月,"科索沃解放军"武装人员从科索沃进入马其顿,占据边境警察局,劫持多名警察,宣称要建立"族群阿尔巴尼亚";2015 年 5 月,阿族极端主义非法武装组织"民族解放军"一伙 70 人从科索沃非法进入马其顿藏匿,警方对其打击时爆发了"微型战争"造成 18 人死亡 37 人受伤。[③]在输入型和本土型恐怖主义双重冲击下,中国企业在巴尔干地区的投资活动将面临更多非传统政治风险。

四、"一带一路"沿线区域性安全
公共产品的供给模式

中国企业在巴尔干地区投资的案例说明巴尔干地区在经济转型的过程中面临上文所述的传统与非传统政治风险。这与巴尔干地区复杂

---

①②③ 王洪起:《"一带一路"——马其顿的机遇与安全风险分析》,http://www.dun-jiaodu.com/top/2017-09-06/1772.html,2018-05-20。

的政治历史背景有关,大国博弈、领土争端、国家内部政治变动等传统风险悬而未决。同时,因其地处欧亚非三大洲交界处,难民问题、恐怖主义问题等非传统政治风险具有跨国性、长期性和潜在性,在这里尤为凸显。

与此同时,全球的安全威胁依旧呈现传统安全风险与非传统安全风险并行的趋势。根据德国海德堡国际冲突研究所的数据,2017 年全球重大武装冲突国家中有巴基斯坦、菲律宾、缅甸、土耳其等 12 个国家处于"一带一路"沿线区域内。①在这些国家,传统安全风险仍旧以大国博弈为中心,表现出高烈度、集中性和持续性的特点。与此相反,非传统安全风险以恐怖组织及其活动为主体,表现出相对低烈度、分散性和短暂性的特点,例如迅速扩张蔓延数国但又在短时间内被消灭殆尽的"伊斯兰国"。但总体而言,非传统安全风险是"一带一路"倡议面临的主要安全威胁,而传统安全风险则是次要安全威胁。由此,"一带一路"所面临的安全威胁存在着以下三个鲜明的特点:

1. 分散性

"一带一路"倡议在地理位置上涵盖了大量国家和地区,因此其面临的安全威胁不会集中于单一的高危地区,而是来自许多个分散的存在安全风险的地区。随着恐怖组织向国际化发展,恐怖主义活动将不会局限于孤立的国家或地区,而是会通过便利的交通方式和通信工具向外渗透。过去几年中许多发展中国家遭遇了经济停滞导致政治动荡的困境,目前这些国家中的大部分不仅没有恢复正常的社会秩序,反而出现众多激进团体和叛乱组织,严重威胁现有的政权统治。这使得"一带一路"倡议将面临更加分散的安全威胁。

2. 多元性

"一带一路"倡议涵盖了各种类型的国家,同时存在着不同政治制度、发展水平、地理环境的国家,这注定"一带一路"倡议将面临多元复杂的安全威胁。目前影响最大的便是以恐怖主义活动、跨国有组织犯罪和难民移民问题为主的非传统安全风险,也包含涉及能源和水资源等次要的安

---

① Heidelberg Institute for International Conflict Research, https://hiik.de/conflict-barometer/current-version/?lang=en, 2018-04-08.

全风险。同时还伴随着权力争夺、领土纠纷以及政局动荡等传统安全风险,虽然传统安全风险当前并不是主要威胁,但是仍旧存在着爆发地区武装冲突的可能。这些复杂因素形成的多样性风险都是"一带一路"倡议面临的安全威胁。

3. 交融性

在一个冲突国家内可能同时存在着传统和非传统安全风险,而两者也存在着相互融合的倾向,非传统安全风险正在改变着传统安全风险的形态。事实上,传统安全风险与非传统安全风险并不存在清晰的边界,仅仅在表现方式上存在差异。例如,2011 年叙利亚爆发"阿拉伯之春",叙利亚政府军和反政府武装爆发大规模的武装冲突,由此造成的社会动荡为"伊斯兰国"乘虚而入提供机会,为了消灭恐怖组织,美、俄等域外大国开始直接介入叙利亚局势,使得原本仅是叙利亚内部的政局动荡升级为长达七年的地区混战。在此案例中,传统与非传统安全风险呈螺旋上升状趋势,使冲突不断升级。由此证明区域合作所面临的并非只是单一的威胁,更可能是相互交织融合的安全困境。

针对上述"一带一路"沿线区域安全威胁的特点,有必要建立多层次、有体系的安全合作体系,不仅包含直接参与行动的各国军警队伍及相关协同配合机制,而且还应该包含信息沟通、后勤保障、培训交流等国际合作制度,以克服"短板效应",最大限度地实现域内安全合作和节约各国安全开支,提高区域安全保障的效率,完善区域性安全公共产品的供给。此外,在应对威胁方面,除了传统安全风险,安全公共产品应该更加重视层出不穷的非传统安全风险,甚至包括环境安全、经济安全、能源安全等跨领域范畴的安全问题。

根据《推动共建丝绸之路经济带和 21 世纪海上丝绸之路的愿景与行动》报告,"一带一路"倡议的共建原则为:恪守联合国宪章的宗旨和原则、坚持开放合作、坚持和谐包容、坚持市场运作、坚持互利共赢。①该原则落实在区域新安全观上即表现为:第一,采用开放包容的安全合作态度,在合作主体上将国家行为体和非国家行为体一并纳入,在合作内容中不仅

---

① 《推动共建丝绸之路经济带和 21 世纪海上丝绸之路的愿景与行动》,http://zhs.mofcom.gov.cn/article/xxfb/201503/20150300926644.shtml, 2018-04-20。

囊括传统安全风险,更针对恐怖主义活动等更复杂的非传统安全风险。第二,树立互利共赢的合作目标,不刻意追求在经济、政治等方面的一致性,而是以区域整体安全为导向,寻求安全需求契合点和最大公约数,共同应对来自内部和外部的安全威胁。第三,采取渐进灵活的合作方法,将上合组织、湄公河流域合作等多种现行安全机制灵活整合,建立情报共享、行动协调、联合演练等常态化机制,最终这些安全合作将统一在"一带一路"倡议框架内,将多边区域安全合作机制化。凭借此新安全观,"一带一路"倡议的区域性安全类公共产品将在清晰、灵活且具有可操作性的指导原则下进行持续有效的供给。

不同于美国霸权模式,"一带一路"倡议区域覆盖范围巨大,沿线国家数量众多,不可能通过以双边军事同盟为核心的"轮轴—轮辐"体系维持区域的安全和稳定,因此势必转变思路,建立以多边机制为核心的安全合作体系。根据新安全观,"一带一路"安全合作体系的建构需要遵循以下路径:

第一,以多边非正式对话机制为开端,通过积极的沟通机制以获取各国切实的安全需求,通过灵活、开放的非正式会谈协调各国的谈判的空间,避开各国尖锐的安全利益纠纷,为正式机制的确定奠定基础。通过整合现存的多边机制以明确当前安全机制的功能和不足,在建立机制间共享制度的基础上形成未来安全合作体系的雏形。

第二,围绕保障经济合作和基础设施建设为目标,"一带一路"倡议的核心依旧是促进沿线各国的开放合作和经济发展,安全机制的目标既不是维护单一国家的"权力",也不是过早地追求区域安全一体化,而是在多元复杂的政治安全挑战下,为"一带一路"沿线区域的合作构建稳定和谐的安全环境。

第三,采取渐进和灵活的推进方式,一方面推动与对华友好国家的双边关系深入发展,促成一系列安全领域的合作示范项目,另一方面则充分调动现有的正式和非正式多边机制(见表3),增强更多的国家和非国家行为体对"一带一路"倡议和人类命运共同体的了解和认同,更广泛地参与到"一带一路"沿线区域的安全建设中。

表3 "一带一路"沿线多边合作机制一览

跨地区多边机制		上海合作组织、亚太经合组织、亚信会议、亚洲合作对话、亚欧会议、西太平洋海军论坛、欧亚联盟(俄罗斯)等
地区多边机制	东北亚	六方会谈、中蒙俄经济走廊、草原之路(蒙古)、中韩自贸协定等
	东南亚	东盟、东亚峰会、中国—东盟自贸区、中国东盟"10+1"机制、东盟地区论坛、大湄公河次区域合作等
	南亚	中巴经济走廊、孟中印缅经济走廊、新丝绸之路计划(美国)、连接中亚政策(印度)、国家贸易走廊计划(巴基斯坦)等
	中亚	丝绸之路项目(联合国开发计划署)、中亚区域合作计划(亚洲开发银行)、独联体自贸区(俄罗斯)、集体安全条约组织(俄罗斯)、大中亚计划(美国)、和平伙伴关系计划(北约)、伙伴与合作关系(欧盟)、欧洲—高加索—亚洲运输走廊计划(欧盟)、古阿姆民主与发展组织(欧盟)、突厥语国家元首会议(土耳其)等
	西亚北非	阿拉伯国家联盟、阿拉伯议会联盟、伊斯兰合作组织、海湾阿拉伯国家合作委员会、非洲联盟、中阿合作论坛、中国—海合会战略对话、中非合作论坛等
	欧洲	欧盟、欧洲中央银行、欧洲复兴开发银行、经济合作与发展组织、泛欧交通运输网、中欧峰会等
	中东欧	中国—中东欧国家合作论坛、中国—中东欧国家合作秘书处等

由此可见,"一带一路"倡议沿线区域所需要的区域性安全公共产品供给实际上是一种"协作型"的安全合作体系。这种协作型供给模式以合作安全观为指导,将多元各方都纳入其中,在整合现有机制和非正式机制的基础上,通过协调各国集体行动、促进各国互联互通,以灵活的方式建立综合性、具有广泛覆盖面的安全合作体系。

现行的由美国为首的发达国家制定的国际政治经济秩序对发展中国家极不公平,是全球化发展不平衡的结果。而"一带一路"倡议作为横跨多个沿线国家的区域经济发展合作项目,在全球化发展日益受阻、全球经济发展减缓的今天具有重大的开创性意义。其不仅为沿线国家的经济发展注入新的活力,也是为了探索除美国主导的霸权模式之外的新型安全合作体系,有学者将其称为以中国为发起方的"1+N"召集人模式。①

---

① 曾向红:《"一带一路"的地缘政治想象与地区合作》,载《世界经济与政治》,2016年第1期,第58页。

通过表 4 对比可以看出,霸权模式的实质目标是维护美国霸权,其供给的产品具有很强的脆弱性和不可持续性,而协作模式既能在协调各国集体行动的基础上稳定持续供给公共产品,也能通过提高战争和武装冲突成本的方式维护区域和谐,为世界其他区域合作提供范例,为全球化提供了新的发展方向,也推动了全球化"再平衡"的发展,有利于建立公平合理的国际政治经济新秩序。

表 4　不同区域性安全公共产品供给模式对比

	霸权供给模式	协作供给模式
主要威胁来源	组织外部	组织内部
主要威胁类型	传统安全风险	非传统安全风险
机制核心	双边同盟	多边协作
机制目标	霸权稳定	区域和谐
安全观念	均势安全	合作安全

这种新型安全合作体系不仅能为"一带一路"区域沿线各国的开放合作与经济发展保驾护航,有效预防传统安全风险的发生与遏制非传统安全风险的蔓延,致力于实现互利互惠、共同安全的目标,而且还能在美国霸权干涉无处不在的世界安全局势中探索出各国合作共赢创造和谐稳定环境的新型安全发展路径。

五、结　论

21 世纪的时代主题是"和平、发展、合作、共赢",而"一带一路"倡议正是响应时代主题号召的,旨在打造利益共同体、命运共同体和责任共同体,推动人类进步向前的历史性大工程。而这样宏大的经济愿景,需要相应的区域性安全公共产品以保驾护航,因此,推动"一带一路"沿线区域安全合作同样也是互利互惠、共同安全目标的要求所在。

当前,世界安全局势复杂多元,呈现出传统安全风险与非传统安全风险并行的趋势,各方势力博弈所导致的竞争和敌对态势以及领土纷争将成为阻碍"一带一路"倡议发展的潜在障碍,宗教极端主义和分裂势力的恐怖主义活动则是危害经济发展合作的主要现实威胁,而难民移民和跨国有组织犯罪问题也将在长远上对"一带一路"沿线区域合作造成负面影响。综合而言,"一带一路"所面临的安全威胁存在着分散性、多元性和交融性的主要特征,因此能够满足"一带一路"区域安全需求的公共产品必须具备互联性、灵活性和综合性的特点。世界"一超多强"的格局依旧存在,美国不仅对世界安全局势发挥着决定性作用,而且还主导着世界主要安全公共产品的供给。随着美国霸权进入衰落期和非传统安全风险的兴起,这种安全公共产品供给模式已经不适应世界安全局势的发展,"一带一路"倡议需要在保留传统模式的高参与度、多层次性特点的基础上,建立符合区域需求的协作型供给模式与安全合作体系。

同时,我们也必须看到,"一带一路"倡议对于国际社会而言终究是新生事物,因此其在发展过程中势必面临众多的风险和挑战。除了上文所述的安全风险之外,"一带一路"区域安全合作还将面临以下几个方面的挑战:

第一,"一带一路"区域的安全合作机制为灵活而缺乏强制约束力的机制,这一方面有赖于沿线各国的政治互信,一方面也依靠经济紧密合作后大幅提高的战争成本。①然而,沿线区域部分国家依旧存在的民族主义情绪或边境领土争端纠纷,可能成为不利于"一带一路"区域安全合作的"短板",威胁到"一带一路"沿线安全合作的稳定性和持续性,也不利于经济、文化、社会领域展开的区域合作。因此,如何有效地在敏感而又至关重要的安全领域使沿线各国求同存异,找到各国安全需求的最大公约数和各国安全利益的契合点,将是"一带一路"区域安全合作亟待解决的重大难题。

第二,由于"一带一路"沿线区域经济发展水平、国家政治制度、社会文化传统都存在着较大的差异,各自在安全领域的军备情况与安全公共产品成本分担能力上各有不同,中国虽然作为"一带一路"倡议的发起人和主要推动者,有义务也有必要在合作早期承担超量的公共产品供给成本,

---

① 翟新:《"一带一路"建设中的东亚安全与合作机制重构》,载《东北亚论坛》,2017年第3期,第32页。

但是随着安全合作的推进和机制的完善,建立一个稳定的且各方一致认可的成本分摊机制格外重要。但是,中国缺乏在供给区域性公共产品方面的实践性经验,因此,如何在保障中国及各国自身社会经济发展的同时,通过灵活的方式建立起长效性的公共产品成本分摊机制,将是决定"一带一路"区域安全合作能否长久持续的关键。

第三,"一带一路"沿线区域将会覆盖集体安全组织和北约等其他安全机制的成员国,由于安全合作的独特性,这导致"一带一路"区域安全合作势必受到现存安全机制及其主导国乃至美国等域外大国的挑战。虽然"一带一路"区域安全合作采取的是协作型安全公共产品供给模式,但是转变国际社会的舆论和传统安全观念依旧需要很长一段时间。如何有效整合现有机制,改善沿线国家和国际社会对于"一带一路"倡议的理解和认知至关重要。此外,特朗普上台后,美中之间经贸摩擦不断,这将对区域合作的推进产生消极影响。唯有适当地处理与美国的关系,转变部分国家对安全合作的消极态度,才能为"一带一路"区域安全合作创建良好的国际环境,为合作的顺利进行奠定基础。

综上所述,"一带一路"安全合作体系的建构应该以新型合作安全观为指导,建立协作型区域性安全公共产品供给模式,通过整合现有机制、协调集体行动、促进互联互通,以灵活的方式将多元各方纳入其中。虽然"一带一路"区域安全合作将面临来自内部和外部的诸多挑战,但是其对于保障"一带一路"倡议合作发展的落实具有重要意义,还能有效遏制和防范各种类型安全风险,并且能探索美国霸权模式之外的区域安全合作模式,为其他区域的协同合作提供范例,为全球化的发展提供新的方向。

论"一带一路"国家间区域金融合作的机制设计

——以中国—南太平洋国家货币清算机制构建为例*

保建云**

【内容提要】 中国能够为"一带一路"国家间区域金融合作贡献智慧及力量,作为国际公共产品提供者提出中国解决方案。以中澳自贸区、中新自贸区建设为契机筹建中国—南太平洋清算银行、构建中国—南太平洋货币清算体系具有必要性和可行性。中国—南太平洋清算银行建设能够促进现有各国货币关系的稳定化、长期化与制度化,能够降低汇率风险、稳定双边经贸关系和金融市场并互利共赢合作。中国—南太平洋货币清算体系的构建,不仅有利于稳定中国与南太平洋各国之间贸易与投资合作关系,还有利于促进中国与南太平洋各国之间的自由贸易和自由贸易区建设。把中国—南太平洋清算银行和中国—南太平洋货币清算体系机制纳入"一带一路"人民币清算体系之中,不仅能够推动全球人民币清算体系的形成,还能够推动人民币国际化和国际货币体系改革。需要从制度层面设计和构建"一带一路"国家间区域金融合作制度化组织。

【关键词】 一带一路;区域金融合作;中国—南太平洋;货币清算体系

【Abstract】 The Belt and Road Initiative creates opportunities and conditions for the construction of currency settlement organization and system among Chinese and South Pacific country currencies. Taking the China Australian free trade area and the China New Zealand Free Trade Areaas an opportunity, it is necessary and feasible to set up China-South Pacific settlement bank and the construction of the China-South Pacific monetary settlement system. The construction of China-South Pacific settlement bank can promote the long-term stabilization of the existing monetary relations institutionalized, can reduce the risk of the exchange rate stability and stable bilateral economic and trade relations, and also promote mutually beneficial and win-win cooperation of regional financial markets. Construction of Chinese-South Pacific currency settlement system, not only can lead to the stability of the relationship of trade and investment cooperation between China and South Pacific countries, but also can promote the construction of free trade areas between China and the South Pacific countries. Bring the Chinese-South Pacific settlement bank and China-South Pacific currency settlement system mechanism into the "the Belt and Road" RMB settlement system, not only can promote the formation of global RMB settlement system, but also can promote the internationalization of RMB and international monetary system reform.

【Key Words】 Belt and Road Initiative; Regional Finance Cooperation; Chinese-South Pacific; Currency Settlement System

* 本文得到作者主持的教育部哲学社会科学研究重大课题攻关项目"亚太自贸区建设与中国国际战略研究"(项目批准号:15JZD037)的资助。

** 保建云,中国人民大学国际关系学院教授。

一、引 言

中国作为"一带一路"倡议的提出者及区域金融合作的积极推动者，需要充分发挥新兴大国向国际社会提供公共产品的引领作用和综合比较优势，贡献中国智慧及力量，提供中国解决方案。澳大利亚及南太平洋地区是"21世纪海上丝绸之路"的重要地区，与我国有着密不可分的贸易联系和投资合作关系，该地区主要国家都关注中国提出的"一带一路"倡议并积极响应①，南太平洋地区也已经成为大国博弈的重要场所。②已有文献关注中国与南太平洋国家之间的区域货币合作特别是货币清算机制构建问题。③但中国与这些国家之间的贸易计价与投资结算货币大都使用美元、欧亚等第三国货币，美元与欧元市场利率与汇率的任何波动都对中国与该地区国家之间的贸易与投资合作产生冲击和波动影响效应，不利于双边经贸关系发展和金融风险控制，也不利于推进人民币在该地区的国际化。澳大利亚作为南太平洋地区的主要大国和最大经济体，也是中国的重要贸易伙伴，彼此之间经贸关系密切④，特别是双边贸易、投资与旅游

①　赵昌、许善品：《澳大利亚学者对"21世纪海上丝绸之路"南线的认知述评》，《国外社会科学》，2011年第3期，第92—101页。

②　参见梁甲瑞、高文胜：《中美南太平洋地区的博弈态势、动因及手段》，《太平洋学报》，2017年第6期，第17—32页；梁甲瑞：《试析大国何以对南太平洋地区的海上战略通道展开争夺》，《理论月刊》，2016年第5期，第166—171页。

③　Yang, Yiwen; Greaney, Theresa M., Economic growth and income inequality in the Asia-Pacific region: A comparative study of China, Japan, South Korea, and the United States, Journal of Asian Economics. Feb 2017, Vol.48, pp.6—22; Connolly, Peter J.Australian, Engaging China's new foreign policy in the South Pacific, Journal of International Affairs. 2016, Vol.70 Issue 5, pp.484—505; Yuhong, Sun; Yifei, Mu; Yang Jun., An Analysis of Interaction Effects of China-South Korea and China-Australia FTAs and the Expanding TPP, Our Economy(Nase Gospodarstvo). Dec 2016, Vol.62 Issue 4, pp.12—22; Xiang, Hongjin; Kuang, Yanxiang; Li, Chenhua, Impact of the China—Australia FTA on global coal production and trade, Journal of Policy Modeling. Jan2017, Vol.39 Issue 1, pp.65—78.

④　Hongjin Xiang, Yanxiang Kuang, Chenhua Li, Impact of the China-Australia FTA on global coal production and trade, Journal of Policy Modeling, Volume 39, Issue 1, January—February 2017, pp.65—78.

合作密切。①如何推进中国与南太平洋国际之间的货币互换与清算机制建设,既是我国在南太平洋地区推进人民币国际化的需要,也是建设"21世纪海上丝绸之路"的关键。澳大利亚作为"一带一路"背景下中国与南太平洋地区进行贸易投资合作的重要支点国家,可以在中国与南太平洋地区进行双边与多边货币互换、区域清算机制构建中发挥示范与引领作用。因此,中国可以在与澳大利亚、新西兰等南太平洋国家的现有货币互换机制与自由贸易区建设的基础上,筹建中国—南太平洋清算银行(The China-South Pacific Settlement Bank,CSPSB),并以此为基础构建中国—南太平洋地区货币互换与清算机制(The China and South Pacific Currency Swap-Settlement Arrangement,CSPCSSA),据此推动"21世纪海上丝绸之路"东南方向的延伸并推进人民币在该地区的国际化进程,促进中国与南太平洋地区的贸易发展与投资合作。

已有文献从周边外交角度分析中国与南太平洋的合作问题②,也有文献关注中国在南太平洋的战略选择问题。③南太平洋地区作为美国亚太战略覆盖范围,也是与美国有密切联系的地区。④从国际公共产品有效供给和最优方案设计角度系统研究"一带一路"国家间区域金融合作问题的文献还没有出现,同样从理论和实证角度系统论述中国与南太平洋国家之间的货币互换与清算机制构建问题的文献仍然没有出现。本文以"一带一路"倡议为背景,以中国与南太平洋地区的货币互换及货币清算机制构建为例,系统探讨同"一带一路"国家间区域金融合作方的机制设计问题。

---

① 李芬英、陈瑛、刘二虎:《中国—澳大利亚旅游与贸易互动关系研究》,《资源开发与市场》,2017年第6期,第721—726页。

② 徐秀军:《中国的南太平洋周边外交:进展、机遇与挑战》,《太平洋学报》,2016年第10期,第30—38页。

③ 张颖:《中国在南太平洋地区的战略选择:视角、动因与路径》,《当代世界与社会主义》,2016年第6期,第131—139页。

④ 肖欢、谢思强:《析美国在南太平洋地区战略调整的动向与影响》,《世界经济与政治论坛》,2015年第2期,第18—26页。

二、中国与南太平洋地区清算银行
组织及机制构建的可能性

中国作为全球第二大经济体和新兴货物贸易大国,与南太平洋地区的主要经济体都存在着密切的经贸合作关系,该地区是中国不可或缺的经贸伙伴,是"21世纪海上丝绸之路"南向延伸的重要地区。作为该地区最大的经济体澳大利亚更是与中国存在着密切的经贸关系,中澳两国互为重要的贸易与投资合作伙伴。为了深化中国与该地区在贸易与投资领域的合作,稳定经贸关系,降低货币与金融市场的汇率波动风险,由中国、澳大利亚、新西兰等国共同牵头筹建中国—南太平洋清算银行具有必要性与可行性。澳大利亚与新西兰作为中国在南太平洋地区的主要贸易与投资合作伙伴,也是中国"一带一路"倡议南向的重要支点国家,而中国则是澳大利亚和新西兰的主要贸易伙伴和重要的投资合作对象国。中国、澳大利亚、新西兰等国共同牵头筹建中国—南太平洋清算银行具有四方面的必要性与可能性。

第一,稳定中国与南太平洋国家之间的双边与多边贸易关系。除澳大利亚和新西兰以外,南太平洋地区各国的经济规模相对较小,大多数为发展中国家,与中国的双边贸易与投资规模相对较小也较为分散。澳大利亚和新西兰作为南太平洋地区的发达经济体,与中国之间存在着稳定的贸易联系,彼此之间发展贸易具有资源和产业互补性及比较优势。中国与南太平洋国家之间的进出口贸易额如下页图所示。

从图中可以看出,2006—2015年间,中国与澳大利贸易额总体保持上升态势,但也会出现小幅波动态势,澳大利亚始终是中国在南太平洋地区的最大贸易伙伴,中澳双边贸易额占中国与整个大洋洲及太平洋群岛整个贸易总额的比重持续保持最高比重。

第二,现有货币互换机制的规范化、稳定化与制度化。虽然中国与南太平洋地区的澳大利亚和新西兰签有货币互换协议,但因为两国之间货币互换协议到期后如果不能够续签,则两国的货币关系是不稳定的,为了规范化与稳定化货币互换关系,需要建立相应机构并构建相关制度安排,筹建清算银行则有利于稳定国家之间的货币关系。根据中国人民银行官

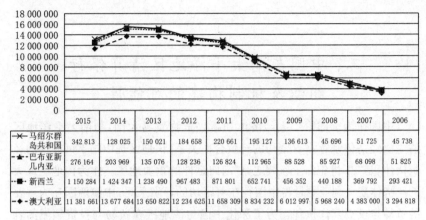

	2015	2014	2013	2012	2011	2010	2009	2008	2007	2006
✕ 马绍尔群岛共和国	342 813	128 025	150 021	184 658	220 661	195 127	136 613	45 696	51 725	45 738
★ 巴布亚新几内亚	276 164	203 969	135 076	128 236	126 824	112 965	88 528	85 927	68 098	51 825
■ 新西兰	1 150 284	1 424 347	1 238 490	967 483	871 801	652 741	456 352	440 188	369 792	293 421
◆ 澳大利亚	11 381 661	13 677 684	13 650 822	12 234 625	11 658 309	8 834 232	6 012 997	5 968 240	4 383 000	3 294 818

**2006—2015 年中国与南太平洋主要经济体之间的
进出口贸易额变化(单位:万美元)**

数据来源:中国国家统计局官方网站,http://www.stats.gov.cn/tjsj/。

方网站公布的截至 2016 年 6 月的统计数据①,2012 年 3 月 22 日中国与澳大利亚签订 2 000 亿元人民币(300 亿澳元)的为期三年的货币互换协议,2015 年 3 月 30 日中国与澳大利亚两国续签 2 000 亿元人民币(400 亿澳元)的为期三年的货币互换协议。可以发现,2009—2016 年间,中国与澳大利亚货币互换规模仅次于中国大陆与中国香港地区、韩国、新加坡、欧洲央行和英国,与加拿大排名并列第 6 位。现有货币互换机制规模相对较小,到期如果不能够续签便自动终止。筹建中国南太平洋清算银行,有利于稳定中国与澳大利、新西兰等南太平洋国家之间的货币关系,促进现有货币互换机制需要稳定化和制度化。

第三,降低汇率风险,稳定双方经贸关系和金融市场。中国作为南太平洋各国的主要贸易伙伴,甚至还是一些国家的第一大贸易伙伴,双边与多边贸易中始终面临使用第三方货币结算的汇率风险,筹建区域化的中国—南太平洋清算银行能够尽可能消除彼此之间贸易与投资所面临的汇率风险,稳定贸易与投资预期。例如,从 2009 年开始,中国始终是澳大利亚第一大货物贸易伙伴,澳大利亚也成为中国主要的铁矿石、煤炭和农产

---

① 中国人民银行官方网站,http://www.pbc.gov.cn/huobizhengceersi/214481/214511/214541/2967384/index.html,2017-04-06。

品的进口来源地和制造业产品的重要出口市场。当国际市场作为主要计价货币的美元和欧元的汇率波动,给两国贸易带来较大的波动性和不确定性风险。根据中国驻澳大利亚大使馆经商处披露的数据,中国与澳大利亚1972年建交之际,两国进出口贸易额仅为8 600万美元,2016年达1 078亿美元,规模扩大1 252倍,2017年1—2月,双边贸易额增长47.2%,其中中国自澳进口增长77.6%,2009年起中国一直是澳最大的贸易伙伴、出口市场和进口来源国,2016年澳对华贸易占澳贸易总额的近三成。①为了降低贸易风险,稳定中澳两国双边经贸关系和金融市场的稳定,需要构建两国货币直接清算的机制。

第四,推动中国与南太平洋地区的自由贸易区建设和发展。目前,中国与南太平洋地区的澳大利亚、新西兰签订有自由贸易协定,清算银行建立有利于推动双边与多边自由贸易区建设。2015年中国与澳大利亚两国政府签署《中澳自由贸易协定》,开启了两国自由贸易区建设的步伐,该协定是中国与西方发达经济体签署的主要的高水平自由贸易协定之一,中国与澳大利亚两国在货物领域各有占出口贸易额85.4%的产品将在协定生效时立即实现零关税。随着中国与澳大利亚自由贸易协定的逐步实施,两国的贸易与投资合作关系将更进一步紧密。目前的两国货币互换方式不能够完全适应双方经贸关系进一步发展的需要,需要构建两国货币的直接清算机制。

因此,中国与澳大利亚、新西兰等南太平洋地区国家共同推进中国—南太平洋清算银行建设,促进现有各国货币互换的稳定化、长期化与制度化,不仅能够降低汇率风险以稳定双边经贸关系和金融市场,还能够进一步推进自由贸易区建设,实现中国与南太平洋国家之间在货物贸易、服务贸易、投资与货币金融领域的互利共赢合作。

三、中国—南太平洋区域货币清算体系构建

在"一带一路"倡议背景下,以组建中国—南太平洋清算银行为基础,

---

① 中国驻澳大利亚使馆公使街经济商务参赞黄任刚《中澳经贸合作:同舟共济、行稳致远》,中华人民共和国驻澳大利亚大使馆经济商务参赞处网站,http://au.mofcom.gov.cn/article/about/greeting/201703/20170302542963.shtml,2017-04-03。

进一步推动中国与南太平洋地区之间的货币互换与清算机制的体系化与制度化,不仅有利于人民币国际化,而且能够推动中国与南太平洋国家之间的区域一体化发展。包括澳大利亚的南太平洋地区是中国"一带一路"倡议在南半球实施的重要区域,与中国有着密不可分的经贸关系和历史文化联系,虽然双边与多边贸易与投资合作稳定发展,当前仍然共同面临着国际货币、金融与债务危机的影响和冲击,需要共同努力寻找稳步双边与多边经贸与货币关系的解决方案,在中国—南太平洋清算银行的基础上构建中国—南太平洋地区的体系化、制度化的区域货币清算体系具有必要性和可行性。中国—南太平洋区域货币清算体系构建主要包括如下五方面内容。

第一,促进中国—南太平洋清算银行职能覆盖到南太平洋大多数国家与经济体,形成广覆盖的区域货币清算体系。为了稳定中国与南太平洋国家之间的货币及金融关系,需要把中国、澳大利亚、新西兰共同参与构建的中国—南太平洋清算银行职能扩展到整个南太平洋地区大多数国家与经济体。澳大利亚作为南太平洋最大的经济体,也是中国在南太平洋地区最大的贸易与投资合作伙伴,澳大利亚与南太平洋地区各国之间也存在着密切的贸易与投资合作关系。利用中国—南太平洋清算银行建立的契机,把中国与澳大利亚、新西兰之间的货币互换与清算机制扩展到其他南太平洋国家,有利于稳定与促进中国与南太平洋国家之间的货币与金融关系。中国—南太平洋货币清算体系构建的关键在于为南太平洋大多数经济体提供货币清算服务,促进中国与该区域之间及区域内部之间的贸易发展与货币合作。

第二,把中国—南太平洋清算银行纳入"一带一路"国家清算银行体系,使之成为"一带一路"清算银行体系的重要构成部分。为了推动中国与南太平洋国家之间的贸易与投资合作,需要把区域性清算银行纳入"一带一路"清算银行体系。除澳大利亚和新西兰以外,南太平洋国家大多数为欠发达的发展中经济体,人口规模和经济规模相对较小,广泛分布在广阔的南太平洋,与中国贸易规模也相对有限,双边与多边投资合作有待进一步提升。但南太平洋各国的地理位置非常重要,是"21世纪海上丝绸之路"建设的重要组成部分。如果能够建立一个覆盖南太平洋大多数国家的货币互换与清算机制,不仅有利于稳定中国与南太平洋各国之间的贸易与投资合作关系,也能够稳定南太平洋各国之间的贸易与投资合作关系。把中国—南太平洋货币清算机制纳入整个"一带一路"货币清算体系,不仅有利于人民币的国际化,更能够促进全球互联互通与全球公共货币体系的形成。

第三,把中国—南太平洋银行及其体系构成防范货币汇率与金融交易风险的网络化体系。中国作为全球第二大经济体、第一制造业大国、第一货物贸易大国,也是南太平洋多数国家最为重要的贸易与投资合作伙伴,稳定与中国的贸易与投资合作关系,也是南太平洋各国贸易增长与经济发展所需。中国需要而且能够在南太平洋地区担当稳定贸易和货币的大国责任,南太平洋各国也需要中国在本地区贸易增长、经济发展、货币与金融市场稳定中发挥积极作用。南太平洋地区各国,除了澳大利亚和新西兰作为发达经济体抵抗国际货币与金融风险能力相对较强以外,其他经济体抵抗汇率波动与货币危机的能力相对较弱,构建中国—南太平洋货币互换与清算机制有利于降低该地区的汇率波动风险与交易成本。过去区域货币清算体系的一个重要目的是降低货币汇兑风险,为区域内部各国之间资本流动与金融市场的有效治理提供国际金融基础设施平台和制度条件。

第四,通过中国—南太平洋清算银行体系推动中国—南太平洋国家自由贸易区和共同市场建设。在南太平洋地区,中国与新西兰在2008年签署自由贸易协定,是中国与发达经济体签署的第一个自由贸易协定,2015年中国与澳大利亚签署自由贸易协定则是中国与发达经济体签署的最为重要的自由贸易协定。中国需要与南太平洋地区更多国家和经济体构建自由贸易区。通过中国—南太平洋货币互换与清算机制的构建,能够推动中国—南太平洋贸易自由化与自由贸易区建设。中国—南太平洋货币清算体系的关键目标是服务于中国与南太平洋国家之间的贸易发展与投资合作,促进贸易自由化与共同市场体系建设。

第五,化解货币及金融利益矛盾与冲突,推进中国与南太平洋国家之间的贸易投资一体化。促进中国与南太平洋国家之间区域一体化与全球化,化解各种可能的矛盾与冲突。中国—南太平洋区域货币清算体系构建的过程,是区域货币体系乃至国际货币体系的改革与创新的过程,也是当代国际政治经济新秩序的构建的重要内容,必然面临各种阻力和挑战,特别是以美国、日本为代表的现有国际货币及金融体系既得利益国家及其联盟体系的反对与阻碍，这是一个复杂的历史进程，需要各国共同努力与共同参与。

因此，中国—南太平洋货币清算体系的构建，有利于稳定中国与南太平洋各国之间贸易与投资合作关系，提高本地区预防汇率波动乃至国际货币与金融危机的能力，降低中国与南太平洋各国之间的交易成本和汇率风险，促进中国与南太平洋各国之间的自由贸易和自由贸易区建设，促进双边与多边的贸易投资一体化。

四、"一带一路"国家间区域金融合作的机制设计

"一带一路"国家间区域金融合作需要设计构建高效有序的跨国推进与协调机制，中国与南太平洋国家之间的货币清算体系构建与清算机制设计便是典型例子。为了弥补现存"一带一路"区域国际组织存在的缺陷和不足，需要重新构建区域合作组织以推动"一带一路"国家间金融合作。构建高效有序、最优实践与治理规范的国际金融合作组织是推动"一带一路"国家间金融合作的重要内容和制度基础。无论是全球性跨国金融合作还是区域性跨国金融合作，都需要国际金融合作组织作为推动力量和制度化平台。"一带一路"国家间金融合作不仅涉及沿路众多国家，还涉及与沿线国家相关的全球大多数国家或者经济体，需要协调多方面的金融利益关系，面临多方面的障碍、风险和挑战，需要一系列的专业化、制度化、国际化组织加以推动和规范。"一带一路"国家金融合作的制度化组织构建是指筹备、组建与运行覆盖并服务于"一带一路"国家金融活动及跨国资金融通的各种机构、机制及国际组织的统称。国家间金融合作的制度化组织构成过程，是"一带一路"国家之间金融合作的组织平台搭建过程，也是"一带一路"国家间金融合作的制度化规则体系的供给过程，更是"一带一路"国家间金融合作活动的机制化与制度化过程。

"一带一路"国家间金融合作制度化组织可以区分为不同类型并形成组织体系。根据参与的国家数量可以区分为双边与多边金融合作组织，根据覆盖的地理空间范围可以区分为全球性与区域性金融合作组织，根

据金融合作的内容可以区分为货币合作组织、信贷合作组织、金融交易与证券市场合作组织、金融衍生产品交易市场合作组织等,根据合作深度和层次可以区分为金融市场合作组织、资本市场合作组织、金融一体化合作组织等;根据时间长短可以区分为临时性金融合作组织、短期金融合作组织与长期金融合作组织;根据组织结构可以区分为松散型金融合作组织与紧密型金融合作组织;根据组织运行与管理技术差异可以区分为传统金融合作组织与现代金融合作组织;根据组织治理结构差异可以区分为少数成员国垄断决策型金融合作组织与多数成员国共商共建型金融合作组织。当然,跨国金融合作组织不是一成不变的,其组织形式、运行方式与治理结构会不断演化与调整,同一跨国金融合作组织可能具有多种类型的共同特征。"一带一路"国家间金融合作新组织的构建过程中,需要借鉴现有全球性与区域化国际金融合作组织的成功经验并吸收相关教训。"一带一路"国家间金融合作组织作为服务于"一带一路"国家的新兴国际组织,其建立、运行及治理必然反映沿路各国的整体金融利益,需要在借鉴传统国际金融合作组织模式与治理经验的基础上创新以适应时代发展的需要。因此,可从综合性与专业性两个角度推动"一带一路"国家间金融合作制度化组织及其体系的构建。

中国与南太平洋国家之间的区域金融合作机制设计涉及多方面的内容。各国共同参与组建中国—南太平洋清算银行,构建中国与南太平洋国家之间的货币清算体系,有利于中国与澳大利亚及南太平洋各国之间的贸易增长与投资合作,促进中国与南太平洋地区的贸易自由化与自由贸易区建设,实现互利共赢,促进"一带一路"倡议在南太平洋地区的落实,可以从如下六个方面进行机制设计:

其一,中国与澳大利亚、新西兰等国家共同谈判协商筹建中国—南太平洋清算银行,各国政府共同签署《中国—南太平洋清算银行协定》及相关文件,明确中国—南太平洋清算银行的法律地位及其职能定位。

其二,中国中央银行(中国人民银行)与南太平洋国家中央银行,特别是澳大利亚中央银行(澳大利亚储备银行,Reserve Bank of Australia,RBA)和新西兰中央银行共同商议筹建中国—南太平洋清算银行具体组织架构和治理机制,需要遵循公平、均衡、效率和最优实践原则。

其三,南太平洋其他国家加入以中国—南太平洋清算银行为中心的中国—南太平洋地区货币互换及清算机制,形成人民币与南太平洋国家间的区域货币互换及清算体系。

其四,把中国—南太平洋地区货币互换及清算体系纳入人民币跨境支付系统(Cross-border Interbank Payment System,CIPS),据此推动"一带一路"人民币货币互换及清算机制的构建。

其五,把中国—南太平洋清算银行和中国—南太平洋地区货币互换及清算机制的模式,复制应用于中国与亚洲、欧洲、非洲和美洲的货币互换及清算体系,促进人民币全球清算体系(Global Settlement System for RMB,GSSR)的形成。

其六,以人民币全球清算体系(GSSR)、亚洲基础设施投资银行(AIIB)、丝路基金为基础,形成全球性人民币货币市场与资本市场体系,推动国际货币体系改革与新国际货币体系的构建。

可见,中国作为新兴大国,需要担当起推动"一带一路"国家区域金融合作的大国责任,成为"一带一路"国家区域金融合作公共产品的主要提供者,为"一带一路"国家间区域金融合作机制设计贡献中国智慧并提供中国方案,构建"一带一路"国际金融合作制度化组织。以中澳自由贸易区、中新自由区建设为契机,建立中国—南太平洋清算银行和中国—南太平洋地区货币互换及清算机制,构建"一带一路"人民币清算机制,推动全球人民币清算体系的形成,为"一带一路"倡议的落实创造货币清算与货币市场条件,推动人民币国际化和国际货币体系改革。

五、评述性结论

"一带一路"国家间区域金融合作是推进"一带一路"建设及国际合作的重要内容和基础条件,也是促进"一带一路"倡议落地生根的关键之举,需要从制度化组织形式与规则体系构建角度进行系统的机制设计,中国作为"一带一路"倡议的提出者和积极推进者扮演着不可或缺的角色,能够而且需要为此贡献中国智慧及力量,积极参与"一带一路"国家间区域金融合作的机制设计并提供中国方案,这也是中国作为新兴大国向国际社会提供制度化国际公共产品的重要方式。"一带一路"国家间区域金融合作是指沿路各国在跨国资本流动、区域汇率体系构建、债权债务清算、货币政策协调、跨国金融机构创建、区域金融规则体系构建、区域金融市场监管与危机应对等方面的协调与配合。"一带一路"国家间区域金融合作的机制设计则需要在中国的积极倡导和推动下,充分发挥沿路各国的积极性共同参与并共谋其利,关键在于创建覆盖沿路各国的区域性国际金融合作组织,例如可以组建"一带一路"国际清算银行并形成区域性国际清算体系,根本目标在于为沿路各国资本流通与贸易畅通提供制度化、体系化、网络化与机制化平台,需要从组织创建、规则制定、政策协调、市场监管、公共治理、风险与危机应对等方面进行系统谋划。事实上,"一带一路"国家间区域金融机制设计就是为沿路各国的跨国金融资源配置与区域金融治理的组织化与制度化进行系统谋划,以中国为代表的新兴大国既是倡议者又是引领者,更是相关国际公共产品的主要提供者和供求均衡的主要调控者。中国—南太平洋国家货币清算机制的构成过程,也是中国发挥大国优势并承担大国责任,在"一带一路"倡议背景下为本地区区域金融合作贡献中国智慧、发挥中国影响并提供中国解决方案的过程。当然,"一带一路"国家间的区域金融合作机制设计必然面临复杂的权力与利益协调问题,必然遭遇本地区和某些外部政治经济利益集团的阻碍和干扰,需要中国与沿路各友好国家相互分工合作并共同应对,"一带一路"国家间区域金融合作也必然成为沿路各国相互合作与共赢发展的典范。

区域性公共产品与南海海盗治理

罗圣荣　李代霓[*]

【内容提要】 区域性公共产品供给,是解决区域性问题的有效手段。南海及周边地区海盗问题再次泛滥,表明治理该问题的区域性公共产品供给存在问题。国际社会对南海及周边地区海盗问题的治理,本质上是一个各参与方联合向南海及周边地区供给区域性公共产品的过程。在南海及周边地区现有的区域性公共产品的供给下,南海及周边地区海盗问题不仅没有得到根本解决,反而有恶化之趋势。区域性公共产品供应不足、供给者战略意图和供给能力矛盾、供给者之间利益冲突、供给机制不完善等问题,制约了当前南海及周边地区海盗治理问题区域性公共产品的供给,使南海海盗问题治理成效不佳。因此,改善供给机制,提供多种公共产品的选择,协调各供给方的矛盾和冲突,是加强治理南海海盗问题区域性公共产品的关键。与此同时,中方可以顺势而为,在南海海盗问题治理过程中发挥积极作用。

【关键词】 区域性公共产品;南海海盗;海盗治理

【Abstract】 Regional public goods supply is an effective means to solve regional problems. The problem of piracy in the South China Sea has spread again, indicating that there exists a problem with the supply of regional public goods. The international community's process of governing pirates in the South China Sea is a process in which all participants jointly supply regional public goods to the South China Sea. With the supply of existing regional public goods, the problem of piracy in the South China Sea has not been fundamentally solved, even deteriorated. Apparently, there are obvious problems in the existing pirate management in the South China Sea, such as insufficient supply of regional public goods, contradictions between supplier supply strategies and supply capabilities, conflicts of interest among suppliers, and imperfect supply mechanisms, which have constrained the current supply of regional public goods to the problem of piracy in the South China Sea and made it possible to control the problem of piracy in the South China Sea. Therefore, improving the supply mechanism, providing numerous choices for public goods, coordinating the contradictions and conflicts among suppliers are the key to strengthen the governance of regional public goods in the South China Sea. Meanwhile, China should take advantage of the opportunity and play an active role in the pirate management in the South China Sea.

【Key Words】 Regional Public Goods; Pirates issue of the South China Sea; Pirate governance

* 罗圣荣,云南大学国际关系研究院副研究员;李代霓,云南大学国际关系研究院2017级国际关系专业硕士研究生。

2017年,菲律宾方面多次邀请中国前往菲南部苏禄海一带进行巡逻和打击海盗,引起国际社会的广泛关注。从2018年1月31日到2月28日,菲律宾方面在短短一个月之内,先后三次表达了希望中国协助打击海盗的请求和愿望。其中,两次是菲律宾总统杜特尔特亲自提出。1月31日,杜特尔特公开表示,为了阻止菲南部海域极端主义和海盗活动的势力扩张,已经向中国政府提出请求,帮助菲律宾在其南部海域海上巡逻打击海盗。2月7日,菲防长洛伦扎纳也表示,希望中国能采取任何可以帮助解决海盗问题的措施,同时也呼吁美国向该水域派出巡逻力量。①以上事实表明,尽管联合打击海盗行动在南海及周边地区早已有之,曾使南海海盗问题一度得到有效遏制,但此次菲律宾单方面寻求国际社会给予帮助,表明南海及周边地区的反海盗问题正在接受新的考验。②本文拟从区域性公共产品的视角,剖析现有的南海及周边地区打击海盗的措施存在的问题、原因及其影响,同时探讨改善南海及周边地区打击海盗区域性公共产品的供给,以及对中方或可发挥的作用进行初步的思考。

一、南海海盗问题与区域性公共产品的关系

(一)南海海盗问题

南海海盗问题由来已久,基本与东南亚海上贸易的兴起同步产生。③

---

① 李忠林:《中国—菲律宾联合打击海盗的背景、问题和前景》,http://www.sohu.com/a/209004118_618422,2018-05-14。

② 对于南海海盗问题的研究,主要有陈彩云,张华民的《打击海盗与南海地区安全》[载《辽宁大学学报》(哲学社会科学版)2016年]、赵琪,唐丽的《国际法视野下的南海海盗治理与合作》[载《南洋问题研究》2010年]、李金明的《南海地区安全:打击海盗与反恐合作》[《南洋问题研究》2008年]、Protection of Foreign Ships against Piracy and Terrorism at Sea: Legal Aspects(H. E. Joséluis Jesus. The International Journal of Marine and Coastal Law,2003)、Combatting Piracy and Armed Robbery Against Ships in Southeast Asia: The Way Forward(Robert C. Beckman. Ocean Development & International Law,2002)等比较有代表性的研究成果,以上研究成果主要从两个视角对南海海盗问题进行了研究:一是从法律的角度对打击南海地区海盗行为存在的法律障碍进行探讨,二是主要从反恐的视角对南海海盗问题进行分析。以上研究成果为国际社会联合打击南海海盗可能采取的法律途径指出了方向,同时剖析了南海海盗问题与恐怖主义之间的复杂关系,为解决南海地区海盗问题提供了有益的参考。但以上的研究成果显然对于现有的打击南海地区海盗行为这样一种急需的国际公共产品的供给缺乏系统、深入的分析。

③ 在本文中,南海海盗泛指南海及其周边国家海域中的海盗,范围涵盖新加坡海峡、马六甲海峡以及周边相关国家菲律宾、越南、马来西亚、中国等的海域。

冷战结束后,南海及周边地区的海盗活动日益频繁和剧烈。1990 年至 1992 年,东南亚就被确认为最易受海盗袭击的地区,马六甲和新加坡海峡之间的海域确定为区域和国际海盗袭击中最危险的海域。[①]1993 年至 1995 年,海盗转移到新加坡海峡和中国南海地区。[②]该时期虽然海盗攻击频繁,但由于袭击类型都是以小型作案袭击渔船的方式为主,故未引起足够的重视。[③]2002 年至 2006 年期间,海盗在南海及周边地区逐渐猖獗,开始引起国际社会的关注。[④]这一方面是由于当时海盗的作案规模扩大,攻击的类型发生了改变。另一方面,海盗行为极大地威胁了海上贸易安全。以马六甲海峡为例,作为国际上最繁忙的海峡之一,每年平均有超过 300 吨的 60 000 多艘船舶通过该区域,其中包括从中东向中国、日本和其他目的地运输石油的大量油轮。为了应对海盗对于航海贸易带来的威胁,美国、日本等国家纷纷采取了相应的措施,2003 年日本就作为主导国在当地建立了"海盗信息共享中心"(REAAP)。[⑤]在相关国家的治理下,南海海盗问题有所缓解。

2008 年至 2013 年,随着索马里海盗的猖獗,国际社会的关注焦点几乎全部转移到了索马里地区。这也意味着,南海及周边地区的海盗治理不论是国际社会投入,还是学术研究都陷入了相对停滞的境地。值得关注的是,虽然在国际社会的治理下南海及周边地区遭受海盗攻击的次数有所下降,但是海盗对于南海及周边地区的威胁一直没有消失。尤其是在 2010 年之后,南海及周边地区的袭击事件再次缓慢回升。[⑥]2013 年起,

---

① Peter Chalk:"Contemporary maritime piracy in Southeast Asia", *Studies in Conflict & Terrorism*, Vol.21, No.1(Jan1998), pp.87—112.

② Patrick Cullen and Claude Berube:"Maritime Private Security Market Responses to Piracy, Terrorism and Waterborne Security Risks in the 21st Century", London and New York:Routledge, Taylor&Francis Group, 2012, pp.13—26.

③ 目前南海地区海盗的类型主要包括:一是流窜作案的小海盗;二是有组织的海盗团伙;三是国际海盗辛迪加;四是与恐怖主义相勾结的海盗。

④ Carolin Liss:"Piracy in Southeast Asia", Carolin Liss and Ted Biggs:*Piracy in Southeast Asia:Trends, Hot Spots, Responses*, London and NewYork:Routledge, Taylor & Francis Group, 2017, p.2.

⑤ Rahman, C:"Piracy in Southeast Asia:Trends, Hot Spots and Responses.", *Contemporary Southeast Asia*, Vol.39, No.2, 2017, pp.414—416.

⑥ Sam Bateman:"Changes in piracy in Southeast Asia over the last ten years", Carolin Liss and Ted Biggs:Piracy in Southeast Asia:Trends, Hot Spots, Responses, London and New York:Routledge, Taylor & Francis Group, 2017, p.29.

南海海盗更有卷土重来之势,海盗再次成为南海及周边地区突出的安全问题,而在 2015 年南海海盗的袭击次数达到了 2003 年以来的最高频率(见下表)。海盗袭击主要发生在菲律宾、马来西亚和印度尼西亚交界处。在国际海事(International Maritime Bureau)2017 年的年报中显示,2017 年世界范围的海盗事件共 191 起,其中发生在东南亚地区的就高达 68 件,在所有地区中海盗袭击次数最多。占世界海盗攻击总数量 63% 的五个地区中,仅菲律宾和印度尼西亚的海盗攻击次数就占近 50%。[1]尤其是菲律宾地区,2017 年以前每年平均只有 6 起海盗攻击事件,但 2017 年剧增至 22 起。[2]除海盗袭击次数增多外,近年来在南海及周边海域还发生了劫持人质以及海上恐怖袭击事件。[3]在南海及周边区域发生的海盗事件中,151 起海盗事件涉及劫持人质,另有 62 起涉及绑架勒索赎金。[4]

2003—2017 年南海及周边区域受海盗实际攻击次数　　单位:次

地区 年份	马六甲 海峡	新加坡 海峡	印度尼 西亚	菲律宾	越南	中国(包 括南海海 域,港澳 台地区)	马来西亚
2003	28	2	121	12	15	3	5
2004	38	8	94	4	4	11	9
2005	12	7	79		10	10	3
2006	11	5	50	6	3	2	10
2007	7	5	43	6	5	3	9

① Piracy Reporting Centre:"Piracy and Armed Robbery Against Ships-Annual Report:1 January-31 December 2016",p.5. Barking,United Kingdom:"ICC International Ma-ritime Bureau",January 2017,p.2.

② Piracy Reporting Centre:"Piracy and Armed Robbery Against Ships-Report for the period of 1 January—30 June 2017",p.6. Barking,United Kingdom:"ICC International Ma-ritime Bureau",July 2017.

③ Justin V.Hastings:"The Return of Violent Maritime Organizations to Southeast Asia",International Studies Association International Conference,Hong Kong,June 2017. http://web.isanet.org/Web/Conferences/HKU2017-s/Archive/bf3a2acd-a1.

④ Martin Purbrick:"Pirates of the South China Seas",*Asian Affairs*,Vol.49,No.1 (January 2018),pp.11—26.

地区 年份	马六甲海峡	新加坡海峡	印度尼西亚	菲律宾	越南	中国(包括南海海域,港澳台地区)	马来西亚
2008	2	6	28	7	11		10
2009	2	9	15	1	9	14	16
2010	2	3	40	5	12	32	18
2011	1	11	46	5	8	25	16
2012	2	6	81	3	4	3	12
2013	1	9	106	3	9	4	9
2014	1	8	100	6		42	24
2015	5	9	108	11	27	11	13
2016		2	49	10	9	5	7
2017		4	43	22	2	12	7

资料来源:国际海事局 2003—2017 年年度报告(斜线空格数据缺失)。

根据国际海事局(IMB)数据显示,尽管全球海盗事件发生率略有下降,但东南亚地区却在增加。国际海事局也发表声明,认为在海盗的威胁之下,菲律宾海域越来越危险。印度尼西亚当局则警告该地区可能成为"下一个索马里"。①南海及周边海域是重要的国际航运通道,这样的背景下,南海海盗问题已经成为长期的、不容忽视的问题。②

(二)区域性公共产品与南海海盗治理

国际社会治理海盗的过程,本质上是一个各参与方联合提供区域性公共产品的过程。从区域治理与区域性公共产品的关系来看,区域治理指当区域跨国公共问题负外部性严重扩大,当事国无力解决时,国际社会

---

① Philippines seeks US, China help to combat sea pirates, February 8, 2017. https://www.yahoo.com/news/philippines-seeks-us-china-help-combat-sea-pirates-080052482.html,最后登录时间:2018 年 4 月 25 日。

② 樊勇明:《从国际公共产品到区域性公共产品——区域合作理论的新增长点》,《世界经济与政治》,2010 年第 1 期,第 144 页。

围绕此问题采取对应措施以抑制其产生的负外部性外溢,这种解决问题的过程实质上即区域性公共产品提供的过程。①南海海盗犯罪造成的负外部性,不仅对南海及周边国家造成极其严重的影响,也波及了其他相关的国家和地区,南海海盗问题已经成为一个缺乏区域治理的公共安全问题。另一方面,南海海盗治理满足公共产品的两个特性"非排他性"和"非竞争性"。②这种公共产品的性质,决定了一旦南海及周边地区的区域性公共产品得到充分供给,海盗得到良好治理,此区域的国家或者此区域有着利益的国家都可以享受这个产品所带来的效益。因此,尽管参与方既包括域外方,又包括域内方,甚至有时会由域外方主导,但是不论是在法律还是在理论层面,都有充分的依据参与南海海盗治理,提供区域性公共产品。

相比于全球性公共产品,区域性公共产品有以下的特点:一是区域性公共产品由相关国家共同提供以满足共同需求,而非由霸权国一国供给;二是由于区域性公共产品涵盖的范围较小,各国从中得到的收益和必须付出的成本比较清晰,因而能够减少全球性公共产品中普遍存在的"搭便车现象";三是区域性公共产品供给中,一般不存在压倒优势的国家,所以被大国"私物化"的可能性较小;四是从信息对称的角度而言,区域性公共产品能够更加直接地反映本地区不同类型国家的需求,从而更有针对性。结合区域性公共产品的特点,若南海海盗治理的区域性公共产品得到充足的供应和充分的利用,那么南海海盗应该得到有效的治理。③

然而,从现实层面来看,虽然国际社会在打击南海海盗方面展开了大量的合作,首先是私营公司和国际组织之间的合作,例如国际海事组织IMB 和国际海事委员会(CMI),其次,国际组织和东盟等国家和政府组织

---

① 王竞超:《国际公共产品视域下的索马里海盗治理问题》,载《西亚非洲》,2016 年第 6 期,第 53—60 页。注:文中参考了作者对于国际公共产品的分析。据目前学界对于国际公共产品的分类,按照外溢范围的不同,可将国际公共产品分类为国家性公共产品、区域性公共产品、全球性公共产品,因而区域性公共产品属于国际公共产品的范畴,具有国际性公共产品的普遍特质。

② Hallwood,P. and T.J.Miceli:"The Economics of International Cooperation in the Apprehension and Prosecution of Maritime Pirates",*Ocean Development and International Law*,Vol.43,No.2:pp.188—200.

③ 樊勇明、薄思胜:《区域性公共产品理论与实践——解读区域合作新视点》,上海人民出版社 2011 年版,第 8 页。

的集体行为,例如打击亚洲地区海盗和武装抢劫船舶地区合作协议(RE-CAAP),这类国际合作也延伸到邻国共同打击海盗活动,例如马来西亚、新加坡、印度尼西亚启动的"马新印海上巡逻行动"(MALSINDO),但是,在这样的背景下,2013年南海及周边地区多个国家受海盗攻击次数再创新高。2017年世界范围内的海盗事件共191起,其中发生在东南亚地区的事件就高达68起。菲律宾面临严重的海盗威胁,菲律宾总统杜特尔特甚至公开表明,希望中国派遣海军或海岸警卫队巡逻菲律宾南部的国际水域,以帮助打击海盗活动。①显然,南海海盗问题尚未找到有效的治理范式,该地区的区域性公共产品明显存在供应不足和利用不充分等问题,不能满足南海海盗治理的现实性需要。

二、南海海盗治理中区域性公共 产品供给存在的问题

(一)供给者战略意图与供给能力的矛盾

在南海及周边国家,海盗行为或持械抢劫皆属于应受惩罚的罪行。然而,问题是在南海海盗治理区域性公共产品提供中,南海及周边国家是否采取了足够的措施来防止和打击其领海附近水域的海盗活动。目前,在南海海盗治理中,供给者战略意图和供给能力的矛盾主要体现在两个层面:一是供给者履行打击海盗的国际义务与其国内利益的矛盾,二是供给者国内矛盾的外溢。

首先,打击海盗国际义务和国内利益的矛盾。事实上,大多数南海及周边国家意识到海盗猖獗对其国家国际形象的严重影响以及海盗活动对其国民经济的危险和潜在损害,明白打击和控制该地区海盗行为的重要性。②但是,海上执法能力不足、经费紧张一直是南海地区在南海治

---

① The Japan Times News:"Duterte asks China to help patrol piracy-prone southern waters",2017-2-1, https://www.japantimes.co.jp/news/2017/02/01/asia-pacific/duterte-asks-china-help-patrol-piracy-prone-southern-waters/,2018-05-14.

② BC Cycle:"Asian nations seek tougher measures to fight rising piracy on ships",2010-11-14,http://web.lexis-nexis.com/,2018-05-14.

理中面临的主要问题。一个国家建立和维持有效的打击海盗的组织成本很高,广泛和持续巡视潜在的海盗所需的人力,财力和物质资源在很大程度上超出了其中一些国家的能力。以菲律宾为例,2017 年以来,虽然菲律宾面临着严峻的海盗威胁,但是其海上实力也十分孱弱,装备相对落后,无力单独应对具有恐怖主义性质的海盗活动。比如,菲律宾的舰只多是美日等国捐赠的二手军舰,菲律宾目前最精良的军舰"格雷戈里奥·德尔皮纳尔"号改装自服役近半个世纪的美国海岸警卫队舰船。[①]菲律宾也曾等多次联合其他国家打击海盗。2016 年 8 月,菲律宾和马来西亚、印度尼西亚达成三方合作协议,同意联合巡逻苏禄海,全力应对阿布沙耶夫组织继续在该海域的海盗和绑架等问题。但是,由于这三个国家都没有强大的海洋警务或军事力量,因此打击海盗成效甚微。

同时,对于大多数南海周边地区国家来说,成本是其打击海盗最大的障碍。当一个国家平衡打击海盗的公共利益和限制政府支出的公共利益时,基于成本—收益等多重因素的分析下,后者显然比前者重要得多,打击海盗和武装海盗抢劫自然也就并非一些国家的优先事项。其一,海盗对国民经济的长期损害,并不像公共财政给公众带来的直接财务负担那么容易甄别。其二,打击海盗行为支出的直接利益常常被看作非本国公民所拥有的船只、货物、海员的安全,当地居民从公共支出中受益较少。以印度尼西亚为例,印度尼西亚是南海地区国家中海上执法能力最为薄弱的国家。印度尼西亚海军总参谋长曾经形容印尼海上力量是"旧舰艇不能航行,新舰艇不能开炮",海上力量无法有效地在其管辖的海域内遏制海盗的行动。虽然印度尼西亚属于世界海盗攻击总数量 63% 的五个地区之一,但是在经费紧张和海上执法力量薄弱的情况下,还是倾向于选择将海上执法的重点放在打击非法偷鱼、走私、贩毒等海上威胁,因为这些不法行为对于国家安全的威胁更大。除此之外,南海周边地区国家普遍认为由于马六甲海峡是国际航道,因此过往船只是"搭便车"免费享受沿岸国家提供的海事安全这个公共产品。因此,印度尼西亚不断呼吁利益攸

---

① 李忠林:《中国—菲律宾联合打击海盗的背景、问题和前景》,《亚太安全与海洋研究》,2017 年第 6 期,第 125—126 页。

关方分担打击海盗维护南海地区海上安全的费用,马来西亚也提出多种"费用分担方案"。①

另一方面,供给者的国内矛盾外溢。南海海盗问题的根源在于南海周边国家的国内矛盾,是其经济、政治、社会危机"外溢"的结果,可以说南海海盗问题本质上属于南海周边国家的内部问题。经济形势一直是南海地区现代海盗兴起的主要因素之一。在一些南海周边国家的贫困和偏远地区,失业的渔民或海员被贫穷所驱使而进行海盗行为,这是打击南海海盗活动的一大难点。从政治层面来看,海盗进行海上犯罪活动,必须有陆地作为后盾。印度尼西亚附近海域是海盗和武装抢劫案件最猖獗的地区(在印度尼西亚2013年有106起袭击事件,2014年有100起,2015年有108起,2016年有49起)②,而2016年发生在马六甲海峡、新加坡海峡、南海水域的几起严重袭击事件,都是属于内部犯罪,是被袭击船只的船员与海盗合作的结果。③此外,南海周边国家部分地区的海盗和恐怖主义之间存在联系。在菲律宾,摩洛民族解放阵线(摩洛伊斯兰解放阵线),相关的阿布沙耶夫集团和新人民军都在海上进行抢劫和勒索,为其在国内从事恐怖活动筹集资金。④

从区域性公共产品视角而言,南海海盗治理属于和平安全领域,这决定了其加总技术为最弱环节。这表明南海海盗治理区域性公共产品的最终供给效果由最小贡献者的供给水平,而非最大贡献者的供给水平决定。因而,南海周边国家的供给能力和其供给战略的矛盾是目前南海海盗治理无法得到有效治理的根源。

(二)区域性公共产品的供给者之间的矛盾

在南海海盗治理中,南海周边地区各国和大国之间在打击海盗、防范海上恐怖主义、维护海上安全方面存在广泛的共同利益,这也是供给区域

---

① 许可:《当代东南亚海盗研究》,厦门大学出版社2009年版,第136—138页。

② Piracy Reporting Centre: "Piracy and Armed Robbery Against Ships-Report for the period of 1 January-30 June 2017", p.6.

③ Karsten von Hoesslin: "Hijacking for product theft: Simple math and good business" Carolin Liss and Ted Biggs: *Piracy in Southeast Asia: Trends, Hot Spots, Responses*, London and NewYork: Routledge, Taylor & Francis Group, 2017, pp.134—148.

④ Martin Purbrick: "Pirates of the South China Seas", *Asian Affairs*, Vol.49, No.1 (January 2018), pp.11—26.

性公共产品的基础。但是,由于各方利益侧重点的不同,供给者之间的矛盾时常出现,其中主权问题和信任缺失是南海海盗治理区域性公共产品供给者之间最突出的矛盾。

首先,大多数海盗袭击发生在通过地缘政治重要海域的船舶上,这些海域目前是沿海国家之间相互冲突的领土范围。武装劫匪利用靠近邻近的领海并逃入邻国的领海,将这些水域用作"事实上的保护区"。①而囿于各国的领土主权规定,导致任何国家的跨界追捕海盗行为在实际操作中困难重重。通常情况下,国与国之间并不允许他国军事力量进入其领海。出于国家安全的考虑,国与国之间对于他国军事力量在各自领海地区的存在显然深表怀疑。因此,对主权的担忧是供给者之间开展有效合作的主要障碍。例如,南海周边地区两个最容易出现海盗行为的国家——马来西亚和印尼,仍然是亚洲地区海盗和武装抢劫船舶地区合作协定(RE-CAAP)②的非缔约方。另一个有限合作的突出例子,即是在马来西亚、新加坡、印度尼西亚的"马新印海上巡逻行动"(MALSINDO)中进行的海军巡逻。因为主权问题,这个巡逻队不允许跨越其他国家领海进行巡逻,即使在紧追之下,缔约国也不得进入他国领海,巡逻仍然停留在协调阶段而非真正的联合巡逻。因此,尽管采取了这一措施,但是马六甲海峡的海盗行为并没有立即减少。③而由于主权问题,虽然南海地区国家积极同美国和日本展开合作,但这些域外国家不可能直接负责打击海盗行为,仍然需要区域各国直接打击海盗。④

---

① Tara Davenport: "Legal Measures to Combat Piracy and Armed Robbery in the Horn of Africa and in Southeast Asia: A Comparison", *Studies in Conflict & Terrorism*, Vol.35, No.7(August 2012), pp.570—587.

② 《亚洲地区打击海盗和海上武装抢劫地区合作协定》(RECAAP)是2004年11月,由东盟10个成员国、中国、日本、印度、斯里兰卡和孟加拉国在东京签署的协定。该协定确定了亚洲地区成员国在海盗上的信息共享、海上执法能力的建设以及合作的安排等方面的原则。协定在2006年9月生效。

③ Ahmad Amri: "Southeast Asia's maritime piracy: challenges, legal instruments and a way forward", *Australian Journal of Maritime and Ocean Affairs*, 2014-01-16, http://ro.uow.edu.au/lhapapers/1657/, 2018-05-14.

④ Carolin Liss: Conclusion, Carolin Liss and Ted Biggs: *Piracy in Southeast Asia: Trends, Hot Spots, Responses*, London and NewYork: Routledge, Taylor & Francis Group, 2017.

　　除了主权因素之外,基于对大国将区域性公共产品"私物化"的担忧,供给者之间的信任缺失也是区域性公共产品的域内供给者和域外供给者的矛盾之一。在过去的数十年中,美国和日本一直试图推动反海盗措施,主要包括向东南亚海事当局捐赠,并启动和参与多边会议和培训(演习),等等。以日本为例,自20世纪90年代起在南海地区的海盗治理中发挥了关键作用。促成了多边会议,派出日本海上保安队(JCG)进行训练任务,为区域海事当局提供发展援助,并将 RECAAP 制度化。[1]但是,日本在马六甲海峡和南中国海建立强大的海军和提供反海盗巡逻的努力已被东盟国家和中国视为日本军国主义在该地区的潜在威胁。[2]自从现任安倍晋三政府利用海上自卫队(MSDF)的行动打击自2009年以来在亚丁湾活动的海盗,反海盗援助的性质就发生了变化。安倍派遣海上自卫队(MSDF)处理亚丁湾的海盗活动,即是他修改日本宪法的借口之一,以使海上自卫队能够发挥更大的国际安全作用。因此,南海周边地区国家担心日本在南海海盗治理提供区域性公共产品的过程中,将公共产品"私物化"为自己的国家利益服务。随着日本发展成为部署海军保护海上运输的"正常"军事力量,安倍的努力也削弱了日本海上保安队在东南亚建立的信任。日本组建强大海军的努力,被大部分东南亚国家视为日本军国主义死灰复燃的迹象。

　　就美国而言,美国是一个依赖贸易并致力于自由贸易的海洋国家,与南海周边地区国家保持着重要的海上安全合作计划。[3]美国与东南亚国家进行了反恐怖主义演习(SEACAT),旨在促进区域协调努力,支持合作应对恐怖主义和海上跨国犯罪,包括海盗活动。美国与东南亚国家进行了反恐怖主义演习,还推动信息共享计划和信息技术的使用,以便更有效地

---

[1]　Robert C. Beckman:"Combatting Piracy and Armed Robbery Against Ships in Southeast Asia: The Way Forward", *Ocean Development & International Law*, Vol. 33, No.4(November 2010), pp.317—341.

[2]　The Vancouver Sun:"Japan offering ships for anti-piracy patrols," 2000-05-04, http://web.lexis-nexis.com/, 2018-05-14.

[3]　John Bradford:"U.S counter-piracy efforts in southeast Asia 2004—2015: Consistent, cooperative and supportive", Carolin Liss and Ted Biggs: *Piracy in Southeast Asia: Trends, Hot Spots, Responses*, London and New York: Routledge, Taylor & Francis Group, 2017, pp.34—56.

识别、追踪、抓捕和遏制海盗。从 2002 年以来,美国与东南亚国家的反恐怖主义演习已成为美国在东南亚地区影响最大的多边海上安全培训活动。①美国还在首届亚洲安全峰会上提出《区域海上安全合作计划》(Regional Maritime Security Initiative),拟向马六甲海峡派驻海军陆战队和特种部队,以防止恐怖主义、打击海盗等犯罪行动。②不过,出于对美国在马六甲驻军目的的担忧,印度尼西亚和马来西亚对于美国介入马六甲防务表示坚决反对。③菲律宾长期与美国保持紧密的军事合作关系,反对恐怖主义是美菲军事合作的重要内容。然而,2017 年美菲演习次数较 2016 年有所下降,美—菲两栖登陆演习(PHILBEX)也被取消。④菲律宾总统杜特尔特则多次在公开场合,邀请中国前往菲南部苏禄海一带进行巡逻和打击海盗。⑤

（三）区域性公共产品的供给机制建设不完善

区域性公共产品是一种高成本的产品,是减少和消除地区内其他国家的不确定性,促进区域合作的最有效手段之一。目前南海海盗治理中由于主权因素,对于区域性公共产品供给中大国"私物化"的担忧和相关国家"搭便车"行为,使区域性公共产品供给者之间的信任缺失。种种迹象表明,目前南海海盗治理中区域性公共产品的供给机制存在问题。

在机制的有效性方面,缺乏一个保证区域性公共产品长期稳定供应的机制。目前,在南海海盗治理区域性公共产品的供给机制方面,主要发挥作用的是东盟地区论坛、海上安全合作会议、东盟国防部长扩大会三个区域安全合作机制,其合作领域均涉及海上安全和反海盗领域。虽然上

---

① Wong, Kelvin: "US, Southeast Asian Navies Conclude Annual Multilateral Naval Exercise", 2015-06-06, http://www. janes. com/ article/42222/us-southeast-asian-navies-conclude-annual-multilateral-naval-exercise, 2018-05-14.

② 许可:《当代东南亚海盗研究》,厦门大学出版社 2009 年版,第 97 页。

③ Global Security: "Regional Maritime Security Initiative", 2006-07-07, http://www.globalsecurity.org/military/ops/rmsi.htm, 2018-05-14.

④ The Diplomat, "US, Philippines Launch New Military Exercise", 2017-10-02, https://thediplomat.com/2017/10/us-philippines-launch-new-military-exercise/, 2018-05-14.

⑤ The Maritime Executive: "Duterte Invites China to Fight Abu Sayyaf Pirates", 2017-01-31, https://www. maritime-executive. com/article/duterte-invites-china-to-fight-abu-sayyaf-pirates#gs.3quq1C4, 2018-05-14.

述安全合作机制在推动地区海上安全合作方面取得一些进展,但相比而言,同样作为安全机制的东盟防长会议和东盟海事论坛及其扩大会框架下的海上安全合作,却仍然更多地停留在宏观战略和政策交流对话阶段,在反海盗领域海上非传统安全挑战方面还没有任何实质性成果。东南亚区域性合作安全机制在打击海盗中未能充分发挥解决问题潜能的原因还在于合作安全机制本身。

一方面,由于东盟内部不协调,难以用同一个声音说话,所以强调的区域安全合作偏好非正式、非约束和灵活性,对正式条约和制度化进程持非常谨慎的态度,因此区域安全机制实质上是一种缺乏效率的多边主义安排。区域内各个国家虽然进行了一定的反海盗合作,但是并未设立有专门负责打击海盗行为的代理机构或者组织。截至目前,南海周边地区仅有新加坡、马来西亚、印度尼西亚三国有反海盗协议。同时,海盗治理的法律依据不明确。大多数南海周边地区国家的法律尚未对于海盗行为进行明确的界定,这在很大程度上削弱了打击海盗的力度。另一方面,安全合作机制具有的东盟的"大国平衡性"制约了区域安全合作机制在海盗治理当中的有效合作程度。现有的区域性公共产品供给机制,无法调和相关的区域性产品供给者在利益方面的分歧,因此主权问题、信任缺失等成为供给国之间进行合作的主要障碍。

此外,南海海盗治理中的区域性公共产品供给机制缺乏针对性。当前南海海盗治理区域性公共产品的供给机制主要集中在加强区域业务合作和信息共享方面。例如"打击海盗和武装抢劫区域合作协定"和在新加坡设立的"亚洲地区海盗和武装抢劫船舶地区合作协定"信息共享中心主要加强了在打击海盗和武装抢劫方面的合作,该机构主要通过交流信息和分析海盗事件和持械抢劫案。国际海事局(IMB)也致力于增加对海盗问题的了解和理解,从而提高对如何防范攻击的意识。东盟在海上打击海盗及武装抢劫的举措使其主要关注业务合作和信息共享。这些供给机制的重点都停留在较低层次的业务合作和信息共享层面,缺乏基于南海海盗复杂性和敏感性背景下有针对性和实质性的反海盗合作机制。

三、南海海盗治理中区域性公共产品供给问题的影响

（一）区域内安全受到严重挑战

安全是一种区域性公共产品，区域性公共产品的供应与地区安全形势有着密不可分的关系，地区公共产品供给之间的矛盾引发了地区安全秩序的不稳定。①南海海盗治理中的区域性公共产品供应严重不足，导致南海周边地区的海盗再次猖獗。海盗活动给亚太地区的安全和稳定带来了严重的挑战。这种安全挑战不仅包括物质形式的挑战，还包括心理形式的挑战。②

从物质层面看，一是海盗行为往往伴随着抢劫、绑架甚至伤害等行为，海盗袭击带来生命损失和财产损失等安全威胁。③南海海域是重要的国际航运通道，大约四分之一的海上石油运输（每天超过 1 500 万桶）通过马六甲海峡。同时，南海海域是液化天然气（LNG）贸易的主要航线。2016 年，全球 LNG 贸易量的近 40%，约 4.7 万亿立方英尺通过南海区域。④二是作为世界能源运输的重要通道，海盗行为在该地区的存在对于世界能源的安全构成严重威胁。更严重的是，海盗在窃取装载石油船只时，容易发生泄漏事件，威胁生态环境安全。三是依赖东南亚海域航道的国家经济安全受到威胁。因为海盗对船舶，货物和海员造成的损害最终将增加所有涉及国家的航运、保险和进出口成本。日本和中国的经济都

① 安东尼·埃斯特特瓦多道尔、布莱恩·弗朗兹、谭·罗伯特·阮：《区域性公共产品：从理论到实践》，张建新等译，上海人民出版社 2010 年版，第 433 页。

② Hettne, B. and Soderbaum, F.: "Towards Global Social Theory". Journal of International Relational and development，Vol.2，No.4(February 1999), pp.358—368.

③ Jason Abbot and Neil Renwick: "Pirates? Maritime piracy and societal security in Southeast Asia", *Global Change*, *Peace & Security*, Volume 11, Number 1(February 1999), pp.7—24.

④ US Energy Information Administration: "Almost 40% of global liquefied natural gas trade moves through the South China Sea", 2017-11-02, https://www.eia.gov/todayinenergy/detail.php?id=33592, 2018-05-14.

严重依赖通过马六甲海峡进口的石油。中国石油进口（海上）的80%以上和日本石油进口总量的60%左右都要通过马六甲海峡。[①]四是威胁海上秩序安全，部分海盗袭击与恐怖主义相勾结，成为海上犯罪普遍存在的海上秩序问题。[②]

从心理层面看，对不安全认知的负外部性外溢，海盗问题加剧了社会不安全感的担心。对于不安全的心理反应典型地扩大了实际的风险。这种过激的反应经常会变成一种自我实现的预言。[③]在某一个海域局部发生的海盗行为，被解读成为某一地区的不稳定，从而使某个国家不安全的外部性具有区域性的冲击，从而影响整个区域的安全环境。域内国家的不安全感增加会激发起国家的排外主义，引发区域性公共产品提供者之间的信任危机。而由于区域性公共产品供给机制的不完善，使相关的区域性公共产品供给者缺乏有效的沟通和对话的机制。这样的形势容易使相关国家陷入安全困境，不仅危害到南海地区及其周边国家的安全，也大大地恶化了海上通道的安全环境。

（二）区域合作的深化遭到阻碍

区域合作与区域性公共产品的供应之间是一种相互促进和相互制约的关系。南海海盗治理中区域性公共产品供给困难对于区域合作产生的影响，除海盗问题本身带来的区域合作成本增加外，还在于在海盗治理区域性公共产品中供给者矛盾下的信任缺失，阻碍了区域合作的进程。安全稳定的环境是区域合作的基础，南海海盗问题造成的物质和心理的不安全对于区域合作的深化产生了不利的影响。

一是造成区域合作成本的增加。南海海盗对于海运贸易构成重大的

---

① John Mauldin："2 Choke Points That Threaten Oil Trade Between The Persian Gulf And East Asia"，2017-04-17，https://www.forbes.com/sites/johnmauldin/2017/04/17/2-choke-points-that-threaten-oil-trade-between-persian-gulf-and-east-asia/2/#342a606d2055，2018-05-14.

② Bateman，Sam，Joshua Ho，and Jane Chan："Good Order at Sea in Southeast Asia：Policy Recommendations." Singapore：S.*Rajaratnam School of International Studies*，2009-04-27，http://www.css.ethz.ch/en/services/digital-library/publications/publication.html/99567，2018-05-17.

③ 安东尼·埃斯特瓦尔多道尔、布莱恩·弗朗兹、谭·罗伯特·阮：《区域性公共产品：从理论到实践》，张建新等译，上海人民出版社2010年版，第432—435页。

潜在风险。有大量的商品，从原材料和能源到高价值的制成品，在全球经济强国之间运送。海盗已成为航运业、出口商和进口商、保险业、银行和海员的严重威胁。南海海盗不仅使各国船舶遭受巨大损失，也间接抬高了国际海运的成本。南海海盗的勒索使海域保险费用猛涨，国际海运成本大幅上扬。不仅如此，海盗袭击事件经常使海上贸易通道中断，迫使交货时间延后，所涉及的风险非常高。①而由于不安全心理外溢，遏制海盗风险可能会引起国际社会的过度反应，造成船东额外费用和托运人费用上涨。海盗问题所带来的额外支出，极大抬高了区域间合作的成本，影响了区域经济的发展和区域合作的进一步深化，甚至对于全球贸易、跨境合作都产生了恶劣的影响。

二是区域性公共产品供给者之间的矛盾影响了区域合作的进程。一方面由于主权问题的存在使相关国家陷入安全困境，区域合作的政治风险增高。另一方面出于对区域性公共产品供给中大国"私物化"的倾向和"搭便车"行为的担忧，相关国家的信任缺失。加之区域性公共产品供给机制的不完善，缺失正式的、有效的、制度化的减少区域合作中不确定的机制，导致供给者之间对彼此的战略意图存在疑虑，区域合作无法得到有力保障。

四、未来南海海盗治理中区域性
公共产品供给的思考

（一）国际层面

自20世纪90年代起，国际社会围绕南海海盗已经展开许多的治理，取得了一些成效，但是近年来海盗再次猖獗，说明南海海盗问题的根源仍然没有被消除。目前南海海盗治理中区域性公共产品的供给不足、供给者的战略意图以及供给能力存在矛盾、供给者之间的矛盾、区域性供给机

---

① Xiaowen Fu and Adolf K.Y. Ng & Yui-Yip Lau: "The impacts of maritime piracy on global economic development: the case of Somalia", *Maritime Policy & Management*, Vol.37, No.7(November 2010), pp.677—697.

制不完善等问题都是致使南海海盗难以得到有效治理的因素。从国际层面来看,南海海盗治理中存在的困难,关键就在于作为区域性公共产品,一方面相关国家基于"集体行动逻辑"对于成本分担和对方战略意图的疑虑,另一方面由于南海周边地区相关国家供给能力不足,国内治理难以改善。为了克服以上困难,未来围绕南海海盗治理可从下述方面做出努力。

1. 供给方式

(1) 在激励机制、约束机制等多种机制建设基础上有效地供给公共产品

针对南海周边地区国家普遍认为由于马六甲海峡是国际航道,因此过往船只是"搭便车"免费享受沿岸国家提供的海事安全这个公共产品的担忧。应该强化相应的制度设计,根据不同国家提供区域性公共产品的情况,建立相应的奖惩机制。给予该地区区域性公共产品主要供给国一定的激励,如国际声誉、领导权。同时对于在该地区消费海盗治理却"搭便车"的国家,对其进行一定的惩罚。在激励机制的基础上,设计出相应的区域性公共产品提供的成本分担方案。因此,如何解决目前区域性公共产品供给中存在的问题,实现南海海盗治理中区域性公共产品的提供,在海盗治理中如何在相关国家按比例分担成本的前提下保障收益,成为区域性公共产品视域下治理南海海盗的关键。

(2) 综合规则引导、问题导向等多种供给路径有针对性地提供公共产品

当前,南海海盗治理中区域性公共产品的供给多为问题导向,在出现海盗袭击的区域进行相应的军事演习、海上巡逻。除此之外,在海盗治理中,还需要综合相应的规则引导。一是相关国家应该对于海盗行为进行明确的界定,完善相应的法律惩罚制度。马来西亚刑法没有针对海盗行为的罪行,这是马来西亚打击索马里海盗并将其带回马来西亚被起诉时突出的一个问题。印度尼西亚法规中有海盗罪,但尚不清楚是否适用于公海海盗或海上武装抢劫。中国法律中没有海盗罪,中国法院以谋杀和抢劫等传统刑事规定指控海盗。越南也没有设立海盗罪。这些国家在确定起诉海盗行为时,在法律层面将面临问题,因此应该完善南海海盗治理中的相关法律机制。二是建立能保证长期有效合作的反海盗机制,使相应国家在打击海盗合作方面制度化,减少信息不对称,降低现有的区域性

产品供给者在利益方面的分歧。

2. 供给来源

目前的南海海盗治理中区域性公共产品有三个主要供给来源:一是主导地区合作的国家行为体;二是地区内外的非国家行为体;三是地区合作组织本身。①供给来源呈现出两个特点。一是南海周边地区国家与大国联合供给公共产品;二是有关国家以消极的方式供给公共产品。基于南海海盗治理供给者之间的矛盾以及相关国家在供给战略和供给能力方面存在的矛盾,在未来区域性公共供给来源方面:以东盟为中心的相关安全合作机制仍然是区域性公共产品的供给保证;国际组织和区域组织是未来该地区最具潜力的公共产品供给来源;而在主导地区的国家行为体层面,在相关国家供给不足情况下,中国可能成为南海海盗治理中区域性公共产品供给的主要动力。

3. 供给层次

在供给层次上,综合海上治理和陆上治理。南海周边地区的海盗问题的实质是南海地区国家国内问题的外溢,故在对南海海盗进行海上治理的同时,应该着重关注相关国家的陆上治理。目前,海盗治理仅停留在海上治理的层次,这也是南海海盗治理无法从根源上解决的根源。事实上,南海治理区域性公共产品的供给效果取决于最小贡献者的供给水平,而最小贡献者往往面临着国内公共产品供给的"赤字"。因此,必须帮助相关国家填补其国内公共产品的空缺,在提供资金、基础设施等各类实物类的公共产品的基础上提供相应的规则制度类公共产品。

(二)中国层面

2017 年,在面临严重的海盗威胁的背景下,菲律宾政府短期内多次向中国发出邀请,希望中国能够前往菲律宾南部海域巡逻和打击海盗。菲律宾政府提出在菲南部海域开展中菲海上联合巡逻的建议,在目前南海海盗治理区域性公共产品供给严重不足的背景下,对于中国在南海海盗治理中供给区域性公共产品具有重要启示。

首先,中国需要成为南海海盗治理中区域性公共产品提供的推动者。南海海盗治理中区域性公共产品的大部分域内供给者供给能力不足,与

---

① 卢光盛:《地区公共产品——以 GMS 为例》,载张建新主编:《国际公共产品与地区合作》(复旦国际关系评论第 9 辑),上海人民出版社 2009 年版,第 267 页。

其供给战略严重不匹配。而中国的经济发展和海上国防力量奠定了中国的区域性公共产品供给水平。自 2008 年 12 月 26 日首次赴亚丁湾护航以来,中国海军已连续派出 28 批次舰艇赴亚丁索马里海域为中外船舶护航,圆满完成了 6 400 余艘中外船舶护航任务,是索马里海盗治理中最为关键的公共产品供给者之一。作为南海地区的域内主要大国,中国有责任也有能力为南海海盗治理中区域性公共产品贡献自己的力量。另一方面,"搭便车"行为是造成南海海盗治理中区域性公共产品供给者之间冲突的因素之一。而中国国家主席习近平在 2014 年就提出了"中国版搭便车论",欢迎相关国家搭乘中国发展的列车。作为大国,中国可以提供合法、透明的服务,支持区内对话,在发挥现有的打击海盗区域性机构作用的基础上,建立共识,协调目前区域性公共产品供给者之间的矛盾。

其次,中国应积极构建南海海盗治理区域性公共产品的融资机制。在区域层面,由于融资问题的存在,区域性公共产品的供给面临着严重的阻碍。基于"成本—收益"的分析,南海海盗治理中区域性公共产品的供给会陷入集体行动的困境。因此,区域性公共产品的提供必须有相应的融资机制作为保障。①中国推动区域性公共产品的融资机制的建立,可以带动官方和商业导向资金的投入,为南海海盗治理的区域性公共产品的提供储备更大的资金量。

最后,创新目前南海海盗治理中的供给模式。目前南海海盗治理中,由于主权因素、利益冲突等等因素,各个国家的护航任务基本上单独进行,相互之间的协作十分缺乏。如马来西亚、新加坡、印度尼西亚的"马新印海上巡逻行动"(MALSINDO)中进行的海军巡逻。未来中国应该与其他相关的护航国家一同积极探索联合护航的路径,创新南海海盗治理中区域性公共产品的供给模式,提高区域性公共产品的客观效益。

五、结　论

总之,南海海盗问题沉渣泛起,本质上即维护南海及周边地区公共安

---

① 黄河、杨海燕:《区域性公共产品与澜湄合作机制》,《深圳大学学报》(人文社会科学版),2017 年第 1 期,第 130—170 页。

全的区域性产品供给存在问题。区域性公共产品供应不足、供给者战略意图和供给能力矛盾、供给者之间利益冲突、供给机制不完善等问题,制约了当前国际社会治理南海海盗问题区域性公共产品的供给,使治理南海海盗问题成效不佳。高效、有序、可持续的区域性公共产品的供给,是未来解决南海海盗问题的关键。当前,正值"一带一路"大力推进之际,维护"海上丝路"必经之路的南海地区显得尤为重要。"一带一路"的本质之一即为"一带一路"沿线国家提供一定的可资利用的各类公共产品,而打击海盗显然是个需要认真面对的公共需求,既可维护"一带一路"沿线的安全,更重要的是,可以为沿线国家提供一个相对稳定的心理预期,以共同推进"一带一路"倡议的实施。中方可以积极有为,在打击海盗等提供国际公共产品问题上作出一定的贡献。

国际公共产品供给视角下的大国财政分析

郝宇彪　　侯海萌[*]

【内容提要】 大国是全球治理的塑造者、引领者,大国财政与一般国家财政职能的差别在于,财政不仅仅服务于一国经济的发展,而且在国家治理与国家发展战略中发挥关键的作用,从而有利于一国国际经济与政治战略的实现,其主要机制在于供给国际公共产品。在优化财政职能的基础上,大国应采取"动态平衡预算＋债务限额管理＋支出管理规则"组合管理的财政预算规则。这种组合一方面有利于财政可持续性实现,另一方面给予中央政府灵活的操作空间,支撑国内外各项战略目标的实现,为国际公共产品供给提供财政制度保障。国际公共产品供给是大国责任发挥的关键机制,促进大国在全球治理话语权的提升,一方面会导致财政支出增加,另一方面可以通过降低交易成本、减少信息不对称性、获取合作优先权、争取更大的资源配置空间等机制促进国内经济发展,从而推动财政收入的增加。

【关键词】 大国财政;国际责任;国际公共产品;财政预算规则

【Abstract】 Great powers are the shapers and leaders of global governance. The difference the of fiscal functions between big powers and general states is that public finance not only serves the development of a country's economy, but also plays a key role in national governance and national development strategies. This is conducive to the realization of a country's international economic and political strategy. Its main mechanism is to provide international public goods. On the basis of optimizing the fiscal functions, great powers should adopt the fiscal budget rules of the "dynamic balance budget & debt limit management & expenditure management rules" portfolio management. This kind of combination is conducive to the realization of fiscal sustainability on the one hand, and on the other hand, it gives the central government flexibility to operate, supports the realization of domestic and foreign strategic goals, and provides financial institutional guarantees for the supply of international public goods. The supply of international public goods is the key mechanism for the responsibility of great powers. Promoting the improvement of the discourse power of great powers in global governance will, on the one hand, lead to increased fiscal expenditure, and on the other hand, it can reduce transaction costs, reduce information asymmetry, and obtain cooperation priorities. We will strive for greater resources allocation and other mechanisms to promote domestic economic development and thus promote fiscal revenue.

【Key Words】 Great powers' fiscal; International responsibility; International public good; Fiscal budget rules

---

* 郝宇彪,首都经济贸易大学经济学院副教授;侯海萌,中国人民财产保险股份有限公司普惠金融事业部。

十八大以来,中国发展面临的国内外环境发生了重大变化。在国内方面,面对经济发展步入新常态,中央酝酿出台了系统全面的改革方案。在一系列的改革措施中,习近平总书记在《关于〈中共中央关于全面深化改革若干重大问题的决定〉的说明》中指出,"这次全面深化改革,财税体制改革是重点之一"。①由此,财政在国家治理中的地位不断提升。在国际方面,面对 2008 年国际金融危机暴露出的全球经济治理的缺陷,中国政府出资牵头成立了金砖国家新开发银行、亚洲基础设施投资银行等区域性金融合作组织,加大对外经济援助,从而彰显了中国改善全球经济治理的决心与大国的责任。面对这些国内外的形势变化,在 2014 年全国财政工作会议上,财政部部长楼继伟指出:"建设大国财政的要求越来越迫切,要牢固树立'大国财政、统筹内外'理念和全球意识、安全意识,积极参与国际经贸规则制定,主动参与国际财经交流和全球经济治理。"②由此,大国财政的理念受到越来越多的关注。然而,相关的研究相对缺乏,且主要是从国家经济治理现代化的角度阐述财政制度的改革方向。从国家经济治理现代化的角度,大国财政与小国财政并没有本质的区别。大国与小国的主要差别在于全球治理中的地位与责任不同。相对小国而言,大国需要承担更多的国际责任,而国际公共产品供给是彰显一国国际责任的关键机制。因此,本文将从国际公共产品供给的角度阐述大国财政的内涵与大致框架,并进一步分析国际公共产品供给对大国财政收支的影响。

一、大国与国际公共产品供给

(一)何谓大国

所谓大国,按照《中华法学大辞典·国际法学卷》的定义,即对国际事务起主要作用,按照《联合国宪章》对维持和平负有主要责任的强大国家。大国地位的确立,不但要根据国家的面积,而且还要根据它的力量和经济

---

① 《习近平:关于〈中共中央关于全面深化改革若干重大问题的决定〉的说明》,新华网,http://www.xinhuanet.com/politics/2013-11/15/c_118164294.htm, 2018-04-01。

② "全国财政工作会议在京召开",财政部网站,http://www.mof.gov.cn/zhengwuxinxi/caizhengxinwen/201412/t20141230_1174348.html, 2018-04-01。

影响,以及它在国际事务中所起的作用。国家的力量和经济情况是会发生变化的,因此大国的地位也是有变化的。①然而,不同的学者有不同的观点,肯尼思·华尔兹认为,大国地位的取得建立在综合能力的基础之上,如果某国只是在某一方面的能力较为突出,并不能因此而位居大国之列。大国的综合能力包括人口规模、领土面积、资源禀赋、军事实力、政治稳定以及国际竞争力等。②杰克·列维指出大国地位的取得主要基于以下几点:一是拥有强大的军事实力以保证本国战略实施和维护国际安全;二是维持或促进地区或者全球均势以达成一种安全的局面;三是在界定以及维护自身利益方面拥有足够的魄力。③约瑟夫·奈(Joseph S.Nye)、塞缪尔·亨廷顿等认为软实力是大国形成的前提,这种软实力主要指社会文化和政治意识形态对他国的吸引力、塑造国际规则和决定政治议题的吸引力。④在建构主义学者看来,大国俱乐部成员是一个有赖于其他国家承认的社会类别:它不仅需要大国俱乐部同行的承认,而且需要中小国家愿意接受它在国际权力等级中最高地位的合法性和权威。也就是说,一个国家之所以是大国,不仅是因为军事力量突出,而且是它被其他国家承认拥有某些特殊权利与义务,或者本国的领导人和人民认为自己具有这样的权利与义务。⑤

应该说,各个学派的学者从不同的角度界定了大国的内在含义。我认为,当前的国际体系尽管仍然是"一超多强"的局面,但总体已经呈现均势的状态,真正大国地位的取得需要综合各方面的条件。首先是硬实力,一是经济实力,主要包括经济发展水平⑥、经济总量、对外经济合作水平等。世界范围同时具有幅员广阔、人口众多、国内市场巨大、资源总量丰富

---

① 李浩培,王贵国:《中华法学大辞典·国际法学卷》,中国检察出版社 1996 年版,第77 页。

② Kenneth N. Waltz. Theory of International Politics, Mass.: Addison-Wesley, 1979, p.131.

③ Jack Levy, War and the Modern Great Power System: 1495—1975, Lexington: University Press of Kentucky, 1983, pp.11—19.

④ Samuel P. Huntington, The U.S.-Decline or Renewal? Foreign Affairs, 1988, Vol.67, No.2, pp.76—96.

⑤ 章前明:《国际合法性与大国责任的变化》,《浙江大学学报》(人文社会科学版),2014年第 2 期,第 177—187 页。

⑥ 经济发展水平一般用人均 GDP 衡量,其核心要素是科技实力。

的条件,并能够成为国际市场上某些产品价格影响者的享有经济主权的国家。二是政治实力,国内政治稳定,并在重要国际组织中有话语权。例如,中国作为第二次世界大战最主要的四个战胜国之一、联合国的创始会员国之一、联合国安理会常任理事国之一、五个公认的核武器拥有国之一、战后通过各种途径对世界历史的发展产生过重大而深远的影响的国家。三是军事实力,包括军人、坦克装甲车、攻击直升机、飞机、航空母舰以及潜艇数量等。其次是软实力,一是经济软实力,主要指在全球经济治理中的话语权、世界市场价格的制定权以及经济发展模式对他国的影响程度。

在全球经济治理中的话语权则主要指国际货币基金组织(IMF)、世界银行、世界贸易组织(WTO)等重要国际经济组织的表决权以及 G20 峰会、APEC 峰会等全球经济治理的重要平台中的话语权。世界市场的定价权主要指一国在大宗商品交易,例如石油、铁矿石、钢材等,以及一般贸易等国际贸易中的定价权。二是政治软实力,主要指一国社会文化的吸引力、政治制度的影响力以及实际影响全球政治决策的水平。三是军事软实力,主要指利用非强制手段影响他国、间接形成战略威慑的能力。软实力的取得,一方面依赖所拥有的硬实力作为基础;另一方面,需要通过承担相应的国际责任以获得他国的承认与认可。因此,所谓大国,首先是在经济、政治、军事等综合实力位居世界前列,通过承担相应的国际责任获得国际社会的广泛支持与认可,从而在经济、政治、军事等方面具有较强软实力的一种状态。简单来讲,大国是国际秩序的创造者或影响者,小国就是国际秩序的接受者。从这个角度来讲,尽管中国仍然是一个发展中国家,但近些年来随着综合硬实力的不断上升,通过主导金砖国家合作机制、"一带一路"倡议等渠道对于国际秩序的变化产生了重要的影响,无疑属于大国行列。

(二)大国责任与国际公共产品供给

国家身份与国际责任的建构是相互的,两者之间的关系不是简单的因果关系,而是构成性关系。①也就是说,既然成为大国,必然意味要承担

① 构成性关系是建构主义的核心概念,与因果性不同,关系引起与被引起不同,这种关系不是暂时的、偶然的关系,而是必然的、相互依存的关系。具有构成性关系的两者互为前提、同时存在、互为对照,同时又是互为界定、互为内化属性、含义上相互依赖的关系。详见吴兵:《从"天下责任"到"负责任大国"——身份视角下的中国国际责任观历史嬗变研究》,《当代亚太》,2015 年第 4 期,第 93—127 页。

国际责任。何谓国际责任,学术界并没有一个统一的概念。笼统地说,所谓国际责任,即指国际社会某个成员对外部世界在经济、政治、安全、道义等方面所应承担的国际义务,反映的是一个国家对外部世界所作的贡献。①不同的学者对国际责任有不同的划分,李东燕(2011)从国际责任的认定来源认为,国际责任分为国际法意义的"国际责任"、自我定义的"国际责任"、他方定义的国际责任。②金灿荣(2011)从国际规范的角度认为,国际责任分为三个层次:平等的基础责任、强国应该承担更多的有限责任、强国担当的领袖责任。穆拉德·布科夫斯基等同样从国际规范的角度认为,国际责任分为一般责任和特殊责任两类,一般责任是现代国际体系中的所有成员所应承担的责任;而特殊责任则是特定成员所承担的责任,即只有少数几个大国或大国俱乐部成员才能履行的国际责任,例如大国负有维护国际和平与安全的重大责任等。③毛维准(2016)借鉴阿奇·卡罗尔(Archie B.Carroll)的企业社会责任类型化研究成果"金字塔"模型,将国际责任分为安全性国际责任、法律性国际责任、伦理性国际责任与慈善性国际责任等四类。④金灿荣(2011)和穆拉德·布科夫斯基等的分类方法是从国际大国与一般国家区别的角度进行分析,本文采取这一角度界定大国的国际责任。一般责任即每个国家都需要履行的责任,主要指履行国际契约的责任,包括国家签署的对外条约、国际法、国际组织规范等。特殊责任即大国需要承担的责任,主要包括维护国际契约的责任和引领塑造国际规则的责任。维护国际契约的责任,包括承担国际契约运行的成本、采取相关措施甚至军事手段防止国际契约遭到破坏;引领塑造国际规则的责任是少数大国需要承担的责任,例如第二次世界大战后国际经济规则由美国主导建立。21世纪以来,随着美国经济实力的相对衰落,国际规则的完善与改进需要更多的大国参与合作。

---

① 王公龙:《国家利益、共有利益与国际责任观——兼论中国国际责任观的构建》,《世界经济与政治》,2008年第9期,第21—28页。

② 李东燕:《从国际责任的认定与特征看中国的国际责任》,《现代国际关系》,2011年第8期,第52—57页。

③ Mlada Bukovansky et al. Special Responsibilities: Global Problems and American Power. Cambridge University Press,2012.

④ 毛维准:《"国际责任"概念再审视:一种类型学分析框架》,《世界经济与政治》,2016年第12期,第68—100页。

然而,大国国际责任的发挥需要通过提供国际公共产品得以体现。所谓国际公共产品,根据英奇·考尔(Inge Kaul)等的定义,是指其收益扩展到所有国家、人民和世代的产品。"公共"指公众①,其中全球性公众也包括国家政府在内;"产品"是指"合作机制"或"条件"。②世界银行(2001)的定义为:国际公共产品是一种具有实际的跨国界外部性的物品、资源、服务、规则系统或政策体制。③由此可见,国际公共产品是一个非常宽泛的概念,涉及一国承担国际责任的各个方面。供给的形式既可以是有形的,又可以是无形的④;既可以是规范意义上的,又可以是实践层面上的。⑤桑德勒(Todd Sandler)将国际公共产品分为六大领域:卫生、环境、知识、政府治理、和平与安全、基础建设,每个领域具有不同的加总计数为特征。⑥

表 1 国际公共产品的六大领域及案例

领 域	加总技术	案 例
卫 生	最弱环节 最佳表现	监测疾病暴发、保持医院消毒 地区性疾病的疫苗研制和医治方法
环 境	权重加总	抑制酸雨、降低跨界烟幕、保护雨林、防范洪水
知 识	最佳表现	农业扩展服务、数据和信息交流网络、气象研究成果、公共产品外溢范围的规划
政府治理	最弱环节	采用健全的金融体系、监测金融实践、消除贸易障碍
和平与安全	最弱环节	消除叛乱、减少恐怖主义、抵抗组织性犯罪、发现情报
基础建设	最弱环节	河流流域发展、跨国高速公路、能量输送网、轨道交通

---

① 公众包括广泛的人口群体、社会组织、公司。

② 合作机制指一个法律框架或者某种合作协定等;条件指区域合作的环境稳定。

③ 李新、席艳乐:《国际公共产品供给问题研究评述》,《经济学动态》,2011 年第 3 期,第 67—72 页。

④ 有形的如道路、桥梁、港口、学校、医院等基础设施建设;无形的如知识、技术、信息等。

⑤ 规范意义上的如制度培育、规则设定、规范统一、共识构建等;实践层面上的如政府的自由化政策、稳定性举措、和平性措施等。详见姜墨竹、李俊久:《朋友与利益——国际公共产品视角下的中国对外援助》,《东北亚论坛》,2016 年第 5 期,第 40—50 页。

⑥ 樊勇明、薄思胜:《区域公共产品理论与实践——解读区域合作新视点》,上海人民出版社 2011 年版,第 34—35 页。

二、国际公共产品供给视角下的
财政职能定位与预算规则

国际公共产品供给依赖于一国的财政支持。因此，大国地位的获得要求尽早建立大国财政框架。然而，何谓大国财政，官方或者目前的研究并没有给予清楚的界定。我认为，大国财政的内涵主要包括两个方面：一是大国与小国在财政职能定位方面有何不同？二是大国应该秉持怎样的财政预算规则？

（一）大国的财政职能定位

现代公共财政学的奠基者马斯格雷夫（Richard Abel Musgrave）、斯蒂格利茨（Joseph Stiglitz）为代表的凯恩斯主义学者认为，国家财政职能应该划分为三种：公共产品的供应、调节收入分配以及实施宏观经济政策。萨缪尔森（Paul Samuelson）认为，财政在国家中的作用主要包括以下几个方面：一是促进资源有效配置，提升经济效率；二是调节收入分配，减少经济不公平；三是实施相关经济政策，促进宏观经济稳定；四是执行国际经济政策，促进全球经济稳定。①然而，总体而言，上述职能主要是从一国经济发展进行界定。但是，如果仅仅将财政职能局限于经济领域，显然低估了财政作用的空间。亚当·斯密（Adam Smith，1755）曾经提出，和平、简易税制和可容忍的司法体制是助力国家通往富裕之路的关键要素。新政治经济学的研究表明，税收能力是国家能力的重要组成部分。国家为获取税收与公民之间达成一定的契约关系，这会促进国家民主化的进程，稳定的税收契约关系又会促进国家财政能力的提升，从而促进国家现代治理体系的完善。因此，经济学家熊彼特（Joseph Alois Schumpeter）说，税收有助于创造现代国家，税收又有助于塑造国家。总体而言，财政作为国家通过政治权力对公共资源进行汲取、支出和管理的制度安排，既有提高资源配置效率和调整经济利益关系的经济属性，也有体现国家发展目标和

---

① 保罗·萨缪尔森、威廉·诺德豪斯：《经济学》（第18版），萧琛、蒋景媛等译，人民邮电出版社2007年版，第321—323页。

决策行为的政治属性。可以说,财政既是一个经济问题,也是一个政治问题。①例如,美国财政部的定位是:在经济方面,主旨在于促进经济繁荣,保障财政安全,并与其他联邦机构、他国政府、国际金融组织一起合作促进全球经济增长,提升世界生活水平,尽可能地预测防范经济与金融危机。另外,财政部还通过对国家安全构成威胁的经济体实施经济制裁、打击对国家安全构成威胁的金融支持网络、完善金融系统保障措施等方面在强化国家安全方面发挥关键而深远的影响。

随着财政与国家治理相对接并获得新的定位,在以往概括的基础上,中共十八届三中全会对于我国财政职能给出了新的阐释。《中共中央关于全面深化改革若干重大问题的决定》指出,"科学的财税体制是优化资源配置、维护市场统一、促进社会公平、实现国家长治久安的制度保障"。由"优化资源配置、调节收入分配和促进经济稳定"到"优化资源配置、维护市场统一、促进社会公平、实现国家长治久安",绝不仅仅是功能和作用概括上的数量添加或项目整合,而是在充分认识财税体制功能及其作用的基础上,从国家治理体系的总体角度对财税体制的全新定位。

总之,作为大国而言,在大国责任的取向下,财政不仅仅在总体上赋予了实现国家综合发展战略的政治职能,在传统的经济职能方面,同样需要作出方向性和结构性的调整。所谓财政的政治职能,是指在财政支持的基础上,通过供给国际公共产品承担相关国际责任,从而有利于一国国际政治战略的实施和政治地位的提升。在经济职能的调整方面:第一,关于如何提升资源配置效率,大国不仅仅要通过解决外部性、减缓信息不对称、促进竞争以及提供公共产品等机制促进国内资源的有效配置,而且要借助制定国际规范、国际规则、国际标准,提供相关国际公共产品等形式作为调节全球资源配置的手段。第二,在调节收入分配与降低不公平性等方面,与全球主要国家一起开展国际税收协调,引导国际税收合作,调节收入分配,打击逃避税行为,缩小收入差距;在税收合作的基础上,加强国际援助与转移支付,努力消除贫困,降低发展的不公平,推动全球生活水平提升。第三,在促进宏观经济稳定方面,不仅仅是与其他国家政策相协调促进全球经济稳定,还需要在全球经济治理、生态环境改善等方面发

---

① 吕炜:《国家治理现代化视域下的大国财政》,《人民日报》,2017年1月17日。

挥引领性的作用。

（二）大国财政视角下的财政预算规则

作为大国的典型代表,美国的财政预算规则经历了五次转变。①第一次转变发生在20世纪30年代,由平衡预算转为赤字财政。在此之前,以马歇尔等人为代表的传统古典经济学理论一直在西方经济学界占据主导地位。1929年资本主义大萧条爆发后,面对市场的持续低迷、企业投资的不断萎缩以及失业率的上升,美国总统胡佛恪守传统的财政思想,坚持预算平衡,拒绝动用更多的政府资金来挽救濒临崩溃的宏观经济(胡国成,1989)。面对日益严重的经济形势,民众开始斥责政府的不作为,开始重新认识政府与市场的关系,并对传统的经济学思想产生怀疑。1936年,英国经济学家凯恩斯(J.M.Keynes)出版了《就业利息和货币通论》,质疑传统的财政政策思想,明确地提出政府应该直接干预经济,采用扩张的财政政策——即赤字财政的方法克服经济衰退。凯恩斯的政策思想在是否应该有财政赤字这个问题上实现突破,但财政赤字是否应常态化、财政赤字的规模应该多大等问题,凯恩斯并没有给予说明。

第二次转变发生在20世纪40年代后期,由赤字财政进一步发展成为周期性预算平衡。周期性预算平衡是指,在经济处于衰退阶段,实际生产总值低于充分就业的产值(潜在产值),政府应该扩大财政支出,采用赤字财政的方法刺激经济,随着经济复苏,财政收入得到提高;当实际产值达到甚至超过充分就业状态下的潜在生产总值时,政府支出减少,财政收支出现盈余。由此,政府可以借助充分就业状态下的财政盈余弥补经济衰退条件下的财政赤字,实现财政预算的周期性平衡。即财政预算不需要每年都实现收支平衡,只需要在一个经济周期内实现平衡就可以,其目的在于熨平经济周期,实现持续的充分就业。

第三次转变发生在20世纪60年代,由周期性的预算平衡进一步发展成为充分就业预算。充分就业预算最早来源于1947年美国经济发展委员会(Committee for Economic Development)提出的概念——"充分就业预

---

① 郝宇彪:《财政预算理念:演变、影响与重构——基于美国财政收支变迁的分析》,《经济社会体制比较》,2014年第6期,第126—134页。

算盈余(Full Employment Budget Surplus)"。①所谓充分就业预算盈余,就是指按照既定税收制度,在实现充分就业的条件下财政收入与财政支出的差额。1962 年,以沃尔特·赫勒(Walter. W.Heller)和詹姆斯·托宾(James Tobin)为代表的肯尼迪总统经济顾问委员会首次在国情咨文中引入该概念,并对该概念进行了更为详细的阐述;1964 年的年度报告开始运用充分就业盈余的思想对美国政府的预算计划进行分析(Arthur M.Okun & Nancy H.Teeters,1970)。简单地说,充分就业预算是指,只要国民生产总值低于充分就业(失业率为 4%)下的产值,政府就应该采取扩张性的赤字财政政策刺激经济,只要在充分就业的条件下达到预算平衡即可。

第四次转变发生在 20 世纪 80 年代,强调财政预算平衡逐渐取代充分就业预算成为美国等发达经济体政府追求的目标,并最终发展成为上限管理准则。所谓上限管理准则,就是设定一个财政赤字上限或公共债务警戒线,只要没有达到上限或触及警戒线,财政赤字的规模就是可以承受的。其中,1991 年 12 月,在荷兰举行欧洲共同体首脑会议上所签订的《马斯特里赫特条约》中所规定的标准最具代表性:即各国的财政赤字须控制在 GDP 的 3%以下;公共债务的 GDP 占比保持在 60%以下。该标准后来成为世界主要经济体认定的标准。但除此之外,美国还对财政赤字和公共债务上限的具体额度作出明确规定。

第五次转变发生 20 世纪 90 年代中后期,量入为出(Pay-As-You-Go)准则取代里根时期以减税为主要特征的财政预算平衡原则。根据该准则,即每当政府增加大笔开支的同时,必须在其他项目上削减开支或增税,以保持收支平衡——例外是参议院以超过 60%的票数通过特殊开支项目。量入为出的准则在小布什执政以后于 2002 年失效。小布什执政期间的财政准则与里根执政期间的财政准则较为类似,名义上是预算平衡

---

① Committee for Economic Development. Taxes and the Budget: A Program for Prosperity in a Free Economy.CED, November 1947, pp.22—25.美国经济发展委员会(CED)成立于 1942 年,属于非营利、无党派组织,经济主张是"保守的宏观经济学",认为应该运用财政政策对总需求进行管理,但对财政政策应该加以一定的限制。CED 对美国的经济政策发展具有重要影响,是"马歇尔计划"、"布雷顿森林协定"以及《1946 年就业法案》等重要决策的主要贡献者。

的原则,实际上主要采取减税制度和债务上限管理的原则。奥巴马执政以后,量入为出的预算准则得以恢复,但相比克林顿时期有很大的调整。其核心特征是:财政预算总体保持跨期平衡的原则,一定时期内某些政策导致赤字上升需要在另一个特定时期通过其他政策得以弥补融资,但诸如立法通过的紧急支出项目、社会保障支出等并不受此限制。量入为出的准则并没有为总体的预算设立数字限制,而是注重程序性规则,并在事实上采取债务上限管理的原则。①

与美国现行的财政规则相对应,近些年来,我国的财政预算准则也进行了类似的修订。2013 年 11 月,十八届三中全会通过的《中共中央关于全面深化改革若干重大问题的决定》提出,"审核预算的重点由平衡状态、赤字规模向支出预算和政策拓展"、"建立跨年度预算平衡机制"、"建立规范合理的中央和地方政府债务管理及风险预警机制"等要求,为《中华人民共和国预算法》的修改确立了原则和思路。2015 年起执行的新《中华人民共和国预算法》第十二条规定:"各级预算应当遵循统筹兼顾、勤俭节约、量力而行、讲求绩效和收支平衡的原则。各级政府应当建立跨年度预算平衡机制。"根据该规则,年度预算审核的重点由收支平衡转移至财政支出项目,收入预算从任务改为预期,预算确定的收支平衡状态不一定严格遵守。但是,为确保财政的可持续,就要建立跨年度预算平衡机制,一方面是建立跨年度弥补超预算赤字的机制,另一方面是建立中长期重大事项科学论证的机制,对一些重大项目不能一年一定政策,要有长远考虑,通过实行中期财政规划管理,强化其对年度预算的约束性,增强财政政策的前瞻性和财政可持续性。②这种在年度预算重点关注支出,长远追求动态平衡,并力求使债务余额保持在一定比例之内的做法已经为欧美发达国家广泛采用。欧元区国家的财政赤字规则除了仍然遵守《马斯特里赫特条约》外,从 2012 年起欧元区成员国的基本财政支出的增长率不能超过名义 GDP 的增长率。美国从 2011 年起也在支出项目与规模方面进行了大幅度的修订,争取实现财政可持续性。

---

① Tidiane Kinda et al. Fiscal Rules at a Glance: Country Details from a New Dataset, IMF Working Paper, WP12/273.

② 楼继伟:《改进年度预算控制方式 建跨年度预算平衡机制》,《人民日报》,2013 年 11 月 21 日。

综上所述,目前世界主要发达国家主要采取"动态平衡预算＋债务限额管理＋支出管理规则"组合管理的财政预算规则。这种组合的优点在于能够充分发挥财政对于一国国家治理的支撑作用,给予中央政府灵活的操作空间,有利于各项国内外战略目标的实现,同时又追求财政可持续性。因此,这种组合应该成为大国财政预算规则的核心内容。

三、国际公共产品供给对大国财政收支的影响

简而言之,大国财政的含义就是一国通过调整财政职能与财政预算规则从而有利于该国大国地位实现的财政框架体系,其核心手段是在硬实力的基础上,通过构建国际公共产品的供给体系与结构,扩大本国的国际影响力,参与国际秩序构建。

（一）国际公共产品供给对大国财政支出的影响

对于一国财政支出而言,国际公共产品的供给势必导致财政支出加大。以美国为例,根据美国国会预算办公室公布的数据,国际事务支出是美国财政预算支出的重要组成部分,2018 年预算为 652 亿美元。美国的国际事务支出包括国际发展与人道主义援助（International development and humanitarian assistance）、国际安全援助（International security assistance）、一般外交事务（Conduct of foreign affairs）、对外信息与交流活动（Foreign information and exchange activities）、国际金融项目（International financial programs）。在这五项支出条目中,除一般外交事务外,其余四项总体体现了美国的大国责任甚至霸权责任,尤其是国际发展与人道主义援助和国际安全援助两项,2018 年这两项支出合计占美国国际事务支出的比例高达 63%,且未来呈现稳中有增的趋势。

其中,国际发展与人道主义援助包括难民和移民的紧急救助基金、对泛美开发银行的资金贡献、对国际开发协会的资金贡献、对亚洲开发银行的资金贡献、对国际复兴开发银行的资金贡献、对非洲开发银行的资金贡献、债务重组、美国和平队运作资金、非洲发展基金、贸易与发展署、对国际农业发展基金的资金贡献、国际事务技术援助项目、全球农业与食品安全项目、泛美基金会、对非洲发展基金的赠予与捐献、和平队（Peace Corps）

表 2　美国国际事务财政支出构成(单位:百万美元)

项　　目	2018 年		2019 年		2020 年	
	数额	占比	数额	占比	数额	占比
国际发展与人道主义援助	29 003	44.5%	29 447	45.7%	30 154	45.7%
国际安全援助	12 559	19.3%	12 698	19.7%	12 959	19.6%
一般外交事务	16 291	25.0%	16 710	25.9%	17 145	26.0%
对外信息与交流活动	1 637	2.5%	1 669	2.6%	1 711	2.6%
国际金融项目	5 691	8.7%	3 907	6.1%	4 025	6.1%
合计	65 181	100.0%	64 431	100.0%	65 994	100.0%

数据来源:美国国会预算办公室(CBO)网站。

杂项信托基金、Peace Title II 食物津贴、麦戈文多尔国际食品教育和儿童营养计划、国际组织机构和项目、国际麻醉品管制与执法事务、全球艾滋病倡议计划、全球健康计划、民主基金、移民与难民援助、海外私人投资(OPIC)项目账户、美国国际新闻社的资本投资基金、对以色列项目账户的贷款担保、对欧洲欧亚大陆以及中亚的援助、城市与环境信贷项目账户、乌克兰贷款担保项目账户、中东北非贷款担保项目账户、美国国际开发署的运营支出、对东欧和波罗的海诸国的援助、复杂危机应对基金、发展援助计划、转型倡议计划、国际灾难援助、对独联体国家的援助、儿童救助与健康计划、发展信贷局项目账户、经济援助贷款清算账户、房地产和其他信用担保项目清算账户、美国国际开发署杂项信托基金、千年挑战公司(Millennium Challenge Corporation)等 50 多项;国际安全援助包括全球安全应急基金、防核扩散与防恐等相关项目支出、国际军人教育与培训、对外军事融资项目、维和行动、经济支援与发展基金等十个项目;对外信息与交流活动包括开放的世界领导力中心信托基金、东西方研究中心、教育和文化交流项目、国家民主基金会、对亚洲基金会的支付、日美友好信托基金、广播资本提升计划、国际广播运营支出、越南债务偿还基金等约 10 个项目;国际金融项目包括 IMF 直接贷款项目账户份额、国防采办特别基金、对外军售信托基金、汇率稳定基金、美国进出口银行贷款项目等方面。

通过上述归纳可以看出,美国国际公共产品的供应涉及世界发展的各个领域与各个地区,有力地提升了美国在全球治理各个领域的话语权,为美国大国地位的巩固发挥了重要的作用。

（二）国际公共产品供给对大国财政收入的影响

然而,这些国际公共产品的提供一方面会增加国家财政支出,但另一方面,可以通过降低交易成本、减少信息不对称性、获取合作优先权、争取更大的资源配置空间等机制促进国内经济发展,从而推动财政收入的增加。

第一,一国提供的国际公共产品是影响资源、大宗商品、资本市场以及国际货币体系的重要因素,提升本国在全球产品市场、要素市场、资本市场中的地位与话语权,以此提升在全球价值分配中的地位。[①]例如,截至2018年4月22日,美国向国际货币基金组织(IMF)缴纳的份额为829.942亿特别提款权(SDR),合计约1 204亿美元,占17.46%,对IMF的运营提供了坚实的资金支持。但自从美国主导建立IMF以来,IMF也是美国保护其海外金融存在并进行金融渗透的平台,有效提升了美国资本在全球市场的扩张程度。[②]在亚洲金融危机中,根据IMF援助的有关条件,泰国、印度尼西亚、菲律宾、韩国等国家必须逐步开放投资市场,外国资本不仅可以进入大部分行业,甚至可以参与国营企业私有化计划和购买经济整顿中拟出售的私人企业资产,例如IMF要求韩国开放银行业,而这正是当时美韩双边谈判的重要内容。由此可见,美国投资自由化的计划可通过IMF的相关政策措施得以实现。

第二,从援助性的公共产品而言,其一,援助有利于全球收入差距的缩小,根据消费理论,全球消费支出会增加,从而有利于本国产品市场的扩大。其二,对外援助有利于增进本国与受援国之间的关系,从而使本国在受援国市场进入方面会获得事实上的优先权,有利于本国商品市场的拓展。例如,美国《1961年对外援助法》是美国对外援助的行为基准,其第601节明确指出,鼓励私人企业和私人参与发展中国家的经济发展是美国

---

① 刘尚希等:《大国财政》,人民出版社2016年版,第43—45页。
② 宋莹莹:《简析美国海外经济利益保护机制》,《世界经济与政治》,2012年第8期,第107—128页。

的政策。为鼓励及便于这种参与,国会授权总统可采取以下措施:一是安排寻找及通知私人企业注意友好欠发达国家和地区中的投资与开发机会;二是加速商业与贸易条约谈判计划,其中包括鼓励与便利私人投资流动和平等待遇的税收条约①;其三,有利于增强两国之间的互信程度,降低交易与合作成本,促进两国经济合作。众多的研究表明对外援助有利于对外投资的发展。②

第三,大国财政支出作为技术研发、技术追赶的支持因素,提升经济体在全球经济格局中的分工层次,提升本国在全球价值链中的地位,提高增加值的份额。例如,回顾20世纪美国高科技产业的发展,可以说基于财政的支持,美国政府直接或间接主导了互联网、半导体、高温超导、核能、HDTV等一系列重要科技产品的研发,甚至推动了"硅谷"的创新与繁荣。③当前中美贸易摩擦暴露出芯片成为制约我国产业发展与升级的软肋,美国也凭借在芯片领域的霸主地位在全球产业链中占据绝对优势的地位。但必须指出的是,第二次世界大战后20世纪50年代后期,美国财政直接资助了美国半导体企业研发支出的25%以上,并通过军事采购的方式直接为半导体企业提供市场。在1965年,美国军方的市场需求占美国整个半导体产业的28%、整个集成电路产业的72%。在对半导体企业的研发资助的同时,美国政府在1987年拨款10亿美元,引导10多家半导体企业组建了半导体制造技术战略联盟(Semiconductor Manufacturing Technology),促进企业之间的开发援助、研发合作、规范统一技术标准等。美国国防部和国防部先进研究计划署(Defense Advanced Research Projects Agency)先后参与组建了半导体制造技术战略联盟。1987年到1992年,半导体制造技术战略联盟花费了3.7亿美元(全部预算的37%),用于半导体设备改进和设备供应相关的外部研发项目支出。另外,为应对外国企业的竞争和并购威胁,美国政府倡议放松美国反垄断法而允许

---

① 毛小菁:《发达国家对外援助中的经济利益》,《国际经济合作》,2009年第10期,第45—47页。

② Elizabeth Asieduy, Yi Jinz, Boaz Nandwax. Economic Growth C Does Foreign Aid Mitigate the Adverse Effect of Expropriation Risk on Foreign Direct Investment? Journal of International Economics, No.2, 2009, pp.268—275.

③ 周建军:《美国产业政策的政治经济学——从产业技术政策到产业组织政策》,《经济社会体制比较》,2017年第1期,第80—94页。

美国企业开展更大范围的合作研究,同时美国半导体产业协会号召美国半导体企业合资生产(Production Joint Ventures),以达到技术协同和强强联合的目的。①总之,没有美国政府通过财政对半导体产业的研发支持、产品采购、技术合作和强强联合等多种形式的产业政策,美国企业很难引领全球高科技产业的发展,更谈不上主导全球价值链。

除上述机制之外,大国财政还可以通过提供公共产品以优化治理结构、提升治理能力等因素降低本国经济制度运转中的成本,切实减少经济发展中的效率损失,通过提高效率来增强国家的竞争力,从而提升在全球价值链中的地位。

四、结 论 与 展 望

综上所述,所谓大国是指一个国家在经济、政治、军事等综合实力位居世界前列,通过承担相应的国际责任获得国际社会的广泛支持与认可,从而在经济、政治、军事等方面具有较强软实力的一种状态,在全球治理中具有关键性的作用。大国财政与一般国家的财政职能的主要差别在于,财政不仅仅服务于一国经济的发展,而且在国家治理与国家发展战略中发挥关键的作用,从而有利于一国国际经济与政治战略的实现,其实现机制为供给国际公共产品。在优化财政职能的基础上,大国应采取"动态平衡预算 + 债务限额管理 + 支出管理规则"组合管理的财政预算规则。这种组合一方面有利于财政可持续性实现,另一方面给予中央政府灵活的操作空间,支撑国内外各项战略目标的实现,为国际公共产品供给提供财政制度保障。国际公共产品供给是大国责任发挥的关键机制,促进大国在全球治理话语权的提升,一方面会导致财政支出增加,另一方面可以通过降低交易成本、减少信息不对称性、获取合作优先权、争取更大的资源配置空间等机制促进国内经济发展,从而推动财政收入的增加。

十八大以来,国家主席习近平多次表示,随着国力不断增强,中国将

---

① David P.Angel. Restructuring for Innovation: the Remaking of the U.S.Semiconductor Industry. Guilford Press, 1994, pp.160—175.

在力所能及的范围内承担更多的国际责任和义务,2014 年 7 月出访拉美四国前夕接受四国媒体联合采访时指出,"我们将更加积极有为地参与国际事务,致力于推动完善国际治理体系,积极推动扩大发展中国家在国际事务中的代表性和发言权。我们将更多提出中国方案、贡献中国智慧,为国际社会提供更多公共产品"。①从实践来说,我国积极推进"一带一路"倡议,成立金砖国家新开发银行、亚洲基础设施投资银行、丝路基金等区域性经济合作组织,为世界最贫困国家提供数以十亿计的发展援助并免除部分最困难的债务,提供数十亿美元资金用于帮助发展中国家对抗全球气候变化,设立为期 10 年、总额 10 亿美元的中国—联合国和平与发展基金,并举办首届"一带一路"国际合作高峰论坛、亚太经合组织领导人非正式会议、二十国集团领导人杭州峰会、金砖国家领导人厦门会晤、亚信峰会等活动促进全球治理协商,这些都是中国承担大国责任、推动全球经济治理体系完善、提供国际公共产品的实质性举措。在构建人类命运共同体理念的引导下,中国将为国际稳定、世界安全、国际经济秩序完善、世界经济复兴等方面提供更多的公共产品,进一步彰显出大国的责任与担当。因此,对于中国而言,构建完善而系统的大国体系刻不容缓。展望未来,大国财政体系还需要在以下方面深入研究:一是在现代财政制度体系下财政的支出原则与支出结构具体需要怎样的调整与创新? 二是税收制度的优化与国际税收协调应该如何开展? 三是大国财政收支、国债市场、货币国际化三者之间如何互动?

---

① 《习近平提三个"更加积极有为"发挥中国负责任大国作用》,国际在线,http://news.cri.cn/gb/42071/2014/07/15/6891s4616186.htm, 2018-04-01。

区域性公共产品相关研究综述及展望

高蒙蒙*

【内容提要】 区域性公共产品理论自诞生以来受到了国内外学者的广泛关注,并为区域经济合作与发展提供了理论依据。通过文献梳理,本文得出以下结论:一是当前关于区域性公共产品的内涵、分类以及理论框架等基本问题的结论比较明晰;二是在区域性公共产品的供给机制以及成本分担方式两大核心问题上,应充分考虑供给主体地位及公共产品类型等复杂因素;三是我国政府应主导"一带一路"区域性公共产品供给,并且未来相关研究应更加注重与其他国家的政治经济关系。最后,对于区域性公共产品供给的具体决策还处在初步阶段,有待于未来研究的系统评价。

【关键词】 区域性公共产品;供给机制;"一带一路";基础设施

【Abstract】 The theory of regional public goods has received extensive attention from scholars since its birth, and has provided a theoretical basis for regional economic cooperation and development. Through literature review, this paper draws the following conclusions: First, the conclusions on the basic issues of the connotation, classification, and theoretical framework of regional public goods are relatively clear. The second is, on the two core issues of regional public goods, supply mechanisms and cost sharing methods, We should fully consider the supply of subject status and types of public goods and other complex factors. Third, the Chinese government should lead the "the Belt and Road" regional public product supply, and related research in the future should pay more attention to the political and economic relations with other countries. Finally, the specific decision on the supply of regional public goods is still in the preliminary stage, and it needs to be evaluated systematically in the future.

【Key Words】 regional public goods; supply mechanism; "One Belt and One Road"; infrastructure

* 高蒙蒙,上海财经大学公共经济与管理学院博士生。

区域性国际公共产品（Regional Public Goods，或译为"区域性公共产品"）是公共产品理论在国际问题领域的最新应用，是国际政治经济发展新趋势的体现。其含义是指"由区域内国家联合提供的，服务于本地区的繁荣和稳定的跨国公共产品，可以是有形的基础设施，也包括无形的制度"。①国际政治以及经济发展的秩序是靠发达国家主导的诸如联合国、世界贸易组织等世界性的组织来维护的。然而美国金融危机的爆发，将经济全球化的关注点从发达国家转到了发展中国家的区域合作。区域之间的经济合作成为发展中国家谋求发展的强烈诉求。2013 年，我国政府积极倡导的"一带一路"区域合作，得到了有关国家的积极响应。区域性的国际公共产品理论是解读区域经济合作的新视角。这一问题自诞生以来引起学界的高度重视，近年来涌现了大量的相关研究，并取得了初步的成果。鉴于此，本文对相关文献进行梳理与展望，以期为后续研究提供一定的参考。

一、区域性公共产品理论的缘起

区域性国际公共产品理论是国内公共产品理论以及国际公共产品理论的延伸与扩展。一般而言，按照公共产品受益的范围可以将公共产品分为国内公共产品、国际公共产品两类，而国际公共产品又分为全球性的国际公共产品以及区域性的国际公共产品。本研究的范围主要为区域性的国际公共产品。为了行文的方便，以下简称区域性公共产品。

（一）国际公共产品的产生以及霸权供给的衰落

最早将传统的国内公共产品理论引进国际关系领域的是曼瑟尔·奥尔森（Mancur Olson）②、查尔斯·金德尔伯格（Charles P.Kindleberger）等学者③，并且由此诞生了国际公共产品的概念。英奇·考尔等人将国际公

---

① 樊勇明主编：《区域国际公共产品与东亚合作》，上海人民出版社 2014 年版，第 52 页。

② Olson, Mancur, "Increasing the incentives for international cooperation", International Organization, 1971, Vol.25, No.4, pp.866—874.

③ Kindleberger, Charles P. "International Public Goods without International Government", The American Economic Review, 1986 No.1, pp.1—13.

共产品定义为"收益扩展到所有国家、人民和世代的产品"。[1]此后,随着受全球化的挑战以及其他因素的影响,越来越多的研究关注国际公共产品问题。

国际公共产品理论自问世以来得到了不断的发展。有学者运用该理论阐释"霸权稳定论",而霸权国家提供国际公共产品成为国际公共产品供给的主要机制。在此领域作出重要贡献的如查尔斯·金德尔伯格和罗伯特·吉尔平(Robert Gilpin,1989)。金德尔伯格是最早将公共产品理论引入国际关系的学者,其在专著中强调必须有一个国家来承担维护国际经济体系稳定运转的公共成本。[2]罗伯特·吉尔平在此基础上提出国际公共产品的提供者应该是具有压倒优势的超强霸权国家。霸权国有责任提供国际公共产品,并用其经济剩余承担全部成本。[3]

然而,霸权国提供国际公共产品的机制存在诸多的缺陷,受到越来越多的质疑与批评。一方面霸权国提供的国际公共产品可能是本国谋求利益的私物化工具。[4]另一方面,霸权国提供国际公共产品的着眼点是全球,难以顾及区域的个性化偏好,针对性不足,无法充分满足区域国家的具体需求。[5]另外,有研究认为霸权国家提供国际公共产品的前提条件是有能力提供以及有意愿提供。而诸如美国等发达国家作为霸权国其提供国际公共产品的能力以及意愿不断减弱。[6]与此同时,和经济全球化共存的区域经济一体化对国际公共产品的供给提出了新的发展要求。

(二)区域合作的新趋势以及区域性公共产品理论的提出

除了霸权国供给机制的缺陷以外,区域性公共产品理论的兴起有其

---

[1] Kaul I., Grunberg I., Stern M.A., "Global Public Goods: International Cooperation in the 21st Century", Oxford University Press, 1999, p.5.

[2] 查尔斯·金德尔伯格:《1929—1933 世界经济萧条》,承先等译,上海译文出版社1986 年版。

[3] 罗伯特·吉尔平:《国际关系政治经济学》,杨宇光等译,经济科学出版社 1989 年版,第 91 页。

[4] 樊勇明:《区域性国际公共产品:解析区域合作的另一个理论观点》,《世界经济与政治》,2008 年第 1 期,第 7—13 页。

[5] 陈小鼎:《区域性公共产品与中国周边外交新理念的战略内涵》,《世界经济与政治》,2016 年第 8 期,第 37—55 页。

[6] 樊勇明主编:《区域国际公共产品与东亚合作》,上海人民出版社 2014 年版,第65 页。

重要的现实背景原因。一方面源于区域合作的发展以及区域组织的兴起。冷战结束后,世界各国迎来了多极化以及经济全球化的浪潮,并且随着经济全球化的不断深入,全球的区域合作也日益活跃。这一时期区域性实体不断兴起,诸如欧盟、东盟、北美自由贸易区等等区域联合对于区域性公共产品的需求不断增加。另一方面,对于霸权供给机制缺陷的充分认识与摒弃,使得区域性公共产品的相关实践以及理论的发展应运而生。这一时期也涌现了针对区域性公共产品以及相关问题的大量研究。

区域性公共产品由区域内国家合作提供的优势以及可能性也逐渐被社会各界广泛接受。早在 1965 年,奥尔森的"集体行动的逻辑"的理论就可以解释为什么区域性公共产品相较于国际公共产品更能增进不同国家的共同利益以及区域合作的达成。近年来国内外也有学者从理论辨析以及实践经验的总结两个层面论述了区域性公共产品供给的可能性与合理性。一方面,与霸权国提供国际公共产品或者说全球公共产品相比,区域国家根据合作的机制提供公共产品可以避免公共产品私物化,也可以克服小国的"搭便车"。[①]我国也有学者得出相似的论断,如裴长洪认为区域性公共产品的收益范围一般在区域组织的国家内,成本远低于全球公共产品,因此有能力提供的国家比较多一些。[②]并且区域组织拥有的国家更少,降低了"搭便车"机会。区域性公共产品与区域内国家的利益密切相关,国家参与合作的意愿较强。另一方面,现有区域性公共产品的实践经验也进一步推动了该理论的发展。欧盟以及之后的东盟等区域组织的兴起与发展为区域性公共产品的供给提供了先决条件,充分体现出"有关国家可以通过区域内合作的办法,联合起来共同生产、提供和维持本地区和平与繁荣所需的各种公共产品"。[③]

如今,区域合作不断深化成为鲜明的时代特征。非洲、拉美、中亚等地

---

① 安东尼·艾斯特瓦多道尔主编:《区域性公共产品:从理论到实践》,张建新等译,上海人民出版社 2010 年版,第 13 页。

② 裴长洪:《全球经济治理、公共品与中国扩大开放》,《经济研究》,2014 年第 3 期,第 4—19 页。

③ 樊勇明、薄思胜:《区域性公共产品理论与实践》,上海人民出版社 2011 年版,第 28 页。

区的区域合作使得区域性公共产品的供给面临严峻的挑战。2013 年我国政府提出的"一带一路"倡议作为一个区域发展的整体平台,涉及的诸多跨国活动也具有区域性或区域间公共产品属性。[①]种种现实因素的驱使下,急需构建完善的区域性公共产品理论框架。然而当前区域性公共产品理论近年来取得了一定的进展,但是在一些重要问题节点上仍处于起步的阶段。鉴于以上考虑,本文将从当前比较关注的区域性公共产品问题为视角,梳理现有研究的经验以及未来研究的方向。

二、区域性公共产品的基本问题研究

(一)区域性公共产品概念与内涵

目前国内外关于区域性公共产品的概念及内涵的界定已经逐渐明晰。尽管自查尔斯·金德尔伯格引入国际公共产品的概念以来,国外一些学者,如英奇·考尔、托德·桑德勒(1998)的相关研究都提出了区域性公共产品的定义,但是从本质上看相互之间并无冲突。其中桑德勒将区域性公共产品定义为"在一个较为有限的地理范围内所产生的非竞争性和非排他性收益。区域性公共产品受益者是不止一个国家但是又不会扩展到所有国家"。[②]桑德勒在区域性公共产品理论的研究领域取得一系列成果,这一定义也得到国内外广泛的认可。

我国学者对于区域性公共产品的研究起步较晚,但是在借鉴国外研究成果的基础上对于区域性公共产品概念的理解以及阐释更加具体。樊勇明指出:"区域性公共产品是区域内国家联合起来共同设计出一套只服务于本区域、只适用于本区域、成本又由域内国家共同分担的安排、机制或制度。"[③]结合国内外的定义来看,区域性公共产品主要是由受益的一些

---

① 黄河:《公共产品视角下的"一带一路"》,《世界经济与政治》,2015 年第 6 期,第 138—155 页。

② Sandler, Todd 1998, "Global and Regional Public Goods: A Prognosis for Collective Action", Fiscal Studies, Vol.19. No.3, 1998, pp.221—247.

③ 樊勇明:《从国际公共产品到区域性公共产品——区域合作理论的新增长点》,《世界经济与政治》,2010 年第 1 期,第 143—152 页。

国家提供的，并且包括多种形式的公共产品。

（二）区域性公共产品分类及方法

区域性国际公共产品包括有形的基础设施，还包括无形的制度和机制是广泛的共识。区域性公共产品不仅存在于金融体系、贸易与投资等典型领域，而且普遍存在于环境保护、传染病的控制、灾害治理、打击跨国犯罪、人力资源开发等领域。①

对区域性公共产品进行合理的分类是研究区域间公共产品供给与合作的基础。从现有研究来看，当前对于区域性公共产品的分类是建立在萨缪尔森对于公共产品"非竞争性以及非排他性"界定的基础上延伸而来的。最早对区域性公共产品进行划分的是坎布尔等人。②其划分有两种方法，即根据利益的空间范围的划分以及根据汇总的方法。根据利益空间范围的划分最初提出了区域性国际公共产品、全球性国际公共产品以及国内公共产品的划分，而汇总的方法为后续研究提供了极具价值的参考。

汇总的分类方法最早是杰克·赫什利弗运用在公共产品的划分上的，指的是个人对公共产品的贡献取决于可消费的总量。③坎布尔、理查德·科恩斯，桑德勒等人扩展了汇总方法④，将原来的一种汇总方法发展到现在的如表1所示的六种汇总方法。⑤

---

① Guillermo Perry, "Regional Public Goods(RPG): An Agenda in the areas of finance, trade and infrastructure". Report Prepared for CGD December 2012, pp.3—65.

② Ravi Kanbur, Todd Sandler, Kevin M.Morrison, "The Future of Development Assistance: Common Pools and International Public Goods", ODC Policy Essay No.25 May 1999, pp.61—65.

③ Hirshleifer, Jack. "Form Weakest-Link to Best-Shot: the Voluntary Provision of Public Goods". Public Choice, 1983, 41(3):pp.371—386.

④ Cornes, Richard and Todd Sandle, "Easy Riders, Joint Production, and Public Goods." Economic Journal, 1984. 94(3):pp.580—598.

⑤ 总和是公共产品的总水平等于各个行为体共享的总和，权重加总是指对总和方法的改进，公共产品总和等于各国贡献与权重，最佳表现是指集体供给的总体水平取决于作出最大贡献的行为体，次佳表现是指次佳努力仍会增加公共产品的总体水平，最弱环节是指某一地区公共产品的有效性取决于个体的最小贡献，较弱环节则指倒数第二的贡献也会对总供给的增加起到一定的影响。

表1 基于六种汇总方法的区域性公共产品分类①

汇总方法	纯公共产品	不纯粹的公共产品	俱乐部产品	联产品
总和	清理一个湖泊	病人的治疗	跨国公园	保护雨林
权重加总	防治艾滋病蔓延	减少酸雨	电网	消灭叛乱
最弱环节	保持网络的完整	防止疫病暴发的监察系统	机场交通监控	安全情报
较弱环节	阻止农业害虫的蔓延	抑制农业害虫的传播	运输基础设施	互联网接入
最佳表现	防治地区性疾病	地区气候方面的研究成果	卫星发射设施	飓风的远程检测
次佳表现	寻找有效的治疗方法	清理石油泄漏	防止有害生物的设施	生物勘探

桑德勒等人的这一分类方法被后续研究接受,例如后期有许多学者就区域性公共产品中的最弱环节公共产品进行探讨,这些研究也是基于以上汇总分类方法的前提开展的。②

（三）区域性公共产品主要的研究领域

现有对区域性公共产品的研究主要聚焦于区域货币和金融领域的秩序与制度安排,基础设施的提供,环境污染的治理等区域性公共产品。除以上研究领域以外,区域性国际公共产品理论也持续关注传统的区域安全领域③,传染病控制等领域也引起广泛重视。④

基础设施建设在区域经济发展与合作的进程中,至关重要。但是,在实践中基础设施类的区域性公共产品的有效供给,不仅存在技术上的障碍,还存在体制上的障碍。多边机构在提供充足的基础设施类区域性公

---

① 表格转引自樊勇明主编:《区域国际公共产品与东亚合作》,上海人民出版社2014年版,第58页。

② Vivian Lei, Steven Tucker, Filip Vesely, "Foreign aid and weakest-link international public goods: An experimental study", European Economic Review, 2007(51), pp.599—623.

③ 黄昌朝、胡令远:《东盟区域安全公共产品研究》,《求索》,2013年第7期,第176—179页。

④ Martin Gregor, "Trade offs of foreign assistance for the weakest-link global public goods", Tax Public Finance, 2011.18, pp.233—251.

共产品中起着决定性的作用。①尽管从全球范围看来,世界各国国内的基础设施水平不断提高,然而区域合作对于区域间的基础设施水平提出了新的要求。基于东亚能源市场和南美区域基础设施的一些研究表明,区域基础设施仍是区域经济一体化的制约条件。②

环境类区域性公共产品问题受到越来越多的关注,然而传统的经济学对于解决此类问题并不适用。在区域污染的治理中,区域内大国更有提供区域性公共产品最终促使区域内国家持续合作的激励。③环境类区域性公共产品的供给相较于其他领域更加复杂。尽管区域性公共产品理论已经被逐渐接受,但是对于污染程度相关数据的匮乏使得经验分析的进展缓慢。近年来,有研究基于以往研究的缺陷从国际公共偏好的视角探讨了石油泄漏污染造成的经济损失的价值评估,该研究对于环境类区域性公共产品理论问题的解决是有益的尝试。④

从区域性公共产品研究的地理范围来看,与区域合作发展的浪潮紧密相关。早期针对区域性公共产品的研究集中在欧盟以及东盟等区域组织的公共产品,随着区域经济一体化的发展,近年来涌现的研究多为新兴区域组织的研究。比如2013年我国"一带一路"倡议的提出,相关研究不断涌现,为倡议实施提供了理论依据。

(四)区域性公共产品理论框架

区域性公共产品理论的基础是经济学中的公共产品理论与区域合作发展理论的结合,并且区域性公共产品理论的提出在一定程度上丰富和完善了公共产品以及区域合作理论。

一方面,国内学者提出区域性公共产品具有公共产品的外部性特征,使得区域外的国家有动机参与到区域性公共产品的供给中来。特别是区

---

① 安东尼·艾斯特瓦多道尔主编:《区域性公共产品:从理论到实践》,张建新等译,上海人民出版社2010年版,第186—187页。

② Ricardo Carciofi, "Cooperation for the Provision of Regional Public Goods: The Iirsa Case". United Nations University Series on Regionalism, 2012(4), pp.65—79.

③ 黄河:《区域性公共产品与区域合作——解决GMS国家环境问题的新视角》,《国际观察》,2010年第2期,第73—78页。

④ Maria L. Loureiro. "International Public Preferences and Provision of Public Goods: Assessment of Passive Use Values in Large Oil Spills". Environmental and Resource Economics, 2013.56(4), pp.521—534.

域外大国更有动机参与区域性公共产品的供给,公共产品的外部性特征为分析区域性国际公共产品与域外大国的关系提供了理论依据。①

另一方面,区域性公共产品理论中的成本收益分析为区域合作理论提供了新的依据。成本收益分析强化了区域内国家开展合作的内在动力,并使传统的区域合作理论上升为可计量、可实证的理论。②此外,区域合作最广泛的理论武器之一是地区主义,而区域性公共产品理论融入了地区主义理论的"五阶段说"为区域合作研究提供新的理论分析框架。③

三、区域性公共产品的有效供给研究

如何制定科学合理的供给机制以及成本分担方法是区域性公共产品有效供给的两大核心问题。从现有研究成果看来,无论是供给机制的选择还是成本分担模式的设计都受到复杂因素的制约。

(一)区域性公共产品的供给机制问题

关于区域性公共产品的供给机制,布鲁斯·拉西特(Bruce Russett)和哈维·斯塔尔(Harvey Starr)等人提出了六种可能的策略。④一是通过诸如区域内的霸权国以高压的形式安排区域性公共产品,利用霸权国的政治、经济优势强制成员国支付相应的费用;二是由区域团体内的某一个或少数成员国承担公共产品成本的供给机制;三是让成员国获得相应报酬的积极策略方式提供区域性公共产品的供给机制;四是区域集团利用成员国的私人产品诱导其他国家加入,并分担部分公共产品的供给机制;五是通过达成区域共识的方式,增强区域认同的区域性公共产品供给机制;六是通过建立区域组织,由区域内的成员国相互协作,通过一系列的协议

---

① 郭延军:《美国与东亚安全的区域治理——基于公共物品外部性理论的分析》,《世界经济与政治》,2010 年第 7 期,第 37—38 页。

② 樊勇明、薄思胜:《区域性公共产品理论与实践》,上海人民出版社 2011 年版,第 11 页。

③ 樊勇明:《从国际公共产品到区域性公共产品——区域合作理论的新增长点》,《世界经济与政治》,2010 年第 1 期,第 148—149 页。

④ 布鲁斯·拉西特、哈维·斯塔尔:《世界政治》,王玉珍等译,华夏出版社 2001 年版,第 380—382 页。

提供区域性公共产品的机制。

从实践的经验来看,第一种供给机制已经受到越来越多的质疑与批评,这也是区域性公共产品理论产生的原因之一。近年来的研究表明霸权供给区域性公共产品对于发展中国家带来了巨大的干预与限制。比如北美自由贸易区建立的一系列规则以及制度都是美国主导的,是一种不对称的区域合作方式。①第二种区域性公共产品供给机制的典型案例是欧盟。受经济利益以及政治博弈的影响,法德两国在欧盟区域性公共产品的供给中占据主导地位。这种供给机制一度使得法德两国获得了经济利益,并且通过准入门槛的设置,在一定程度上阻止了"免费搭车"。②然而,进入21世纪以来,随着主权债务危机的爆发,欧盟区域性公共产品的供给机制也面临新的问题。

除了以上六种供给机制之外,区域性公共产品可能面临域外大国的参与,使得区域性公共产品的供给面临域外大国与成员国以及成员国之间的两种博弈。③更加复杂的是,在一些领域的区域性公共产品中还同时存在多种供给机制,这些供给机制相互之间无法协调。④这些问题的存在,使得区域性公共产品供给机制的选择更加不明晰。

现有研究为区域性公共产品供给机制的选择提供了一些理论依据,比如按照区域多中心理论的相关思想,区域性公共产品的供给机制应该是具有多重性以及差异性的。⑤区域合作中的公共产品供给机制主要取决于合作主体间的经济规模和发展意愿,从而实现经济效益和社会效益的最大化。⑥

综上,区域性公共产品供给机制的选择要考虑众多复杂的因素。国

---

① 彼得·卡赞斯坦:《地区构成的世界:美国帝权中的亚洲和欧洲》,秦亚青等译,北京大学出版社 2007 年版,第 243 页。

② 樊勇明主编:《区域国际公共产品与东亚合作》,上海人民出版社 2014 年版,第59 页。

③ 张群:《东亚区域性公共产品供给与中国—东盟合作》,《太平洋学报》,2017 年第 5期,第 44—54 页。

④ 李国选:《南海共同开发困境:以区域性公共产品供给为视角》,《南洋问题研究》,2017 年第 1 期,第 84—94 页。

⑤ 埃莉诺·奥斯特罗姆:《公共事务的治理之道》,余逊达等译,三联书店 2000 年版,第18 页。

⑥ Nancy R, Buchan. "Reducing Social Distance: The Role of Globalization in Global Public Goods Provision". Advances in Group Processes, 2011, 28(2), pp.243—281.

内有学者认为供给机制的选择除了要考虑供给主体的地位、经济实力等因素外,更多地应该关注区域性公共产品服务对象的范围和需求以及特定环境下的技术水平。①

（二）区域性公共产品的成本分担问题研究

区域性公共产品的成本分担是区域性公共产品供给的另一核心问题。当前对于区域性公共产品的成本分担有两种主要的思路。一是按照传统的萨缪尔森关于公共产品"非竞争性,非排他性"的理论,将区域性公共产品分为纯粹和非纯粹区域性公共产品。而严格意义上的纯粹公共产品非常少,特别是区域性公共产品领域。帕特里克·斯塔尔格林认为公共产品在技术上已经被认为是非纯粹的公共产品。②按照斯塔尔格林的分类,区域性公共产品可以分为俱乐部产品、公共资源、联产品。第一种成本分担的主要思路就是依据这三种区域性公共产品的不同特征为基础来安排的。按照这种思路,对于俱乐部产品的成本分担取决于制度本身的安排,各国根据适用的情况支付费用,在成本分担问题上是明智的安排。③比如在东亚区域共同基金中,"10＋3"国家共同分担了成本,中日两国承担了大部分费用。公共资源类的区域性公共产品多涉及跨境的环境保护等领域,对于其成本分担应该考虑区域国家的长远发展目标,将保护资源的再生利用以及防止污染的成本也纳入成本分担的范围。联产品指维和活动,净化湖泊等,按照桑德勒的研究,区域性联产品的成本应该按照联产品的外部性以及排他性利益的大小来分摊。

除了上述按照萨缪尔森"竞争性与排他性"理论为基础的制定不同的成本分担方式之外,还存在另外一种思路。这种思路是基于奥尔森(Olson)的相关理论以及按照汇总分类的方法延伸而来的成本分担方式。奥尔森经典的关于解决公共产品"免费搭车"问题的两种途径,可以作为

---

① 樊勇明主编:《区域国际公共产品与东亚合作》,上海人民出版社 2014 年版,第 63 页。

② Patrik Stalgren, "Regional Public Goods and the Future of International Development cooperation: A Review of the Literature on Regional Public Goods", Working Paper, 2000:2, p.12.

③ Ravi Kanbur, Todd Sandler, Kevin M.Morrison, "The Future of Development Assistance: Common Pools and International Public Goods", ODC Policy Essay No.25 May 1999, pp.92—98.

区域性公共产品成本分担的理论依据。①一是获得最大收益的以及最有经济实力的国家承担区域性公共产品的成本,二是在区域组织的协调下各国一起承担区域性公共产品的成本。从现有文献的研究成果看来,第一种符合霸权稳定论的途径越来越不被实践所接受。比如,近年来随着美国经济实力下降以及国内形势的压力,其提供公共产品的意愿以及能力均有所下降,因此由最大受益国提供区域性公共产品并允许其他国家"搭便车"的途径不现实。而第二种途径近年来在理论以及实践两个层面得到广泛的认可与深入发展,由区域内各国家分摊成本具有一定的可行性以及必要性。根据以上思路,有研究以桑德勒等人关于区域性公共产品的分类为基础,提出区域组织各国共同承担成本的方案。②根据这种观点,区域性公共产品的成本分摊也可以分为简单累加、最优环节、最弱环节等方案。比如在传染病的防治上,区域性公共产品的效果往往很大程度上取决于最小贡献国家,这些国家也必须承担一部分成本。在自由贸易协定和经济伙伴协定具有加权总和特征的公共产品成本分担的问题上,不同国家承担的比例是差异化的。③

近年来国内外学者对于区域性公共产品成本分担问题的解决途径作了新的探索。区域开发银行以及基础设施基金被认为是区域性公共产品融资的有效途径,然而也有研究认为区域开发银行更多的是用于提供国内公共产品,提供区域性国际公共产品的权重较小。④除了以金融与货币领域的区域发展银行形式分担区域性公共产品的成本以外,私人的参与也被引入区域性公共产品成本分担的活动中。鼓励私人资本通过 PPP 的形式参与区域基础设施建设,是对传统的援助式国际公共产品提供的有益补充,将会更好地促进区域性公共产品供给。⑤

---

① 张建新主编:《国际公共产品与地区合作》,上海人民出版社 2009 年版,第 15—18 页。

② 贺平:《日本的东亚合作战略评析——区域性公共产品视角》,《当代亚太》,2009 年第 5 期,第 101—122 页。

③ 贺平:《区域性公共产品与东亚的功能性合作——日本的实践及其启示》,《世界经济与政治》,2012 年第 1 期,第 44—48 页。

④ 安东尼·艾斯特瓦多道尔主编:《区域性公共产品:从理论到实践》,张建新等译,上海人民出版社 2010 年版,第 276—281 页。

⑤ 黄河:《公共产品视角下的"一带一路"》,《世界经济与政治》,2015 年第 6 期,第 153—154 页。

综合关于区域性公共产品成本分担的两种主要的思路以及近年来新的尝试,区域性公共产品的成本分担方法要与不同公共产品的类型相适应。并且在区域性公共产品成本分担的管理中,各国的相互协作以及有效的区域制度尤为重要。诸多包括私人资本参与的区域性公共产品成本分担的新做法在实践中需要更高层面的区域制度与集体认同的建设。

四、"一带一路"区域性公共产品的相关研究

"一带一路"倡议是我国政府2013年9月和10月提出的"丝绸之路经济带"、"21世纪海上丝绸之路"倡议的简称,得到中亚以及东南亚国家政府的积极响应以及国际社会的广泛关注。该倡议旨在区域经济合作机制的基础上,衔接各国经济以促进亚太区域经济共同发展。倡议涉及的国家大部分是发展中国家以及新兴市场国家,对于区域性公共产品的供给提出了新的挑战。

近几年来,我国学者高度关注"一带一路"倡议涉及的区域性公共产品问题。众多学者聚焦于"一带一路"沿线基础设施区域性公共产品的供给、中国政府在区域性公共产品供给中的角色定位以及相关政策建议等问题展开了一系列的探讨。

(一)"一带一路"基础设施类区域性公共产品的相关研究

现有对于"一带一路"区域性公共产品的关注点聚焦于基础设施类的公共产品的定性分析。国内研究对于沿线国家基础设施类公共产品高度关注,除了源于基础设施在经济发展与合作中的倡议地位以外,还有以下几方面的原因。一是"一带一路"沿线很多国家由于地理环境复杂等多种原因基础设施薄弱,无法适应区域经济合作的必要条件。[1]比如仅就亚洲而言,许多国家和地区的基础设施亟须升级改造。[2]二是"一带一路"沿线国家的基础设施互通互联面临巨大资金缺口。根据亚洲开发银行的相关

---

① 徐小杰:《"丝绸之路"战略构想的特性研究》,《俄罗斯研究》,2014年第6期,第164页。

② 范祚军、何欢:《"一带一路"国家基础设施互联互通"切入"策略》,《世界经济与政治论坛》,2016年第6期,第130—142页。

估计,仅亚洲国家之间的基础设施互联互通的资金需求每年达 2 900 亿美元左右。三是当前融资的主要手段是有关区域国家的政府支持,但是面对国内的财政压力以及未来基础设施资金的巨大缺口,该融资方式也面临困境。①

除了大量的定性分析以外,亦有实证研究分析了"一带一路"基础设施公共产品的经济效应,初步得出"一带一路"沿线国家基础设施投资对于我国各部门短期内具有一定的拉动效应。②另有研究测算了"一带一路"沿线国家基础设施投资资金需求以及我国在提供基础设施区域性公共产品中面临的机会。③但是现有实证分析往往由于不能识别出国内和区域基础设施各自的资金,相关的测算并不能准确刻画"一带一路"倡议中的基础设施类区域性公共产品的资金需求。

基于以上分析,当前"一带一路"区域性公共产品的研究内容比较单一,无法为沿线区域性公共产品有效供给提供充分的理论依据。随着"一带一路"倡议的深入开展,未来研究仍需关注基础设施以外的区域性公共产品供给问题。并且,随着相关区域性公共产品供给效果的逐步显现,相关数据可得性的增强,未来研究应更加关注相关区域性公共产品供给措施的效果评价。

(二)我国在"一带一路"区域性公共产品供给中的角色定位

自"一带一路"倡议提出以来,学界就我国政府在倡议中的角色定位展开了积极的讨论。从其中的沿线国家区域性公共产品供给这一议题来看,当前讨论的主要逻辑线条是:"一带一路"倡议对我国的发展具有积极意义,我国政府有能力并且应积极主导区域性公共产品的供给,当然也面临一些国际政治经济方面的压力。

当前研究认为我国政府应该积极主导"一带一路"沿线区域性公共产品的供给源于两方面的考虑。一是该倡议实质上是我国政府积极倡导

①　沈梦溪:《"一带一路"基础设施建设的资金瓶颈和应对之策》,《国际贸易》,2016 年第 11 期,第 33—37 页。

②　王继源、陈璋、龙少波:《"一带一路"基础设施投资对我国经济拉动作用的实证分析——基于多部门投入产出视角》,《江西财经大学学报》,2016 年第 2 期,第 11—19 页。

③　袁佳:《"一带一路"基础设施资金需求与投融资模式探究》,《国际贸易》,2016 年第 5 期,第 52—56 页。

的,是中国向世界提供的公共产品,并且区域性公共产品供给与区域合作主导权之间是密切相关的。①二是现有研究指出"一带一路"倡议通过沿线公共产品的供给,促进了我国的区域经济互补发展,甚至对于国内产业结构升级都具有积极意义。②由此可见,由中国政府主导"一带一路"沿线区域性公共产品的供给成为主要的声音。

此外,现有研究亦从几个方面探讨了当前我国主导"一带一路"沿线区域性公共产品供给的现实性。从国家参与国际活动的制度条件上看,我国有能力主导大型区域性公共产品的供给。经济权力是国家参与国际集体活动的基础和前提条件,而我国当前具有完备的经济条件。③此外,区域基础设施建设生产规模大,要实现规模经济需要相对充足的成本以及技术优势。而我国相对于沿线其他国家而言,具有这种成本以及技术优势,这种供求关系正好契合了区域国家之间经济结构互补和倡议利益诉求。④

然而,学界对于我国政府主导"一带一路"沿线区域性公共产品的供给也存在一些担忧。区域性公共产品的供给以及区域经济合作发展的主导权问题越来越受制于国际主要力量之间的政治经济博弈。近年来俄罗斯、美国、欧盟、土耳其、中国、印度等国较为关注丝绸之路的复兴并先后提出了一些发展倡议,由此展开了博弈。⑤因此,我国在"一带一路"区域性公共产品供给中的角色定位在客观上会引起美国和俄罗斯等国的抵触。美国有观点认为"一带一路"倡议是与其进行空间的权力分享和划分,俄罗斯则担心我国主导区域性公共产品供给会降低其政治经济影响力。⑥美国等国家抵触我国主导"一带一路"沿线区域性公共产品供给的深层次原因在于,一度以来东亚地区秩序的基础是美国以及中国为其提供的安全与

---

① 王玉主:《区域性公共产品供给与东亚合作主导权问题的超越》,《当代亚太》,2011年第6期,第76—94页。

② 宁志玲:《"一带一路"的国际公共产品功能与实现路径研究》,河北大学2016年硕士论文,第17—20页。

③ 黄河:《公共产品视角下的"一带一路"》,《世界经济与政治》,2015年第6期,第148页。

④ 范祚军、何欢:《"一带一路"国家基础设施互联互通"切入"策略》,《世界经济与政治论坛》,2016年第6期,第130—142页。

⑤ 甘均先:《中美印围绕新丝绸之路的竞争与合作分析》,《东北亚论坛》,2015年第1期,第107页。

⑥ 赵进军等:《"一带一路"与周边外交》,《公共外交》,2015年第8期,第65页。

经济收益两项重要的公共产品。①而这种安全与经济公共产品的供给相对分离,再加上其他国家的参与,形成了一种错综复杂的利益关系。②

上述研究为我国积极主导"一带一路"区域性公共产品供给提供了理论依据,完善了相关策略的可行性分析。基于以上分析,未来研究应该更加关注我国政府与沿线区域国家以及其他主要国家的政治与经济关系这一重要议题。另外,当前我国政府已经主导亚洲基础设施投资银行、丝绸之路基金、金砖国家开发银行等金融领域的区域性公共产品,未来研究应更加关注相关经验教训的总结。

(三)完善"一带一路"区域性公共产品的相关建议

当前对于"一带一路"区域性公共产品供给涉及的重大问题在解决思路上已经达成一定的共识。比如在基础设施融资体系方面,加强跨国金融合作,形成一个以中国为节点的合作体系网以及探索区域性公共产品融资的新渠道成为主要的思路。鼓励私人资本参与区域基础设施建设是主要的融资新渠道之一,然而该渠道存在的国际政治风险、投资风险、法规与安全等风险问题折射出"一带一路"区域性公共产品供给必须建立在协调东道国政府、群众和企业之间关系的基础上。③

由此可见,"一带一路"沿线基础设施类区域性公共产品建设中的风险控制将成为当前以及未来一段时间另外一项重要的研究议题。完善风险控制以及利益分配机制是"一带一路"沿线基础设施类区域性公共产品有效供给的必由之路,也是深化利益相关国家区域合作共赢的必然要求。④对于风险控制机制,有研究提出了五个协同,即:"协同沿线各方利益、出资方利益、民间资本、金融机构以及软硬件"等措施。⑤另有研究提出

① 刘丰:《安全预期、经济收益与东亚安全秩序》,《当代亚太》,2011 年第 3 期,第 15—21 页。

② 周方银:《中国崛起、东亚格局变迁与东亚秩序的发展方向》,《当代亚太》,2012 年第 5 期,第 20 页。

③ 何寿奎:《"一带一路"公共产品供给困境与路径优化》,《中国流通经济》,2017 年第 11 期,第 15—22 页。

④ 陈锐、谭英双:《"一带一路"基础设施项目投资及其省际操作》,《改革》,2017 年第 8 期,第 81—88 页。

⑤ 周密:《认清基础设施互联互通的需求与挑战》,《世界知识》,2014 年第 12 期,第 60—62 页。

我国在"一带一路"沿线基础设施类区域性公共产品供给中应重视大国关系和平化,并且欢迎其他非沿线国家的参与,寻求国际现有倡议与"一带一路"倡议的契合点,赢取最大范围的支持。①这一研究是对风险控制机制中的政治风险以及安全风险控制的有益补充。

综上,现有对"一带一路"基础设施类区域性公共产品融资问题的解决建议中,大多提倡利用社会资本以及区域金融组织的力量来解决基础设施的资金不足问题,同时加强沿线国家的合作协同以及风险控制合作。但是沿线国家的合作协同以及风险控制合作的具体决策的研究尚处在起步阶段,不够系统。未来有必要就"一带一路"区域性公共产品供给风险形成机理与控制展开进一步研究。

五、总结与讨论

区域性公共产品理论自诞生以来受到国内外学者的广泛关注,并推动了区域经济合作与发展。区域性公共产品理论的兴起源于两个方面的原因:一是国际公共产品理论不断发展,以及霸权供给国际公共产品机制的缺陷逐渐暴露出来;二是和经济全球化并存的区域经济一体化的不断深入,对于区域性公共产品供给提出了更高的要求。

区域性公共产品基本问题的研究主要有以下结论:一是国外关于区域性公共产品理论的研究较早,对于区域性公共产品的概念以及内涵的界定比较明晰,我国学者对于这一领域的研究起步较晚,然而在以往研究经验的基础上将这一理论阐述得更加具体;二是国际上关于区域性公共产品的分类中,被广泛接受的是汇总的分类方法;三是当前主要的研究内容集中在区域货币和金融秩序与制度安排、基础设施的提供、环境污染的治理以及传统的区域安全问题;四是现有区域性公共产品的理论框架是经济学中的公共产品理论与区域合作发展理论的结合。

供给机制以及成本分担是区域性公共产品有效供给的两大核心问

---

① 范祚军、何欢:《"一带一路"国家基础设施互联互通"切入"策略》,《世界经济与政治论坛》,2016 年第 6 期,第 130—142 页。

题。现有的研究成果,无论是供给机制的选择还是成本分担模式的设计都受到复杂因素的制约。区域性公共产品供给机制的选择应该综合考虑供给主体的地位以及经济实力等等因素,而成本分担的方法要与不同公共产品的类型相适应。此外,各国之间的协作以及区域制度的集体认同对于解决这两大核心问题至关重要。

区域性公共产品理论对于我国政府的"一带一路"倡议具有指导意义。国内关于"一带一路"沿线区域性公共产品的研究多关注基础设施建设的定性分析,对于基础设施的融资以及风险控制提出了一些解决思路。随着倡议的深入开展,相关措施效果的显现以及数据可得性的增强,未来研究应更加关注区域性公共产品的效果评价。其次,现有研究对于我国政府应主导"一带一路"沿线区域性公共产品的供给已经达成广泛的共识。然而在此基础上,未来研究应该更加关注主导过程中与沿线国家以及其他主要国家的政治经济关系这一重要议题。最后,当前对于区域性公共产品供给的具体决策还处在初步阶段,有待于未来研究的系统梳理与评价,以期为"一带一路"区域经济合作与发展提供更科学的理论借鉴。

美国区域性公共产品供给及其变化

——以美国亚太同盟体系及区域自由贸易协定为例

王联合[*]

【内容提要】 区域性公共产品来自国际公共产品概念内涵的延伸,是对区域经济一体化、区域合作不断加强的理论反映。早在冷战时期,美国就建立起亚太地区安全同盟体系,这种以美国为核心的双边同盟体系被看作是以霸权稳定的方式提供区域性安全公共产品的典型案例。随着美国实力的相对下降,美国独立支撑双边军事同盟的意愿与政策都在发生变化,聚合安全成为其规划区域性安全公共产品的主要表现。发端于冷战后的亚太自由贸易协定起初也被视为一种美国在其中有着重要贡献和广泛政策目标的区域性经济公共产品,但亚太经合组织的空心化和跨太平洋伙伴关系协定的夭折表明,美国对区域性经济公共产品的计算更趋保守、自利和短视,地区经济类公共产品的供给越来越依靠区域内各国的合作而非美国的主导。美国在亚太地区提供区域性公共产品的经验与教训值得中国评估和借鉴。

【关键词】 区域性公共产品;美国;同盟体系;自由贸易协定

【Abstract】 The concept of regional public goods is not only an extension of international public goods, but also a theoretical reflection of flourish of regional economic integration and cooperation. During the Cold War period, the United States built up its alliance system in the Asia-Pacific region, which can be regarded as an example of supplying regional security public goods through a way of hegemonic stability. As time passed, the U.S. capability and willingness of providing such public goods alone is declining. Convergent security becomes its Asia-Pacific alliance policy. Similarly, FTAs in the Asia-Pacific region are seen as regional economic public goods which the U.S. contributes significantly. However, the marginalization of APEC and withdrawal from TPP has shown that the U.S. policy of supplying regional economic goods is becoming conservative, selfish and shortsighted. As a result, regional economic goods, such FTA, will be more relying on the cooperation of regional states rather than the United States. China can learn a lot from the U.S. practice and changes of supplying of regional public goods.

【Key Words】 Regional public goods; the U.S. Alliance system; FTA

* 王联合,上海外国语大学国际关系与公共事务学院教授。

第二次世界大战后,全球公共产品主要以美国单一霸权供给模式为主。随着国家综合实力和大国力量对比的变化,美国提供全球性公共产品的意愿和能力都在下降。在全球性国际公共产品供应严重不足或无法满足国家个性化需求的情况下,区域合作的兴起促使区域性公共产品的概念应运而生,那些仅在某一特定区域内供给和消费而非遍及全球范围的国际公共产品日益引起国际学术界的关注。①这些只服务于本地区、只适用于本地区,其成本又是由域内国家共同分担的安排、机制或制度称为"区域性国际公共产品"②,本文称之为"区域性公共产品"。

区域性公共产品是根据公共产品的外部影响范围而定义的一类公共产品,此类公共产品的覆盖范围从有着明确地理边界的大区域到只有相邻的几个国家不等。在某一特定的区域内,共同的需求和共同的利益不断驱使域内国家或国家集团联合起来,共同设计出一套安排、机制或制度,并为之分摊成本。托德·桑德勒据此认为,"区域公共产品是在一个较为有限的地理范围内所产生的非竞争性和非排他性收益"。③此类公共产品旨在解决区域内所共同面临的具体问题,其涵盖的范围十分广泛,不仅包括货币、金融、贸易等经济领域,还包括基础设施建设、卫生环境、政府治理、和平与安全等领域。区域性公共产品的具体表现形式既有不定期的峰会、论坛、各种合作措施等非正式制度安排,也有条约、宣言、共同的法律与政策等正式的制度安排,以及以实体形式存在的组织和机构。该类公共产品可以由一个或几个主导大国来提供。

根据区域性公共产品的概念内涵,可以在外延上将其大致划分为两大类:一是区域性安全公共产品,即为了维持一个稳定与和平的地区秩序、协调地区国家间争端而达成的一致性防务安排;二是区域性经济公共产品,在本文的语境中意指国家为了维持稳定和开放的地区自由贸易体

---

① 樊勇明:《从国际公共产品到区域性公共产品——区域合作理论的新增长点》,《世界经济与政治》,2010年第1期,第144页。

② 樊勇明:《区域性国际公共产品——解析区域合作的另一个理论视点》,《世界经济与政治》,2008年第1期,第11页。

③ Todd Sandler, "Global and Regional Public Goods, a Prognosis for Collective Action," *Fiscal Studies*, Vol.19, No.2, 1998, pp.221—247.

系、持续获得可预期的对外贸易红利,而确立的组织、协定和贸易制度安排。①

亚太地区历来在美国国家战略中具有举足轻重的地位。这个地区不仅承载着美国对外贸易总量的 40%,而且区域内力量对比正在发生结构性改变,各类安全问题未曾消减,地区秩序的走向也日益对国际秩序、国际格局的演变产生着规范性影响,美国的传统主导地位因而面临着更大的不确定性。对此,美国前国务卿希拉里·克林顿(Hillary Clinton)一语破的:"亚太地区是 21 世纪世界战略与经济的重心。作为一个太平洋国家以及一个常驻的外交、军事、经济大国,美国在跨太平洋体系中正在扮演核心角色。21 世纪将是美国的太平洋世纪。未来几十年,美国最重要的一项任务就是大幅度增加在亚太地区的外交、经济和战略投入。"②本文选取两个与美国密切相关的亚太区域性公共产品为考察对象,从安全和经济两个维度探讨美国在其中的作用及其政策变化,并以此为鉴尝试构建中国未来提供区域性公共产品的基本原则。

一、区域性安全公共产品: 从轴辐体系到聚合安全

美国亚太安全体系可以被视为一种由大国或"霸权国"主导供应的区域性安全公共产品。从政治与安全角度来看,亚太地区的同盟体系建设与培育是美国亚洲甚至全球战略的基石。为了冷战的需要,美国自第二次世界大战结束后就与亚太地区主要非社会主义国家——日本、韩国、菲律宾、泰国、澳大利亚——结成安全伙伴。这种被称为"轴辐体系"的双边安全同盟关系至今仍然是亚太地区安全结构的核心。冷战后,尤其是"9·11"恐怖袭击事件后,美国对其亚太同盟体系进行了重大调整,区域性安全

---

① 以上关于区域性公共产品表现形式和外延分类的论述,可参见曹岩涛:《战后日本东南亚国家形象的塑造——区域性公共产品理论视角》,山东大学 2014 年硕士学位论文,第7—8 页。

② Hillary Clinton, "America's Pacific Century," October 11,2011,http://www.foreignpolicy.com/articles/2011/10/11/americas_pacific_century,2018-05-09.

公共产品从供应方式、表现形式到内在动因都发生了显著的变化。

从公共产品的供应方式上看,从以美国为轴、其亚太盟国为辐的"霸权式供应"方式向双边加多边的"聚合式"方式转变,鼓励盟国分担提供安全公共产品的责任。亚太现有的地区安全结构是在战后《旧金山和约》的基础上建立起来的,它是以美国为中心、以美国与一系列亚太国家的双边关系为支撑编织而成的复杂的网络体系。这一传统的美国亚太双边安全安排——即广为人知的轴辐体系,仍然发挥着保障地区稳定、维持美国地区安全利益的作用。但是,这种同盟体系必须适应地区内日益变化的力量均势现状,高昂的防务成本迫使美国不得不作出调整,以寻求资源的增加,即动员更多的盟友和伙伴加入保持其安全公共产品的持续、有效供应之中。事实上,双边同盟的局限性早在布什政府时期就已被认识到。2006年《美国国家安全战略》报告称,忽视地区和全球现实的双边政策不会取得成功,美国可以与其伙伴一起对现存的机制进行改革来应对新挑战。[1]奥巴马政府首任亚太事务助理国务卿坎贝尔(Kurt M.Campbell)也指出,如果在未来数年内美国只说它要维持和加强传统的双边同盟,决策者就将把美国的公信力和战略影响置于危险境地。[2]

虽然既有双边安全同盟的基础性作用无法忽视,但美国亚太战略的任何调整都须保证产品的适当层次和可获得性,这是推动旨在提供和资助这些产品的集体行动所必须的。美国决策者已经认识到,在愈趋复杂多变的地区安全环境中,美国若要实现其战略目标,则必须加深在充满竞争的地缘政治环境中所不可或缺的同盟和伙伴关系。[3]这意味着将产生更多的安全公共产品的成本,接受潜在的安全联盟伙伴,并对双边同盟体系进行重大改进,以构建新的安全安排来应对传统和非传统安全威胁。为塑造一个更为完整、成熟的同盟体系,美国正试图将传统的同盟国与新兴的伙伴国,甚至潜在的"志同道合者"聚集在一起,同时赋予参加"意愿者联

---

① The White House, the Bush Administration, *The National Security Strategy of the United States of America*, Washington, D.C., March 2006, p.36.

② Kurt M.Campbell, Nirav Patel and Vikram J.Singh, *The Power of Balance: America in iAsia*, Washington, D.C.: Center for a New American Security, June 2008, p.72.

③ The White House, the Trump Administration, *The National Security Strategy of the United States of America*, Washington, D.C., December 2017, p.34.

合"的正式盟友越来越多的安全信任①,以期更快速灵活地对安全危机作出反应。由此,华盛顿借助双边主义和多边主义两方面的优势,强调能力建设与伙伴关系培育,已在亚太地区发展出小多边或诸边结构,形成了一种由大国及其较小的地区伙伴共同把持安全安排的复杂的混合体。超越轴辐体系的美国盟国与安全伙伴之间的合作及多边联系,并不意味着双边纽带的削弱,而是通过辅之以多边合作加强了安全。

美国安全公共产品供应方式的转变或多元化,导致区域性安全公共产品的表现形式也随之发生了两方面的变化。一方面,同盟国能力和它们彼此之间的联系得到了加强。时任美国国防部长罗伯特·盖茨(Robert Gates)首次阐述了支持、鼓励提高伙伴能力的政策,包括训练、武装美国的朋友和盟国,作为美国抑制其军费飙升同时保持和提高地区与全球安全计划中不可或缺的要素。②以韩国与澳大利亚关系的发展为例,在美国的鼓励下,韩澳之间经济、防务联系更加紧密,两国在伊拉克和阿富汗采取了直接联合行动。2009年3月双方签署《韩国澳大利亚联合宣言》,致力于提升地区和全球安全合作。更值得注意的是,美国开始鼓励以日本为中心的同盟多边化活动,如美日澳三边战略对话机制的形成和美日澳印(度)四边合作的萌发。在美日澳三边机制下,三方进行了一系列的双边和三边行动,其中代表性的行动是2011年日本大地震中,三国政府按照三边对话授权下的机制性人道主义救援和救灾程序开展快速合作和有效行动。作为要求发挥更大作用的亚太地区中等大国,日本和澳大利亚对三边战略对话有着共同的兴趣,两国都把合作视为对美国要求更多责任分担和伙伴能力提升的回应方式。正如最新美国国家安全战略报告开宗明义所指出,"美国的盟友现在对于我们共同的防务正在作出更大的贡献,加强了甚至是我们最强大的同盟关系"。③

另一方面,同盟体系向着更加复杂、更为包容的防务网络转变,涵盖

---

① Kurt M. Campbell, "The end of alliances? Not so fast," *The Washington Quarterly*, Vol.27, No.2, 2004, p.158.

② Robert M. Gates, "Helping Others Defend Themselves: The Future of U.S. Security Assistance," *Foreign Affairs*, Vol.89, No.3, May/June 2010, pp.2—6.

③ The White House, the Trump Administration, *The National Security Strategy of the United States of America*, p.1.

了盟国、安全伙伴等几乎所有地区国家。在美国穿针引线式的谋划下,一年一度的环太平洋军事演习的参与国与观察员国越来越多,中国、俄罗斯、蒙古也已经或即将加入其中某些项目的演练。同样,"金色眼镜蛇"年度军演自 1982 年首次举行以来,规模和范围不断扩大,已从最初美国与泰国间的双边联合演习变成亚太地区迄今最大规模的多边军演,参与国达15 至 20 个,中国、俄罗斯、缅甸等国作为观察员国观摩了近年来的演习。此外,中美双边军事交流也渐次开展,主要包括军事医学交流、海上联合搜救演习等。中美更深层次的军事对话,对于"在一个既有大国与一个新兴大国之间建立一种新的关系模式",以及"解决存在于两国之间的不安全和潜在竞争的诸多根源是极为重要的"。①美国与中国的军事交流对其盟国具有示范效应。澳大利亚与中国已数度举行联合军演,双方还计划增加此类演习的次数,扩大演习的规模。

这些变化不但更好地体现了区域性公共产品的非竞争性和非排他性,而且也使得美国区域性安全公共产品的地区效果得到更大程度的彰显。亚太区域性安全公共产品属性的嬗变,源于传统区域性公共产品的供应者美国对亚太地区安全形势认知的变化。首先,共同的安全威胁已不复存在。即便是国际恐怖主义这样的非传统威胁也不是地区所有国家共同关注的安全问题,任何安全公共产品的供给都无法以某种"共同敌人"作为有说服力的理据来确立美国的安全领导地位,进而聚合地区资源。前助理国务卿坎贝尔认为,当前一代的亚洲战略家正在挑战美国与双边同盟体系之间的深刻联系,他们不再以非黑即白的西方式同盟视角看待亚洲。亚洲国家正越来越着眼于促进稳定和开放市场的多边地区秩序。②特朗普政府首份国家安全战略报告也明确指出,美国不会把自己的价值观强加给别人,美国的同盟、伙伴和联盟是建立在自由的意志和共同的利益基础之上的。③美国安全公共产品的构建应该符合区域国家共同的利益,而不能与这些国家的政

---

① Tom Donilon,"The United States and the Asia-Pacific in 2013," the Asia Society, New York, March 11, 2013, https://obamawhitehouse. archives. gov/the-press-office/2013/03/11/remarks-tom-donilon-national-security-advisor-president-united-states-an, 2018-05-10.

② Kurt M.Campbell, Nirav Patel and Vikram J.Singh, *The Power of Balance: America in iAsia*, p.72.

③ The White House, the Trump Administration, *The National Security Strategy of the United States of America*, p.37.

治与安全利益背道而驰。这样的大国供给下的区域性安全公共产品才能惠及整个地区和大国本身。

其次,一种问题导向的路径有助于美国与一些能够缓解安全挑战的国家一起协商找到有效的解决方法。外交、经济、安全挑战、气候变化、能源安全以及其他严峻的跨国问题比以前吸引了更多的地区国家和美国的注意力,要求华盛顿以小多边或多边的方式提升参与问题导向的合作。因此,美国政府在加强与传统盟国关系的同时,寻求与问题导向的新兴国家如中国、印度、印度尼西亚等国发展更深的伙伴关系。这些问题对于美国和亚太地区的利益至关重要,而"如果没有中国的参与,如果没有一种广泛、有效和建设性的中美关系",这些挑战则是无法应对的。美国必须与其他亚太国家"打造新的伙伴关系,建立基于共同利益的联盟,以确保地区的未来和平与繁荣"。①

可见,随着亚太地区对美国经济、政治、安全利益的重要性日益凸显,以及地区争端的频发乃至激化,美国通过提供和维护地区安全公共产品来确保自身主导权的意愿仍然强大,但却受制于实力资源与地区环境的变化,不得不对亚洲"低级盟友"的利益关切作出认真回应。其结果是,在相互依赖日益加深的亚太安全环境中,美国的亚洲盟国已经超越传统意义上对美国的依赖,美国亚太同盟体系显然正在从一个排他性的双边主义轴辐安排,转变成一个动态性更大的、具有双重价值的区域性安全体系。在这个体系中,每个盟国和伙伴都被鼓励承担更大的责任和义务,而非仅仅依靠美国独力支撑。

尽管如此,通过提供区域性安全公共产品以获得区域主导权进而维护自身安全利益,依然是美国在亚太安全领域提供公共产品的重要动机。冷战后"单极世界"格局使美国成为提供公共产品的最大来源。即便从自由主义的视角来看,美国在亚太地区的双边同盟亦是美国的一种特殊的安全资产。在重大威胁不复存在的情况下,这种资产带来的诸如军事经济利益、同盟的共同指挥和联合训练的需求,甚至美国在地区的军事基地所衍生出来的共同利益群体等因素,也会支持安全同盟的存续。此外,中

---

① 王联合:《美国亚太安全战略论析:"聚合安全"视角》,《美国研究》,2014年第2期,第45页。

国崛起和影响力的日渐扩大,成为美国挥之不去的心病。2016年1月美国海军《保持海上优势规划》及近期美国国家安全战略文件均声称,中国正在快速发展高端作战能力,其中许多装备特别针对美军的一些薄弱环节,试图削弱美国的军事优势,挑战和威胁为世界带来了70年和平与秩序的规则。为了应对这一挑战,华盛顿声言到2020年前把60%的海军军舰部署到亚太地区。美国将重新评估美海军舰队指挥部和太平洋舰队的指挥系统架构,充分利用太空、网络和无人机等资源,全方位提高海军的战斗力,并注重与盟友和伙伴分享情报、加强联合作战能力,谋求共同部署前沿部队的机会,以便更好地满足作战需要。①

与此同时,美国所倡导的集体行动也更多是由亚太地区所谓民主国家借助现有的双边同盟与其他国家联合实施②,发端于2007年的美日澳印四边倡议就是一个典型的例证。美国一面将驻日本军队撤离第一岛链,一面却加大了在东海和南海争端上事实卷入的可能性。虽然华盛顿一再宣称对东海和南海主权争端不持立场,但却在军事上明确地选边站队。美国政府多次公开声言钓鱼岛属于《美日安保条约》的适用范围,在中日东海争端中为日本撑腰打气。同样,随着美菲《加强防务合作协议》正式生效,美军得以重返菲律宾基地,剑指南海的意图不言自明。几乎与争端的发酵与演进同步,美国海空力量不时以"自由航行"、"自由飞越"的名义在中国周边海域和中国南海岛礁海域空域展示武力,或举行军事演习,或实施抵近侦察,或进行巡航和飞行,其目的就在于通过离岸平衡的作用,显示美国作为一个可信的安全伙伴的能力和意愿,以应对其盟友的安全关切。美国将重振与菲律宾、泰国的传统联盟,加强与新加坡、越南、印度尼西亚、马来西亚以及其他国家的关系,帮助它们成为合作的海上伙伴国家。③

总之,美国亚太区域性安全公共产品从供给、表现形式到内在动因都

---

① The U.S. Navy, *A Design for Maintaining Maritime Superiority*, January 2016, http://www.navy.mil/cno/docs/cno_stg.pdf, 2018-05-10.

② Tobias Samuel Harris, "A problem-oriented or partner-oriented US Asia policy," *Observing Japan*, June 27, 2008, http://www.observingjapan.com/2008/06/problem-oriented-or-partner-oriented-us.html, 2018-05-09.

③ The White House, the Trump Administration, *The National Security Strategy of the United States of America*, pp.46—47.

在发生渐进性的变化。美国通过聚集地区的多种战略资源、运用各种战略手段,以合力而非单打独斗来促进其地区安全战略目标。这种战略的出发点是试图花费尽量少的战略成本,在一定程度上呼应亚太地区各国的安全诉求,依靠历史上延续下来的美国亚太地区双边同盟体系,并致力于为这一体系引入互补性的多边安全框架来确保美国的主导地位。同时,为强固其地区主导地位,美国仍然投入巨大资源,侧重强调利益和价值而非威胁,以最小的代价换取最大限度的地区影响力。这样的区域性安全公共产品的供给政策标志着美国正在谋求转变不合时宜的直接遏制和围堵的思维,但并不意味着美国会放弃其起源于冷战时期的双边安全同盟,也不意味着美国将全力支持诸如东盟 10 + 3、东亚峰会之类"平等性"更加突出的地区公共产品。恰恰相反,这些区域性公共产品将被美国加以利用,以防止它们发展成一种排除美国领导的、有竞争力的地区合作机制,从而可能在未来挑战美国的地区主导性。

二、区域性经济公共产品:从 APEC 到 CPTPP

区域合作能够带来区域性公共产品的供给,贸易一体化通常是迈向富有意义的区域公共产品供给一体化的第一步。①在本文的语境下,区域经贸合作协定与区域性经济公共产品的概念是可以互换的。如前所述,美国从来没有放弃主导亚太地区的战略目标,但它为地区提供公共产品的意愿和能力都在下降,这种变化在特朗普政府对亚太经贸合作的政策中表现得尤其明显。在"美国优先"的信条下,特朗普政府正在逐步减少美国所承担的促进地区自由贸易的义务和责任,导致当下亚太地区经济公共产品由最初的美国主导转变成一种区域性合作供给的模式,即区域内国家根据各自的需要协商达成适用于本地区自由贸易的安排,其成本由区域内国家共同承担,大国只是其中一个普通成员。

从第二次世界大战后直到冷战结束,美国基本上坚守双轨制的贸易

---

① 安东尼·埃斯特瓦多道尔、布莱恩·弗朗兹、谭·罗伯特·阮:《区域性公共产品:从理论到实践》,张建新、黄河等译,上海人民出版社 2010 年版,第 6 页。

政策,即在促进拥有广泛成员国身份的关贸总协定(GATT)谈判的多边主义的同时,也支持与关键的伙伴如欧盟和日本进行相对独立的双边谈判,以便获取多边协定无法涵盖的贸易政策目标。冷战的结束和地区经济体作用的上升使美国不得不重新思考其国际经济政策的边界。时任国务卿詹姆斯·贝克(James Baker)宣称,尽管 GATT 仍然是美国贸易谈判的重中之重,但是"双边和小多边体系将有助于推动世界朝向一个更加开放的体系前进"。北美自由贸易区谈判就是这种政策转变的最突出例证。在亚洲,贝克积极回应澳大利亚和日本联合发起的建立亚太经合组织(APEC)的提议。在美国的支持下,APEC 从最初的外交部长、贸易部长专注于亚洲出口导向的经济动力的会议,快速变得机制化,在 1993 年建立了一年一度的首脑会谈机制。与此同时,美国明显表示对马来西亚提议的东亚经济小组(East Asian Economic Caucus)的不认同,这个组织仅仅包括亚洲国家而将美国排除在外。贝克声言,美国将反对任何"在太平洋中间划分隔线的计划",线的一端是美国,另一端是亚洲其他国家。①

冷战的和平结束使美国有幸见证了所谓的"单极时刻"。在美国的主导下,1994 年在印度尼西亚茂物召开的 APEC 峰会确定了"发达成员在 2010 年,发展中成员在 2020 年实现贸易和投资自由化的茂物目标"。2006 年 11 月在越南河内举行的 APEC 首脑会议发表宣言,正式把推动建立亚太自由贸易区(FTAAP)列为地区经济整合的一项长期发展目标。在布什总统任期内,美国就 17 个双边或地区 FTA 进行了谈判。在这些谈判中,一些是主要受到经济原因的驱动,如与智利、秘鲁和加拿大的自由贸易区;另一些显然是为了政治和外交目的,如与巴林、阿曼和摩洛哥的谈判,其经济价值微乎其微;而其他一些则具有混合性的目的,如与新加坡、澳大利亚、韩国、哥伦比亚和巴拿马谈判的 FTA,结合了经济和安全的动机。

2009 年美国次贷危机引发全球金融危机重创了美国经济,加之世界贸易组织(WTO)多哈回合谈判止步不前、毫无进展,这种情况迫使奥巴马

---

① Claude Barfield, "The Trans-Pacific Partnership and America's strategic role in Asia," October 28, 2014, https://www.aei.org/publication/trans-pacific-partnership-americas-strategic-role-asia/, 2018-05-09.

政府更加希望推动被搁置的双边自由贸易谈判。与此同时，美国宣布并积极加入跨太平洋伙伴关系（TPP）谈判。尽管获取经济利益的动机十分重要，但是亚太地区快速变化的外交和安全环境的驱动也不容小觑。

TPP被公认为是美国"亚太再平衡"战略的一个重要支柱。其一，它是APEC自然演变的结果，意图续写亚太地区与美国在经济繁荣与发展方面的共同利益。对美国来说，TPP国家有着最大的商品和服务出口市场。根据美国贸易代表办公室（USTR）发布的数据，2013年美国出口到这些国家的商品总计为6 980亿美元，占美国商品出口总额的44%；同年，美国农产品出口TPP国家总值达630亿美元，占美国农产品出口总额的42%。在2012年，美国的私人服务业出口到这些国家总值为1 720亿美元，占其出口总额的27%。USTR还指出，由于去除了18 000多种关税和其他贸易壁垒，将有更多的美国企业、农民和小商业主的产品能够销往美国境外，受益的产品包括工业产品、食品、农产品和纺织品。[①]作为"第二代"自由贸易协定，TPP着眼于促进放松外国投资管制以及开放服务市场——金融、电信、医疗、旅游、教育、专业服务、交通，这些领域可谓美国经济的长项。TPP将为美国企业平等竞争创造条件，有利于提升美国在亚太地区乃至全球市场上的竞争力。

TPP避免了APEC一直无法破解的"魔咒"，即集团中的个体数量越多，离最优水平就越远。显然，成员数量多的集团的效率一般要低于成员数量少的集团的效率。[②]在这种情况下，大型的亚太贸易协定被有限的地区主义行动所取代。TPP这样的区域性贸易协定促进地区国家经济发展和共同繁荣的功能越来越受到各国的重视，被认为是获得区域性经济公共产品的一种安排。

其二，TPP通过在政治上和经济上加深美国与其他国家之间的联系，保持美国在亚太地区的主导地位。从地缘政治的角度来说，TPP和跨大西洋贸易与投资伙伴关系协定（TTIP）是美国连接欧亚大陆东西两边的经

① Asad Latif, "A Perspective from the Region: TPP Promises Huge Gains in Southeast Asia for the US," November 12, 2015, http://www.asiamattersforamerica.org/asean/a-perspective-from-the-region-tpp-promises-huge-gains-in-southeast-asia-for-the-us, 2018-05-09.

② 曼瑟尔·奥尔森：《集体行动的逻辑》，陈郁等译，上海人民出版社1995年版，第25页。

济桥梁。TPP 12 个谈判国家约占世界 GDP 的 40%,美国已经与其中 6 个国家有双边的 FTA。随着全球贸易格局的进一步变化,贸易规则必须随之而改变。2008 年美国宣布有意加入谈判以及所有的协定,带动了越来越多的其他亚太国家的参与。TPP 在某种程度上反映了广泛的亚太地区贸易关系的现实,将地处三大洲、不同经济发展阶段的多个国家联系在一起。TPP 雄心勃勃的目标来自其所谓的"黄金标准",它谋求建立一项里程碑式的、面向 21 世纪的贸易协议,为全球贸易设置新的标准,提升 TPP 国家在全球经济中的竞争力。可以说,TPP 的最终目标不仅仅是建立一个 FTAAP,更是致力于寻求更宏大意义上的贸易自由化和高水平的经济整合。

正如托马斯·谢林(Thomas C.Schelling)所指出,"美国贸易政策的重要性总是远远超过经济范畴,贸易就是大部分国际关系的内容,因此,贸易政策也是国家安全政策"。[1]TPP 正是这样一种战略性的体现。它不仅可以帮助美国在不使用军事力量的前提下,通过扩展美国的经济接触和政治姿态来保持其主导地位,消除亚洲国家对于美国地区承诺可信度的疑虑。而且,根据彼得森国际经济研究所的分析,TPP 达成后美国将获得巨大的收益,到 2020 年将每年增收 590 亿美元,这意味着美国会有更多的国防预算投入在亚太地区的军事部署。[2]同时,TPP 能够帮助美国在一个变化的时代书写亚洲未来的经济规则,应对中国日渐积极的地区主义政策,如"一带一路"倡议的实施和亚洲基础设施投资银行(亚投行)的运作,以及给予区域全面经济伙伴关系(RCEP)谈判大力支持。奥巴马政府曾明确表示,TPP 的目标就是扩大美国与亚太地区国家的贸易和投资,发展以美国领导权为核心的地区规则[3],从而促进美国的利益。

可见,通过加强和提升美国与其地区伙伴之间的经贸关系,TPP 确定无疑地代表着美国对于地区的承诺。经过艰苦谈判,2015 年 10 月 12

---

① Claude Barfield, "The Trans-Pacific Partnership and America's strategic role in Asia".

② Andy Morimoto, "The Strategic Costs of TPP Failure," August 22, 2015, https://thediplomat.com/2015/08/the-strategic-costs-of-tpp-failure/, 2018-05-09.

③ Gerald F.Seib, "Obama Presses Case for Asia Trade Deal, Warns Failure Would Benefit China," *The Wall Street Journal*, April 27, 2015, https://www.wsj.com/articles/obama-presses-case-for-asia-trade-deal-warns-failure-would-benefit-china-1430160415, 2018-05-09.

个国家终于达成了 TPP 最终协议。然而,贸易谈判的进展似乎赶不上时代变化的节奏。特朗普政府上任伊始即宣布退出 TPP 协定,明确昭示美国在提供类似区域性经济公共产品时新的政策倾向。首先,凸显对双边自由贸易协定的偏好,在最大化本国收益的同时,减少承担广泛的地区责任。特朗普政府誓要改变近几十年的贸易协定中所充斥的美国对于贸易伙伴做出的妥协,反转"世界受益、美国吃亏"的局面,重新谈判多项贸易安排,表达了在贸易领域止损甚至求偿的心理,即便伤及盟国的利益也在所不惜。[①]美国贸易代表办公室公布的《2017 年总统贸易政策议程》报告直白宣示,美国不再以 WTO 的规则为核心,而是以"美国优先"为政策起点,将贸易政策作为捍卫国家主权的政府四个优先事项之首。

美国退出 TPP 引发亚洲国家对美国承担地区责任的高度不信任,进而对美国在该地区的经济与战略目标产生疑虑。[②]2018 年 3 月 8 日,不愿放弃这一区域性经济公共产品的其他 11 个国家正式签署全面与进步跨太平洋伙伴关系协定(Comprehensive and Progressive Agreement for Trans-Pacific Partnership, CPTPP)。虽然美国没有加入,以致 CPTPP 给各国带来的经济收益被认为有所下降,但其区域公共产品的特性却更加突出,其中主要原因是去除了有可能将公共产品"私物化"的霸权国的色彩。CPTPP 对 TPP 条款中三分之二的内容只字未改,却暂时搁置了 22 条条款,其中就包括美国最关心的知识产权保护的时间期限,以及美国在 TPP 中强烈主张的药品专利保护制度,还对投资争端解决机制等条款进行了比较宽泛的规定,为成员国列出了例外条款。[③]

从亚太地区自由贸易协定的发展历程可以看出,当存在经济动因和商业利益时,比如实施贸易和一体化协议,合作提供区域性公共产品的动

---

① 沈雅梅:《特朗普"美国优先"的诉求与制约》,《国际问题研究》,2018 年第 2 期,第 99—100 页。

② Joshua P.Meltzer, "China's One Belt One Road initiative: A view from the United States".

③ Matthew P.Goodman, "From TPP to CPTPP," March 8, 2018, https://www.csis.org/analysis/tpp-cptpp, 2018-05-09.

力更大。①TPP 的功败垂成以及后继 CPTPP 的谈判成功充分表明,区域国家面临的共同问题催生了共同的经济利益,这些共同利益促进了区域合作的发展。同时,缘于对共同利益的追求,区域性机制内是否存在一个地区性霸权国家并不重要,即使没有地区性霸权,区域内国家间的合作也是可能的。在这一领域,美国已不是区域性公共产品的唯一供给者,甚至不再是最重要的供给者。目前的最大不确定性在于,特朗普政府无视基于规则的多边贸易体系,推进重商主义的贸易政策,其他国家倘若效仿,将会侵蚀全球与区域多边自由贸易的根基,冷战后建立并快速发展的区域性经济公共产品体系势必迎来最不确定的时期。

三、中国区域性公共产品供给新模式

面对国内政治经济状况以及地区与世界格局的双重变化,美国参与地区活动从来都不遵从一成不变的原则,而是根据历届政府对国家利益的不同判断而不断作出调整。正如承担美国大部分对外非军事援助的美国国际开发署(USAID)所称,该署的使命和目标是促进美国的国家安全与经济繁荣,并通过国际发展援助,促进一个自由、和平和繁荣的世界。②在这种无法预计的变化之下,区域性公共产品的供给永远都是不足和充满不确定性的。为此,新自由制度主义的主要奠基人罗伯特·基欧汉(Robert Keohane)在著作《霸权之后:世界政治经济中的合作与纷争》中,以强有力的论据证明了即使没有霸权国的存在,各国之间的合作仍然能够持续甚至增强。③全球金融危机使得世界政治和经济力量格局重新划分,经济全球化出现许多新的发展趋势,从以美国和西方发达国家为主导转向更多地依靠发展中国家的积极参与,特别是以中国、印度、巴西为代

---

① 安东尼·埃斯特瓦多道尔、布莱恩·弗朗兹、谭·罗伯特·阮:《区域性公共产品:从理论到实践》,张建新、黄河等译,上海人民出版社 2010 年版,第 4 页。

② The USAID, "Mission, Vision and Values", https://www.usaid.gov/who-we-are/mission-vision-values, 2018-05-09.

③ 罗伯特·基欧汉著:《霸权之后:世界政治经济中的合作与纷争》,苏长和等译,上海人民出版社 2001 年版,第 290—291 页。

表的新兴经济体将在经济全球化中拥有更多的话语权,承担更多的国际责任和义务。经济全球化的主要载体也将随之从国际货币基金组织(IMF)、世界贸易组织(WTO)等全球性的国际经济组织转向区域性的多边合作机制。①近年来,随着综合国力的大幅提升,中国越来越深地参与全球和区域性公共产品的供给进程,从资金、制度和理念三个方面塑造着公共产品供给新模式。

第一,资金与项目供给。公共产品的供给是以国家实力为后盾的,"承担与自身能力相适应的责任"是中国长期坚持的基本方向。中国不认同"国强必霸"的逻辑,更无意寻求建立以自己为霸主的全球和区域性公共产品的供应机制。如果说 APEC 的出现仍然在某种程度上反映了冷战后东亚国家对美国作为公共产品的首要提供者的习惯性依赖,那么 1997 年亚洲金融危机让这些国家快速走上了自我组织、供给区域性公共产品的尝试之路。东盟加中日韩("10 + 3")合作机制、《清迈倡议》(Chiang Mai Initiative)②等都是东亚国家自我组织、提供区域性公共产品的努力,而中国在其中发挥了重要作用。2009 年后,由中国和日本各出资 384 亿美元,韩国出资 192 亿美元,东盟 10 国出资 240 亿美元,建立总额为 1 200 亿美元的东亚外汇储备基金,目的是以借贷方式向出现流动性困难的成员国提供资金帮助。《清迈倡议》被认为是亚洲货币基金组织的雏形。③

"一带一路"倡议可谓中国主导构建全球公共产品供给新模式的重要努力。目前,中国的倡议已经被视为一项区域性的公共产品,以投资、贸易、基础设施建设、援助等方式使区域内国家共同获益,也调动起区域内国家联合提供公共产品的积极性。基础设施互联互通尤其体现了"一带一路"的公共产品属性和民生发展导向。"一带一路"沿线多为发展中国家,基础设施更新换代相对滞后,难以满足本国经济发展的需要,成为阻

---

① 樊勇明:《从国际公共产品到区域性公共产品——区域合作理论的新增长点》,《世界经济与政治》,2010 年第 1 期,第 144 页。

② 《清迈倡议》是 2000 年 5 月在泰国清迈召开的第二次 10 + 3 财长会议上达成的,旨在将东盟内部原有的货币互换协议扩充至中日韩三国,并在 10 + 3 范围内创建一个货币双边互换和回购的机制网络,以期对国际收支逆差或者需要短期流动性支持的国家提供金融援助,防范金融危机的发生。

③ 樊勇明:《从国际公共产品到区域性公共产品——区域合作理论的新增长点》,《世界经济与政治》,2010 年第 1 期,第 146 页。

碍经济发展的瓶颈。基础设施的互联互通是推进"一带一路"建设的重要内容,中国利用自身资金、技术、经验优势,与沿线国家合作,共同建设基础设施。在交通设施方面,泛亚洲铁路网雏形正在出现,中国—老挝铁路全线开工,印度尼西亚雅加达—万隆高铁已进入全面实施阶段,中国—泰国铁路蓄势待发。跨境铁路贯通欧亚大陆,进一步增强了欧亚两大洲的经贸关系。在港口建设方面,巴基斯坦瓜达尔港建设进展顺利,斯里兰卡汉班托塔港、希腊的比雷埃夫斯港建设运营稳步向前。这些基础设施网络虽然并不是严格意义上的公共产品,而属于"俱乐部产品",但消费的竞争性并没有达到一定水平,边际成本可能会非常低。即从其外部效应中受益的区域内参与国的数目是确定的,扩展或提高物质基础设施(如交通网络和通信)能显著增强跨国贸易与交易。①基础设施建设不仅为推动沿线国家经济发展提供了支撑保障,同时还大大促进了沿线区域和次区域之间的融通。"'一带一路'框架下欧洲跨国铁路可缓解东西欧之间的经济不平衡,推动中国和欧洲以及欧洲内部的互联互通。"

    "一带一路"是针对全球及地区公共产品供应不足而建立的新平台和重要补充,是以共商、共建、共享为行动原则,推动建立国家间、区域间、跨区域间各类行为体共同参与的新型全球治理框架。作为新型全球公共产品的动力和载体,"一带一路"将有利于构建可以在全球范围推广复制的公共产品供给制度。②虽然以国家为中心的援助模式仍居主要地位,但也需要开展多样化的发展援助,以使区域性公共产品的供给和效应最大化。区域性基础设施投资项目高度复杂,从其构想阶段开始就需要不同于严格的国家层次的项目的处理办法。根据国际经验,今后不妨通过多种安排由私营部门供给基础设施类区域性公共产品,如建筑和工程服务、金属和塑料管、电子设备等,都可以从私人部门采购。从经验上看,维持能经受时间考验的有效的集体努力需要把国家和非国家行为体(包括民间社会组织和私人部门)协调地引入并整合进定义优先次序和生成并资助区域性公共产品的过程……以便产生出一种对项目的"主人翁"感,同时催生

---

① 安东尼·埃斯特瓦尔多道尔、布莱恩·弗朗兹、谭·罗伯特·阮:《区域性公共产品:从理论到实践》,张建新、黄河等译,上海人民出版社 2010 年版,第 4、176 页。

② 张茉楠:《中国倡导公共产品供给新模式》,《参考消息》,2018 年 3 月 19 日,第 11 版。

发展议程和区域性计划与项目的可持续性的更大潜力。①

　　第二,制度与机制设计。按照罗伯特·吉尔平(Robert Gilpin)的说法,国际公共产品的供给和预期的效应奠基于各方的利益认同和政策协调,只有这样,国际体系才能顺利运转。②现阶段,世界经济仍低速徘徊,逆全球化趋势显现,贸易保护主义抬头,全球经济治理乏力。经过 60 余年的发展,世界经济发生了翻天覆地的变化,传统的国际经济公共产品已不能完全适应当今世界格局的风云变幻。现在以国际货币基金组织、世界银行为代表的多边金融机构代表性不足,无法反映新时期全球经济力量格局,难以满足全球日益增长的融资需求,难以适应防控区域和全球金融风险的要求。中国应该从更加长远和机制化角度提供公共产品以应对种种挑战,继续推动东亚地区合作。

　　从实效来看,与许多全球性公共产品的供给相比,在诸如减少多国协调的交易成本或达成关于优先议程的共识等问题上,提供区域性公共产品需要克服的困难可能更小。中国正在从经贸领域的公共产品入手,向国际社会提供富有中国特色的区域性制度安排。这些合作机制为中国向地区提供公共产品提供了广阔的平台,10＋1、10＋3 机制的进一步完善,中国—东盟自由贸易区的提升与丰富,东盟地区论坛(ARF)机制作用的发挥以及 RCEP 谈判的进展都表明,中国正在以周边为优先,同地区国家联合提供区域性公共产品。当下,区域性开发银行在提供物质公共产品方面扮演了重要角色。因为,区域性开发银行能够帮助弱小的经济体更有效地参与一体化;它能够召集和协调有关方的会议,以便在设置优先议程、保证各国的承诺和跟进政策协调方面达成共识,使得跨境基础设施网络得以运行;它可以开展可行性研究,为相关国家的决策提供数据与信息;这些机构还能像私人部门或资助基金那样为基础设施提供额外资金。由于具有立场中立的特点和充足的技术和资金能力,一个区域性开发银行能够有助于克服“搭便车”困境,其途径是有效和充足的区域性公共产品供给。③

---

　　① 安东尼·埃斯特瓦多道尔、布莱恩·弗朗兹、谭·罗伯特·阮:《区域性公共产品:从理论到实践》,张建新、黄河等译,上海人民出版社 2010 年版,第 75、74 页。
　　② 罗伯特·吉尔平:《国际关系政治经济学》,杨宇光等译,上海人民出版社 2006 年版,第 339 页。
　　③ 安东尼·埃斯特瓦多道尔、布莱恩·弗朗兹、谭·罗伯特·阮:《区域性公共产品:从理论到实践》,张建新、黄河等译,上海人民出版社 2010 年版,第 1、4 页。

中国发起成立的丝路基金、亚投行等新型多边金融机构,充分体现了中国在提供区域性经济公共产品方面的重要作用。作为政府间亚洲区域多边开发机构,亚投行于 2016 年 1 月正式成立,宗旨是促进亚洲区域的互联互通和经济一体化发展,重点支持领域包括基础设施建设、跨境互联互通等。甫一成立,亚投行便得到"一带一路"沿线国家的积极响应和支持,创始成员国达 57 个。亚投行自正式启动至 2017 年 1 月,累计发放贷款 17.3 亿美元,以支持巴基斯坦、孟加拉国、塔吉克斯坦、印尼、缅甸、阿塞拜疆和阿曼等 7 个国家的 9 个基础设施项目。与其他金融机构相比,亚投行和丝路基金以务实的态度、新的治理规则和标准,更多关注发展中国家的发展和金融需求;用实际行动参与全球金融治理,推动国际货币体系改革,增加国际金融领域的全球公共物品供给。两大金融机构的建立运行还有利于改革和重塑国际贸易投资规则,完善金融货币制度,营造更加公平合理的经济新秩序。值得指出的是,两大金融机构与现有国际金融机构并不冲突,反而推动了国际货币基金组织完成份额和治理机制改革,是对现有国际金融机构的有益补充,而非替代性的竞争者。两大金融机构已与国际货币基金组织、世界银行、欧洲复兴开发银行开展了合作。

没有一种"普适性"的制度或机制能够保证所有公共产品的供给与效用永远成功,因此,多边机构之间更好的衔接能够促进对区域和全球机构比较优势的理解,也通过反映每个机构及其成员的集体经验和不同立场来处理发展的挑战。中国正在通过参与和创建地区多边安全和经济合作机制,主动承担供给成本,为周边国家提供更符合地区需求的、充足的区域性公共产品,掌握区域性公共产品供给的主动权。

第三,理念与愿景创新。区域性公共产品供给的主管机构或倡议国家有赖于成员国支持其合法性。如果各国都不认同主要供给国提出的供给倡议,不愿在区域合作中承担义务,区域性公共产品供给就不可能达到最优水平。"私物化"是单一国家提供公共产品过程中充满诱惑力的"陷阱",有些国家提供的国际公共产品往往附加体现其国家利益、反映其价值观的条件和规则,以谋求无法"宣之于口"的特定国家目标。欧盟的成功经验表明,有关国家可以通过区域内合作的途径,联合起来共同生产、提供和维护本地区和平与繁荣所需的种种公共产品。这样不仅能有效地克服全球性公共产品的供给不足,而且能最大限度地防止国际公共产品被大国"私物化"。①可见,只有当国家间对于特定公共产品有着深广的认可和认知,即对于地区国家所面临的发展挑战,以及如何更有效地应对挑战要有共识性理解,亦即拥有共同发展的理念,才可能吸引更多国家进行合作,分担公共产品的成本和代价。

在过去30多年里,中国从全球化的受益者成长为倡导者和维护者,主张推动全球化朝着更加开放、包容、普惠、平衡、共赢的方向发展。中国提供区域性公共产品的理念渊源,首先是中国作为负责任大国的外在体现。中国是世界第二大经济体,欢迎"一带一路"沿线国家搭乘中国发展的快车,共同分享中国发展的成果。其次,作为世界上最大的发展中国家,中国长期秉持相互平等、相互尊重的原则,提倡国家无论大小、强弱、贫富,都是国际事务平等参与者。最后,中国的发展离不开世界的发展,离不开沿线国家的发展。在全球化的推动下,世界各国实际上已形成利益共同体、责任共同体和命运共同体的趋势。很难想象一个国家在世界其他国家步履维艰的情形下,可实现持续发展。

中国对于发展的愿景描绘,即倡导人类命运共同体,也正在得到越来越多国家的认同。2017年3月17日,联合国安理会通过第2344号决议,首次载入"构建人类命运共同体"理念,呼吁通过"一带一路"建设等加强区域经济合作。人类命运共同体这一新的全球价值观以相互依赖、利益交融、休戚与共为依据,以和平发展与合作共赢为支柱,包含相互依存的国际权力观、共同利益观、可持续发展观和全球治理观。今后,在提供国际公共产品时,中国更要发挥倡议和引导作用,秉持开放、包容的精神,鼓励国际社会共同参与。"规则不是由中国单方面制定、大家被动接受,而是在共同商议的基础上由大家一同书写。这样的国际公共产品更具持续性。"②

四、结　　论

在亚太地区,以美国霸权主导的区域性安全公共产品,以及以区域内

① 樊勇明:《从国际公共产品到区域性公共产品——区域合作理论的新增长点》,《世界经济与政治》,2010年第1期,第145页。

② 俞懿春:《"一带一路"是可持续的公共产品》,《人民日报》,2017年4月16日,第3版。

国家合作供给和维护的区域性经济公共产品,在很大程度上维持着地区的和平与繁荣。从供给方式来看,区域性公共产品既可以由大国供给,即由大国倡议并负担绝大部分供应成本;也可以是区域合作供给,即由区域内国家集体发起、讨论并达成协议,共同承担产品的成本。这两种供给模式之间是相通的,并非泾渭分明。在一定程度上,美国在战后向亚太地区提供区域性公共产品的做法成功地塑造了一种"仁慈的霸权"的形象。但是,随着地区权力结构的变化,美国供给公共产品的意愿和能力都在下降。与此同时,中国已开始寻求构建以自身为主导的区域性公共产品供给体系,并调动地区内主要国家负担区域性公共产品的积极性。中美两国在区域性公共产品供给舞台上的竞争虽隐晦却值得引起重视,未来或许成为影响地区形势的主要因素。虽然区域性公共产品被限定在一个地区之内,但它也具有明显的外部特征,即区域内公共产品的供给、消费、维护与域外国家产生着互动作用。美国依然是亚太地区最具影响力的大国,对中国的地区行为抱持怀疑心态,中国与亚太地区国家的合作必然会受到美国等域外大国的影响。鉴于此,中国更需要秉持开放的心态,积极欢迎、邀约域外国家参与亚太区域性公共产品的生产,实现公共产品的互补性供给,共同促进区域合作,推动中国创新性发展理念和愿景的实现。

日本对东南亚 ODA 外交中的海上防务合作

——以 2015 年版"开发合作大纲"为例

包霞琴　李文悦 *

【内容提要】 第二次安倍内阁上台后,以政府开发援助(ODA)政策调整为标志,日本的东南亚外交呈现加速与其安全战略相结合的新特点。2015 年 2 月,日本政府通过的"开发合作大纲"为深化与东南亚国家在海洋安全领域的合作提供了合法性依据。在新 ODA 大纲的原则指导下,日本以"提供海上能力建设援助"和"南海问题"为切入点,加强了与菲律宾、越南等国的海上防务合作。在亚太地区安全格局转型的背景下,突出 ODA 的战略性活用,其目的是增强双方的防卫力量合作,提升日本在地区安全事务中的影响力。日本对东南亚 ODA 政策的安全功能拓展,深刻反映出日本的地区战略及其在构建未来东亚秩序中的角色定位。

【关键词】 日本 ODA 外交;海上防务合作;2015 年版开发合作大纲

【Abstract】 This paper focuses on the new developments and characteristics in Japanese ODA policies to Southeast Asia. By comparing texts of the ODA Charter under the Abe Administration with another two previous revisions and analyzing cases of Philippine and Vietnam, we find that the ODA is not merely a kind of economic aid means, but becomes a more strategic, a stronger political, diplomatic and effective tool to promote the maritime security cooperation between Japan and Southeast Asia. Considering the implementation of Japanese ODA is influenced by domestic and international factors, the result sheds light on the goals and limitations of Japan's new ODA diplomacy towards Southeast Asia.

【Key Words】 Japanese Official Development Assistance diplomacy; regional maritime security cooperation; the Development Cooperation Charter of 2015

---

* 包霞琴,复旦大学国际关系与公共事务学院教授;李文悦,复旦大学国际关系与公共事务学院硕士研究生。

进入 21 世纪后,亚太地区的地缘政治和地缘经济格局发生急剧变化,日本外交呈现顺应形势发展的新特点。本文聚焦日本对东南亚的政府开发援助(ODA)外交,重点分析新地缘政治经济时代日本对东南亚 ODA 外交中的海上防务合作。特别是 2015 年 2 月,日本政府通过了新的"开发合作大纲"(Development Cooperation Charter),显示出加速与其地区战略相配合的特点,为日本政府利用 ODA 资金与技术深化与东南亚国家在经济、海洋、安全等领域的合作提供了依据,也为日本扩大在东南亚地区的政治经济影响力提供了资金保障,深刻反映出日本的地区战略及其在构建未来东亚秩序中的角色定位。

一、2015 年版"开发合作大纲"的内容与特点

ODA 作为战后"日本最大的外交手段",在战后日本重返国际社会的过程中影响巨大。而 ODA 大纲是日本 ODA 政策的纲领性文件,集中体现了日本政治、经济、外交意图乃至国家发展战略。冷战结束后至今,日本共发布了三部 ODA 大纲①,反映了不同时期日本政府对外援助政策的变化与特点。

影响日本 ODA 大纲修订的因素既有客观环境的变化,又有决策者对其战略目标的追求。前日本外务大臣岸田文雄在 2014 年 ODA 实施 60 周年的纪念活动中发表了题为"变化中的日本 ODA:为了世界和日本的未来"的演讲,明确表示:之所以对 ODA 大纲进行重新修订,是由于国内外环境变化下日本 ODA 角色的变化。②日本的 ODA 进入了重塑阶段,更强调 ODA 在振兴经济和确保安全上的作用。"此次 ODA 大纲的修订是在其整体国家战略转型背景下进行的,具体来说就是对'积极和平主义'外交—安保理念的政策实践。"③可以说,2015 年版 ODA 大纲是在安倍内阁

---

① 三部 ODA 大纲分别为 1992 年和 2003 年发表的"政府开发援助大纲"和 2015 年发表的"开发合作大纲"。

② 「岸田外務大臣 ODA 政策スピーチ進化する ODA 世界と日本の未来のために」,日本外務省 2014 年 3 月 28 日,http://www.mofa.go.jp/mofaj/ic/ap_m/page3_000726.html,2018-03-15。

③ 王箫轲:《"积极和平主义"背景下日本 ODA 政策的调整与影响》,载《东北亚论坛》,2016 年第 4 期,第 37 页。

"积极和平主义"理念指导下对"全面正常化"国家战略的追求,是安倍内阁特色外交、安保政策的实践。同时日本国内经济不景气、相关产业施压以及国际社会对于对外援助的新要求和国际社会权力结构的变化等都是此次 ODA 大纲修订的重要变量。

（一）2015 年版"开发合作大纲"出台的背景

安倍内阁于 2013 年 12 月通过的战后首份《国家安全保障战略》明确提出,要"进一步战略性灵活运用 ODA,提高受援国相关机构的能力建设,实现安全保障相关领域的无缝支援"。①2013 年通过的《日本再兴战略》也提出,要战略性使用 ODA,"以便出口基础设施并确保资源供应","支援经济领域的国际扩展","构筑良好的国际环境"。②2016 年由日本防卫省发布的《日本的防务能力建设援助》更是明确表示,为了应对复杂的安全环境,日本将利用国内资源对其他国家的防务能力建设进行多边和双边援助的战略。③

由此可见,在安倍内阁的政治理念下,ODA 作为外交手段上升到战略高度,成为践行"积极和平主义",实现"全面正常化"国家的一种手段,ODA 大纲所显现出来的积极外交的政治意图契合了日本追求"全面正常化"国家的战略目标。

（二）2015 年版"开发合作大纲"的主要内容

ODA 大纲的修订工作始于 2014 年 3 月,在日本外务省的主导下成立了由八位专家学者组成的"有识者恳谈会"。"有识者恳谈会"经过四次讨论和审议,于 2014 年 6 月 26 日向外务省提交了"修改政府开发援助大纲的报告书"④,即新 ODA 大纲的基本雏形。

"有识者恳谈会"报告书的主要内容有:第一,建议将"政府开发援助大

---

① 「国家安全保障戦略について」,首相官邸 2013 年 12 月 17 日,第 26 页,https://www.kantei.go.jp/jp/kakugikettei/2013/_icsFiles/afieldfile/2013/12/17/20131217-1_1.pdf,2018-03-15。

② 周晓娜:《日本〈ODA 大纲〉修订及其"军援"趋势的显现》,载李薇主编:《日本研究报告 2015》,社会科学文献出版社 2015 年版,第 126 页。

③ 「防衛省・自衛隊による能力構築支援」,日本防衛省 2016 年 4 月,第 2 页,www.mod.go.jp/j/publication/book/pamphlet/pdf/cap_build_j.pdf,2018-03-15。

④ 参见「ODA 大綱見直しに関する有識者懇談会報告書」,日本外務省 2014 年 6 月,http://www.mofa.go.jp/mofaj/gaiko/oda/files/000071302.pdf,2018-03-15。

纲"改名为"开发合作大纲",以体现支援主体多重性和援助多样化的现实。第二,有条件地支援军队的救助活动,放宽一直以来坚持的"非军事合作"政策。报告认为,根据发展中国家一些自然灾害的救助活动多依赖军队的实际情况,可向救援军队提供用于"非军事目的"的支援。第三,细化开发援助标准。由于发展中国家情况多样、要求不一,建议修改一直以来所采用的根据人均所得判断援助的标准,认为援助标准必须与受援国的实际所需相结合,以更有效地利用好日本有限的资金。

根据"有识者恳谈会"报告而最终制定的新大纲全称为《开发合作大纲:为和平、繁荣,以及每个人更好的未来》,由理念、重点政策、实施三方面组成。[①]新大纲有三个方面引人注目:

一是和平问题超越繁荣问题,成为新大纲的重点。大纲明确指出"发展的含义不再是狭义的经济发展,同时包括和平建设、政府治理、促进基本人权和人道主义援助等";认为"全世界人民都有权利生活在和平之下,日本愿意发挥积极作用维护国际社会的和平与稳定";"新时期ODA的目标之一是达成日本及受援区域内的'和平安全'"。为此,日本将采取综合手段预防冲突、干预进程、重建和平,这里着重提到要加强发展中国家的能力建设,包括执法机构的能力建设,确保海上安全的能力建设等。尤其引人注目的是,新大纲允许向他国军队提供非军事目的的援助,这可以说是日本重视和平与安全问题最突出的表现。这一变化表明日本的ODA外交已经外溢到安全防务领域,特别强调海上安全尤其是海洋国家的海上执法能力建设、打击恐怖主义与国际组织犯罪、强化网络安全等内容。

二是ODA的对象和内涵有所扩大。作为落实安倍经济学的重要工具,ODA从简单扶贫扩大到"高质量增长",除了继续重视和加强传统的基础设施建设、提出了"高品质基础设施建设"之外,还强调了教育、职业培训、科研创新、私有部门及制度机构创设等"软件"合作,通过对受援国的能力建设来实现受援国高质量的增长。

三是为了弥补财政预算的不足,在机制上加强与民间资本的合作,促

---

① 「開発協力大綱—平和,繁栄,そして,一人ひとりのより良い未来のために—」,日本外務省 2015 年 2 月 10 日,http://www.mofa.go.jp/mofaj/gaiko/oda/files/000072774.pdf,2018-03-15。

进中小企业海外发展。同时加强外务省和新 JICA（日本国际协力机构）的主导作用，从而保证对外援助的连贯性和效率，使对外援助更好地服务于对外政治和经济战略。①

二、日本对东南亚 ODA 外交的
新特点：加强海上防务合作

2015 年版 ODA 大纲对日本的东南亚外交产生了深刻影响，最突出的特点就是加强了与东南亚国家的海上防务合作，以"海洋安全"和"中国威胁"为抓手，将海上防务合作打造成日本推行东南亚 ODA 外交的新方向。

（一）提供防卫装备　开展"巡逻船外交"

海上防务合作在 ODA 外交中的内容与形式，主要表现为以下两个方面。一方面，新 ODA 大纲首次允许向他国军队提供"非军事目的"的援助，因此，安倍内阁"巡逻船外交"的机制化与长效化，成为新东南亚 ODA 外交的一大特点。此举旨在对接日本对东南亚的安全外交政策，防止相关国家在经济与安全上对中国产生双重依赖，从而牵制中国在地区安全事务上影响力的快速提升。

在新大纲出台前，《产经新闻》就多次分析称，借新大纲出台，可向东南亚各国提供海上巡逻船，从而对在海洋领域"扩展势力范围"的中国实施牵制与遏制。②《朝日新闻》发表评论文章，直接将安倍内阁对东南亚 ODA 外交中的海上防务合作，即以提供巡逻船只的方式，支持越南、菲律宾等低警备能力的南海沿岸国家，应对加强海洋发展的中国的战略，评价为初见成效的"巡逻船外交"。③然而，考虑到东盟国家对中国的经济依赖，尽管安倍政权的"巡逻船外交"得以制度化，但从长远来看是否能起到"牵制中

① 参见「開発協力大綱について」，日本外務省 2015 年 2 月 10 日，http://www.mofa.go.jp/mofaj/gaiko/oda/files/000072774.pdf，2018-03-15。

② 「ODA 大綱見直し安倍カラー前面で中国牽制」，『産経新聞』2014 年 6 月 26 日。http://www.sankei.com/politics/news/140626/plt1406260009-n1.html，2018-03-15。

③ 「白書に巡視船供与実績外務省」，『朝日新聞』2017 年 2 月 22 日，https://www.asahi.com/articles/DA3S12853000.html，2018-03-15。

国的效果"依然具有不确定性。①另一方面,从海上防务合作的对象来看,日本过去主要着眼于东盟整体,在多边场合利用 ODA 政策进行海上防务领域的装备提供、技术合作和人才培养,提高东盟各国海上安保机关的执法能力。但新 ODA 大纲则为日本深化与东南亚"核心国家"的双边防务合作提供制度保障与资金支持,形成双边合作与多边交流相辅相成的新局面。

菲律宾和越南作为两个主要的南海争端声索国,在日本的新东南亚 ODA 外交中属于"核心国家",双方在海上防务合作领域从广度和深度上都有了迅速发展。2016 年 2 月,日本驻菲律宾大使石川和秀与菲律宾国防部长加斯明签署《防卫装备转移和技术合作协定》,这是日本首次与东南亚国家签署此类协定。②根据该协定,日本可以向菲律宾转移防务装备和技术,规定日菲两国可以进行联合研究和开发,甚至联合生产防务装备,以实现安全保障和防卫合作强化。在此背景下,同年 9 月,日本和菲律宾就租借 5 架海上自卫队 TC-90 教练机达成协议。③这是日本首次向他国租借自卫队飞机。2017 年 3 月,首批两架 TC-90 教练机抵达菲律宾赫拉克利奥·阿拉诺海军基地,计划执行"海上空中巡逻、情报监视与侦察"等任务,增强菲律宾在海上安全方面的能力。④2017 年 8 月,日本外相河野太郎在出席华盛顿日美"2+2"会议记者会时表示,未来三年日本政府将以 ODA 方式向越南和菲律宾提供 16 艘巡逻船,借以提升这些国家的海上安保能力。⑤

---

① 「巡視船外交に政権が本腰中国念頭に沿岸国の警備後押し」,『朝日新聞』2017 年 3 月 5 日,https://www.asahi.com/articles/ASK335TKJK33UTFK01C.html,2018-03-15。

② 「防衛装備品及び技術の移転に関する日本国政府とフィリピン共和国政府との間の協定」,日本外務省 2016 年 2 月 29 日,http://www.mofa.go.jp/mofaj/files/000152489.pdf,2018-03-15。

③ 「TC-90 等のフィリピンへの移転」,日本外務省 2016 年 9 月 6 日,http://www.mofa.go.jp/mofaj/s_sa/sea2/ph/page3_001796.html,2018-03-15。

④ 「海上自衛隊練習機 TC-90のフィリピンへの移転について」,日本防衛装備庁 2017 年 3 月 21 日,http://www.mod.go.jp/atla/pinup/pinup290321.pdf;《日向菲律宾出租教练机 2 架"到货"完成移交》,新华网,2017 年 3 月 29 日,http://www.xinhuanet.com/world/2017-03/29/c_129520293.htm,2018-03-15。

⑤ 《河野太郎:日本将向越南和菲律宾提供 16 艘舰船》,环球网,2017 年 8 月 18 日,http://world.huanqiu.com/exclusive/2017-08/11144330.html,2018-03-15。

（二）举行联合军演 加强海上合作

日本与东南亚国家的海上防务合作还表现在联合军演、相关人员培训等方面。早在 2014 年 4 月 2 日,两艘日本海上自卫队驱逐舰"白根"号及"朝雪"号抵达菲律宾军港,进行为期 4 天的友好访问,并同菲律宾海军举行联合军演。①2014 年 10 月,日本海上自卫队以观察员身份,与美国和菲律宾海军首次在南海海域举行了联合军演。这也是日本自卫队首次参加菲律宾军队的实战军演。②2015 年 5 月,日本海上自卫队两艘驱逐舰"春雨"号和"天雾"号在马尼拉湾和苏比克湾间海域与菲律宾"拉蒙·阿尔卡拉斯"号巡逻舰举行了首次两国间海上联合军演。不同于此前菲律宾海岸警卫队与日本海上保安厅的海警演习,此次双方参演兵力均为海军军舰,标志着日菲军事合作进入了新阶段。③同年 6 月,日菲再次举行联合训练。虽然名义上是灾时人道援助及搜救,但日本海上自卫队的一架 P-3C 反潜巡逻机首次抵达菲律宾西部濒临南海的巴拉望岛的普林塞萨港,而且菲军人员也搭乘该巡逻机在巴拉望岛以西南海的公海上空飞行。菲律宾希望日本能以 ODA 形式对其提供续航距离长、情报收集能力优秀的 P-3C 等装备。④

日本与越南之间的海上合作也快速发展,2016 年 4 月 12 日,日本海上自卫队护卫舰"有明"号和"濑户雾"号首次停靠于越南军事重镇金兰湾国际港。停靠期间,日本海军护卫舰与越南海军举行了联合操舰训练。⑤日本政府有关人士认为"这是极具战略性的停靠港口的选定,是历史性的访问"。2016 年 5 月 29 日,日本海上自卫队的扫雷母舰"浦贺"号与扫雷艇"高岛"号停靠越南金兰湾国际港进行补给与休整。这是海上自卫

---

① 《美国之音:日本派两艘军舰赴菲律宾搞联合军演》,参考消息网,2014 年 4 月 4 日,http://mil.cankaoxiaoxi.com/2014/0404/370790.shtml,2018-03-15。

② 《外媒关注自卫队首参加美菲军演 称为牵制中国》,参考消息网,2014 年 10 月 4 日,http://mil.cankaoxiaoxi.com/2014/1004/517623.shtml,2018-03-15。

③ 《日菲今首次举行海上联合军事演习》,人民网,2015 年 5 月 12 日,http://world.people.com.cn/n/2015/0512/c157278-26989018.html,2018-03-15。

④ 《日本 P3C 抵达菲律宾 菲希望日本提供该飞机》,环球网,2015 年 6 月 22 日,http://mil.huanqiu.com/world/2015-06/6740955.html,2018-03-15。

⑤ 《日本海上自卫队两艘护卫舰首次停靠越南金兰湾》,新华网,2016 年 4 月 12 日,http://news.xinhuanet.com/world/2016-04/12/c_128886923.html,2018-03-15。

队舰船第二次停靠该港。①2017 年 5 月 20 日,日本海上自卫队直升机护卫舰"出云"号以及护卫舰"涟"号同时与美国海军高速运输舰"Fall River"号停靠在越南中部军事要冲金兰湾国际港。②这进一步凸显了日本通过与越南的海上防务合作,实现日美同盟强化与日本的东南亚外交重构的双重外交支柱。

（三）防务机构的制度化建设与人员培训

日本迄今为止已经与菲律宾开展了海洋安全保障领域的多项合作。除了向菲律宾出口海上巡逻船和开展联合军事演习之外,还包括帮助菲律宾海岸警备队重建部队机制,并派出教官培训菲律宾警备队员。首先,日本在海上力量培养和人员训练方面与菲律宾进行合作。2014 年 4 月,日菲举行外长会谈。日本外相岸田文雄将海洋合作视为日菲战略伙伴关系的重要支柱,并承诺"除了提供 10 艘巡逻船和增强通信系统之外,日本将与菲律宾在海岸警卫队能力建设方面加强合作,并在人力资源开发方面加大支持。"③2016 年 7 月,日本派遣 1 名防卫省国际政策课员和 3 名海上自卫官在菲律宾海军系统训练中心举行有关舰船柴油发动机整备的讲座,并通过与菲律宾海军相关人士的意见交换,就舰船的运用能力的重要性增进共识。④

总之,ODA 这一成熟的经济外交手段,极大地促进了日本与菲律宾和越南在高层互访会谈和安全对话中防务合作共识的达成和具体合作项目的高效实施,从而推动菲、越在地区海洋事务上合作能力与合作意愿的逐步增强。多层次、制度化、针对性的海上防务合作由此成为日菲、日越间共同的地区战略、利益需求以及安全合作的新内容和新特点。

---

① 《自卫队军舰再次停靠金兰湾,日媒:警惕中国南海活动》,参考消息网,2016 年 5 月 30 日,http://www.cankaoxiaoxi.com/mil/20160530/1175664.shtml,2018-03-15。

② 《日美舰艇首次同时停靠金兰湾,日媒称美日展现团结牵制中国》,参考消息网,2017 年 5 月 22 日,http://www.cankaoxiaoxi.com/world/20170522/2023520.shtml,2018-03-15。

③ 「日・フィリピン外相会談(概要)」,日本外务省,2014 年 4 月 11 日,http://www.mofa.go.jp/mofaj/s_sa/sea2/ph/page3_000738.html,2018-03-15。

④ 「平成 28 年度フィリピンにおける能力構築支援事業(艦船ディーゼル・エンジン整備)」,日本防卫省,2016 年 7 月 26 日,http://www.mod.go.jp/j/approach/exchange/cap_build/philippines/h280726.html,2018-03-15。

三、日本对东南亚 ODA 外交"安全化"的动因

近年来,东南亚地区海洋权益争端加剧,亚太地区力量格局与安全态势发生重大变化。在此背景下,日本与东南亚国家调整内外战略,加大了在海洋安全事务上的相互倚重。安倍内阁对东南亚 ODA 外交的"安全化"趋势也是基于日本内政外交重大调整的必然结果。

(一)"积极和平主义"理念与国家安全保障战略的转型

"积极和平主义"被安倍内阁定位为国家安全保障战略的基本理念,意指要将战后以来的"热爱和平"、"支持和平"转变为"缔造和平",标志着日本安全保障政策的巨大转变。安倍内阁对东南亚 ODA 外交的"安全化"趋势,正是"积极和平主义"理念在东南亚地区的具体体现,与指导日本外交与防务政策的国家安全保障战略的一系列调整与细化密切相关。

安倍上台执政后,加快了摆脱"战后体制"的步伐,目标是"夺回强大的日本",重新回归政治大国的行列。而防卫力量的提升则是实现其政治大国战略目标的重要手段,也有助于日本在东亚安全秩序重构中获得主动权和主导权。为了实现这一目标,安倍内阁除了积极谋求重整军备外,还积极推动日本防卫政策在战略定位、实施重点与落实方式等方面的转型。

一方面,日本政府于 2013 年 12 月通过了被称为"安保三支箭"的《国家安全保障战略》、新版《防卫计划大纲》和《中期防卫力整备计划》,为日本今后的防卫力量发展进行了顶层设计。其中,《国家安全保障战略》以解禁集体自卫权为前提,提出增加自卫队海外派遣的"积极和平主义";后两个文件则对日本今后防卫力量的发展进行了具体规划。东南亚国家是日本地区防务合作的重点实施地区,日本"将以持续 40 年以上的传统伙伴关系为基础,与东盟深化、发展政治和安全合作"。①而在实施的重点领域方面,特别指出"海洋安全"的重要性,"追求开放与稳定的海洋环境"被作为日本

---

① 「国家安全保障戦略について」,日本外務省,2013 年 12 月 17 日,第 21 页,https://www. kantei. go. jp/jp/kakugikettei/2013/_ icsFiles/afieldfile/2013/12/17/20131217-1 _ 1. pdf,2018-03-15。

国家安全保障的第二项基本理念,其重要性甚至高于"坚持和平国家路线"。①因此,加强同东南亚国家的海洋安全合作对日本来说具有极其重要的战略意义。

另一方面,日本于 2014 年 4 月通过了取代"武器出口三原则"的"防卫装备转移三原则",为日本以 ODA 形式对外转移防卫装备,实现海洋安全合作提供了必要的法理依据。正是"防卫装备转移三原则"与新 ODA 大纲相配合,日本得以机制化、规模化地向菲律宾与越南出售或租借武器装备。

值得关注的是,为了实现防卫力量的提升,日本除了要克服体制上的诸多障碍为 ODA 的战略性与高效性使用铺平道路外,还要考虑重整军备的现实诉求。因此,国内亟待更新换代的防卫装备便成为"巡逻船外交"的重要物质基础。截至 2016 年 4 月,日本海上保安厅拥有的巡逻船艇中,能在外海航行的大中型巡逻船有 128 艘,在近海岸巡逻的中小型巡逻艇有 238 艘,使用年限均为 20 年至 25 年。而其中巡逻艇的老化程度很严重,约 40%超过了使用年限。如此下去,5 年后约 60%(142 艘)的巡逻艇和 25%(32 艘)巡逻船将陷入老化。②因此,日本频频利用 ODA 政策承诺向越南、菲律宾等国提供巡逻船,且大多以改造过的二手船为主。

(二)对冲和牵制中国地区影响力的扩大

近年来,日本将中国经济发展和地区影响力的提升视为"现实威胁",如何应对这一威胁已成为日本地区战略的重要任务。日本不断加大对东南亚国家的援助,尽可能地牵制中国在该地区影响的进一步壮大,寻求通过政治、经济、军事等多种渠道,增强地区局势的影响力,维持和巩固日本在东南亚地区的主导地位。尤其是相较于经济合作,中国与东南亚多数国家在安全领域的交流与合作较为有限,层次较低。③而且近年来中国与周边国家的领土领海争端直接阻碍了双方安全合作的开展。所以,日本着眼于中国影响力还处于薄弱的"安全"领域,通过不断强调"中国不透明

①　「国家安全保障戦略について」,日本外務省,2013 年 12 月 17 日,第 2 页。

②　"日媒称日本逾 3 成巡逻船超期服役船龄高达 38 年",参考消息网,2016 年 9 月 21 日,http://www.cankaoxiaoxi.com/mil/20160921/1312340.shtml, 2018-03-15。

③　杨光海:《论中国对东南亚的军事外交》,载《世界政治与经济论坛》,2012 年第 6 期,第 140 页。

的军费增长"、"以实力单方面改变东海和南海现状"等①渲染"中国威胁论",促进其与东南亚国家的防务合作。

另外,考虑到菲律宾、越南等东南亚国家与中国存在的领土争议日益尖锐化,日本试图利用南海问题借助这些国家"对冲"中国实力,同时达到作为非当事国依然可以正当"全面干涉"南海问题的效果,从而在地区安全层面发挥更为积极的作用。②具体来说,支援菲律宾海岸警卫队的海上通信系统和警备能力建设,无疑将帮助日本在南海监视中国。因此,日本采取ODA形式对部分东南亚国家提供包括舰艇在内的海上防务力量援助,加强军事演习、人员培训方面的海洋问题沟通机制,便是其围绕南海问题,运用经济手段,提高自身在地区安全事务中的话语权和影响力的一种新方式。

（三）美国因素的影响

战后的日本外交始终受到美国的深刻影响与牵制,近年来随着美国亚太战略的调整,日本在该地区的安全外交表现出更强的自主性。美国出台的"亚太再平衡"战略直接支持了日本对东南亚 ODA 外交的"安全化"转向。具体来说,为了强化日美同盟关系的安全合作,美国不断放松对日本的诸多限制。一方面,日美同盟的活动范围从东北亚地区扩展至东南亚地区,尤其是围绕南海问题频频开展双边安全对话。早在 2012 年 4月,日美在"2＋2"会议联合声明中就指出"协力促进亚太地区的和平、稳定和繁荣","日本政府应战略性灵活运用 ODA,向沿海国家提供巡逻艇"。③日本"借船出海",通过积极参与由美国主导的一系列多边安全合作机制,加强与东南亚国家的安全互动,并借"能力建设支援"之名以 ODA 形式向外出口技术装备,进而推动联合军演的持续深入开展。

由此可见,美国因素极大地促进了日本将 ODA 政策与海上安全保障的战略对接,为日本与东南亚国家海上安全合作关系的深入发展打下了坚实基础。

---

① 参见「平成 29 年版外交青書(外交青书 2017)」,日本外务省,2017 年 9 月 26 日,第 3页,http://www.mofa.go.jp/mofaj/gaiko/bluebook/2017/pdf/pdfs/1.pdf,2018-03-15。

② 参见包霞琴、黄贝:《日本南海政策中的"对冲战略"及其评估——以安倍内阁的对华政策为视角》,《日本学刊》,2017 年第 3 期,第 57 页。

③ 「日米安全保障協議委員会　共同発表」,日本外务省,2012 年 4 月 27 日,第 3 页,http://www.mofa.go.jp/mofaj/area/usa/hosho/pdfs/joint_120427_jp.pdf,2018-03-15。

（四）东南亚国家的海洋安全合作意愿

由于东南亚地区特殊的地缘位置，其与日本的海洋安全战略息息相关。安倍内阁东南亚 ODA 外交的海上防务合作新动向，直接反映出"安倍主义"中强调的"海洋国家合作"的利益诉求。这一地区外交原则与上述国家安全保障战略中强调的实施重点一脉相承，都是为了拉近与东南亚国家的安全关系。

作为安倍内阁对东南亚外交的基本方针，"安倍主义"形成于 2013 年 1 月安倍第二次就任首相后出访越南、泰国和印度尼西亚东盟三国期间，首次提出并着重强调日本与东南亚国家共同的海洋安全利益，表明日本与东南亚各国在海洋安全上开展合作的强烈意愿。"海洋安全"概念首次出现在安倍访问印度尼西亚时宣布的"亚洲外交五原则"中："维持亚洲地区海洋作为人类共同财产的彻底自由开放与和平是日本亘古不变的国家利益"，"日本四周环海的地理条件决定了日本始终从海洋安全与自身安全考虑出发"，"海洋的安全与繁荣是贯穿日本外交的一个主题，实现这一目标除了依靠日美同盟，还在于强化日本与海洋亚洲的联系"，"自由开放的海洋是公共财产，日本愿与东盟国家一起全力用法律而非武力手段维护海洋权益和航行自由"。①因此，服务于日本东南亚地区外交战略的 ODA 政策也向海上防务合作领域大幅倾斜。

其实，日本与东南亚国家早在冷战结束初期就开始围绕海洋安全展开合作，最初是在反海盗和反恐等非传统安全领域。而随着地区安全环境的日益复杂化和日本国内的政治与社会转型，在传统安全领域与东南亚国家合作的步伐开始加快。2010 年后，日本与东南亚国家间的防务合作关系进入深化阶段，双方不再局限于此前的增进相互交流与信赖关系，而是在"能力建设支援"等方面展开了具体合作。2016 年出台的《日本与东盟防卫合作倡议》中列举的五种安全合作方式就包括"防卫装备与技术合作"，即技术装备的出口、防卫装备与技术合作的专业人才培养和军工产业的配合。②这种合作旨在增强东南亚国家在海洋安全保障领域情报搜

---

① 「開かれた，海の恵み——日本外交の新たな5原則——」，日本外務省，2013 年 1 月 18 日，http://www.mofa.go.jp/mofaj/press/enzetsu/25/abe_0118j.html，2018-03-15。

② 「ビエンチャン・ビジョン〜日 ASEAN 防衛協力イニシアティブ〜」，日本防衛省，2016 年 11 月 16 日，http://www.mod.go.jp/j/press/youjin/2016/11/16_1.pdf，2018-03-15。

集、警戒监视和搜索救援等方面整体能力的提升。这也为日本东南亚ODA外交"安全化"的具体实施提供了关键指导与参照。

同时,近年来东南亚国家希望借助ODA与日本进行海洋安全合作的意愿有所增强。首先,除了菲律宾、越南这两个在南海问题上与中国存在直接领土矛盾的东南亚国家外,印度尼西亚、新加坡等国家对中国的崛起也表示担忧,他们基于"大国平衡战略",通过与日本加强安全合作,来分散各大国在该地区安全格局中的影响力。其次,为了应对地区安全格局的转型,一些东南亚国家开始大力推进军事现代化建设,对日本的技术装备需求大增。如前所述,日本武器出口禁令的放松为双方的海上防务合作提供了法律依据。而新ODA大纲的部分解禁非军事用途,则从资金上保障了防务合作的持续落实。最后,ODA作为经济外交的重要政策工具,是战后日本与东南亚国家发展关系的重要基石。正是具有"亲民"特征的经济援助性质的ODA提高了东南亚民众对日本的好感度,部分打消了东南亚各国的戒备心理,这在很大程度上为安倍内阁利用ODA外交强化防务安全合作消除了民意与舆论上的障碍。

四、评估与预测

(一)防务合作的实际效果

安倍内阁借助反恐、反海盗、海上安全救助、海上灾难的防治与救助等非传统安全问题为切入口,不断拓展日本与东南亚国家的ODA运用范围,加强与东南亚国家的海洋安全合作,并在一定程度上加强了双边关系。日本为深化与菲律宾、越南等国的防务合作,积极建立各级对话机制,在深化防务合作的同时,也密切了双边关系。2015年,日越关系升级为"促进亚洲和平与繁荣的广泛的战略伙伴关系"①后,日越将"加强两国安全与防务领域合作"写入《日越关系共同愿景声明》。此外,日越双方签署了以安全保障合作为目标的《加强海上安保机构间合作备忘录》《加强联

---

① 「日越関係に関する共同ビジョン声明」,日本外務省,2015年9月15日,http://www.mofa.go.jp/mofaj/files/000099838.pdf,2018-03-15。

合国维和合作备忘录》两大文件。①同年,日菲关系提高至"强化的战略合作伙伴关系"。②

据2017年11月日本外务省公布的"东盟对日舆论调查"结果显示,受访的东盟十国民众中91%的受访者认为日本是"非常可靠"或"比较可靠"的国家,87%的受访者认为日本对东南亚是"非常有帮助"或"比较有帮助"的国家,此外,55%的受访者认为过去50年日本是对东南亚发展贡献最大的国家。③由此可见,安倍内阁对东南亚的ODA外交为维护日本自身安全,加强日本与东南亚国家的双边关系发挥了一定作用。

同时,借由ODA向菲律宾、越南等南海周边国家提供武器装备、反恐设备以及人员培训等方面的支持,进一步扩大了日本防卫产业的海外市场,使得日本自卫队在友好交流的名义下不断拓宽活动范围,日本在地区安全领域的影响力不断提升。自2006年开始,日本通过对马六甲海峡沿岸国家提供经济和技术援助,逐渐掌握了马六甲海峡多边反海盗机制的主导权。安倍再次执政后,逐渐建立日菲外交、海警、海军"3+3"海上安全磋商机制,日越外交、防卫、海洋安全相关部门"3+3"机制,这些机制加强了日本与对象国的海洋安全合作,也意味着日本更深层次地介入了东南亚安全事务。日本通过对受援国的海警提供武器和技术援助,扩大自身在东南亚地区的准军事力量存在的同时,也为其自卫队参与双边乃至多边的海洋安全合作创造了条件。

(二)防务合作的制约因素

第一,自20世纪90年代初泡沫经济崩溃后,日本经济的增长区间一直徘徊在低增长或负增长的状态。2008年经济危机和2010年的东北大地震进一步增加了日本经济复苏的难度。2012年12月安倍再次当选首相后,推出了集金融政策、财政政策、产业政策、社会政策为一体的综合经

① 「安倍総理大臣とチョン・ベトナム共産党書記長の会談(結果)」,日本外務省,2015年9月15日,http://www.mofa.go.jp/mofaj/s_sa/sea1/vn/page4_001371.html,2018-03-15。

② 「地域及びそれを超えた平和,安全及び成長についての共通の理念と目標の促進のために強化された戦略的パートナーシップに関する日本—フィリピン共同宣言」,日本外務省,2015年6月4日,http://www.mofa.go.jp/mofaj/files/000083584.pdf,2018-03-15。

③ 「ASEAN10か国における対日世論調査」,日本外務省,2017年11月1日,http://www.mofa.go.jp/mofaj/press/release/press4_005211.html,2018-03-15。

济发展战略,被外界称为"安倍经济学",同时推出"三支箭战略"①,意在对日本的经济发展模式进行改革,寻找新的经济增长点。但由于日本的经济体制僵化已久,"安倍经济学"并未取得预期效果。在此背景下,虽然2015 年后增加了对东盟的 ODA 投入,但国内反对声音迭起,日本的 ODA外交攻势总体来看后劲不足。

第二,从日本宏观的外交战略考虑来看,东南亚虽然是日本"俯瞰地球仪外交"的重要一环,但是日本对非洲和中东地区日益重视,并表示将加大对非洲的 ODA 投入,因此在 ODA 的资金分配上,日本已经更加倾向于中东和非洲地区。根据日本政府发布的 2013 年至 2017 年的《政府开发援助白皮书》来看,2013 年以来日本对东南亚的 ODA 投入没有大幅提升。②2016 年日本在中东和非洲的 ODA 投入总额几乎与东南亚的 ODA投入总额持平。

第三,除 ODA 资金总额有限和分配重点转移等因素外,日本新东南亚 ODA 外交的"安全化"效果同时受制于国家总体国防力量的分配。与美国不同,日本缺乏通过提供军事保护伞以吸引东南亚国家从防务合作大幅升级为军事合作的能力。此外,东南亚国家与日本的国家利益有所不同,双方的海洋战略优先目标存在差异,这也大大限制了日本新东南亚ODA 外交在海上防务合作方面的实际推进速度与深入程度。

综上所述,日本在 2015 年"开发合作大纲"出台后,加大了与越南、菲律宾等东南亚国家的海上防务合作,突出了 ODA 的战略性活用,其目的是提升日本在东南亚地区安全事务中的影响力,具有明显的牵制中国和围堵中国的战略考虑,深刻反映出日本的地区安全战略及其在构建未来东亚秩序中的角色定位。

---

① 第一支箭是指"大胆的"金融政策,第二支箭是指"灵活的"财政政策,而第三支箭则是被称为成长战略的结构性改革。

② 「開発協力白書・ODA 白書,参考资料集,年次报告」,日本外务省,2017 年 3 月 13日,http://www.mofa.go.jp/mofaj/gaiko/oda/shiryo/hakusyo.html,2018-03-15。

区域合作理念中的公共产品与功能性合作

——以日本"东亚共同体"论为例[*]

贺 平[**]

【内容提要】 20世纪90年代之后在日本国内陆续兴起的诸多"东亚共同体"构想具有较为广泛的思想基础和实践铺垫,也不乏国际关系的理论要素。从理论上而言,功能主义与新功能主义理论强调"功能",区域公共产品理论则强调"产品",两者在日本的"东亚共同体"论中实现了某种汇聚:在共同体的建设过程中,"产品"是"功能"的载体和形态,而"功能"是"产品"的效用和目的。日本"东亚共同体"论的兴衰及其与现实的彼此参照,为其他的共同体理念和实践提供了诸多发人深省的启示。

【关键词】 公共产品;功能性合作;东亚共同体

【Abstract】 Many propositions concerning "East Asian Community" gradually emerged in Japan since the 1990s, which have a wide range of ideological and practical foundation, as well as theoretical elements of international relations. Theoretically speaking, functionalism and neo-functionalism emphasize "function", while the theory of regional public goods stresses "goods". Two of them have achieved certain kind of convergence in the theory of "East Asian Community" in Japan: in the process of community building, "goods" is the carrier and form of "function", while "function" serves as the utility and purpose of "goods". The rise and fall of this theory of "East Asian Community" and its two-way reference with the reality have provided much thought-provoking enlightenment for other concepts and practices of regional communities.

【Key Words】 public goods; functional cooperation; East Asian Community

* 本文为教育部国别和区域研究课题"亚太区域合作的历史、现状与未来发展"、上海高校智库内涵建设计划战略研究课题"'后TPP时代'的亚太区域合作新格局与中国的战略应对"的阶段性成果。部分内容发表于贺平:《区域性公共产品与东亚的功能性合作——日本的实践及其启示》,《世界经济与政治》,2012年第1期,全文经大幅修改补充而成。

** 贺平,复旦大学日本研究中心、金砖国家研究中心,副教授。

　　20 世纪 90 年代之后，在战后"对美协调"、"重视亚洲"的外交主轴基础上，日本的亚洲外交日益呈现多边主义和区域主义的色彩。①这既是日本政府主动谋划的产物，也与国际和区域形势的变化、中韩等周边国家的彼此政策调试以及国内社会政治气氛的变迁不可分割。这一区域合作的实践进程与理念塑造紧密交织，而"东亚共同体"论则是后者的最集中代表。

　　从表面上看，"东亚共同体"论带有时任日本首相鸠山由纪夫的强烈个人理想主义色彩，成为其政权在外交上的最大"招牌"和亮点之一。这一思想在相当程度上借鉴自库登霍夫-卡莱基（Coudenhove-Kalergi）等人的"泛欧"思想，遵循从经济共同体到"不战共同体"的基本逻辑。②诡异的是，由于被认为是某种"反美主义"的变体，"东亚共同体"事实上也是民主党政府特别是鸠山政权执政短暂、在重大外交上无所作为的最大肇因之一。③其兴也勃，其亡也忽。随着日本领导人的更替，无论是在日本国内还是在东亚乃至世界范围内，"东亚共同体"的学术热度和政策影响力在短时间内急剧下降。④但必须看到的是，鸠山由纪夫的"东亚共同体"构想背后所蕴含的一系列理念与主张在日本国内具有较为广泛的思想基础和实践铺垫，也不乏国际关系的理论要素。源自欧洲的功能主义与新功能主义理论强调"功能"，而区域公共产品理论则强调"产品"，两者在日本的"东亚共同体"论中实现了某种汇聚："产品"是"功能"的载体和形态，而"功能"是"产品"的效用和目的。因此，对"东亚共同体"论进行回溯性的再梳理，对于促进区域公共产品理论本身的发展、分析东亚的区域合作理念无不积极意义。

---

　　①　毛里和子、森川裕二编『図説ネットワーク解析』、東京：岩波書店、2006 年、279 頁。

　　②　山口二郎、中北浩爾編『民主党政権とは何だったのか：キーパーソンたちの証言』、東京：岩波書店、2014 年、97 頁。

　　③　值得注意的是，美国或许对于与其渐行渐远的"东亚共同体"主张保持高度警惕，但并不反对东亚地区的功能性合作。

　　④　当然，与大部分关于"东亚共同体"的其他设想相比，鸠山由纪夫的理念确实相对空洞和抽象，因此被批评为仅有"友爱外交"的理念，却缺乏具体的实现路径和机制，不知如何实现这一目标。在这个意义上，鸠山的"东亚共同体"设想或许恰恰与功能主义和新功能主义的特质是相违背的。

一、日本学界对区域公共产品的
理论研究与政策阐释

与公共产品的理论沿革相类似,日本学界对这一概念的学理研究和政策阐释也是在国际和区域两个层次上展开的。区域层次的理论和实践可以视为国际层次在特定地域范围内的缩影,可谓"管中窥豹";同时,区域层次又不是孤立的,势必受到域外因素和全球整体格局的影响。

日本学者对全球公共产品概念和理论的关注由来已久,在引介西方学者和国际组织的研究成果的同时,也作了细致的阐发和整理。①整体而言,其研究具有两个鲜明的学科视角。

首先,将其置于国际公共政策、国际公共经济学的理论范畴内,对公共产品的概念进行辨析,并探讨其产品层次、供给方式、现实困境等。②这方面研究的一个重点在于将日本引以为傲的国际发展援助的实践与公共产品的理论结合起来。③例如,千明诚和深尾京司指出,国际援助既有公的成分,也不乏私的成分,有时则表现为一种"不完全的公共产品"。④这是对国际援助理论和日本的实践颇具学术中立性的评价。在具体议题的基础之上,一些学者还结合国际经济学、安全研究、博弈论等学科作了较为深入的理论思考和模型演绎。⑤

---

① 较早的研究例如可参见:蝋山道雄「国際政策学の展望:国際公共財をどうとらえるか」、武者小路公秀、蝋山道雄編『国際学:理論と展望』、東京:東京大学出版会、1976年、297—324頁。

② 吉田和男、井堀利宏、瀬島誠編著『地球秩序のシミュレーション分析:グローバル公共財学の構築に向けて』、東京:日本評論社、2009年;寺崎克志「国際公共財概念に関する一・考察」、『目白大学 総合科学研究』、2号、2006年2月、33—43頁;林正義「国際公共財のモデル分析:公共財自発的供給モデルの国際関係への含意」、『国際政治』、102号、1993年、178—200頁。

③ 例如可参见:下村恭民、辻一人、稲田十一、深川由起子『国際協力―その新しい潮流』、有斐閣、2009年、18—20頁。

④ 千明誠、深尾京司「不完全な公共財としての国際援助」、『経済研究』、44(1)、1993年、1—14頁。

⑤ 吉田和男、藤本茂編著『グローバルな危機の構造と日本の戦略:グローバル公共財学入門』、京都:晃洋書房、2013年。

相当一部分学者从更为抽象的视角分析公共产品。例如后藤一美将支撑自由的公共产品分为三类:追求人性的公共产品(人权、民主、环境、生命、知识、文化等)、免于匮乏和贫困的公共产品(贸易金融、可持续发展、削减贫困等)、免于恐怖和纷争的公共产品(安全保障、构筑和平、防止恐怖主义等)。①由于特殊的国家身份,对于"霸权稳定论"和"霸权后理论"的探讨在20世纪80年代之后就一直是日本学者的关注重点,猪口邦子、田中明彦等学者的阐述在国际学术界也产生了一定的影响。②不难理解的是,其中的不少学者将日美同盟或者美国在亚太地区的双边同盟体系视为一种安全保障领域重要的区域公共产品。村上泰亮等学者甚至将国际公共产品进一步抽象。在他看来,通过国际公共产品的概念,霸权稳定论调和了"自由主义的经济理论"和"国家主义的政治理论",固然有其可取之处,但维系或复活"美国治下的和平"并不是国际公共产品的宿命。归根到底,"国际公共产品不是一种产品而是一种社会制度、一种规范"。③

其次,鉴于公共产品与全球治理和国际合作相关,日本学界的研究往往涉及生态环境保护、消除贫困、减少暴力纷争、传染病防治等全球化问题,以及发展援助、贸易自由化、金融系统稳定、知识产权保护等全球经济议题④,

---

① 後藤一美「日本の国際開発協力の新地平─地球共生社会の創生を目指して」、青木健、馬田啓一編『政策提言・日本の対アジア経済政策─新たな経済関係の構築に向けて』、東京:日本評論社、2004年、239頁。

② 例如可参见:猪口邦子『ポスト覇権システムと日本の選択』、東京:筑摩書房、1987年;田中明彦『新しい中世:相互依存深まる世界システム』、東京:日本経済新聞社、2003年。

③ 村上泰亮:《反古典的政治经济学(下):面向二十一世纪的绪论》,张季风、丁红卫译,北京大学出版社,2013年,第141—142、416页。

④ 太田宏「地球公共財とNGO─地球気候の安定化と生物多様性の保全を求めて」、日本国際政治学会編『日本の国際政治学 第2巻 国境なき国際政治』、東京:有斐閣、2009年、75─94頁;星野昭吉『世界政治と地球公共財:地球の規模の問題群と現状変革志向地球公共財』、東京:同文舘出版、2008年;飯田幸裕、寺崎克志、大野裕之『国際公共経済学─国際公共財の理論と実際』、東京:創成社、2006年;星野昭吉『グローバル社会の平和学:「現状維持志向平和学」から「現状変革志向平和学」へ』、東京:同文舘出版、2005年;木原隆司「国際公共財援助再考」、財務省財務総合政策研究所『ファイナンシャル・レビュー』、Feb. 2005;津曲俊英「国際公共財の財政学─方法論─」、財務省財務総合政策研究所『ファイナンシャル・レビュー』、Feb. 2005;寺崎克志「最適援助政策としての国際公共財と国内公共財に関する一考察」、『国際公共経済研究』、15号、2004年、103─110頁。

且与相关国际组织和国际机制的研究相结合。①日文汉字将全球（化）问题称为"地球规模问题"，既点出了这些问题的层次和要义，也无形中透视了解决这些问题的方法和手段。2003 年日本内阁制定了新的政府开发援助（ODA）大纲，对 1992 年的旧大纲进行了修订，进一步突出了应对非传统安全等全球问题的紧迫性。与公共产品（public goods）相对应，环境污染、资源枯竭、温室效应、越境犯罪、传染性防治、恐怖主义、人权问题等冷战后凸显的所谓国际公害（public bads）日益引起日本政府和学界的重视。

在第二个视角的研究中，早期的研究往往强调日本舍我其谁的独特领导作用，至少是在区域层次的引领角色②，而随着日本国力的相对下降，在后期的研究中，主导意识有所弱化，共同协作、优势互补的参与意识进一步上升。

上述两个视角的研究并不是割裂的，如果说前者相对注重抽象意义上的模型演绎和理论阐述，则后者更为强调理论指导下的实践案例和现实情况。相比国际层次，两者的结合在区域层次更为集中和明显。早在对功能主义的研究中就有学者提出，"究其根本，功能主义就是一个关于共同体构建的学说"。一言以蔽之，功能主义主张通过切实的合作，建立起共享的身份、共同的价值和情感。③因此，将功能性合作与公共产品理论有机融合成为日本在区域合作战略的理论探索和实践特色，也成为"东亚共同体"论的重要基础。

---

① 古城佳子「グローバル化における地球公共財の衝突―公と私の調整」、日本国際政治学会編『日本の国際政治学　第 2 巻　国境なき国際政治』、東京：有斐閣、2009 年、17—34 頁；城山英明『国際援助行政』、東京：東京大学出版会、2007 年；福田耕治『国際行政学：国際公益と国際公共政策』、東京：有斐閣、2003 年；安藤博「「日本国」を超えるアジア酸性雨モニタリング・ネットワーク（EANET）――国際公共財としての発展」、Human security、No.6、2001 年、19—32 頁；太田宏「地球環境レジーム：国際公共財としての地球環境の保護と管理」、『国際問題』、438 号、1996 年、26—46 頁。

② 例如在宏观经济政策领域的研究可参见飯田敬輔「先進国間のマクロ政策協調―国際公共財理論の立場から」草野厚、梅本哲也編『現代日本.外交の分析』、東京：東京大学出版会、1995 年、268—294 頁。

③ Peter Wilson, "The New Europe Debate in Wartime Britain," in Philomena B.Murray and Paul B.Rich eds., *Visions of European Unity*, Boulder, Colo：Westview Press, 1996, p.54.

二、日本“东亚共同体”诸构想

关于“东亚共同体”的研究热潮在日本国内开始于 20 世纪 90 年代初期。从 1994 年开始,森嶋通夫就较早提出了“亚洲共同体”的构想,1999 年又提出了“东北亚共同体”的构想。森嶋通夫是享誉世界的日本计量经济学家,离日甚久,长期执教于英国伦敦政治经济学院,在 2004 年去世之前被认为是“最接近”诺贝尔经济学奖的日本学者。国际关系和日本外交虽非森嶋通夫的本业,但其思辨性和前瞻性的观点却颇具思想引领作用和启发意义。尽管“亚洲共同体”的理念提出时或许并未引起巨大的社会反响,其本人同期与关嘉彦、猪木正道、福田恒存等知名学者在其他议题上的激烈争论也吸引和分流了更多的注意力,但这一观点仍具有相当的开创性意义。根据其“国家变迁的唯物史观”,森嶋通夫提出,除了与发达国家同伴建立的共同体之外,建立“亚洲经济共同体”对日本而言也并非梦想,但前提是清算历史,与战前的“大东亚共荣圈”的理念彻底分道扬镳。①在早期的阐述中,森嶋通夫将越南以南的诸多东南亚国家排除在外,认为其在民族性、宗教等诸多方面与其他东亚国家差异过大。②但整体而言,这一共同体在相当程度上以欧洲经济共同体为模板,力图消除国界,实现区域经济的一体化。③根据他的逻辑,在“亚洲经济共同体”取得成功的基础上,在初期部门(例如“新干线共同体”、“船舶共同体”)之外将其他多个部门纳入“综合共同体”,从而向最终建立“亚洲合众国”迈进。④这一观点在其 2010 年出版的关于“东亚共同体”的提案中再度得到阐发。⑤在森嶋通夫看来,这一共同体的建设,不但对区域合作有益,而且也是将日

---

① 森嶋通夫『日本の選択──新しい国造りにむけて』、東京:岩波書店、1995 年、268 頁。

② 森嶋通夫『なぜ日本は没落するのか』、東京:岩波書店、1999 年、159 頁。

③ 森嶋通夫『日本の選択──新しい国造りにむけて』、東京:岩波書店、1995 年、273 頁。

④ 同上,276 頁。

⑤ 森嶋通夫『日本にできることは何か:東アジア共同体を提案する』、東京:岩波書店、2001 年。

本从"孤立"、"衰退"乃至"没落"中拯救出来的唯一出路。①

2000年6月,作为"东亚展望小组"的日方代表、东京大学教授田中明彦在《中央公论》上提出了建立"东亚共同体"的主张。②此后,日本国内对于"东亚共同体"的研究日益高涨,不少学者和机构陆续出版了一系列研究成果。以下对部分代表性研究分别作重点评述。

平凡社于2001年和2003年分别出版了姜尚中与和田春树的专著,两者有异曲同工之妙。姜尚中是著名的韩裔日本学者,和田春树则是日本首屈一指的朝鲜半岛和俄罗斯问题专家。因此,并不奇怪的是,两者的研究均对朝鲜半岛的和平和日韩关系给予了特别的关注。姜尚中专著的主要内容事实上源自其于2001年3月22日在日本众议院宪法调查会上的发言和回答,因而具有特殊的咨政意义。但也正因如此,这一以"东北亚共同的家"为主旨的发言对共同体的内容并无系统阐述,而只是个人理念的感性表达,更多地从历史、战争和日美安保等角度探究日本这一司马辽太郎笔下"远东最最小的国家"应有的外交考量。③在姜尚中看来,"朝鲜半岛永久中立化论"是构建"东北亚新的地区秩序"的核心和基础之一。④同样题为"东北亚共同的家",和田春树的后续阐述则更为系统。在与韩国学者的广泛接触中,和田春树早在1990年就有了建立"东北亚共同的家"的初衷,尽管其时命名或有差异。环日本海是其设定的地缘范围的重要概念。与传统的观点不同,和田春树认为东北亚应当包括韩国、朝鲜、中国、蒙古、俄罗斯、日本甚至美国,并把台湾、冲绳、北方四岛、库页岛、夏威夷等大岛单独抽离,作为"地域的第二构成要素",而朝鲜半岛则是东北亚地缘学的核心。⑤值得关注的是,就像前述森嶋通夫在其"东北亚共同体"的构想中将台湾、琉球与中国、日本并列一样,和田春树的构想也具有超越国境的理想主义色彩。在这一点上,或许与米特兰尼的世界和平构想有些许内

---

① 森嶋通夫『なぜ日本は没落するのか』、東京:岩波書店、1999年。
② 田中明彦「新しい東アジアの形成—日本外交がめざすもの」、『中央公論』、第115卷第7号、2000年6月。
③ 姜尚中『東北アジア共同の家を目指して』、東京:平凡社、2001年、23頁。
④ 同上、41頁。
⑤ 和田春樹『東北アジア共同の家:新地域主義宣言』、東京:平凡社、2003年、77、101頁。

在契合之处。简而言之,和田春树的基本构想是,从环境保护出发,推进经济合作,最终建成政治和安全保障的共同体,而这一进程的前提首先是在区域内消除包括朝鲜问题在内的各种危机。①

作为一个重点关注东南亚的农业经济学家和发展经济学家,原洋之介在其2002年出版的《新东亚论》中主要从区域经济的角度考察了东亚的地区一体化。他指出,东亚各国的经济规模和经济发展阶段各异,而且经济制度和经济体系也存在巨大不同,更有甚者,决定经济政策的政治体制也不尽相同,为此要实现相互的调整殊为困难。有鉴于此,构筑"多层次、多角度的合作方案"才是东亚在21世纪面临的最大现实。②

2003年,以筑波大学名誉教授进藤荣一为代表成立了"亚洲共同体研究会",作为其成果之一,《设计东亚共同体》一书于2006年问世。这一论文集涵盖了共同体构筑过程中经济通商阶段、发展合作、公共政策、国别政策、区域意识等各个主题以及更多细分的议题。③基于这一集体研究,在2007年的个人专著中,进藤荣一又详细阐述了对于东亚共同体的主张。他指出,从欧洲的历史借鉴来看,要想建立共同体,需有三个条件:共同的威胁、共同的利益、共同的价值观。④而从环境保护等案例来看,为了解决区域面临的共同问题,有必要实现从"区域合作"到"功能主义"的转变。⑤值得注意的是,在这里,与诸多强调区域机制化建设的其他学者不同,进藤荣一主张通过各种具有可行性的功能性合作的成就积累,实现"柔性的"制度建构,而非欧洲一体化进程中相对刚性的制度设计,最终从"功能性建构"过渡到"制度性建构",超越"事实性一体化",实现"制度性一体化"。⑥

作为财团法人的日本国际论坛成立于1987年3月,于2011年4月转为公益财团法人后,对日本政府的咨政作用日益明显。进入21世纪后,日

① 和田春樹『東北アジア共同の家:新地域主義宣言』、東京:平凡社、2003年、234、262頁。
② 原洋之介『新東亜論』、東京:NTT出版、2002年、223頁。
③ 進藤榮一、平川均編『東アジア共同体を設計する』、東京:日本経済評論社、2006年。
④ 進藤榮一『東アジア共同体をどうつくるか』、東京:筑摩書房、2007年、15頁。
⑤ 同上,209頁。
⑥ 同上,210—211頁。

本国际论坛陆续提交了数份关于区域合作的政策建议,如"全球化经济与亚洲的选择"(2000年)、"构筑关于东亚的安全保障合作体制"(2002年)、"关于亚洲太平洋的区域合作推进方式"(2002年)、"东亚经济共同体构想与日本的角色"(2003年)等。2005年,由日本国际论坛理事长伊藤宪一与东京大学教授田中明彦领衔,出版了《东亚共同体与日本的方向》一书。在该书提出的关于迈向"东亚政治和安全保障共同体"的建议中,功能性合作成为东亚效仿欧洲的重要组成部分。①而仔细考察其阐述的反恐、能源、环境、海盗、传染病防治等代表性议题就会发现,大部分议题事实上并不是传统安全议题,本身即具有强烈的"低级政治"的功能性色彩。当然,作者也强调,在与功能性合作并行的同时,必须形成东亚的身份认同和共同价值观,唯其如此才能真正形成社会意义上的共同体。而政治、社会、文化等领域的功能性合作的积累则是酿成相互信赖的现实之途。②为此,功能性的路径与制度性的路径不可偏废,必须携手并进。③在该书最后的政策建议中,"东亚共同体"的理念被归纳为四个方面:重视"和平、繁荣、进步"的理念;重视"开放性、透明性、包容性"的原则;推进功能性的合作;形成柔性的身份认同。④

日本外交官小原雅博同样是"东亚共同体"研究中一个颇具影响力的代表性学者。2005年,小原雅博出版了《东亚共同体》一书,将构建"东亚共同体"视为日本对内实现再一次"开国"、对外妥善应对中国崛起的必由之路。他指出,除了理念之外,所谓的共同体首先是"利益共同体",而各个功能性合作领域对于维系和增进各国的共同利益、促进相互依存关系的制度化尤为重要。⑤在他看来,东亚地区的功能性合作具有"开放性"和"灵活性"的特点,"在不断累积的功能性合作的基础上,导入关于未来地区范围的制度性规定,就能期待发展出'东亚共同体'的框架"。⑥2007年,小原雅博又在其博士论文的基础上推出了更为厚重的《国益与外交》一书。他

---

① 伊藤憲一、田中明彦監修『東アジア共同体と日本の針路』、東京:NHK出版、2005年、237頁。

② 同上,262、307頁。

③ 同上,292—294頁。

④ 同上,299—301頁。

⑤ 小原雅博『東アジア共同体—強大化する中国と日本の戦略』、東京:日本経済新聞社、2005年、14、241頁。

⑥ 同上,242頁。

指出,为了实现核心的国家利益,有两个外交原则必不可少:一是"开放",二是"创造",基于此确立三大理念和战略——"和平主义"、"国际主义"、"地区主义"[①],而"东亚共同体"无疑是与之相符的。在其构想及其政策课题中,无论是经济领域还是其他各个领域的跨境合作,功能主义确实对促进地区一体化起到了积极作用。小原雅博主张,通过功能性的一体化实现并增进共同利益,首先建立"利益共同体",而在此过程中亦培育共同体意识、抑制纷争、提高透明度和制度化,最终实现"开放的共同体"。[②]

2006 年,拓殖大学教授吉野文雄出版专著《东亚共同体真的有必要吗?》,似乎在各界一片高声倡导之中大唱反调。但仔细阅读后不难发现,吉野文雄无非主张,亚洲的一体化与欧洲存在差异,必须柔性应对、循序渐进。自他看来,亚太经合组织(APEC)、东盟地区论坛、自由贸易区(FTA)网络等现有的机制"已经够用",关键是如何提高利用效率。吉野文雄指出,迄今为止的东亚功能性合作仍停留于"合作"层次,与欧洲不同,缺乏超国家机构以及与之相关的主权让渡,而后者在国际情势变化和多样性凸显的东亚尚无可能。[③]为此,他呼吁,"要有与(东亚共同体)拉开一步距离的勇气"。[④]可见,与其说吉野文雄的阐述是对"共同体"这一最终目标的反对,不如说是对其实现条件和过程的警示。[⑤]

2007 年,早稻田大学由毛里和子教授领衔推出了总题为"构筑东亚共同体"的系列研究成果。这一由岩波书店发行的四卷本巨制分别以"新地域的形成"、"对经济共同体的展望"、"国际流动与社会变容"、"图说网络解

① 小原雅博『国益と外交:世界システムと日本の戦略』、東京:日本経済新聞出版社、2007 年、383—387、406 頁。

② 同上、99、397 頁。

③ 吉野文雄『東アジア共同体は本当に必要なのか:日本の進むべき道を経済の視点から明らかにする』、東京:北星堂書店、2006 年、221 頁。

④ 同上、ii 頁。

⑤ 当然,也确有日本学者明确反对东亚共同体的构想。一部分学者从地缘政治竞争特别是"中国威胁论"出发,如著名的经济学家渡边利夫、筑波大学教授中川八洋等。参见渡边利夫『新脱亜論』、東京:文藝春秋、2008 年;渡辺利夫『東アジア共同体は成立するか—錯綜する政治関係を怜悧にみつめよ』、渡辺利夫編、日本総合研究所調査部環太平洋戦略研究センター著『日本の東アジア戦略:共同体への期待と不安』、東京:東洋経済新報社、2005 年;中川八洋『亡国の「東アジア共同体」:中国のアジア覇権を許してよいのか』、東京:北星堂書店、2007 年。另外一些研究则主张应超越狭隘的亚洲主义,着眼于更为宽泛的亚太地区,例如可参见中逵啓示編『東アジア共同体という幻想』、京都:ナカニシヤ出版、2006 年。

析"为主题,成为"东亚共同体"研究中的标志性成果,也成为其研究团队力图构建"现代亚洲学"的先期产品。在该丛书的总论中,毛里和子将地域意义上的亚洲分为彼此联系的六种形态:因构想、想象、记忆而成的"虚构的亚洲";政治和国家意义上"作为象征的亚洲";人员、物品、财产、信息等在其中流动的"作为空间场域的亚洲";"作为身份认同的亚洲";贸易、能源、安全等领域合作机制构建的"功能性亚洲";"功能性亚洲"发展基础之上的"作为制度的亚洲"。毛里和子提出,其研究的目的在于解析前四种亚洲,并设计出理想的第五和第六种亚洲。①她将东亚共同体的功能归纳为三个部分:地区成员聚集的"共同的场所";具有一定的关系和秩序,共同经历风雨的"共同的家园";面临危机和共同外敌的"共同的堡垒"。②这三个比喻在日后的"东亚共同体"研究中也被广泛引征。为了突出构建"东亚共同体"的必要性和可能性,毛里和子将东亚的新区域主义与传统的亚细亚主义和欧洲一体化作了区分,强调其水平而非对称的权力结构、开放的对外关系、多元的价值取向、以市场为主导的认同,甚至提出了所谓"新威斯特伐利亚体系"的概念(见表1)。这种突出东亚区域独特性和突破性的研究思路事实上在诸多其他倡导"东亚共同体"的学者中都程度不一地有所体现。

表1 区域主义的概念比较

	关系与构造	原理	对外关系	价值	认同	国际体系
传统的亚细亚主义	霸权,垂直型	权力型	对抗	一元	文化认同	帝国体系
欧洲一体化	水平型,对称型	社会型	共生	共通	政治和文化认同	后威斯特伐利亚体系
东亚的新区域主义	水平型,非对称型	权力/社会型	开放	多元	市场认同	新威斯特伐利亚体系

注:新威斯特伐利亚体系是指部分主权的让步,由山本宣吉所创。
资料来源:毛里和子「「東アジア共同体」を設計する―現代アジア学へのチャレンジ」,山本武彦、天児慧編『東アジア共同体の構築(1)新たな地域形成』,岩波書店,2007年、28頁。

---

① 毛里和子「「東アジア共同体」を設計する―現代アジア学へのチャレンジ」,山本武彦、天児慧編『新たな地域形成』,東京:岩波書店、2007年、3—4頁。
② 同上,24頁。

东京大学社会科学研究所在 2005—2008 年度成立了一个研究项目小组,致力于"地区主义比较研究(CREP)",并陆续出版了大量的英文和日文研究报告。[1]作为这一研究成果中法学部分的总结,该小组于 2008 年提出了《东亚共同体宪章草案》并公开出版。[2]这一研究与其他关于东亚共同体研究相比,具有三个彼此联系的显著特征:首先,不同于绝大部分"东亚共同体"学者的国际关系学和经济学背景,该书的所有执笔者均出身法学专业,因而成果也带有强烈的国际法的色彩。其次,该研究认为,既有的共同体研究中缺乏对制度的构想,强调从传统的"议程"研究向"制度"研究转变,故而以"宪章"为题。第三,中村民雄等四位作者希望将这一作品作为完全个人的研究,超越单一国家的视角,因而在对其他主流研究成果进行评论的基础上,也确实与传统意义上的日本外交研究拉开了一些距离。在草案的第二部分"共同体的政策"中,作者列举了共同体成员国合作的重点领域,即地区安全保障;国际犯罪;公共卫生和自然灾害;粮食合作;缩小发展差距和缓和贫困;市场构筑;货币和金融合作;能源合作泛东亚网络;统计;环境合作;研究、科学和教育合作;人员流动;司法合作;共同关心的其他事项等。他们认为,尽管由于构建"东亚共同体"的活动并非局限在少数特定领域,因而与新功能主义并不完全相符,但并不否认"外溢效应"的产生及其对推进区域一体化的重要作用。[3]

三、通向"东亚共同体"的功能主义合作路径

整体而言,"东亚共同体"论的绝大部分学者都遵循了功能主义合作

---

① Tomio Nakamura, ed., *Designing the Project of Comparative Regionalism*, ISS Research Series No.20, Institute of Social Science, University of Tokyo, 2006; Tomio Nakamura, ed., *The Dynamics of East Asian Regionalism in Comparative Perspective*, ISS Research Series No.24, Institute of Social Science, Tokyo: University of Tokyo, 2007; Tomio Nakamura, ed., *Future East Asian Regionalism: Proposal for an East Asian Charter*, ISS Research Series No.28, Institute of Social Science, Tokyo: University of Tokyo, 2008.

② 对于这一宪章草案的批评和回应可参见東京大学社会科学研究所『社會科學研究』、第 61 卷第 1 号、2009 年 12 月。

③ 中村民雄、須網隆夫、臼井陽一郎、佐藤義明『東アジア共同体憲章案—実現可能な未来をひらく論議のために』、京都:昭和堂、2008 年、112 頁。

的研究路径,基础设施、公共政策、经贸交往、非传统安全等领域的功能性合作被普遍视为构建"东亚共同体"的基本路径和核心内容(见表2)。此外,一些学者将贸易、投资等经济领域的合作也作为东亚共同体建设的功能性基础。①

表 2 "东亚共同体"诸设想的比较

	东亚共同体的政策内容与形成方法
森嶋通夫 (2001 年)	● 整合交通基础设施; ● 缩小发展差距; ● 统一各项规格; ● 改善学校教育、开放劳动市场; ● 从浮动汇率制度向导入单一货币发展; ● 向共同体上交国家军队。共同体与美国签订安保条约。
小原雅博 (2005 年)	● 中日韩缔结自由贸易协定,并与东盟缔结自由贸易协定; ● 非传统安全保障领域(国际恐怖主义、海盗、禽流感等传染性疾病、环境、能源等问题); ● 功能主义路径(贸易与投资、IT 产业、金融、反恐、非法药品与人口交易、海盗、武器不扩散)、发展援助、能源、环境保护、粮食安全保障、保健(传染病对策)、知识产权。
东亚共同体评议会 (2005 年)	● 东亚能源与环境合作机制; ● 东亚海洋安全保障合作机制; ● 东亚地区传染病应对体系; ● 东亚各国的文化合作和交流活动。
进藤荣一 (2006 年、 2007 年)	东亚共同体的建构: ● 东亚食品生产共同体; ● 东亚贫困落后的农村地区的环境开发与卫生保健; ● 共同的域内农业和环境政策、强化应对急性传染病等非传统安全保障风险的能力; ● 为保障人身安全,建立亚洲版的世界卫生组织; ● 以东盟 10 + 3 为基轴并收纳印度成立"亚洲能源组织"。 东亚共同体的设计: ● 经济通商领域:东亚自由贸易体系、设立共通货币、共同制定经济法规、技术标准的通用化、开展亚洲地区的共同研究发展项目;

---

① Evelyn Goh, *The Struggle for Order*: *Hegemony*, *Hierarchy*, *and Transition in Post-Cold War East Asia*, Oxford: Oxford University Press, 2013, pp.123—127.

续　表

	东亚共同体的政策内容与形成方法
进藤荣一 （2006年、 2007年）	● 发展合作领域：环境、能源合作、渔业资源共同管理、东北亚地区基础设施的整合、湄公河流域的地区合作； ● 公共政策领域：共同的农业政策、创新机制、安全网络、福利政策、共同的卫生体制、非传统安全保障、共同的安全保障； ● 亚洲认同领域：人才培养、自治体的网络、共用的历史教材。

资料来源：中村民雄、須網隆夫、臼井陽一郎、佐藤義明：『東アジア共同体憲章案—実現可能な未来をひらく論議のために』、京都：昭和堂、2008 年、50—51 頁。

　　除了上述的代表性著作之外，相当部分其他学者的研究也遵循了类似的逻辑，即东亚的多样性导致功能主义。例如，田中明彦在 2006 年指出，要想构建地域共同体，必须具备三个条件。一是理念、战略和构想；二是与之相关的功能；三是规定功能、设定理念的组织和制度。[①]大矢根聪则强调域内各种双边、诸边和多边机制的功能性交叉和重叠，以及地区制度间功能性关系的某种流动性。[②]时任日本外务省亚洲太平洋局审议官的西宫伸一同样如此。他强调了功能主义路径中"牵连进程"（enmeshment process）的作用。西宫伸一指出，无论是在自由贸易协定等经济议题，还是在应对恐怖主义、海盗、毒品和人身买卖等跨境问题上，功能主义的特点都在于为了特定的功能性目的，汇集和"牵连"合作成员，并进而通过数个功能性合作的叠加，最终形成区域的同伴意识。[③]晚至 2014 年，日本外务审议官田中均还在《外交》杂志上撰文，提出其"重叠的功能主义"的主张。在他看来，考虑到"东亚共同体"的各种构想和东亚地区结构变化的现实，不应由体制不同的中国成为共同体结构的中心，而应根据不同的场合和"功能矢量"，由不同的成员国构筑相异的合作体，最终作为一个整体达到地区和平和安定的目的。[④]

[①]　国分良成「東アジアとは何か」、国分良成編『世界のなかの東アジア』、東京：慶應義塾大学出版会、2006 年、17 頁。

[②]　大矢根聡「東アジア地域協力の転回—多国間主義の視点による分析へ」、大矢根聡編『東アジアの国際関係：多国間主義の地平』、東京：有信堂高文社、2009 年、14 頁。

[③]　西宮伸一「日本外交から見た東アジア」、国分良成編『世界のなかの東アジア』、東京：慶應義塾大学出版会、2006 年、17 頁。

[④]　田中均「東アジアの構造変動と新思考外交—重層的機能主義を」、『外交』、23 号、2014 年 1 月、198 頁。

综上所述,对"东北亚共同体"的研究一时间成为日本国内的一个学术热点,各界学者纷纷著书立说,阐述各自对于东北亚区域合作的政策建议。①一些社会团体也积极致力于东亚共同体的建设。例如一般财团法人"一个亚洲财团"陆续在32个国家和地区捐助开设了关于"亚洲共同体"的课程,并资助相关的个人或共同研究,上述活动的研究成果也渐次结集出版,蔚为壮观。

四、"东亚共同体"论的政策影响

日本学术界对于"东亚共同体"的研究不可避免地对日本政府的决策产生了重要影响。通过"评议会"、"审议会"、"恳谈会"等形式,日本的政界和学界之间建立了相当紧密的互动关系,学术构想的政策化程度和速度不断提高,这在"东亚共同体"的案例得到充分展现。

2004年2月,由东京大学教授伊藤元重作为召集人,成立了"推进提高日本活力的经济合作伙伴关系国民会议",强调方兴未艾的区域经济合作伙伴关系不但对于经济关系本身,而且对于促进东亚地区共同体的形成,为日本国民的生活提供新的可能性也意义重大。该国民会议吸收日本政商产学研等各界的诸多要员成为其成员,并通过政策建议、面向市民的研讨会和演讲会、舆论调查等多种方式开展积极宣传,力图形成国民共识。②另以2004年5月成立的"东亚共同体政策评议会"为例,日本前首相中曾根康弘亲任座长,伊藤宪一等12名相关研究机构和外务机构的领导人担任"智库议员",田中明彦等124位知名学者和政界人物担任"有识之士议员",平川均、深川由起子、高原明生等学者均为其中成员。在其2005年8月提出的《东亚共同体构想的现状、背景与日本的国家战略》政策报告

---

① 除了上下文提到的代表性著作外,例如还可参见:黒柳米司編著『アジア地域秩序とASEANの挑戦:「東アジア共同体」をめざして』、東京:明石書店、2005年;渡辺利夫『日本の東アジア戦略:共同体への期待と不安』、東京:東洋経済新報社、2005年;松野周治、夏剛、徐勝『東北アジア共同体への道―現状と課題』、東京:文眞堂、2006年,等等。

② 「日本活性化のための経済連携を推進する国民会議について」、2004年2月17日、https://www.nri.com/jp/news/2004/040217.html。

书就明确建议,"推进功能性合作"应成为东亚共同体的理念之一,通过在政治、安全保障、环境、社会、文化等各个领域的功能性合作,构建起共同的问题意识和域内的信赖感。①2007 年,日本重要智库之一综合政策研究机构(NIRA)发表一份著名的报告书,提出要把"东亚之海"由"竞争的海"转变成"和平合作之海"。"海"具有丰富的社会功能:安全保障、人员流动、观光休闲、环境保护、灾害、交易与交流、资源的获取,等等。因此,在构建东亚"共同体"的过程中,在尊重主权的基础上,需要确定共同目标,在具有共同实际利益的领域开展功能性合作,构建伙伴关系。②2010 年 9 月由伊藤元重牵头的"东亚区域协作研究会"发布了综合政策研究机构的另一份研究报告书。尽管这一题为《强化东亚区域协作》的报告通篇并未提及"功能主义"一词,但无论是其贸易、金融货币、留学生交流、劳动力流动、空域开放、环境基础设施等案例研究,还是对欧洲一体化对东亚教训和借鉴的阐释,都事实上遵循了功能主义的分析路径。③

日本学界的这一研究热潮及其区域合作路径偏好在东亚其他国家也不乏共鸣。④例如在韩国,曾任韩国总理的韩昇洙指出,东亚地区由于大国间竞争意识的高企,未能有效弥合历史问题,因此一体化的唯一替代方案就是功能性的路径。当然,如果仅仅是功能性的路径,就会欠缺欧洲一体化过程中作为其源头的崇高的政治理想主义。⑤文正仁和徐承元将日本政府"政经分离"的做法称为"日本式的功能主义",承认通过构建东北亚能源合作体制、东北亚货币合作体制等区域公共产品,对于从功能上推进共同体的建设非常重要。⑥李承律则强调在"朝鲜半岛中心

---

① 東アジア共同体評議会政策報告書「東アジア共同体構想の現状、背景と日本の国家戦略」、2005 年 8 月。

② 総合研究開発機構「「東アジア海」の信頼醸成」、NIRA 研究報告書 0702、2007 年 2 月。

③ 総合研究開発機構「東アジアの地域連携を強化する」、2010 年 9 月。

④ 有一个说法,对于同一个"亚洲"的概念,中日韩的侧重点往往有所差异:中国视野中的"亚洲"是一个整体,日本重视东北亚加东南亚所构成的"东亚",而韩国则更多聚焦于"东北亚"本身。这在韩国学者对"东亚共同体"的理念建构中有着较为充分的体现。

⑤ 韓昇洙「欧州統合の東アジアに対する地政学的インパクト」、山下英次編著『東アジア共同体を考える:ヨーロッパに学ぶ地域統合の可能性』、京都:ミネルヴァ書房、2010 年、206 頁。

⑥ 文正仁、徐承元「東アジア共同体構想─その機会と挑戦」、小此木政夫、文正仁編『東アジア地域秩序と共同体構想』、東京:慶應義塾大学出版会、2009 年、333—334 頁。

论"的基础上建设"东北亚经济合作体"乃至"东北亚共同体",并提出了中日韩海底隧道工程等具体设想。①与之相类似,韩国国土研究院提出了在基础设施上连接日本、朝鲜半岛和中国东北的"BESETO 构想"。②具天书则试图采取新功能主义和建构主义的分析路径阐述"东北亚共同体"的建设构想。③

在中国,从 2005 年开始,中国国内对东亚共同体的研究出现了突飞猛进的增长,并在数年内保持高位。除了地区主义理论及其比较研究、东亚国际关系的整体性探讨、中国的东亚区域战略等视角之外,相当部分对东亚共同体的研究聚焦于对日本提出的诸理论的解读。尽管对其真实意图和现实可能性不乏疑虑,但一个颇为主流的认知是,日本的东亚共同体倡议对于释放合作善意、改善中日双边关系、促进区域稳定和发展有望起到积极的作用。例如,时任中国驻日本大使的王毅撰文主张,"新的亚洲主义"必须是"合作的"、"开放的"、"和谐的",而在合作中"不宜急于组建统一的平台,而宜加强各种机制间的协调",逐渐构筑某种充满活力的"立体复合型"区域合作模式。④作为学界和智库参与亚太区域一体化构想的代表人物之一,张蕴岭也主张,"在今后的东亚合作进程中,可以淡化'主义'(区域主义),强调'合作'(功能合作)"。⑤

结　　语

从概念阐述和理论适用的角度而言,或许可以说,公共产品越抽象越

---

①　李承律:《走向大同:东北亚共同体建设新思维》,金学泉译,世界知识出版社 2010年版。

②　其名称以三国首都北京、首尔、东京英文的前两个字母组成。日本综合开发研究机构在 2005 年已提出了"BESETO 构想",参见『北東アジアのグランドデザイン:共同発展に向けた機能のアプローチ』,東京:総合研究開発機構,2005 年。

③　具天书:《东北亚共同体建设:阻碍性因素及其超越——韩国的视角》,北京大学出版社 2014 年版。关于其他韩国学者对"东亚共同体"的研究述评可参见该书的第6—11 页。

④　王毅:《思考二十一世纪的新亚洲主义》,《外交评论》,第 89 期,2006 年 6 月。

⑤　张蕴岭:《在理想与现实之间——我对东亚合作的研究、参与和思考》,中国社会科学出版社 2015 年版,第 47 页。

有意义，而功能主义越具体越有意义。前者的原因在于，现实中极少存在严格符合公共产品标准的实际案例，而后者由于其理论核心，脱离了明确的案例则无异于空中楼阁。表面上看，两者之间似乎存在着认识论上的悖论，但在研究设计中，如果能够找到针对性强、联系性高、边界清晰的案例，则可以极大地缓解这一矛盾。日本"东亚共同体"论的兴衰及其与现实的彼此参照，为其他的共同体理念和实践提供了诸多发人深省的启示。

区域性公共产品与欧盟数据保护的路径[*]

汪晓风^{**}

【内容提要】 全球性公共问题的解决有赖于全球性公共产品的有效供给,当数据保护公共产品的全球供给严重缺失时,区域路径可以提供替代性选择。欧盟个人数据保护的经验,展示了公共产品区域供给的有效性,可以从制度层面促进区域合作顺利展开,有效应对区域公共产品的外部性,确保区域合作激励机制的执行,以及更好地促进功能性合作的外溢,对区域层面的反应也更迅速,对跨区域交易的保障也更有力。

【关键词】 欧盟;个人数据保护;区域性公共产品;美欧数据贸易

【Abstract】 The solution to global public problems depends on the effective supply of global public goods. When the global supply of data protection public goods is insufficient, the regional path can provide an alternative option. The experience of the EU data protection has demonstrated the effectiveness of regional supply of public goods. It can promote the smooth development of regional cooperation from the institutional level, effectively respond to the externalities of regional public goods, ensure the implementation of regional cooperation incentive mechanisms, and better promote the spillover of the functional collaboration. It also can respond more quickly at the regional level, and provide stronger protection for cross-regional transactions.

【Key Words】 EU; Personal Data Protection; Regional Public Goods; PRISM Project

---

* 本文是国家社科一般项目"美国棱镜计划的系统分析与综合应对研究"(15BGJ049)的阶段性成果。
** 汪晓风,复旦大学美国研究中心副研究员。

对于特定全球性公共问题,有效的治理取决于所需公共产品的充分供给,而在全球性公共产品供给不足的情况下,区域性公共产品是替代性选择。作为一个全球共享的公共领域,网络空间已经成为经济社会发展的重要平台,其全球连接的物理特性决定了研究者往往从全球治理角度进行思考和寻求解决方案,而促进网络发展和维护网络安全的现实需求又促使决策者以民族国家为核心制定政策。当前网络空间治理的全球性公共产品供给严重不足,而国家治理又难以满足网络空间互联互通需求,区域合作的解决方案或可提供一种新的思路和选择。本文从区域性公共产品供给的角度,考察欧盟个人数据保护政策从《个人数据保护指令》到《通用数据保护条例》的演变,并分析其对于个人数据保护和网络空间全球治理的启示和意义。

一、作为公共产品的数据保护

网络时代的人际交往、商务交易、社会治理、公共管理乃至国际关系都离不开个人数据。随着信息通信技术的广泛应用,尤其是互联网与社会生活各领域的全面融合,个人数据的不断采集、大量存储、深度分析和跨境传输已成为各方竞相争夺的热门业务,个人数据的规模化开发利用也成为利润丰厚的产业。同时,与之相伴的滥用、窃取和泄露个人数据等问题大量出现,对个人隐私甚至社会稳定造成威胁,已经成为社会关注的焦点。欧盟和美国较早就为个人数据保护制定专门法律,中国也陆续出台相关法律保障个人数据相关的隐私权和财产权。由于个人数据数字化、网络化和国际化趋势不断发展,个人数据频繁的跨境流动引发各种技术和法律问题,个人数据的合理使用以及有效保护也已跨越国界,成为世界各国共同面临的全球性公共问题。

首先,个人数据所有权、控制权和受益权的分散复杂分布。个人数据基本信息的部分所有权属于数据主体,而使用各种网络应用中产生的个人数据则依约定决定权属,控制权或管理权一般为运行数据采集或经营数据处理、存储和应用等业务的企业或实体,而受益权可能归属于数据主体,也可能经授权转移给数据专营企业。当数据需要跨境转移时,分散的权属关系即会带来合法性的诸多难题,诸如管理者如何取得授权,授权如何符合时效性,收益的分享和成本的分担,等等。

其次,各国数据保护法的独立性和冲突。确定个人数据跨境转移时的管辖权往往引发各国法律之间的冲突,尤其在线使用境外服务器上的应用产生的数据传输,或是一些应用系统需要调用分布于多个国家的程序或数据的情形时。这类源于各国个人数据保护适用法律引发的冲突,包括涉及多国法律都应管辖的"积极冲突"和没有一国法律可以管辖的"消极冲突"。①建立相应的冲突解决机制可能成为一种解决办法,鉴于目前国际社会尚未就选择一家国际组织承担该项职责进行讨论,也没任何一个现有的争端解决机制得到授权处理国家间的数据冲突,所以建立全球数据冲突解决机制的设想仍需时日。

第三,滥用和非法使用个人数据的预防和追责。如果上述两个难题可以通过双边和多边途径就拥有交叉管辖权的数据签订谅解协议,还可能找到可行的解决方案,那么对于非法使用数据或通过网络窃取数据的问题,迄今既没有可以援引的国际法、国际条约或国际协定②,也无法诉诸国际争端解决机制,只能通过单边的国内法和双边司法互助协定解决。

数据保护面临各种难题,为个人数据的跨境流动造成很多困扰,尤其那些经营全球业务的互联网公司。诚然一些大企业试图建立能够兼容各国法律的企业和行业标准来保护个人数据,但企业作为数据控制方或管理方,其提供的方案很难成为"上位"的规范,而迄今也没有一国政府接受其他国家法律管辖的企业制定标准的先例。全球性公共问题的解决有赖于全球性公共产品的有效供给,而当前数据保护的全球供给即便不是空白,也是非常不足。因而区域路径成为一种可行的补充或过渡,面对数据保护的诸多难题和国际机制的缺失,作为替代选择的区域性公共产品应运而生。

区域性公共产品是利益惠及一个确定区域的公共产品,布鲁斯·拉西特(Bruce Russett)和哈维·斯塔尔(Harvey Starr)提出建立地方性和区

---

① 郭瑜:《个人数据保护法研究》,北京大学出版社 2012 年版,第 250 页。

② 2001 年 11 月欧洲委员会通过的《网络犯罪公约》(Cyber-crime Convention)可以为成员国之间处理数据相关犯罪提供协助,但迄今该公约签字国并不具有普遍性,且在数据保护方面没有可以直接援引的条款。

域性机构以获得公共产品的路径①,由域内国家联合供给的区域性公共产品,可以按照成本分担的模式划分为三种类型:第一种是以欧盟为代表的核心国主导供给模式,作为推动欧盟一体化进程的两大核心,法国和德国着眼于推动欧盟一体化进程和发挥欧洲的整体影响,主动承担并推动区域性公共产品的联合供给,形成欧盟经贸、货币、司法和安全四大领域的合作机制。第二种是以北美自由贸易区为代表的霸权国主导供给模式。第三种是以东盟及"10+"为代表的小国联盟主导供给模式。三种模式提供了区域合作不同层次和类型的公共产品,欧盟提供作为满足特定个人数据保护需求的区域性公共产品,一体化的决策和执行机构可以提供相应制度保障,明显更有效率且更有持续性。

如果将全部区域性公共产品看作一个整体,或一个连续性的动态供给过程,那么根据各个公共产品在这个连续过程中所处的不同环节可将其分为供直接消费的最终区域性公共产品,如环境保护、水资源、金融稳定、公平贸易,等等,以及作为最终公共产品来源的中间区域性公共产品,中间区域性公共产品既可以服务于区域性公共产品,也可以服务于全球性公共产品,如地区投资和贸易协定、地区和平机制等。从这个角度而言,个人数据保护属于一种中间公共产品,既是实现个人隐私和公民权利的机制,也可以保证个人数据合法和安全地跨境传输,为数字经济增长提供动力。

托德·桑德勒(Todd Sandler)根据是否具备非排他性和非对抗性的属性,将国际公共产品划分为纯粹公共产品和准公共产品。由于非排他性公共产品的供给者无法阻止不合作者获取收益,因而会导致公共产品供应不足或停止供给。②区域性公共产品以区域内国家为服务对象,内含了一定的排他性,然而一旦外部消费者加入,从区域性公共产品中取得收益,则仍有可能导致该公共产品的供给受阻。在区域内实行共同的个人数据保护政策,可以实现竞争性收益,因而可以看作一种俱乐部产品。

---

① Bruce Russett, Harvey Starr, *World Politics: The Menu for Choice*, Cengage Learning Inc., 2002. p.422.

② Todd Sandler, "Regional public goods and international organizations", *The Review of International Organizations*, 2006, Vol.1(1), p.7.

二、欧盟数据保护的路径演变

欧盟很早就开始建立个人数据保护制度,制定个人数据保护政策法规。因为欧洲社会公民权利意识根深蒂固,注重个人隐私保护。同时,欧洲国家在信息通信技术和应用领域具有一定竞争力,但单个欧洲国家又难以独立与美国竞争。此外,欧盟也试图建立统一的数据保护法规,在司法层面推动欧洲一体化进程。

(一)欧盟《个人数据保护指令》

个人数据保护虽以公民权利保护为基本出发点,但从政策制定者的角度,却是要实现一种平衡,即一方面确认在收集、处理、存储和传输个人数据的过程中要保护个人权利,另一方面也要促进合法、必要的数据流动。20 世纪 90 年代初,新科技革命方兴未艾,信息通信技术已经在各个领域广泛应用,互联网商业运行也启动,个人数据规模和流动快速增长,而各国立法的差异一定程度上影响了个人数据的跨境流动,过多强调个人隐私的各种限制也成为银行、保险等重要经济行业的障碍。当时,欧盟决定制定个人数据保护政策,与其说是为了保护个人数据,毋宁说更重要的目的是防止各成员国以保护公民隐私的名义阻止或中断数据的国际流动,从而影响这一潜力巨大产业的发展前景。

欧盟 1995 年推出的《个人数据保护指令》就明确体现了上述两个目标:一是要求各成员国保护公民的基本权利和自由,特别是与个人数据处理相关的隐私权,二是各成员国不得以保护为由限制或禁止成员国之间个人数据的自由流动。①该指令由欧洲议会和欧盟理事会推出,意图在于从欧盟和成员国两个层面建立一致的立法依据,为当时欧盟各国立法保护个人数据和保障数据自由流通设立了最低标准。

该指令也存在诸多不足,由于共同司法体系是欧盟一体化进程的薄

---

① The European Parliament and the Council of the European Union,"Directive on the protection of individuals with regard to the processing of personal data and on the free movement of such data",*Official Journal of the European Communities*,No.L281,November 1995,p.38.

弱环节,该指令并没有建立欧盟层面统一的执法程序,也未提供成员国相应指导标准,成员国仍然从各自法律制度来执行指令,使得个人数据在成员国享有不同层级保护水平,指令一致性大打折扣。事实上不仅各国依据指令的最低标准执行指令的力度最小。进行数据处理和转移的企业的合规成本也并未降低,因为成员国将指令转化为内容不完全一致的国内数据保护法规,企业仍然需要自行与各国数据保护政策法规对接,完成在欧盟各成员国内的合规性程序。事实上该指令颁布后,各国保护个人数据的法律的差异性并没有得到根本改观,从而很大程度上影响了数据保护的实际效果,欧盟内数据自由流动也没有达到预期水平。

(二)欧美《数据安全港协议》和《隐私保障框架》

《数据保护指令》施行以后,外国企业如要进入欧盟开展可能涉及进行数据跨境传输业务时面临的一些限制。如该指令第56—57条规定,个人数据的跨境流动对扩大国际贸易是必要的,但只有第三国确保提供适当水平的保护,才能将欧盟个人数据转移至第三国,且同时禁止将欧盟个人数据转移至不能提供适当水平保护的国家。①这实际上是要求其他国家的政府为本国企业背书,承诺对传输到本国境内的欧盟个人数据实行与欧盟相当的保护,保证该国企业不会违反欧盟的数据保护标准。

为帮助美国企业进入欧盟经营数据业务,1998—2000年期间,美国商务部和欧盟及瑞士谈判达成了《数据安全港协定》②,做法是由美国商务部建立一个公共目录,隶属于联邦交易委员会和交通运输部管辖的任何机构和组织,只要承诺遵守"数据安全港"规则,即可列入公共目录,成为"数据安全港"的成员,可以接收、处理和传输来自欧盟的个人数据。"安全港"的目标是在确保美国企业达到欧盟的较高保护标准的同时,维持美国长久以来一直采用的自律机制。从公共产品的角度看,《数据安全港协议》一定程度上削弱了欧盟《数据保护指令》的排他性,如根据《美国爱国者法案》规定,美国企业收到外国情报监视法庭的传票,令其向情报机构提供特定

① "Directive on the protection of individuals with regard to the processing of personal data and on the free movement of such data", pp.36—37.

② US Department of Commerce, "The Safe Harbour Privacy Principles", July 21, 2000, https://2016.export.gov/safeharbor/eu/eg_main_018475.asp, 2018-06-22.

数据时,美国企业必须予以配合。① 由于美国政府对欧盟的承诺和其为反恐制定的法律之间存在着矛盾,这导致《欧盟数据保护指令》面临失效的风险。

2013 年 6 月,美国情报界大规模的电信和互联网网络监控项目被曝光,包括监控美国公民及在美外国人对外通话的"棱镜"(PRISM)、从光纤主干网收集数据的"上游"(Up Stream)、监控互联网重要节点的"关键得分"(X-Keyscore),等等,监控对象从各国政要到普通公众无所不包,盟友伙伴、竞争对手和敌对国家概莫能外,尤其是对德国总理、罗马教皇等欧洲政要的电话监控,以及对法国和西班牙公众的大规模数据搜集激怒了整个欧洲。2015 年 10 月,欧盟法庭认为美国未能为传输到境内的欧盟个人数据提供有效保护,欧洲公民的个人数据在美国被大规模地搜集,鉴于美国政府没有达到《个人数据保护指令》的要求,故判决欧美《数据安全港》协议失效。② 美国企业不能再以政府背书而直接使用和传输欧盟公民数据。直至 2016 年 7 月,欧美经过谈判重新签订欧美《隐私保障框架》,除了强调企业为将欧盟公民个人数据传输到美国承担更严格的数据保护责任之外,还对美国政府访问有关数据设定了责任条款,并要求欧盟和美国政府每年就框架的执行情况进行联合评估。③

(三)欧盟《通用数据保护条例》

随着社会信息化水平的进一步提高,原欧盟《个人数据保护指令》越来越难以满足个人数据保护和数字经济发展的需求。2012 年,欧盟提出改革个人数据保护政策,以帮助公众更有效地保护个人数据,同时推进欧盟单一数字市场的发展,协助欧盟企业在统一市场上提高竞争力。

经过四年反复讨论和修改,欧盟成员国司法及内政事务部长会议就数据保护的新框架达成一致,确立了五项基本原则:1)"同一个大陆,同一

---

① U.S. Public Law 107-56, "Uniting and Strengthening America by Providing Appropriate Tools Required Intercept and Obstruct Terrorism(USA PATRIOT Act of 2001)", October 2001.

② Court of Justice of the European Union, "The Court of Justice declares that the Commission's U.S. Safe Harbour Decision is invalid", October 6, 2015, https://curia.europa.eu/jcms/upload/docs/application/pdf/2015-10/cp150117en.pdf, 2018-06-22.

③ "EU-US Privacy Shield", July 12, 2016, https://ec. europa. eu/info/law/law-topic/data-protection/data-transfers-outside-eu/eu-us-privacy-shield_en, 2018-06-22.

套法规"，在欧盟内实施统一的数据保护法；2)"被遗忘权"，用户可以要求互联网企业从网络搜索结果中移除个人信息，除非有明确法律允许互联网企业保留相关信息；3)"欧洲境内适用欧洲法律"，无论企业或机构是否设在欧盟内，只要在欧盟范围内提供服务，均需遵守欧盟法律；4)"强化各国数据保护机构权力"，允许各成员国的数据保护机构对违法者进行处罚；5)"一站式服务"，企业和用户仅需面对一个成员国的监管机构。

2016 年 4 月，欧洲议会和欧盟理事会通过欧盟《通用数据保护条例》。与《数据保护指令》相比，该条例更加重视个人数据保护，赋予欧盟公民更广泛的保护个人数据的权力，该数据保护条例将负有保护责任的数据控制者扩展到几乎涉及所有的公司和机构，大到跨国公司，小到家庭企业和个人，只要有收集和使用欧盟个人数据的行为，都必须遵循该条例的标准。《通用数据保护条例》把个人权利与企业义务绑定在一起，增加了对个人数据保护的力度，强调被遗忘权、个人数据的复制权、个人信息泄露后的通知义务、处理个人信息的知情权，等等。欧盟还设立了一个欧洲数据保护委员会，同时每个欧盟成员国都必须设立一个与欧洲数据保护委员会相对应的监管机构，以保证《通用数据保护条例》在欧盟和成员国层面都得到执行。此外，条例中没有条款来严格明确如何对个人数据保护实施技术和组织措施，这被称为条例的"技术中立"原则，任何数据控制者以及进行收集、处理、储存和转移数据的企业将自行决定如何正确保护个人信息，这也符合信息技术发展迅速、各企业和实体的数据格式与处理程序千差万别的现实。

三、数据保护区域公共产品的启示

从全球层面看，网络空间治理驻足不前，无论是建立网络空间国际行为规则，还是应对网络攻击和网络恐怖主义，抑或消除数字鸿沟的发展援助以及保障数据安全有序流动的全球规范，迄今未见显著进展。究其原因，或是全球性公共产品供给路径不清晰，或是网络大国单独供给的意愿不强，或是集体供给的动力不明确。而欧盟在数据保护区域公共产品供给方面的实践，可以提供一些有益的启示。

首先,从制度层面促使区域合作的顺利实现。

与全球性公共产品相比,区域性公共产品具有几个优点:一是涉及成员较少,更容易促成公共产品的供应;二是区域集体对话与合作机制可以避免领导国通过霸权将之私物化的风险;三是区域性国际公共产品的涵盖范围较小,各国的收益和成本比较清晰,一定程度上能够减少"搭便车"现象。①欧盟成员国数量适中,文化背景和价值观相近,经历数十年的一体化进程,成员国之间建立了较为充分的信任,普遍认同和尊重个人自由的权利,欧盟委员会、欧洲议会、欧洲理事会等一体化机制已经能够制定和执行共同的货币、贸易和外交政策。这些成为欧盟就个人数据共同保护政策展开协商谈判的基础,从而使之较快进入个人数据保护的基本原则和保护措施的谈判进程,避免了因利益和目标存在根本差异而无法进行实质性谈判的困境。

其次,有效应对外部性。

欧盟制定严格的个人数据保护法规,鼓励个人数据在欧盟内自由流动,对于个人数据向欧盟以外的流动设置高门槛,一个很重要目的是为了遏止美国信息技术企业向欧洲的扩张势头,增强欧盟成员国企业的竞争力。②欧盟的个人数据保护直接适用于欧盟各成员国,旨在加强对自然人的数据保护,并一统此前欧盟内零散的个人数据保护规则,同时降低企业的合规成本,欧盟企业和个人均从中受益。在竞争环境下,一些人的生产或消费使另一些人受益而又无法向后者收费的现象,或一些人的生产或消费使另一些人受损而前者无法补偿后者的现象,是公共产品的正外部性或负外部性的表现。外部性往往会损耗公共产品的有效供给,从而导致合作受挫。区域性公共产品"在一个有限地理范围内所产生的非竞争性和非排他性收益"③,欧盟的个人数据保护政策既提供了个人数据权益的保护,也为个人数据合法流动制定了通道,包括向欧盟之外转移。当

---

① 黄河:《区域性公共产品:东亚区域合作的新动力》,《南京师范大学学报》,2010 年第3 期,第 64 页。

② Dorothee Heisenberg, *Negotiating Privacy*: *the European Union*, *the United States and Personal Data Protection*, Lynne Rienner Publishers, 2005. p.10.

③ Todd Sandler, Global and Regional Public Goods: "Global and Regional Public Goods: A Prognosis for Collective Action", *Fiscal Studies*, Vol.19, No.3, 1998, p.222.

外部企业或实体处理和转移欧盟个人数据，被要求执行欧盟标准时，实际上按约定支付了数据转移合规的成本，亦即支付了它消费公共产品的成本。不仅如此，欧盟数据主体不仅使个人权益得到有效保护，也能得到从授权企业或实体处理或转让个人数据而带来的精准服务等好处。

第三，确保激励机制执行。

公共产品供给不足的一个重要原因是受"搭便车"影响，公共产品的融资和管理难以持续，分类和有针对性的激励机制可以鼓励各国供给公共产品，而建立对合作国家有约束力的协议和制度是达成合作供给的激励机制之一。①欧盟《个人数据保护指令》和《通用数据保护条例》由欧洲议会和欧盟理事会制定。欧洲议会是欧盟的立法、监督、预算和咨询机构，目前其成员均由欧盟成员国直选产生，欧盟理事会是欧盟的主要决策机构，由各成员国的部长组成。因而欧盟数据保护法规是所有成员国的共同意志表达，对外则代表统一的欧洲的力量，凡提供产品或服务的过程中涉及欧盟境内个体数据均需要遵守。如违反《通用数据保护条例》的企业或机构，轻则将受到1 000万欧元或上一年度全球营收的2%（两者取其高）的罚款，重则受到2 000万欧元或上一年度全球营收的4%（两者取其高）的罚款，正是基于欧盟"一个声音"的整体实力和欧盟单一市场的总体影响力，才能制定如此高额处罚力度并确保得到执行。从《个人数据保护指令》到《通用数据保护条例》，从欧美《数据安全港协定》到《隐私保障框架》，欧盟数据保护的约束对象从企业扩展到企业、个人、机构、实体，及至外国政府部门。完善而有强制力的协议、制度和法律，保证了作为区域性公共产品的欧盟数据保护的有效供给。

第四，促进功能性合作外溢。

在区域一体化进程中，供给区域性公共产品是开展功能性合作的重要方式。功能性合作中不断强化的角色感有助于域内各国相互依赖感的形成，使越来越多行为体能够认识到自己是区域利益攸关方，并最终导致集体认同。②欧盟数据保护的初衷是加强个人数据保护和促进数据合法自

---

① 杨海燕：《区域公共产品的供给困境与合作机制探析——基于合作博弈模型的分析》，《复旦国际关系评论》，2015年第1期，第33页。

② 贺平：《区域性公共产品与东亚的功能性合作》，《世界经济与政治》，2012年第1期，第47页。

由流动,但在此过程中建立的原则、规范、标准和流程也具有广泛的适用性,随着欧盟个人数据规模及其所蕴含商业价值的不断增长,越来越多在欧盟经营涉及个人数据业务的企业和实体以欧盟原则重构业务流程,并沿着企业经营范围向相关行业扩展,在零售、保险、航空、银行等行业形成同等数据保护标准,而一旦形成路径依赖,则会逐渐建立该领域共同遵守的规范。同时,发展和治理过程中产生的最佳实践也是扩展合作的重要动力之一,欧盟实践也会成为其他国家、地区以及国际机构效仿的对象,从而促进欧盟原则向国际规范演变。事实上,鉴于欧盟《通用数据保护条例》树立了一个高标准的个人数据保护法律模板和严格的数据跨境传输规范,一些国家已经决定跟上欧盟的步伐,以免在数据利用方面受到限制。因而条例出台以后,已有日本、韩国、印度等国家同欧盟接触,展开交流,试图学习欧盟数据保护实践的经验,或寻求与欧洲标准的对接。2018年4月美国的一份调查表明,当被问及"《通用数据保护条例》使欧盟公民能够更好地控制企业如何使用他们的个人数据,你是否希望在美国颁布类似法律"时,68%的美国人给出了肯定的回答。[①]这显示了区域性公共产品存在跨区域转换的能力。

结　　语

个人数据保护的意义随着网络空间的不断发展而更加重要,因而需要寻求有效的解决方案。斯蒂芬·克莱斯勒(Stephen D.Krasner)认为,在基本原则存在分歧、权力分配高度不均的领域难以形成国际制度。[②]从全球层面看,网络空间利益主体多元化、权力分配高度不均是一个不争的事实,这一定程度上可以解释为何国际社会对于网络空间全球治理抱有很多期待,但从"伦敦进程"到联合国信息安全政府专家组,似乎都没有探

---

① Janrain, "Consumer Attitudes Toward Data Privacy Survey 2018", May 7, 2018, https://www.janrain.com/resources/industry-research/consumer-attitudes-toward-data-privacy-survey-2018, 2018-06-22.

② Stephen D.Krasner, "Global Communications and National Power: life on the Pareto Frontier", *World Politics*, Vol.43, Issue 3, 1991, p.337.

索出一种有效的治理模式。而从地区层面看,情况却大有不同,同一地理区域的国家文化背景相似度更高,经济发展水平更为接近,社会信息传播更为便利,政府间的互动更为频繁,显然也更具备持续供给数据保护公共产品的意愿和能力。一体化进程有助于区域性公共产品的机制化供给,促进功能领域合作的稳步推进和逐渐扩展,反过来又可以为一体化进程提供更多动力。总之,全球层面推进网络空间治理阻力重重,而区域路径前景更可期待,其原因在于区域性国际公共产品更具适用性,对于区域一体化机构或主导国家而言,可以取得比全球层面的努力更好的收益。

论人民币国际化过程中保持适度外汇管制的必要性

李　翀[*]

【内容提要】　人民币国际化是一个发展中国家的货币国际化,这在人类历史上是前所未有的。虽然我国已经是世界第二经济大国,但是我国经济发展水平不高,正处于经济发展方式转变的时期,因此不可低估跨境资本流动的冲击力,不可低估在人民币汇率趋向贬值条件下"羊群效应"所产生的影响,不可低估我国资本长期流出的可能性。在未来相当长的时间里,我国应该在保持金融账户适度管制的前提下推动人民币国际化,继续对人民币形成机制进行改革,保持人民币汇率的弹性,避免人民币汇率出现比较严重的高估的情况。

【关键词】　人民币国际化;金融账户开放;资本跨境流动;外汇管制;人民币汇率制度

【Abstract】　The internationalization of the RMB is a developing country's currency internationalization, which is unprecedented in human history. Although China is already the second largest economy in the world, China's economic development level is not high and China is in a period of changing economic development patterns. Therefore, do not underestimate the impact of cross-border capital flows, do not underestimate the impact of "herd effect" on the conditions under which the RMB exchange rate tends to depreciate, and do not underestimate the possibility of long-term capital outflows in China. For a long time to come, China should promote the internationalization of the RMB on the premise of keeping appropriate control of the financial account, continue to reform the RMB's formation mechanism, keep the flexibility of the renminbi exchange rate, and avoid a situation in which the RMB exchange rate is seriously overvalued.

【Key Words】　RMB internationalization; financial account opening; cross-border capital flow; foreign exchange control; RMB exchange rate system

---

＊　李翀,北京师范大学经济与工商管理学院教授。

一、问题的提出

1. 尽快开放金融账户的看法

一种货币成为国际货币意味着该货币在国际贸易、国际金融、直接投资和外汇储备中被广泛使用，一种货币的国际化就是指该货币成为国际货币的过程。不同的国际货币有可能在不同的程度和范围内被使用，所以不同货币的国际化可以出现很大的程度上的差异。一个国家金融账户下本国货币自由兑换不是该国货币国际化的必要条件，但是如果该国不能实现本国货币在金融账户下自由兑换，别的国家不会大量持有该国货币，该货币的国际化程度将会受到影响。因此，一个国家金融账户的开放是该国货币走向高程度国际化的必要条件。

2012 年 2 月 23 日，中国人民银行调查统计司课题组发表了题为《我国加快资本账户开放的条件已经基本成熟》的研究报告，提出了下述看法：第一，国际经验表明资本账户开放总体利大于弊。第二，积极推进资本账户开放是我国经济发展的内在要求。第三，资本账户开放的风险基本可控。第四，资本账户开放的安排建议如下：短期安排(1—3 年)是放松有真实交易背景的直接投资管制，鼓励企业"走出去"。中期安排(3—5 年)是放松有真实贸易背景的商业信贷管制，助推人民币国际化。长期安排(5—10 年)是加强金融市场建设，先开放流入，后开放流出，依次审慎开放不动产、股票及债券交易，逐步以价格型管理替代数量型管制。[①]

2012 年 5 月，中国人民银行调查统计司课题组在《中国金融》发表了题为《协调推进利率汇率制度改革和资本账户开放》的文章。文章指出，"不可能三角理论"和"利率平价理论"具有局限性，并不完全适合中国目前的实际情况。若要等待利率市场化、汇率形成机制改革最终完成，资本账户开放可能永远也找不到合适的时机，最宝贵的战略机遇期可能已经失去。我们应抓住有利时机，积极推进资本账户基本开放，同时进一步推进

---

① 中国人民银行调查统计司课题组：《我国开放资本账户开放的条件已经基本成熟》，《中国证券报》，2012 年 2 月 23 日。

利率市场化和汇率形成机制改革。①

2013 年 11 月,中共十八届三中全会报告指出,要"推动资本市场双向开放,有序提高跨境资本和金融交易可兑换程度,建立健全宏观审慎管理框架下的外债和资本流动管理体系,加快实现人民币资本项目可兑换"。

2015 年 10 月,《中共中央关于制定国民经济和社会发展第十三个五年规划的建议》指出,要"扩大金融业双向开放,有序实现人民币资本项目可兑换,推动人民币加入特别提款权,成为可兑换、可自由使用货币"。

2. 谨慎开放金融账户的主张

我国中央银行研究报告发表引起经济学界的关注,多数经济学者都认为要加快我国金融项目的开放。但是,也有部分经济学者提出不同的看法。

中国社会科学院余永定、张明和张斌在《金融时报》中文网上发表了题为"中国应慎对资本账户开放"的文章,他们在这篇文章中指出:第一,当前并非中国加快资本账户开放的战略机遇期。发达国家央行正在实施量化宽松的货币政策,全球流动性过剩加剧。一旦我国加快资本账户开放,很可能出现大规模短期资本流入的情况。随着美国逐渐削减量化宽松政策并步入新的加息周期,我国接着很可能面临大规模短期资本流出。短期资本的大进大出会严重损害我国宏观经济与金融市场的稳定。第二,在人民币利率与汇率形成机制尚未充分市场化的前提下推进人民币国际化,会导致人民币离岸市场与在岸市场之间的套利与套汇行为大行其道。第三,不赞成以加快资本账户开放来促进国内结构性改革的做法。压力面前未必一定作出正确选择,以放松短期资本流动倒逼国内改革是巨大的冒险。第四,近年来大多数研究我国资本账户管制的实证文献均发现,尽管我国资本账户管理存在一些漏洞,但大体上是有效的,离岸市场和在岸市场存在利差就是证明。②

北京大学林毅夫对资本账户的开放也提出了如下看法:第一,短期国际资本通常会进入流动性较强且有投机性质的股票市场与房地产市场,

---

① 中国人民银行调查统计司课题组:《协调推进利率汇率制度改革和资本账户开放》,《中国金融》,2012 年第 9 期。

② 余永定、张明、张斌:《中国应慎对资本账户开放》,《金融时报》中文网,2013 年 6 月 4 日,http://www.ftchinese.com,2018-01-01。

容易导致股市与房地产泡沫。第二,自20世纪70年代起,发展中国家加快资本账户开放的结果是经济波动更为频繁、金融危机爆发概率大增。第三,发展中经济体在金融结构上本身就是扭曲的,短期资本大进大出可能造成更大的波动。第四,在长期性停滞风险凸显、全球流动性泛滥的背景下,我国加快资本账户开放的结果很可能是资本大进大出。第五,一旦资本账户开放之后要重新收紧管制,那么国内外的既得利益者就会群起反对。①

3. 关于金融账户开放的评论

首先应该指出,关于国际收支账户的划分方法已经发生过多次变化,但是前述的讨论仍然采用早期的划分方法。根据国际货币基金组织1977年公布的《国际收支手册》(第四版),国际收支划分为经常账户、资本账户、官方储备账户三大账户。根据国际货币基金组织1995年公布的《国际收支手册》(第五版),国际收支划分为经常账户、资本与金融账户两大账户。根据国际货币基金组织2009年公布的《国际收支手册》(第六版),国际收支划分为经常账户、资本账户、金融账户三大账户。我国中央银行从2015年已经开始按照2009年第六版的标准编制国际收支平衡表,建议在以后相关问题的讨论中应该用"金融账户"来取代"资本账户"。

其次还应该指出,金融账户包括直接投资、证券投资、其他投资三个子项目,其中的其他投资包括货币和存款、贷款、保险和养老金、贸易信贷、其他。现在已经开放的金融项目包括直接投资流入、合格的境外机构投资者(QFII)形式的证券投资流入、合格的境内机构投资者(QDII)形式的证券投资流出,直接投资流出也放宽了。我所要讨论的金融账户开放是指是否要取消对证券投资和其他投资的管制。

我同意余永定等人的基本看法,并且将会进一步用事实去论证这些基本看法。但是,在下面两个方面与余永定等人的看法不同:第一,不是在2012年前后不应该加快我国金融账户的开放,而是根据我国的国情在相当长的一段时间内都要保持对金融项目适度的管制。第二,金融项目的开放与人民币国际化不是等同的概念,人民币国际化是一个程度不断加深的过程。在对金融账户适度管制的条件下仍然可以使人民币达到一定

① 林毅夫:《我为什么不支持资本账户完全开放》,载陈元、钱颖一主编:《资本账户开放:战略、时机与路线图》,社会科学文献出版社2014年版,第60—65页。

程度的国际化。

我同意林毅夫的基本看法,金融项目的开放会导致短期国际资本大规模的频繁流动,对我国经济将产生不利影响。还要进一步证明,我国还是一个发展中国家,与第二次世界大战后马克和日元走向国际化时联邦德国和日本的相对经济发展水平还存在较大差距,千万不要由于匆匆走向金融账户开放的道路而造成对本国经济破坏性的影响。

二、严峻的现实

1. 我国宏观经济状况

中国人民银行课题组有理由对金融项目的开放感到乐观:第一,2010年,我国的国内生产总值按照汇率的方法计算超过日本,成为世界第二大经济体。另外,我国经济保持着较高的增长率,朝气蓬勃。第二,人民币对美元汇率从 2005 年到 2012 年处于坚挺状态,经常账户和国际收支均为顺差,外汇储备在 2011 年底达 31 800 亿美元,外债余额在 2011 年底只有6 950 亿美元。第三,我国银行业不良资产率只有 1.0%,资本充足率达12.7%,银行存款余额 97.7% 和贷款余额 94.3% 均为人民币存款和贷款。这一切都意味着我国似乎有足够的能力来应付开放金融项目初期资本流动对我国经济可能造成的冲击。

这一切都是事实,我国经济已经发生了巨大的变化,我国经济和金融已经具备相当的实力。但是,从事后的情况来看,中国人民银行课题组高估了我国经济发展的态势,低估了资本流动的冲击。当然,事后批评没有意义,但是事后的总结是有意义的。幸运的是,我国经济后来发生的严峻情况向我们提出了警示。

从宏观经济来看,改革开放以后,我国创造了经济增长的奇迹,国内生产总值以平均约 10% 的速度增长了 36 年。但是,我国的经济发展方式是粗放型的经济发展方式,主要依靠劳动、资本和自然资源的高投入来实现高产出。我国是一个发展中国家,劳动生产率不高,我国的经济发展方式只能是粗放型的,然而这种粗放型的发展方式又不可持续,这是一个巨大的矛盾。我国国内生产总值的增长率从 2010 年起一直趋向下降,表1

显示了我国 2010 年以来国内生产总值的增长情况。

表 1　我国 2010 年以来国内生产总值增长率

年　份	2010	2011	2012	2013	2014	2015	2016	2017
增长率	10.6%	9.5%	7.9%	7.8%	7.3%	6.9%	6.7%	6.9%

资料来源:中华人民共和国统计局:年度数据,http://data.stats.gov.cn。

在这样的情况下,我国经济能否继续发展将取决于我们科学技术进步状况和产业结构升级的状况,而科学技术进步和产业结构升级不是短时间可以取到成效的,因此我国进入了一个艰难的和长期的经济发展方式转变时期。我认为,要在 5—10 年以后我国经济发展方式的转变才有可能初见成效。

2. 我国的对外经济状况

从对外经济来看,随着我国经济的发展,劳动者的收入不断提高,我国在劳动密集型产业的优势正在减少。例如,按照 2010 年的价格水平计算,中国、印度、越南的人均国民总收入分别是 8 000 美元、1 838 美元和 1 658 美元,我国的人均国民总收入是印度和越南的 4.35 倍和 4.83 倍。[①]由于劳动者的平均工资与人均国民总收入存在正相关关系,尽管我国劳动者效率较高,但是我国工资成本的优势在逐渐减弱,再加上正逢世界经济不景气,我国出口增长率连年下降,在 2015 年和 2016 年出现负数,在 2017 年出现恢复性增长。表 2 说明了我国以美元计算的出口增长率的变化情况。

表 2　我国 2011 年以来的出口贸易增长率

年　份	2011	2012	2013	2014	2015	2016	2017
出口增长率	20.32%	7.92%	7.82%	6.03%	− 0.3%	− 1.9%	10.8%

资料来源:中华人民共和国统计局:年度数据,http://data.stats.gov.cn。

另外,外商对我国的直接投资主要是劳动密集型产业,随着我国劳动力成本的上升,外商对我国的直接投资也出现撤离以及减少的趋势,但在 2017 年也出现恢复性增长。表 3 说明了我国以美元计算的实际利用外商直接投资增长率的变化情况。

---

① The World Bank, GNI per capita, World development Indicators, http://data.worldbank.org, 2018-01-01.

表 3   我国 2011 年以来外商直接投资增长率

年　份	2011	2012	2013	2014	2015	2016	2017
外商直接投资增长率	9.72%	3.70%	5.25%	1.68%	5.61%	4.10%	7.9%

资料来源:中华人民共和国统计局:年度数据,http://data.stats.gov.cn。

可以预测,即使我国劳动力成本和租金成本在上升,但是我国有一个巨大的市场,外商直接投资将会继续流入。但是,在未来的一段时间里,相对于以前来说,外商直接投资流入将会有所减少。

3. 人民币汇率的变化情况

再来考察人民币汇率情况。在 2005 年 7 月 21 日人民币汇率形成机制改革以后,人民币对美元的汇率的变化经历了三个阶段:第一个阶段是从 2005 年 7 月 21 日到 2014 年 1 月 27 日,人民币汇率处于单边升值状态,人民币对美元的中间名义汇率累计升值了 26.27%。第二个阶段是从 2014 年 1 月 27 日到 2015 年 6 月 19 日,人民币汇率处于双向震荡的状态,人民币对美元汇率波动幅度不超过 1%。第三个阶段是从 2015 年 6 月 19 日到 2017 年 1 月 3 日,人民币汇率处于震荡贬值状态,人民币对美元中间汇率贬值幅度是 12.11%。第四个阶段是从 2017 年 1 月 3 日到现在,人民币汇率小幅度波动但略有升值。

中国人民银行课题组的研究报告是在 2012 年人民币汇率处于升值阶段撰写的。但是,2015 年 6 月以后人民币汇率趋向贬值,2016 年 1 月的人民币在离岸市场上受到狙击,都在展示着在人民币汇率升值阶段所看不到的情况,预示着金融账户开放可能发生的风险。

2015 年 6 月以后人民币汇率的贬值是下述原因造成的:从美元的角度来看,美元汇率在 2014 年以后处于坚挺状态。一方面,美国经济近几年一直处于复苏状态,美国联邦储备系统于 2014 年 10 月 30 日结束第三轮量化宽松的货币政策以后,逐渐进入了提高基准利率的周期。另一方面,欧洲国家、日本、新兴市场经济国家的经济普遍处于不景气状态,投机和投资的机会减少。美国投资机会增加和美元利率上升导致国际资本流出其他国家流入美国。2014 年 6 月 24 日,美元指数是 80.330 0。到 2015 年 3 月 24 日,美元指数已经上升到 97.190 2 点。美元指数在 9 个月的时间里上升了 20.99%。[①]在美

---

①　"美元指数",新浪网,http://finance.sina.com.cn,2018-01-09。

元对各种主要货币汇率升值的条件下,即使不考虑中国方面的经济因素,人民币对美元汇率也会贬值。

从人民币的角度来看,人民币汇率趋向疲软:第一,我国国际收支状况的变化。进入 21 世纪以后很长的一段时间里,我国经常项目和金融项目均为顺差。但是,这种情况逐渐发生了变化。尽管我国的经常项目还是顺差,但是顺差在大幅度减少。金融项目出现了逆差,直接投资、证券投资和其他投资造成的资本外流大量增加。第二,热钱持续和大量流出中国。所谓热钱是指国际投机性资金。2002 年以来,热钱通过虚假的国际贸易、直接投资、贸易信贷、地下钱庄等途径进入我国,投资我国的股票、房地产等各种人民币资产。近年来,我国经济增长速度逐年下降、股票市场低迷、房地产市场泡沫严重。在这种情况下,境外投资者需要进行不同币种资产的调整,热钱开始大量和持续地撤离我国。[1]

在人民币汇率趋向贬值的同时,我国的外汇储备大幅度减少。2015 年 6 月,我国的外汇储备是 39 932 亿美元。但是,到 2017 年 1 月,我国的外汇储备是 29 982 亿美元。这意味着在一年半的时间里我国的外汇储备减少了 9 950 亿美元。[2]值得注意的是,2016 年 12 月底作为世界第三大外汇储备国瑞士的外汇储备才有 6 856 亿美元。当然,我国外汇储备减少是多种因素造成的。例如,我国外汇储备是以美元计价的,美元汇率升值会导致我国多种币种的外汇储备的美元价值减少,但这不可能是一个很大的数额。我国外汇储备的减少大部分是由资本外流以及我国货币部门用卖出美元的方式稳定人民币汇率造成的。这轮人民币汇率贬值和外汇储备减少还是依靠外汇管制的手段控制住了。

三、实 践 的 警 示

1. 不要低估了我国经济发展方式转变的难度

20 世纪 90 年代以来,许多发展中国家发生了货币危机,但人们仍然

---

① 李翀:《人民币汇率近期贬值的原因、影响、走势及应对方法》,《深圳大学学报》,2017 年第 1 期。

② "外汇储备数据",国家外汇管理局,http://www.safe.gov.cn,2018-01-09。

觉得距离我们很远,这些发展中国家似乎不能与我国相提并论。是的,我国并没有发生货币危机,然而近几年我国内部和外部经济的变化已经给我们发出了警示。

当一个低收入国家走上工业化道路的时候,由于该国劳动者工资较低,在国际分工的影响下,该国发展的产业通常是劳动密集型产业。同时,该国也会采取"进口替代"的方法发展可以替代进口产品的产业。但是,随着该国经济的发展和工资成本的提高,该国将会发现在劳动密集型产业已经竞争不过人均收入比它低的发展中国家,在资本密集型或技术密集型产品又竞争不过人均收入比它高的发达国家,该国产品的国际市场将萎缩,该国就会陷入"中等收入陷阱"。第二次世界大战以来,只有极少数发展中国家或地区能够跨越"中等收入陷阱"。

因此,"中等收入陷阱"实质上就是产业升级的障碍。要跨越"中等收入陷阱"就要突破产业结构升级的障碍,而要突破产业结构升级的障碍就要促进科学技术的进步。只有在代表当今时代的科学技术上取得突破,并成功地转化为新兴的产业,在世界上具有一定的竞争力,才能实现产业结构升级和跨越"中等收入陷阱"。[①]但是,提高科学技术水平和实现产业结构升级是一个长期的过程,我国正处于这样一个艰难的过程,我认为从现在开始至少要5—10年才可以初见成效。2015年5月9日,《人民日报》发表了题为《开局首季问大势——权威人士谈当前中国经济》的文章。这位权威人士认为:我国经济运行不可能是 U 形,更不可能是 V 形,而是 L 形的走势。这个 L 形是一个阶段,不是一两年能过去的。我不认可"L"的左半部分即垂直线所表达的变化,我国经济没有发生断崖式的下降,但右半部分即水平线或者更准确地说接近水平状态的向右上方倾斜的变化估计要持续一段时期。在我国经济发展方式转变这样一个艰难的过程中,显然不应该匆匆开放我国的金融账户。

2. 不要低估了投机性资金跨境流动的冲击力

2002年以来,国际上的热钱通过各种渠道开始大规模流进我国。这种情况引起我国经济学界的关注,对流进我国热钱的估算在2007年前后

---

① 李翀:《"中等收入陷阱":产业结构升级的障碍》,《北京师范大学学报》,2018年第1期。

成为一个热点问题。尽管有不同的估算,但是从 2003 年到 2007 年大约有 7 000 亿美元流进是经济学者一般认可的数额。但是,我国货币部门的估算要小得多。2010 年 2 月 17 日,国家外汇管理局国际收支分析小组发布《2010 年中国跨境资金流动监测报告》,估计从 2003 年到 2010 年,净流进我国的热钱大约有 3 000 亿美元。①这个时期有多少热钱流进我国永远是一个谜,但是不可否认的是,热钱在 2003 年以后大规模流进我国造成人民币汇率很大的升值压力,2015 年以后大规模流出又造成了人民币汇率很大的贬值压力。

对我国经济造成冲击的不仅是流进和流出我国的热钱,还有专门在外汇市场上专门从事投机的热钱。从 2015 年开始,境外机构投资者已经开始利用新加坡和香港离岸市场的"人民币无本金交割远期交易合约"、芝加哥商品交易所等多地交易所的"美元/人民币期货合约"和"美元/离岸人民币期权合约"等金融衍生工具做空人民币汇率。从 2016 年 1 月 4 日开始,境外机构投资者直接在即期外汇市场上狙击人民币。他们以美元作为抵押,向香港商业银行借入人民币,然后大规模地在离岸市场上抛售人民币。从 1 月 4 日到 1 月 6 日,人民币汇率分别贬值 599 个基点、182 个基点和 519 个基点。②在离岸人民币汇率贬值的带动下,1 月 6 日在岸市场人民币汇率跌破 6.56 人民币,两个市场人民币汇率双双下挫数百个基点,两地汇率差价扩大到 1 600 基点左右,创下历史的最高汇差。后来我国货币部门通过推高离岸人民币利率和在离岸市场上抛售美元的方法干预外汇市场,才平息了这次投机风潮。

据我估计,境外机构投资者做空人民币所投入的资金不少于 2 000 亿美元。尽管这场规模不大的投机风潮被平息了,但是我国的外汇储备从 2015 年 12 月的 33 304 美元减少到 2016 年 2 月的 32 023 亿美元,共减少了 1 281 亿美元。20 世纪 90 年代以来多国货币遭受狙击的经历表明,这种瞬间的攻击力量是很强大的,一旦发生这种情况货币部门就只能拼外汇储备了。

---

① 国家外汇管理局:《2010 年中国跨境资金流动监测报告》,2010 年 2 月 17 日,http://www.safe.gov.cn, 2018-01-09。
② 在外汇市场上,通常把元的万分之一作为一个基点。

3. 不要低估了在人民币汇率贬值状态下的"羊群效应"

在我国目前的外汇储备条件下,单纯的热钱跨境流动或者境外机构投资者的狙击还好对付,麻烦的问题是一旦人们形成人民币汇率贬值的预期甚至形成恐慌心理,国内大批机构和个人都会跟随着境外机构投资者的投机方向去做,从而会形成汹涌澎湃的投机浪潮。

在2015年人民币汇率趋向贬值情况下结售汇变化的例子就可以说明这一点。结售汇是从外汇银行的角度说的。所谓结汇是指机构或个人卖出外汇买进本币,售汇是指机构或个人卖出本币买进外汇。在人民币对美元汇率趋向贬值的情况下,机构或个人为了使手上的美元能够兑换更多的人民币而不愿意结汇,为了及早买进美元或者进行美元汇率投机而尽量购汇,结果推动人民币对美元汇率贬值。2015年,我国经常项目仍然是顺差,但是外汇银行累计结汇17 231亿美元,累计售汇21 889亿美元,逆差居然达到4 659亿美元。①说一句极端的话:不要以为我国有30 000亿美元巨额的外汇储备,一旦恐慌心理形成,只要有6 000万人去购买额度允许的5万美元,人民币汇率就有可能崩溃。

值得注意的是,上述这一切都是在我国存在着严格的外汇管制的情况下发生的。可以试想一下,如果我国已经实现了人民币在金融项目下自由兑换,2015—2016年的情况会变成怎样?

4. 不要低估了我国资本长期外流的可能性

境外的热钱会根据投机的需要时而流进时而流出,但是我国还存在国内资金持续流出的倾向:

首先,我国还是一个发展中国家,不少国民具有较强的移民倾向。个别贪官污吏把不法财产转移到海外不必说,某些演员、艺术家、大学教授、民营企业家也设法移民到海外,这样他们将会把大量财富转移到海外。在我国真正富强以来以前,上述现象将长期存在。

其次,我国每年都有大批出国留学的学生,不少人学成以后都会留在当地。例如,据教育部统计,1978年到2016年,约有573 000人学成以后留居国外。②现在人们富起来了,往往会帮助留居国外的孩子购买房产或

---

① 国家外汇管理局:《2015年12月银行结售汇和银行代客涉外收付款数据》,2016年1月21日,http://www.safe.gov.cn,2018-01-09。

② 教育部:《2016年我国出国留学人员情况统计》,2017年3月1日,http://www.moe.gov.cn,2018-01-11。

者为自己购买房产以便与孩子就近居住,这样他们会把资金转移到海外。

第三,我国国民热衷于投机和投资,他们到海外投资房产资产或者金融资产的意愿比较强烈。据美国全国房地产经纪人协会的统计数据,在美国购买房产的外国人中,中国人在2013年、2014年、2015年连续三年成为最大的买家。2014年和2015年,中国人在美国购买房产的金额分别为286亿美元和273亿美元。不仅在美国是如此,在加拿大和澳大利亚也是如此,这都会造成长期的资本外流。

5. 不要低估了金融账户下外汇管制的作用

确实,对跨境资本流动进行管制不但困难而且成本很高。因此,在一般的情况下我国货币部门可以采取睁一只眼闭一只眼的态度,但是外汇管制作为制度必须存在。一旦我国经济出现比较危急的情况,就需要借助外汇管制来应付。我国2015年开始的人民币汇率贬值趋势是依靠严格执行外汇管制制度才予以遏制。我国货币部门做了如下工作:

首先,打击地下钱庄。由于资本大量外流,清理地下钱庄已经成为刻不容缓。从2016年开始,公安机关在全国开展打击和清理地下钱庄的行动。公安部门曾经在2016年8月17日发布2016年以来打击地下钱庄的报告:截至2016年8月,各地公安机关已破获重大地下钱庄及洗钱案件158起,抓获犯罪嫌疑人450名,打掉地下钱庄窝点192个,涉案交易金额近2 000亿元人民币。①虽然地下钱庄不可能被完全清理,但它的经营风险已经大幅度增加。据我了解到的情况,地下钱庄索取的手续费曾一度飙升到10%。货币部门和公安部门的行动有力地抑制了通过地下钱庄的资本外流。

其次,清理掺杂在对外经济活动中的资本外流。长期以来,一些机构、企业和个人通过虚假的经常账户的途径把外汇转移到海外做金融账户的事情。外汇管理当局从2016年开始加强了对对外经济活动的审查,在2017年以来分四次公布了利用虚假的进口贸易以及其他手段转移外汇出境的59个机构、企业和个人的名单,并对它们进行严厉处罚。

第三,加强了对金融项目的对外经济活动的审查。2017年8月4日,

---

① 中国公安部:《公安机关打击地下钱庄专项行动取得显著战果》,2016年8月17日,http://www.mps.gov.cn, 2018-01-11。

国务院办公厅转发《国家发展改革委商务部人民银行外交部关于进一步引导和规范境外投资方向的指导意见》，提出限制五种类型的境外投资，如房地产、酒店、影城、娱乐业、体育俱乐部等境外投资等；禁止五种类型的境外直接投资，如运用我国禁止出口的技术、工艺和产品进行境外投资等。

人们可能说，可以先开放金融账户，遇到紧急情况再重新实行外汇管制。我认为，保持外汇管制制度并在必要时严格执行外汇管制制度与取消外汇管制制度但在必要时重新实行外汇管制制度是完全不同的两种选择，前者是政策稳定而后者是政策多变。当今货币制度都是信用货币制度，一种缺乏信用的货币如何能够成为国际货币呢？

鉴于上述情况，我国有必要长期保留适度的外汇管制。

四、在适度外汇管制下推动人民币国际化

1. 我国仍是发展中国家

如果一个国家没有开放金融账户，该国货币不可能成为真正的国际货币。但是前面的分析可以证明，人民币要成为是真正的国际货币还为期过早，我国应该在适度外汇管制的条件下稳健地推进人民币的国际化。

我们应该冷静地认识到，我国还是一个发展中国家，人民币国际化是一个发展中国家的国际化，这在人类社会的历史上是没有过的。战后主要的国际货币是美元、英镑、马克和日元。英镑是借助英国具有当时世界第一的经济实力和拥有世界最完善的金融体系而成为主要国际货币的，美元是借助美国具有当时世界第一的经济实力和布雷顿森林体系的制度安排成为主要国际货币的，日元和马克是凭借着日本和联邦德国第二和第三大的经济规模和与美国相近的工业化程度和工业竞争力成为国际货币的。

在布雷顿森林体系下，发达国家一般保留对短期资本流动的管制。美国和联邦德国从 50 年代开始放宽对长期资本流动的管制，美国从 1973 年布雷顿森林体系解体以后解除对短期资本流动的管制，联邦德国则从 1981 年以后放宽对短期资本流动的管制。日本从 1975 年放宽对长期资本流动的管制，从 1980 年以后逐渐放宽对短期资本流动的管制。

美国作为世界第一经济强国自不必说。值得注意的是,日本和德国放宽对短期资本流动管制的时候不仅是世界第二和第三经济大国,而且经济发展水平也接近于美国。根据世界银行的统计数据,在布雷顿森林体系解体前后,按照 2010 年的价格水平计算,美国、联邦德国和日本的人均国民总收入水平如表 4 所示。从表中可以看到,联邦德国和日本是作为一个经济发展水平很高的发达国家放宽对短期资本流动管制的。

表 4 美、德、日的人均国民总收入   单位:美元

年 份	1970	1971	1972	1973	1974	1975
美 国	23 375	23 855	24 847	26 057	25 715	25 354
联邦德国	19 726	20 292	21 046	21 990	22 179	22 087
日 本	18 406	19 037	20 378	21 837	21 126	21 447

资料来源：The World Bank, GNI per capita(constant 2010 US Dollar), World development Indicators, http://data.worldbank.org.

但是,人民币是凭借着我国是一个经济大国而走上国际化的,但是我国还不是一个经济强国,2016 年按照现行价格计算的国内生产总值只有 8 000 美元,与当年马克和日元走向国际化的联邦德国和日本的相对经济发展水平相比还有相当大的差距。尽管我国技术密集型产业有了一定的发展,部分高端制造业具备与发达国家竞争的地位,但是我国的整体产业结构还是发展中国家的产业结构。在未来一段时间中国还处于艰难的经济发展方式转变,不要高估我国经济抗风险的能力。如果匆匆开放金融项目,一旦发生短期资本大规模流动并对我国经济产生破坏性影响,后悔晚矣。

2. 谨慎开放金融账户

金融账户的开放是指在金融账户下本国货币可以自由兑换。正如前面的分析所指出的,我国尚未开放的金融账户主要是非居民只能有限制地投资我国的证券,作为机构的居民经过批准才能对外直接投资以及只能以合格的境内机构投资者(QDII)的形式对外进行证券投资,作为个人的居民不能投资境外的房产、证券、保险以及其他金融资产。在金融账户没有完全开放的条件下,只要解决本国货币跨境流出和流进问题,是不会妨碍本国货币国际化的。

在 20 世纪五六十年代,在美国政府没有完全开放资本账户的条件下,美元主要通过美国政府的对外经济援助、美国银行的对外贷款流出的。流出的美元在离岸市场上进行兑换和借贷,美国则通过经常账户顺差以及美国银行在离岸市场吸收存款或者借款的方式使美元能够回流美国。

在 20 世纪 80 年代以前,在联邦德国政府没有完全开放资本账户的条件下,马克主要通过联邦德国银行的对外贷款,金融机构的对外证券投资,企业的对外直接投资等方式流出,通过联邦德国经常账户顺差、银行境外借款、非居民对债券的投资、外商直接投资等方式回流。

在 20 世纪 80 年代以前,在日本政府没有完全开放资本账户的条件下,日元主要通过对外直接投资,居民有限制地对外证券投资的方式流出,通过非居民对债券的投资,居民对外借款的方式流入。[1]

从我国的情况来看,我国已经建立人民币跨境流动的机制:我国跨境贸易可以用人民币结算,外商可以用人民币对我国直接投资,我国企业也可以用人民币对外直接投资,居民可以以人民币和境内机构投资者(RQDII)形式对外证券投资,离岸市场的人民币清算行可以用人民币投资我国的债券,境内机构可以用在香港募集的人民币投资境内的证券,我国机构可以到境外融通人民币资金,境外机构可以在境内发行人民币债券,我国商业银行可以对我国企业的境外项目发放人民币贷款,等等。另外,我国已经在世界上的多个国家和地区建立了人民币清算机构,在香港和新加坡形成了两个重要的离岸人民币市场。

尽管我国没有开放金融项目,但由于我国建立了人民币跨境流动的机制,人民币国际化仍然在不断地推进。据中国人民银行的统计,2016 年人民币成为世界第六大国际支付货币,市场占有率为 1.68%。非居民在中国境内银行存款余额为 9 155 亿元,主要离岸市场人民币存款余额是 11 200 亿元,尚未偿还人民币国际债券余额 7 133 亿元。60 多个国家和地区把人民币纳入储备货币,数额约 845 亿美元,占世界标明币种外汇储备的1.07%。[2]

---

① 李翀等:《加快推进中国对外经济发展方式转变研究》,北京师范大学出版社 2016 年版,第 477—515 页。

② 中国人民银行:《2017 年人民币国际化报告》,http://www.pbc.gov.cn,2018-01-11。

金融账户的开放程度与人民币跨境流动的通畅程度是相互联系的，但是我国至少在 10 年内不具备完全甚至基本开放金融账户的条件。对于对外直接投资而言，仍然需要在投资方向上加以管制，并防止通过对外直接投资转移资本。对于对内和对外证券投资而言，仍然需要保留 QFII 和 QDII 的形式，但可以放宽额度。对于居民到境外投资不动产和金融资产，应该长期予以管制。我国货币当局的工作重点是在现行的外汇管制条件下不断地扩大在国际贸易、国际金融和直接投资中使用人民币的规模，并保证人民币流进和流出的流畅性。

3. 建立灵活的汇率机制

金融账户开放问题还涉及汇率和利率市场化问题。我国经济学界一般认为，要首先实现人民币汇率和人民币利率的市场化，才能够开放金融账户。中国人民银行调查统计司课题组认为，汇率改革与金融项目开放没有固定的先后次序，应该相互协调推进。[①]我认为，不论是汇率或利率市场化还是金融账户的开放都有一个程度的问题，当然应该协调推进。但是很显然，低程度的汇率和利率市场化与高程度的金融账户开放的组合是一个危险的组合。缺乏灵活性的汇率制度很容易造成人民币汇率高估的情况，一旦遭受国际资本冲击人民币汇率将会大幅度贬值。另外，缺乏灵活性的利率制度将人为创造一个只赚不赔的套利空间，从而使我国经济受到不利影响。

由于我强调长期保持部分金融账户管制的必要性，在这里不是讨论在高程度金融账户开放条件下汇率制度的灵活性问题，而是讨论在保持对部分金融账户管制条件下人民币汇率也应该具有灵活性的问题。

我国现行的人民币汇率制度是参考一篮子货币定价的汇率制度，当天的人民币中间汇率＝上一个营业日人民币收盘中间汇率＋一篮子货币汇率的变化＋逆周期调节因子。引入逆周期调节因子的作用在于对汇率的顺周期变化进行反向操作，以维持人民币汇率的相对稳定。但是，人民币的实际汇率每日可以在公布的中间汇率上下 2% 的幅度内波动，外汇市场的供求情况已经对人民币汇率产生重要影响。因此，按照人民币汇率

---

① 中国人民银行调查统计司课题组：《协调推进利率汇率制度改革和资本账户开放》，《中国金融》，2012 年第 9 期。

制度确定的中间汇率实际上是一种指导汇率,我国货币部门按照这个指导汇率调节外汇的供求。

这种汇率制度的弱点在于缺乏弹性。在人民币汇率趋向升值的时候,按照这种汇率制度我国货币部门需要在外汇市场上用人民币买进外汇储备下来,增加的人民币可以使用如发行中央银行票据等多种方法冲销,避免人民币汇率较大幅度升值对我国的出口企业和宏观经济造成冲击,因此汇率制度在这个方向上缺乏弹性问题不大。但是,在人民币汇率趋向贬值的时候,按照这种汇率制度我国货币部门需要在外汇市场上卖出美元买进人民币,我国的外汇储备将会流失,因此汇率制度在这个方向上缺乏弹性问题会比较大。显然,用外汇储备去维持一种高估的汇率既不可持续也不可取。

2000年以来,人民币汇率长期趋向升值或者是双向波动。从2015年6月到2017年6月出现的人民币汇率贬值压力,终于使我国有了这个方面的体验。2015年6月到2017年1月,我国的外汇储备在一年半的时间里减少了9 950亿美元。当然,我国外汇储备的减少不完全是用于维持人民币汇率的稳定,但肯定有相当大的一部分用于维持汇率的稳定。当时人民币汇率实际处于高估状态,但是我国货币部门有一段时间还试图稳定高估了的人民币汇率,那么结果一定是外汇储备减少。

我在2013年曾经指出我国已经具备从参考一篮子货币汇率制度调整到管理浮动汇率制度的条件。①由于已经存在离岸人民币市场,我国对外经济规模越来越大,即使金融账户尚未开放,也需要保持人民币汇率的灵活性。在人民币汇率趋向升值的时候,我国货币当局可以用买进外汇的方式保持人民币汇率相对稳定。但是,在人民币汇率趋向贬值的时候,只要不是境外机构投资者的狙击,我国货币当局应该保持人民币汇率的弹性。

我国已经走向人民币国际化的道路,保持适度的外汇管制,才能使我国在人民币国际化的道路上走得更加平稳。

---

① 李翀:《论进一步推进人民币汇率形成机制的改革》,《学术研究》,2013年第1期。

"一带一路"与区域性公共产品供给的中国方案

陈　辉　王　爽[*]

【内容提要】 随着贸易保护主义的兴起,国际公共产品的供给愈发困难,世界经济复苏乏力。"一带一路"平台的构建在于开拓国际经济发展新格局,以命运共同体理念在周边国家落地生根的重大战略,促进区域国家间合作提供公共产品。"一带一路"作为各方参与的合作行动,其内在的非排他性、非竞争性和正外部性,即共商、共建与共享加快区域间的互联互通,为区域国家间的信任产生激励效应,探索合作增长的动力来源,形塑沿线地方区域性经济与社会发展的新路径。因此,本文从"一带一路"建设中区域性公共产品供给的战略定位与模式选择着手,探究如何形成有效、可持续的供给方式,从而实现区域间公共利益与互利共赢的深化。

【关键词】 "一带一路";区域性公共产品;战略定位;供给模式

【Abstract】 With the rise of trade protectionism, the supply of international public goods is more difficult and the increase of the world economy is weak. The platform of the Belt and Road is to explore the new pattern to push forward the international economics and regard the fate community as an important strategy to promote the supply of public goods. The cooperaction based on the Belt and Road is nonrival, nonexclusive and generates positive externality. The paper is to combine the regional public provision and the Belt and Road to provide a unique insights into how to deepen the regional public goods and the mechanism of win-win.

【Key Words】 "the Belt and Road"; Regional Public Goods; Mutual Benefit; Supply Model

---

　*　陈辉,南京师范大学公共管理学院教授、博导;王爽,南京师范大学公共管理学院研究生。

当今世界经济与政治正发生复杂深刻的变迁,国际供给体系的贸易保护主义以及国际发展援助的碎片化使"逆全球化"的趋势日益抬头。究其原因在于:一方面源于全球范围的经济低迷和增长乏力,现有国际供给体系无法为受援国提供长期有效的支持;另一方面,国际公共产品的供给缺乏相应解决机制,导致国际援助长期处于低效率和低信度的状态。如何通过公共产品的有效供给,推进经济与社会的可持续性发展? 本文认为区域性公共产品作为国际公共产品和国内公共产品之间的"中间地带",不仅可让公共产品的供给更具有针对性和效率性,减小供给压力,也能在一定程度上承担补充机制的责任,化解有效性困境,提升国际援助中的互信力。"一带一路"建设是区域公共产品供给的中国方案,探寻互动机制,加强地区间互联互通,实现合作共赢,改善区域公共产品供给不足,推动经济与社会发展的路径设计。这是"向世界提供的公共产品"的具体展现,也是中国逐步向周边国家展开互联互通,构建人类命运共同体的具体行动。[1]本文从理论分析与经验研究的纬度探究"一带一路"建设中区域性公共产品供给的优化机制。

一、区域性公共产品理论与"一带一路"倡议

产品基于人们的需求,相对于私人产品而言,萨缪尔森认为如果一种物品的消费不会导致其他人对该种物品消费的减少,那么这种物品就是公共产品。[2]公共产品内涵的讨论主要分为四种:以萨缪尔森和马斯格雷夫为代表强调公共产品利益的非竞争性和非付费者的非排他性;以鲍德威和魏迪逊以及奥斯特罗姆夫妇为代表强调公共产品消费的共同性;奥尔森和史卓顿等人主张从公共产品非排他性的角度进行论述;布鲁斯等人强调公共产品的非竞争性。[3]

① 王毅:《构建以合作共赢为核心的新型国际关系环球时报》,《环球时报》,2015 年 3 月 27 日。
② Samuelson P.A. "The Pure Theory of Public Expenditure", The Review of Economics and Statistics. 1954, pp.1—29.
③ 许彬:《公共经济学导论》,黑龙江人民出版社 2003 年版,第 50 页。

1. 区域性公共产品理论的生成逻辑

在引入公共产品的概念之后,公共产品理论逐渐渗透到国际关系理论中,并逐步用以解决国际关系问题,产生"国际公共产品"的概念。奥尔森较早使用国际公共产品概念,用以解决国际合作的激励问题。金德尔伯格将公共产品理论引入国际关系学中,他主张将国际经济体系的稳定运转与"公共成本"相结合,提出在无国际政府状态下的国际公共产品供给,从而建立起"霸权稳定"的早期构想。①吉尔平继承了金德尔伯格的观点全面发展出国际公共产品学说,切实提出"霸权稳定论"的理论,他认为占据优势的霸权国家,可以运用行之有效的国际金融体制、贸易体制、安全体制和国际援助体制等国际公共产品,获得受援国对霸权国家运行秩序上的认同,但与此同时这些霸权国家也会为受援国蒙上"私物化"的阴影。此外,这些援助国在提供救援后容易滋生受援国的"懒汉心理",致使国家实力不可避免地受到"搭便车"现象的影响,引起本国的削弱和衰落,也导致对受援国后续供应的无力。此时,区域性公共产品作为国家公共产品和国际公共产品之间的补充应运而生。

"区域性公共产品"(RPG)的提出始于托德·桑德勒,他在《全球性和区域性公共产品:集体行动的预测》一文中将区域性公共产品界定为一个有限的地理范围内所产生的非竞争性和非排他性的合作与收益。②根据公共产品的利益非竞争性和对非付费者的非排他性,可以将区域性公共产品区分为四种类型:纯公共产品即完全的非竞争性和完全的非排他性;非纯公共产品即部分竞争性和部分排他性;俱乐部产品即部分竞争性和完全排他性以及联产品即单个活动产生两个或更多结果。③为加强公共产品的供给效率,赫什利弗、科恩斯和桑德勒提出了公共性的第三维度"汇总方法"(aggregator technology)凝练为"总和"、"权重总和"、"最弱环节""较弱环节"、"最佳表现"和"次佳表现"六种类别。基于此,四种区域性公共产

---

① 查尔斯·金德尔伯格:《1929—1933年世界经济萧条》,宋承先、洪文达译,上海译文出版社1986年版。

② Todd Sandler. *Global and Regional Public Goods:A Prognosis for Collective Action*. Fiscal Studies. Vol.19, Issue 3, 1998.

③ 安东尼·埃斯特瓦多道尔、布莱恩·弗朗兹、谭·罗伯特·阮:《区域性公共产品:从理论到实践》,张建新、黄河等译,上海人民出版社2010年版,第15页。

品按照六种细化的汇总方法进行划分,每个区域性公共产品都可以归纳于二十四个类型中的一种。①

区域性公共产品是为了满足区域内各国谋求繁荣、维护稳定的共同需求而由区域内国家联合提供的产品和服务,其产品和服务通常表现为有关国家之间制度性的安排、协议或相互之间的默契,以及由此建立起来的区域性国际组织,从而体现出实物表征和制度载体的双重性。②在某一特定区域内供给和消费,其利益惠及整个地区而非遍及全球的国际公共产品,视其为区域性公共产品。③黄河则进一步认为,服务于特定区域,其成本是由区域内国家共同分担的机制称为区域性公共产品,"一带一路"沿线地区逐渐形成区域性公共产品供应的新格局,强调中国与邻国通过构建区域核心竞争力实现共同发展和繁荣,推动沿线各国发展战略的对接与耦合。④

2. "一带一路"倡议中区域性公共产品的属性

区域性公共产品与全球性公共产品相比具有供应效率高、合作与对话平等性大、成本—收益明确,区域体系内需求满足程度高,制度灵活性大等优越性,那么"一带一路"倡议作为区域集体行动的中国方案,具有哪些区域性公共产品的属性? 又是怎样体现这些属性的呢? 只有对此进行深入分析,方有助于公共产品的有效供给,形塑公平正义、合作共赢的新型国际关系的典范。

首先,从地理影响范围来讲,"一带一路"倡议虽横贯欧亚非大陆,但行为主体还限制在亚太地区,受益者的范围也集中在亚太地区,没有扩展到全世界所有国家。其次,从解决问题范围来看,"一带一路"倡议旨在通过"政策沟通、设施联通、贸易畅通、资金融通、民心相通"五大措施集中力量解决区域内集体行动的困境,加快实现亚太地区经济深度一体化。由此可见,"一带一路"倡议是为解决区域性公共问题的区域公共产品。而作为

---

① 安东尼·埃斯特瓦多道尔、布莱恩·弗朗兹、谭·罗伯特·阮:《区域性公共产品:从理论到实践》,张建新、黄河等译,上海人民出版社2010年版,第21页。

② 贺平:《日本的东亚合作战略评析——区域性公共产品的视角》,《当代亚太》,2009年第5期。

③ 樊勇明:《从国际公共产品到区域性公共产品——区域合作理论的新增长点》,《世界经济与政治》,2010年第1期。

④ 黄河:《公共产品视角下的"一带一路"》,《世界经济与政治》,2015年第6期。

典型区域性公共产品的"一带一路"倡议首要具备的就是公共产品的非竞争性与非排他性这两大经典特征。非竞争性体现在"一带一路"倡议的合作机制建立在区域内各国要求加强经济联系和一体化基础之上,这一倡议必须极力提供有利于域内互惠合作的广阔平台和源源不断的合作机会。所以区域内的合作在短时间里不会面临集体行动的困境,即国家只要参与到域内合作,就能平等地享受自由贸易和开放经济的优惠,且现有参与国家的贸易自由度和开放度空间也并不会因新加入国家而有所减损。而"一带一路"倡议充分践行开放合作的建设原则,在管辖权的分配上充分遵循范围保持一致的"辅助性原则",既最大范围地开放自身,杜绝封闭性的小集团,又做到平等公正的利益分配,为该倡议增加了"非排他性"属性。另外,"一带一路"倡议虽致力于构建亚太地区供给新格局,促进亚太地区深度经济一体化,但其通过加强国家长期利益与区域共同利益的统一,让经济和安全维度上的发展双轨并行,在很多方面为国际问题的解决提供了新的思路和方案,于是"一带一路"倡议的发展具有了"公共性"和"正外部性"的特征。

二、"一带一路"倡议中区域性公共产品供给的战略定位

新时代"一带一路"倡议注重共商、共建、共享的原则,推进沿线区域基础设施建设的安全高效,以形成多层次交流网络,中国政府对于"一带一路"倡议中区域性公共产品供给作出的战略定位有其重要的因素。

1. 中国在区域性公共产品供给中的角色定位

我国在区域性公共产品的供给中面临双重身份定位:发展中国家与新兴崛起国家。作为一个发展中大国,尽管我国已成为世界第二大经济体,但仍面临着长期处于社会主义初级阶段,也处于社会结构剧烈变革和转型阶段的基本国情。同时,我国也无法忽视社会发展在人均收入、科技创新、产业升级以及环境保护等方面和西方发达国家的差距。2017 年我国人均 GDP 水平还仅排在全球第 70 位,人均收入约 9 481 美元,并未上升至高人均收入国家。此外,根据 2018 年国家统计局发布的数据显示,

2017 年末,我国农村贫困人口还有 3 046 万人,其中西部高达 1 634 万人,中部达 1 112 万人,东部达 300 万人。国家内部人均收入水平低、贫困人数多加之地区贫困分布不均对我国对外资金的投入会产生一定影响。再者,我国产业结构层级水平低,技术创新缺失等问题亦较为严重,经济增长一直依赖重工业和能源密集型的制造业,这种经济粗放式的发展导致我国在技术创新、产业结构和资源消耗上,长期处于低效率和能耗高的劣势,加剧了中国与发达国家每万美元 GDP 的资源消耗差距,情况如图 1 所示:

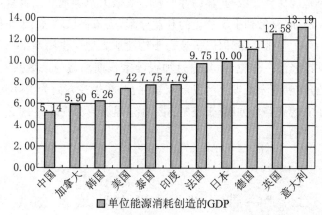

图 1　世界主要经济体单位能源消耗创造的 GDP(美元/千克石油当量)

数据来源:World Development Indicators Database,2014。

当然,任何国家无法忽视中国作为大国的崛起,我们也应认识到当下中国在人均收入、科技创新、产业升级以及环境保护等方面的多种问题是一个国家在崛起过程中的必然性。在一定程度上,现有问题亦可对国家发展和崛起形成正面激励作用,不断提高社会自主创新能力,形成解决问题的优化机制。事实上,安全和发展两个战略目标得以实现时,才有可能真正实现大国崛起,就此而言,中国无论在国家安全还是综合发展上都独树一帜。阎学通认为这种"崛起"应建立在大国综合实力的比较之上,而不是国家本身的自我比较。①这就意味着新兴国家必须高度重视

---

① 阎学通、孙学峰等:《中国崛起及其战略》,北京大学出版社 2005 年版,第 9 页。

国家能力建设,加大国家力量对世界格局、国际秩序和国际行为准则的影响力。

因此,综合当下中国既是发展中国家也是崛起中大国的客观定位,要努力实现在国际发展中权利和义务的平衡,在认清现有国情和综合实力的基础上发挥中国作为政治与经济大国的作用,以此开创中国崛起的新型国际合作网络。同时也是基于这一身份定位,我国一方面勇于承担大国责任,通过进一步"走出去"深化国际发展,回应全球建设对中国新生力量的号召;另一方面基于对外交流,尤其是对周边国家的区域合作,改善我国整体的国际环境。当然也是在这一身份定位下,我国致力于以国际发展的手段开展经济外交,从而维持国家综合利益的平衡。基于此,通过"一带一路"倡议中区域性公共产品的供给,深化经贸合作,推动区域国家间的多边合作,符合中国当前的基本国情和现实定位,这有助于优化中国国际交往的软实力,推动国内产业结构转型的有效助推器,也为沿线国家和地区发展带来繁荣和稳定。

2. "一带一路"与区域性公共产品供给的逻辑

中国作出"一带一路"倡议的战略定位,不仅在于呼应我国自身定位的要求,也在于其有提供区域性公共产品的必要性,这种必要性具体体现在区域内对公共产品的需求和区域外公共产品供给的困境两个方面。

区域公共产品供给的必要性首先来源于区域内公共产品需求的产生,这种需求和公共产品的非竞争性和非排他性有所不同,是一种天然的、由共同利益引发的需求。关于这种需求的探讨源于学者奥尔森提出的公共产品是公共问题的解决和共同利益的实现这一理念。①奥尔森认为面对公共问题和共同利益时,虽然个人在利他主义精神或追求更广泛的利益的推动下也能达成目标,但这种个人行动大多较为弱小难以充分解决这些问题。此时,人们会不自觉地偏好集体行动,而正是这种对集体行动的需求提供了区域合作供给的必要性。在"一带一路"倡议的语境下,这种逻辑可理解为区域内各国针对域内面临的公共问题,基于区域内发展的共同利益,如面对经济、环境、卫生和疾病等方面问题,在汇总区域内各

---

① 曼瑟尔·奥尔森:《集体行动的逻辑》,陈郁等译,上海人民出版社 2014 年版,第11—12 页。

国偏好的基础上产生了对区域性公共产品的需求,进而在汇总区域内各国对集体行动或单独行动的偏好的基础上,产生对不同行动方式的需求,最终实现区域公共产品有效供给,这种有效的区域公共产品供给也会不断加大各国共同利益,进一步加深区域内合作。

区域性公共产品的供给主体多是区域内国家,供给决策也大多由区域内国家作出,这让区域性公共产品的影响范围较小但供给更加细化有效。当前,世界上常见的区域性公共产品的供给主体包括联合国、世界银行、各地区开发银行等多边国际或区域组织。常见的区域性公共产品中供给的项目偏好集中在经济安定、安全保障、环境保护、信息共享、疾病防治等方面。①公共产品供给的三种不同方式:政府强制、市场竞争和社群合作供给,它们各自针对的受益范围和作用领域也让区域性公共产品在供给模式的选择上有所差别。

三、"一带一路"与区域性公共产品供给的模式

公共产品供给不可避免地遇到"搭便车"问题和集体行动的困境,这源于区域内供给行动的成本既没有落实和细化到相应供给者,供给过程中又缺乏监督和控制的强有力合法主体。针对特定区域公共产品承担主体的差异,不同承担主体实现了公共产品有效供给路径的差异。

从欧盟的供给经验来说,自 1993 年欧盟正式成立以来,就明确以契约关系为基础,建立起区域内的超国家权威,并把超国家权威作为"统一权威中心"的区域性公共产品供给模式。欧盟"统一权威中心"的供给模式要求参与区域内经济合作的国家以条约的形式,通过部分主权让渡,把部分权力委托给"欧盟"这一超国家机构,进行区域活动。成员国遵从"统一权威中心"的供给模式,并以契约精神为基础同意让渡主权,也有其独特的历史条件和政治基础。它是欧洲在发展过程中以观念互通和行为互动的基础,依赖"欧洲在漫长的历史演变中形成的均势格局及其理念,特别是

---

① 贺平:《日本的东亚合作战略评析——区域性公共产品的视角》,《当代亚太》,2009年第 5 期。

其背后各国在安全、政治和经济领域对称的相互依赖关系"所建立的。①这也意味着区域内成员国要具备长期共同的理念和行为约束准则,同时各国又要具备作为主权国家相匹配的、势均力敌的政治环境和经济条件,基于这两点这一模式才能形成并发挥作用。此时,这种模式所衍生的各种合作机制和规则也才能最大程度地对区域内主权国家的行为形成有效的约束,满足区域内各国对区域公共产品的需求。②

北美自贸区运行的"霸权国供给"模式也是"统一权威中心"模式的代表,但与欧盟的超国家权威有所区别,它是以地区内单一霸权国——美国为主导的区域性公共产品供给模式。这种典型的"霸权国供给"模式建立在学者吉尔平的"霸权稳定论"之下,其按照"霸权稳定论"的逻辑,在汇总了价值收益和预期利益之后,发挥霸权国优势,通过提供国际公共产品,取得受援国对霸权国家运行秩序的认同,形成共同利益,并以利益最大化为准则,逐步建立起以霸权国为主导的国际体系。但不容忽视的是,"霸权国供给"模式通常成本极高,"搭便车"队伍庞大,后期成本也时常超出预期收益,导致霸权国实力被迅速消耗。对此,北美自贸区的做法通过主导国——美国强大的政治意愿,以"足够的经济剩余和制度条件支付因公共产品供给产生的经济和政治成本"。③这亦成为调整区域内公共产品供给战略的侧重点,美国和加拿大在金融领域对墨西哥的开放程度就有所不同,三国持股比例也有所调整。当然,北美自贸区的"霸权国供给"模式的有效运行还要依靠控制区域内参与公共产品供给与消费的国家数量,以缓解集体行动的困境;依靠三国在地理环境上相连接的优势,主要使主导国美国提供公共产品,减少供应成本,依靠"权力高压或利益诱导的方式"④,依赖区域内国家努力发挥自身作用,提高自主供给能力,减少主导国因"搭便车"行为而带来的消耗

① 高程:《区域合作模式形成的历史根源和政治逻辑——以欧洲和美洲为分析样本》,《世界经济与政治》,2010 年第 10 期。

② 高程:《区域公共产品供求关系与地区秩序及其变迁——以东亚秩序的演化路径为案例》,《世界经济与政治》,2012 年第 11 期。

③ 刘雪莲、李晓霞:《论"一带一路"区域性公共产品的供给创新》,《阅江学刊》,2017 年第 5 期。

④ 李巍:《区域霸权与地区公共产品——对北美地区主义的一种解释》,《复旦国际关系评论》,2009 年第 1 期。

负担。

除了以欧盟和北美为代表的超国家权威与霸权国供给模式这种单一供给模式,以英国布莱尔政府引进"国际发展目标"(IDT)而进行的援助改革和以日本对东南亚的有效援助为代表的多边联合供给模式也为"一带一路"倡议中公共产品供给模式的选择提供了经验。

为缓解国内选民对国家主体所进行的国际援助"承诺可信性难题",针对政府与选民在发展援助议题上的偏好不一致和信息不对称问题,[①]为避免政府公信力不断下降,最终陷入"塔西佗陷阱",布莱尔政府主张通过多边联合供给模式对国际公共产品的援助进行改革。政府同意将私人援助资本引入国际公共产品的供给中来,供给治理方式在原有"纯强制关系"的基础上加入"自愿合作供给关系",缓解政府单独供给的成本与压力;英国政府将"国际发展目标"这一机制引进国家援助工作,进一步开展多边合作。"国际发展目标"这一多边援助制度作为开展多边合作的重要基础,要求参与协定和提供产品供给的是多个国家,而非单一的霸权国;同时要求机制下参与的国家数量控制在合理和保证区域安全的范围;它还要求机制对区域内各成员国要更加细化,设定更加有针对性的目标,从而根据成员国不同的接受能力划分金额制定和效度评估的等级。布莱尔政府正是通过这种多边治理方式和多边援助制度为主导的多边联合供给模式有效缓解了当时的"承诺可信性难题",增加了选民对政府的信任感。

日本曾是区域合作中"单独供给模式"的主要实践者,但在供给过程中逐渐发现这一模式与区域经济发展不相匹配,而在经济因素的作用下转向"联合供给模式"。日本作为区域经济合作的主导国,得以有效实现对东南亚地区的经济援助和经济合作离不开供给模式的良好运行。对此,日本政府的主要做法是依据不同阶段、不同区域发展的不同状况,调整区域公共产品供给方式,进一步调整所需供给的区域性公共产品。第一调整阶段为20世纪50—70年代,日本以雁行发展模式为主,通过本国产业的输出,从轻工业过渡到重工业,从进口替代型战略过渡到资本和技术相

---

① 海伦·米尔纳:《利益、制度与信息:国内政治与国际关系》,曲博译,上海人民出版社2010年版,第1—28页。

对密集的出口导向型战略,通过发展区域内贸易和投资,带动区域全面复兴与发展。但这一模式随着亚洲"四小龙"和东盟国家出口导向型模式的发展,逐渐不能满足区域内国家的供给与需求,此时为促进东南亚的可持续发展,日本逐渐导向雁行发展模式的第二阶段——即20世纪80年代中后期至90年代中期的"后雁行发展模式",这一模式要求日本以"领头雁"的身份,承担起参与区域经济合作的重要责任,担当起区域商品的主要消费者和"最终吸收者"。这种以垂直、网络型分工结构为特征的"后雁行模式"后期逐渐演化为由日本提供科技创新、品牌营销、关键技术和组件,美国提供最终产品的销售市场,东亚各国负责生产的"功能性合作"格局。①第二调整阶段是90年代中后期之后,伴随着亚洲金融危机的蔓延,日本开始把区域合作的侧重点转向区域货币与金融两方面,具体做法包括建立亚洲货币基金(AMF)设想,建立"东盟10+3"财长和央行行长会议机制,等等。第三调整阶段是2001年至今,日本与区域内国家签订了一系列的贸易和合作协定。日本和印度尼西亚签订了《首都圈投资促进特别地区》协定,日本和越南签署了《经济合作协定》,日本和菲律宾基于发展"战略伙伴关系"协定签署了《菲律宾开发计划2011—2016》,都体现了日本以动态供给的方式,有针对性地把供给重点转向双边或多边自由贸易。从以上三个不同阶段的战略转变也可看出,日本提供区域性公共产品的模式和形态都在转变,从最初"雁行发展模式"中的设备和资金转向"后雁行发展模式"中的市场、技术和创新力,从"东盟10+3"倡导的货币金融合作扩大到双边协定,贸易更加开放、自由和平等化。在三个阶段不断改进的过程中,日本也由原来的单向供给模式有序而稳定地过渡到双边或多边的联合供给模式。

当前区域性公共产品的供给模式一方面是以超国家权威与霸权国为主导的单独供给模式,另一方面是以单个国家或小国联盟为主导的多边联合供给模式。所以对比两种供给模式在供给主体、供给决策、成本承担等多个方面的差异,总结"一带一路"倡议在两种供给模式下的适应状况,同时考虑到"一带一路"沿线区域的具体情况,中国必须在原有供给模式

---

① 贺平:《日本的东亚合作战略评析:区域性公共产品的视角》,《当代亚太》,2009年第5期。

的基础上积极开创区域公共产品供给的新模式。

首先,"一带一路"倡议横跨亚欧非三洲,包括 65 个国家,涉及 44 亿人口,贸易总量约 21 万亿美元,是占全球 29% 的大型区域合作,覆盖范围十分深广。但问题在于"一带一路"倡议内的成员国并非像欧盟或东盟内的成员国一样有着传统历史层面的交流实践,这一地区合作框架下的国家在宗教、价值观念和文化传统上差异显著,在政治体制、经济模式和社会发展程度上也有所区别。国家和地区的复杂多样加上历史经历的迥异,让区域内国家和地区在合作过程中的身份认同感及信任感很低,统一的区域大局观念淡薄。所以在面对区域内公共产品的供给议题时,成员国意见分歧往往较大,各国都不愿在区域建设和国内发展的基础上作出利益让步,承担相应的政治经济成本。所以在此历史传统下的"一带一路"倡议必须以和平繁荣和经济发展作为区域内国家凝心聚力的"最大公约数",以目标协调、政策沟通为主,不强求一律,以高度灵活,富有弹性,作为区域合作的"顺滑剂",根据现实环境和条件,作出供给模式的优化。

其次,"一带一路"倡议与欧盟、北美自由贸易区在区域发展中的现实情况也有所差异,前者的成员国大多是发展中国家,而后两者的成员国大多为发达国家。中国作为"一带一路"的发起国,需要积极倡导"共商、共建、共享"为准则的区域公共产品的供给。

第三,根据"一带一路"建设沿线的国家既没有过多相同的历史传统,也不具备"统一权威中心"和霸权国的实力和现实条件。这一区域的顺利开展必须找到一个共通点和平衡点进行支撑,应以互联互通作为区域核心基础,以优化基础设施作为互联互通的重要领域,通过基础设施的有效供给实现共同利益。根据桑德勒和阿奇对公共产品供给方法的汇总,"一带一路"倡议中基础设施薄弱这一问题属于"最弱环节"这一类型,与日本区域性公共产品的供给侧重在"加权总和"和"最优环节"有所不同,本区域需要解决的是区域内的"短板问题",所以现在区域合作所需要做的就是通过多边机构和相关国家提供援助资金和技术,提高区域内贫困国家的基础设施水平和国家建设能力,如表 1 所示:

表 1 区域性公共产品供给的汇总方法选择

供给方法	实现公共产品供给的条件要素
总和	需要多边组织或富裕国家主导公共产品供给；通常不能指望国家层面的自愿行动。
最弱环节	多边机构或富裕国家提供资金加强贫穷国家的能力建设，可直接提高可接受的公共产品水平；如果各国有足够的办法使公共产品达到可接受的水平，那么在没有外部资金援助的情况下，各国也可以提供最弱环节的公共产品。
最佳表现	各国相互合作或者说存在一个霸主的话，通过财力汇聚和整合资源，提高区域性国际公共产品的供给能力；不同参与者之间的合作可以规避集体行动的问题。
权重总和	只有少数国家获利的行动中，多边组织要予以支持；国际机构收集和提供信息权重矩阵以鼓励独立融资。

资料来源：根据 Sandler(2001，2002)等人的资料整理。

因此，无论从历史传统和现实条件的角度出发，还是从互联互通中的基础设施建设可以支撑区域合作的角度出发，"超权威中心"模式、霸权国供给模式以及日本以"后雁行"模式为主的多边联合供给模式并不完全适合"一带一路"倡议的现状。"一带一路"倡议应当以"共商、共建、共享"为准则，区域内大国也应该以"引领但不主导"为原则，努力开创区域"平等参与下的联合自主供给模式"。在这一模式下，区域合作中参与国家是平等且自愿的，大国可在此过程中作出相应的引导，促进信息与资源的自由流通与合作共赢。

四、结语与讨论

《亚洲竞争力 2018 年度报告》发布的数据显示，2017 年至 2018 年的一年期间，"一带一路"倡议在平等参与下的联合自主供给模式下，通过区域协商合作，开展以"互联互通"为重点的基础设施建设，已经在 20 多个国家建设了 56 个经贸区，创造了将近 11 亿美元的税收和近 18 万个就业岗位，充分发挥了"一带一路"区域合作的公共性和正外部性。①但是由于公

---

① 《"一带一路"推动亚洲经济一体化逆势发展》，新华网，http://www.xinhuanet.com/fortune/2018-04/08/c_1122651017.htm，2018-03-28。

共产品在供给过程中不可避免地受到相关大国的介入、域内风险和安全状况的干扰以及集体认同的缺失等阻碍。同时，由于"一带一路"的联合供给模式是依照区域现实环境所建立的以基础设施建设为重点的新模式，缺少传统联合供给模式中合理有效的国际组织或制度化安排，也缺乏具有法律约束力和监督惩罚强制力的规范性原则，因此公共产品在供给中也容易面临机制建设缺失的困境。针对供给过程中的以上障碍和困境，本文提出提高"一带一路"倡议中区域性公共产品供给的有效性和可持续性。

1. 针对大国介入，形塑开放区域下的合作性竞争

由于美国自身的国家利益与亚太地区尤其是与东亚地区的利益一直休戚相关，它需要借助亚太地区这一平台解决与国内利益关切的一些问题。因此，我们应该意识到由于美国与亚太地区在政治经济领域互为外部性，美国对这一区域的介入不会停止。基于这一现状，我国应在区域开放发展的前提下与美国进行良好而有效的合作。两国应基于双方在经济、政治、文化及社会结构上的差异，以"不对抗、不冲突"、"相互尊重"及"合作共赢"的新型行为准则进行国家间的良性互动，为区域内的合作性竞争创造环境。[①]通过推进两国在区域性公共产品供给上的合作性竞争，加强公共问题的协商和协助，以一种积极的"非零和博弈"方式，实现区域内容的合理划分，减少因恶性竞争而导致的资源浪费，缓解援助碎片化问题，从而实现双方共同利益。

2. 基于域内风险和安全状况干扰，构建完善的风险评估体系

"一带一路"的沿线国家大多处于欠发达阶段，很多国家既有"内忧"，又存"外患"。国家内部政治敏感，政局动荡不安；国家外部不断面临周边国家的挑衅滋事，引起连续不断的领土争端。众多此类国家导致区域内部的政治关系混乱，经济合作风险上升。此外，"排华"和"反华"势力、恐怖主义、跨国贩毒、走私及洗钱的犯罪以及日益严重的东南亚地区海盗问题也为开展区域合作带来非传统意义上的新型安全威胁及风险隐患，为"一带一路"深入高风险区域带来新的障碍。面对这一严峻的风险和安全状

---

① 田立加、高英彤：《"一带一路"建设中的公共产品供给研究》，《西北民族大学学报》，2017年第2期。

况,中国应开展对区内国家的多方评估(经济、政治、社会机构等多个方面),完善"一带一路"倡议的政治、经济与社会风险评估体系。对于完善区内国家的经济风险评估体系,中国应更加侧重对投资环境、运营维护及收益风险的评估,及时防范可能存在的潜在风险,尽早建立实时有效的风险监控和预警机制。对预期评估结果和真实检测数据进行定期的对比分析并及时对外公布,一方面可为政府决策提供基础,另一方面也可增强投资者的信心与决策优化。其次,对于完善区内国家的政治风险评估体系,中国也需设立相应的风险预警及安全防范机构。在学习欧盟及北美贸易区成功建立智库的经验基础上,基于本地区的政治环境,加快构建防御区域政治风险的智库,通过智库寻求最优投资方案和最优应对方案。第三,对于社会结构风险评估体系的建设,中国应重点针对那些长期处于"内忧外患"的国家,对这类国家不同的社会层级进行评估测量,综合该国家的政策和时局,从社会结构风险评估体系中总结经验,从而弱化社会结构矛盾激化所引发的各类问题。面对一些非传统意义上的安全威胁和风险隐患,中国应积极团结区域内的其他国家,共同采取主动出击结合有效防范的方式,确保公共产品的有效供给。

3. 加强共同利益下的"互联互通"和文化上的交流互动

"一带一路"倡议的覆盖区域跨度很大,区域内的国家存有历史传统下宗教、价值观和文化交流等意识形态上的不同,在现代政治制度和经济发展模式上也具有较大差异性。同时,中国虽然已经把基础设施建设作为发展侧重点,通过加强区域内的"互联互通"来增强集体认同感。但部分国家因国家利益而更倾向于投机的"搭便车"行为,部分国家因意识形态和经济发展上的分歧加上中国的引领地位而产生防范心理。因此,针对区域内集体认同感缺失这一现状,我国需要进一步加强共同利益下的"互联互通",增进文化上的交流互动,积极推进在"一带一路"沿线国家建立孔子学院,增进文化上的交流互动与心理认同。加大对域内国家留学生来华留学的资助力度,增加学术之间的交流,加大域内新生代力量的互动。通过聚集域内国家华人华侨的力量,增加区域之间的旅游合作和传媒沟通,搭建文化交流的平台,增强各方面的文化互动,促进区域国家各阶层的心理认同以及相互理解的形成。

总之,"一带一路"倡议将惠及全球三分之二的人口,由于沿线国家的经济发展水平参差不齐,域内国家的政治与心理亦有所不同,各国因缺乏共识易陷入集体认同感缺失的困境,必须深刻认识其建设的复杂性。作为"现代丝绸之路",通过区域性公共产品的供给有助于加快构建域内的长效合作与信任机制。随着"一带一路"的延伸,中国可以通过联合区域内现有国际组织与国家力量,借鉴现有组织的影响力与供给经验,夯实"一带一路"互助合作的平台构建。同时,着力完善与区域内法律与市场机制的对接以及基础设施建设,共同推进沿线区域平等互利的自由贸易发展,从而形成复合型的公共产品供给网络,让中国梦与世界梦相融共为。

"一带一路"沿线国家的基础设施状况及供给模式

——基于区域性混合产品理论的研究

杨海燕[*]

【内容提要】 基础设施的互联互通是"一带一路"战略的优先领域。本文针对基础设施所具有的特征提出了"区域性混合产品"的概念,并在此基础上将其供给模式分为提供方式和生产方式两个层面来展开研究。"一带一路"沿线国家基础设施建设普遍落后和供给严重不足,要提高基础设施的供给水平和生产效率,应进一步加强公私合作,建设资金应由政府和市场共同提供;并根据项目性质,采取以 PPP 为主的多种经营形式。中国应发挥大国财政的担当,与沿线国家加强合作,共建基础设施,共享发展成果。

【关键词】 "一带一路",基础设施,区域性混合产品,供给模式,大国财政

【Abstract】 Facilities connectivity is a priority area for implementing the "Belt and Road" Initiative. This article uses the concept "regional mixed goods" to describe infrastructure's features and studies its supply mode in two ways: consuming and producing pattern. Nowadays B&R Countries are facing the condition that the regional and inter-regional infrastructures are severely insufficient. It is an effective method to increase the infrastructure's supply that the government should be more cooperative with the market power in both capital financing and project operating. As a great power, China should take more responsibilities to help B&R countries construct infrastructure and make greater progress.

【Key Words】 "Belt and Road" initiative; Infrastructure; Regional mixed goods; Supply mode; Public Finance of Great Powers

---

* 杨海燕,上海财经大学公共经济与管理学院讲师。

一、引　言

顾名思义,基础设施是指向居民生活和社会生产提供公共服务的物质工程设施,是国民经济发展的基础。世界银行将基础设施分为两大类,即经济基础设施和社会基础设施。前者包括道路、铁路、海港、水运、机场、大坝、灌溉,以及电力、煤气、电信、供水、排污系统等。后者包括医疗卫生、文化体育、教育、科技等。①本文探讨的基础设施主要指经济基础设施。

"一带一路"沿线国家和地区众多,涵盖中亚、南亚、西亚、东南亚和中东欧等地区②,总人口约 44 亿(约占全球 63%),经济总量约 21 万亿美元(约占全球 29%),多属于新兴经济体和发展中国家,是全球和跨境投资增长最快的地区之一,对本国内和区域内基础设施的需求也日益旺盛。然而,由于经济发展不平衡,区域内多数国家和地区的基础设施建设仍存在"联而不通、通而不畅"的问题,基础设施供给不足与运营效率不高的状况并存,成为制约中国与沿线各国深度合作与共同发展的薄弱环节。因此,加强区域内基础设施建设,既符合沿线国家的共同利益,也是我国推进"一带一路"倡议的重要基石。

从学术界现有的相关研究来看,关于"一带一路"基础设施建设的文献主要集中在以下四大领域:(1)基础设施所具有的区域性公共产品的性质。如黄河(2015)较早提出"区域性或区域间公共产品"的概念,以此分析

---

① 世界银行:《1994 年世界发展报告——为发展提供基础设施》,中国财政经济出版社 1995 年版,第 2 页。

② 根据最新官方数据,除中国外,"一带一路"沿线目前共有 7 个区域 65 个国家,包括东亚 1 国(蒙古),东盟 10 国(新加坡、马来西亚、印度尼西亚、缅甸、泰国、老挝、柬埔寨、越南、文莱、菲律宾),西亚 18 国(伊朗、伊拉克、土耳其、叙利亚、约旦、黎巴嫩、以色列、巴勒斯坦、沙特阿拉伯、也门、阿曼、阿联酋、卡塔尔、科威特、巴林、希腊、塞浦路斯、埃及),南亚 8 国(印度、巴基斯坦、孟加拉国、阿富汗、斯里兰卡、马尔代夫、尼泊尔、不丹),中亚 5 国(哈萨克斯坦、乌兹别克斯坦、土库曼斯坦、塔吉克斯坦、吉尔吉斯斯坦),独联体 7 国(俄罗斯、乌克兰、白俄罗斯、格鲁吉亚、阿塞拜疆、亚美尼亚、摩尔多瓦),中东欧 16 国(波兰、立陶宛、爱沙尼亚、拉脱维亚、捷克、斯洛伐克、匈牙利、斯洛文尼亚、克罗地亚、波黑、黑山、塞尔维亚、罗马尼亚、保加利亚、马其顿)。沿线各国的基本情况可参见:http://www.chinagoabroad.com/zh/article/23525。

并指出基础设施兼具公共产品和私人产品的特征。①王天怡(2013)具体比较了各类基础设施的公共性和外部性程度,以及通过收费获得成本补偿的可能。②(2)基础设施与经济发展之间的相互关系。如王玉主(2015)认为基础设施的互联互通具有规模经济效应和贸易创造效应。③张艳艳、于津平、李德兴(2018)研究发现,交通基础设施条件的改善和投资的增加均能显著促进"一带一路"沿线国家的经济增长,并且这种促进效应的大小与各国经济发展水平和基础设施条件呈反向相关关系。④(3)推进"一带一路"沿线国家基础设施建设的融资模式研究。如袁佳(2016)预测了未来5年沿线国家基础设施建设资金的需求,提出构建多层次全方位融资体系的建议。⑤姚公安(2017)认为沿线国家应积极吸收非财政资金参与建设改善基础设施,通过项目化融资模式解决资金短缺问题。⑥(4)推进"一带一路"沿线国家基础设施建设的生产方式研究。如常雅楠、王松江(2016)建立了"一带一路"PPP项目风险分担模型,认为应该在各参与者之间进行全局风险配置。⑦何杨、陈宇(2017)通过对东南亚部分国家的调研分析,发现沿线国家为发展基础设施使用的鼓励政策都适用于 PPP 模式。⑧

虽然学术界的讨论和相关文献数量很多,但研究还存在以下一些不足的地方:(1)基础设施作为公共产品的性质基本达成共识,但是缺乏进一步深入分析、探讨其消费中非竞争性和非排斥性的具体程度的研究。随

---

① 黄河:《公共产品视角下的"一带一路"》,《世界经济与政治》,2015 年第 6 期,第138—160 页。

② 王天怡:《基于公共产品理论的英国交通运输政策分析》,《辽宁工业大学学报》,2013年第 4 期,第 40—43 页。

③ 王玉主:《区域一体化视野中的互联互通经济学》,《学术前沿》,2015 年第 5 期,第17—29 页。

④ 张艳艳、于津平、李德兴:《交通基础设施与经济增长:基于"一带一路"沿线国家铁路交通基础设施的研究》,《世界经济研究》,2018 年第 3 期,第 56—69 页。

⑤ 袁佳:《"一带一路"基础设施资金需求与投融资模式探析》,《国际贸易》,2016 年第 5期,第 52—56 页。

⑥ 姚公安:《"一带一路"沿线欠发达地区基础设施融资模式:项目融资视角》,《现代管理科学》,2017 年第 3 期,第 66—68 页。

⑦ 常雅楠、王松江:《"一带一路"背景下基础设施 PPP 项目风险分担研究》,《科技进步与对策》,2016 年第 16 期,第 102—105 页。

⑧ 何杨、陈宇:《"一带一路"沿线国家基础设施投资 PPP 模式鼓励政策的比较研究》,《财政科学》,2017 年第 6 期,第 86—91 页。

着全球化和区域一体化的发展,对于各类国际公共产品的需求日益增长,如何弥补其供需之间的缺口就成了一个急需解决的问题。国际公共产品的供给有待相关的、与时俱进的理论研究的突破。(2)现有对"一带一路"沿线国家基础设施的研究大多是定性分析,或者一鳞半爪、较为片面地介绍某个类别的具体数据或情况,不能从总体上反映问题;或者数据陈旧,缺乏对于沿线国家基础设施发展最新状况的综合比较分析。(3)由于缺乏理论的指导和现实数据的支撑,现有的研究没有能够很好地区分基础设施作为一种区域公共产品的供给方式所存在的两个层面的问题:一是消费上的提供方式,二是生产上的经营方式,导致研究的逻辑性和层次性不够清晰,对实践的指导价值和所提出的政策建议说服力不够。

基于以上问题,本文的研究思路和主要内容是:首先,从理论上探析基础设施所具有的消费特性:技术上的可排斥性和一定范围内的非竞争性,确定其是介于公共产品与私人产品之间的"混合产品",并基于此,进一步分析其合理的提供和生产方式。其次,根据搜集整理的最新的有关资料,对于"一带一路"沿线国家基础设施的总体状况和具体类别展开分析,基于上述理论分析,解决实践中作为"区域性混合产品"的基础设施供给不足和效率不高的问题。最后,从融资方式和经营形式上对于沿线国家区域混合产品的供给模式提出政策建议,并结合"大国财政"理论,对于中国未来推进"一带一路"倡议进行深层次思考。

二、区域性混合产品的性质与供给理论

(一) 公共产品的概念与类别①

公共产品对应于私人产品,最早是一个公共经济学的概念。保罗·萨缪尔逊对公共产品界定的两个特征被广泛认可和引用,即其消费上所具有的非排斥性和非竞争性。②所谓"非排斥性",是指一旦这种产品提供

---

① 具体更详细的分析参见杨海燕:《区域公共产品的供给困境与合作机制探析——基于合作博弈模型的分析》,《复旦国际关系评论》,2015 年第 16 辑,第 16—33 页。

② Paul Samuelson, "The Pure Theory of Public Expenditure", *Review of Economics and Statistics*, 36(4), Nov., 1954, p.387.

出来,不可能排除任何人对它的消费,即使有人想独占,或者在技术上不可行,或者技术上虽可行但成本过高,因而不值得这样做;所谓"非竞争性",是指一旦这种产品提供出来,从效率上来看没有必要排除任何人对它的消费,因为消费者的增加并不会引起边际成本的任何增加。

传统经济学研究的公共产品一般仅限于一国之内。随着全球化的发展,公共产品也突破了一国地理边界的限制,国际公共产品或全球公共产品的供求和影响问题日益成为人们关注的热点。从受益程度的大小来看,还有一种介于国内公共产品和全球公共产品之间的区域性公共产品,其外溢范围扩展至一个地区的部分或全部国家。①整体而言,传统的对全球性公共产品的研究主要针对的是应对全球问题及人类面临的共同挑战,而区域性公共产品的研究则更多立足于区域一体化和国家间合作。②

换一个角度,除受益范围的大小以外,从产品本身在消费上的性质来看,现实生活中还有很多产品既非完全的公共产品,又非完全的私人产品,而是两种性质兼而有之。我们把这种性质上介于私人产品与公共产品之间的产品称为混合产品。那么,按照上文的逻辑,对于那些消费范围扩展至一个地区的部分或全部国家的混合产品,我们也许可以称之为"区域性混合产品"。

(二)基础设施作为区域性混合产品的性质

从理论上来说,私人产品具有消费上完全的竞争性和排斥性,公共产品具有完全的非竞争性和非排斥性。因此,一种常见的分类方式是将只具有其中一种性质的产品分别界定为俱乐部产品和共同资源,见表1所示。

表1 产品的分类

性质/类别		排他性	
		有	无
竞争性	有	私人品	共同资源
	无	俱乐部物品	纯公共品

---

① 张建新:《国际公共产品与地区合作》,上海人民出版社 2009 年版,第 39 页。

② 樊勇明、薄思胜:《区域公共产品理论与实践——解读区域合作新视点》,上海人民出版社 2011 年版,第 5 页。

俱乐部产品和共同资源都属于广义上的混合产品。但如果我们更进一步深入分析,会发现有的产品的消费性质并非特别清晰,从不同角度来看,可能兼具私人产品或公共产品的特性;也有的产品随着消费数量的增加,其消费特性甚至可能发生改变。

据此,我们可以把混合产品分为两类:第一类是非竞争性和非排斥性不完全的产品,或者说是同时具有竞争性、排斥性和非竞争性、非排斥性的产品,典型的例子是教育和传染病防治。这类产品在消费中往往既有明显的内部效益,又有明显的外部效益。比如,受教育者首先获得的内部化的收益,教育消费会体现在个人人力资本的提高和在劳动力市场上竞争力的增强,给本人和家庭带来直接利益,这是类似私人产品的特征。同时,教育消费的很大一部分得益会外溢到整个社会,带来整个国家生产力的提高和综合国力的增强,这一好处是社会全体成员都可以享有的,类似公共产品的特征。

混合产品的第二类是具有排斥性和一定范围非竞争性的产品,如公路、铁路、港口、航空、通讯、电力等基础设施行业。这类产品消费中都有一个饱和界限,在产品消费还未达到饱和状态时,产品的消费具有非竞争性;但随着消费数量增加,趋向饱和界限时,非竞争性就会逐渐消失,甚至还会产生因为拥挤所带来的外部成本。比如,城市的道路如果高峰期车流量过大,会出现严重的塞车现象,人们出行不便,甚至造成安全隐患。这类产品的另一个特征是排斥性,以较低的排斥成本不让某些消费者消费这种产品,从技术上来说是完全可行的,比如在高速公路上设置收费站。

从上述分析可以看出,基础设施是典型的第二类混合产品。"一带一路"倡议下中国为促进区域沿线国家经济要素有序流动、资源高效配置和市场深度融合而推进的互联互通的基础设施建设可被称为"区域性混合产品"。因为随着区域内经济一体化的发展,基础建设带来的外溢效应不仅仅局限于本国民众所获得,更会外溢到其他国家。"一带一路"沿线国家的经济差异较大,而铁路、公路、机场、港口、通信、水电、能源等基础设施的落后在很大程度上制约了很多国家的发展。而基础设施一旦联通,就会在物流、贸易、信息等各领域带来巨大的区域性利益。①因此,"一

---

① 范祚军、何欢:《"一带一路"国家基础设施互联互通"切入"策略》,《世界经济与政治论坛》,2016 年第 6 期,第 129—141 页。

带一路"基础设施的互联互通必然成为中国与沿线国家互利共赢的顶层设计重点。

（三）基础设施作为区域性混合产品的供给方式

理论上来说，产品的供给模式由生产方式和提供方式两部分构成。生产方式指由谁来出资并组织生产过程，可以分为公共生产和私人生产两大类。政府在多大程度上作为投资者或经营者去参与生产活动，取决于生产的效率。提供方式指由谁来付款并提供消费过程，可以分为公共提供和私人提供两大类。公共产品由于存在"搭便车"的市场失灵现象，往往由政府免费提供。在现实社会生活中，生产方式和提供方式可能出现多种组合形式。

事实上，无论公共产品采用何种方式生产，只要最终免费提供给居民，则生产该项产品的费用只能由政府负担，以税收为主要资金来源；若是采用受益者全部付费的方式提供，则其生产成本由市场主体自行弥补；若是采用受益者部分付费、其余由财政补贴的混合提供方式，则其生产成本由政府和受益的企业或个人共同分担。因此，根据公共服务的不同供给方式，可以清楚界定政府和市场的支出责任。①（见表2）

表2　公共服务的供给模式与支出责任

生产方式	提供方式	支出责任	资金来源
公共生产	公共提供	各级政府	税收
混合生产	混合提供	政府和市场分工	税收、金融市场融资、使用者付费
私人生产	私人提供	市场（私人部门）	使用者（受益者）付费

就可能性而言，公共提供可适用于任何性质的产品，而市场提供仅适用于具有排斥性的产品。基础设施作为区域性混合产品，在性质上具有排斥性，因而，两种消费方式对它而言都是可能的，那么究竟应该采用什么消费方式呢？下文讨论的结果将为我们界定财政支出范围提供又一个理论上的依据。

---

① 任晓辉、朱为群：《新型城镇化基本公共服务支出责任的界定》，《财政研究》，2015年第10期，第2—8页。

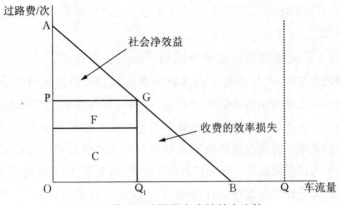

图 1 基础设施提供方式的效率比较

我们以基础设施中的某道路为例来进行分析。[①]如图 1 所示,假设 AB 为对该道路的需求曲线,建造成本为 C。如果采用市场提供,收费成本为 F;如果采用公共提供,税收征纳成本为 D,效率损失为 E。再假设 OB 为最大车流量,未超过给定的桥梁饱和界限(设计流量)OQ,增加消费者的边际成本为零,因此产品的边际成本曲线与横轴重叠。

第一种情况,基础设施由政府免费提供。按照边际效益等于边际成本的原则,消费者选择的消费量为 OB,从该产品消费中所获得的消费效益为△AOB 的面积。由于是公共提供,因此,修路的成本必须由政府出资来加以弥补。假定政府通过征收的方式筹措资金,那么,课税过程中还会发生征纳成本 D 和征税效率损失 E。综合考虑产品的效益和成本以后,可知此种情况下的社会净效益:

$$社会净效益 = AOB - C - D - E \qquad 公式(1)$$

第二种情况,基础设施由市场收费提供。收费标准确定为 OP 时恰好可以弥补单位修路成本和收费成本。但由于要收费,消费者的消费量将会由 OB 减少到 OQ_1,收费的效率损失为△BGQ_1 的面积。这样一来,整个社会从该产品的生产和消费中获得的净效益由潜在的消费效益(充分使用该道路所能得到的利益)AOB 减少为 APG,于是,我们可以得到以下

① 此部分分析主要参考了蒋洪等:《公共经济学(财政学)》,上海财经大学出版社 2006 年版,第 72—73 页。

等式：

$$社会净效益 = AOB - C - F - BGQ_1 \qquad 公式(2)$$

比较等式(1)、(2)，我们发现，类似基础设施这样的混合产品究竟应该采用哪种消费方式，实际上是取决于征纳成本、税收的效率损失与收费成本、收费的效率损失之间的对比关系。在征纳成本与税收效率损失既定的情况下，主要由收费管理的难易程度和产品的需求弹性来决定。当收费管理较为困难，需求弹性较大时，可考虑采用公共提供的方式。反之，可考虑采用市场提供的方式。实践中，究竟采用哪种消费方式还有待于进行具体的成本—收益分析。

以上分析表明，诸如交通、通信、供水供电等基础设施这类混合产品因为具有一定程度的非竞争性，导致了市场提供的效率损失；同时，又具有排斥性或具有较大的内部收益，可考虑采用市场提供与公共提供相结合的方式。另外，这类产品的消费在给一国的消费者直接带来利益的同时，还会有一部分的利益溢出边界，给区域内其他国家间接带来利益。因此，就产品消费中溢出边界的这部分外部效益而言，由多国政府共同合作、提供相应的财政补贴显然是必要的。

三、"一带一路"沿线国家基础
设施的现状与需求

本部分根据现实情况和最新数据，对于"一带一路"沿线国家基础设施建设的状况进行介绍，从基础设施的不同类型和国家所在不同区域来深入分析存在的问题和差距，并对沿线国家基础设施的需求供给缺口作出初步的评估。

（一）"一带一路"沿线国家基础设施总体情况

基础设施建设是"一带一路"倡议的优先发展领域和规划重点。《推动共建丝绸之路经济带和21世纪海上丝绸之路的愿景与行动》指出："在尊重相关国家主权和安全关切的基础上，沿线国家宜加强基础设施建设规划、技术标准体系的对接，共同推进国际骨干通道建设，逐步形成连接亚洲各次区域以及亚欧非之间的基础设施网络。"①

因为经济发展水平差距较大,"一带一路"沿线国家的基础设施参差不齐,但是大多数国家的基础设施薄弱,并且与邻国之间的互通互联程度较低。如表3所示,根据"世界经济论坛"发布的《2017—2018全球竞争力报告》,"一带一路"沿线的54个国家中②,基础设施全球竞争力指数平均值为4.22③,只有17个国家的竞争力指数≥4.6,且在137个国家中排名进入前50,占比仅为12.4%。其中,新加坡、阿联酋和卡塔尔分别位于第2、第5和第13名。基础设施全球竞争力≤3.6,且排名在90名之后的有12个国家,占比为8.8%。其中,黎巴嫩、尼泊尔和也门分别位列第113、第119和第135名。

(二)交通基础设施情况

"一带一路"沿线国家的交通基础设施情况也存在较大差异。从公路方面来看,沿线公路质量指数为4.0,公路设施发展水平普遍较低。除中国外,公路质量平均指数低于4的区域包括东亚蒙古、南亚、中亚、独联体和中东欧;高于4的只有东南亚和西亚,而且,这两个区域的公路设施发展极不平衡,比如东盟的越南、老挝和菲律宾都低于3.5,西亚的也门和黎巴嫩甚至连3都不到,公路基础设施发展非常落后。

从铁路基础设施来看,除中国铁路质量指数为4.8,东亚蒙古为2.8以外,其他区域指数都处于3—4之间,平均值为3.44。"一带一路"沿线大多数国家铁路设施或者严重短缺,或者年久失修、运载能力较差。

从港口基础设施来看,沿线港口质量指数为3.9,除位于内陆地区的东亚蒙古为1.4和中亚为2.6以外,东盟和西亚超过4,其余区域为3—4之间。作为"海上丝绸之路"重要节点区域的东南亚和南亚,各国港口设施发展水平也参差不齐。

从航空基础设施来看,沿线航空质量指数为4.4,除中国质量指数4.9之外,航空基础设施相对发达的区域是西亚(4.79)和东南亚(4.68),而东

---

① 新华网,2015-03-28. http://news.xinhuanet.com/world/2015/03/28/c_1114793986.htm。
② 因资料所限,"一带一路"沿线65国中的缅甸、马尔代夫、阿富汗、吉尔吉斯斯坦、乌兹别克斯坦、土库曼斯坦、白俄罗斯、马其顿、叙利亚、伊拉克、巴勒斯坦等11国未列入表3。
③ 各国基础设施的竞争力指数介于1—7之间,分数越高代表竞争力越强。

表3 "一带一路"沿线国家基础设施发展水平现状评估

区域	国家/地区	基础设施总排名	总体得分	公路		铁路		港口		航空		通讯		电力	
				排名	得分	排名	得分	排名	得分	排名	得分	排名	得分	排名	得分
东亚	中国	46	4.7	42	4.6	17	4.8	49	4.6	45	4.9	80	4.3	65	5.0
	蒙古	108	3.1	102	3.1	69	2.8	136	1.4	116	3.2	95	3.7	95	4.0
	越南	79	3.9	92	3.4	59	3.0	82	3.7	103	3.8	87	4.1	90	4.3
	老挝	102	3.3	94	3.3	N/A	N/A	127	2.3	101	3.8	97	3.7	75	4.8
东盟	泰国	43	4.7	59	4.3	72	2.6	63	4.3	39	5.2	62	4.8	57	5.2
	柬埔寨	91	3.6	69	4.1	N/A	N/A	61	4.4	65	4.5	99	3.7	105	3.5
	文莱	60	4.3	33	4.8	N/A	N/A	74	3.9	63	4.5	60	4.9	53	5.4
	马来西亚	22	5.5	23	5.3	14	5.0	20	5.4	21	5.7	45	5.3	36	5.9
	印度尼西亚	52	4.5	64	4.1	30	4.2	72	4.0	51	4.8	77	4.3	86	4.4
	菲律宾	97	3.4	104	3.1	91	1.9	114	2.9	124	2.9	98	3.7	92	4.2
	新加坡	2	6.5	2	6.3	4	5.9	2	6.7	1	6.9	6	6.6	3	6.9
	(均值)		4.41		4.3		3.77		4.18		4.68		4.57		4.96
南亚	印度	66	4.2	55	4.3	28	4.4	47	4.6	61	4.6	100	3.5	80	4.7
	斯里兰卡	85	3.8	61	4.2	55	3.2	57	4.5	75	4.2	92	3.9	96	4.0
	尼泊尔	119	2.6	118	2.8	N/A	N/A	135	1.0	133	2.5	110	3.0	118	2.8

续　表

区域	国家/地区	基础设施总排名	总体得分	公路		铁路		港口		航空		通讯		电力	
				排名	得分	排名	得分	排名	得分	排名	得分	排名	得分	排名	得分
南亚	孟加拉国	111	2.9	105	3.1	60	2.9	85	3.6	115	3.3	114	2.9	101	3.7
	不丹	89	3.6	67	4.1	N/A	N/A	133	2.0	84	4.1	83	4.2	38	5.8
	巴基斯坦	110	3.0	76	3.9	52	3.3	73	4.0	91	4.0	121	2.5	115	2.9
	(均值)		3.35		3.73		3.45		3.28		3.78		3.3		3.98
西亚	土耳其	53	4.5	30	5.0	57	3.0	54	4.5	31	5.4	90	4.0	88	4.4
	伊朗	57	4.4	71	4.0	42	3.7	71	4.0	105	3.7	54	5.1	67	5.0
	阿联酋	5	6.3	1	6.4	N/A	N/A	4	6.2	3	6.6	20	6.0	16	6.5
	沙特阿拉伯	29	5.2	34	4.8	53	3.3	42	4.7	46	4.9	36	5.5	30	6.2
	卡塔尔	13	5.8	17	5.5	N/A	N/A	12	5.5	6	6.3	29	5.9	20	6.5
	科威特	64	4.3	63	4.1	N/A	N/A	78	3.8	117	3.2	56	5.1	49	5.5
	黎巴嫩	113	2.8	121	2.7	N/A	N/A	91	3.5	100	3.8	115	2.8	134	1.7
	也门	135	1.8	132	2.3	N/A	N/A	121	2.6	136	2.1	134	1.6	137	1.2
	约旦	58	4.3	68	4.1	81	2.2	51	4.5	33	5.4	58	5.0	43	5.7
	以色列	25	5.4	28	5.1	40	3.8	43	4.7	30	5.4	11	6.3	23	6.4
	埃及	71	4.1	75	3.9	50	3.3	41	4.7	42	5.1	81	4.3	63	5.0

续 表

区域	国家/地区	基础设施总排名	总体得分	公路 排名	公路 得分	铁路 排名	铁路 得分	港口 排名	港口 得分	航空 排名	航空 得分	通讯 排名	通讯 得分	电力 排名	电力 得分
西亚	巴林	33	5.1	25	5.1	N/A	N/A	30	5.1	49	4.9	30	5.8	31	6.2
	阿曼	36	4.9	14	5.5	N/A	N/A	48	4.6	56	4.7	39	5.4	28	6.2
	塞浦路斯	30	5.1	26	5.1	N/A	N/A	46	4.6	27	5.5	26	5.9	45	5.7
	(均值)		4.61		4.54		3.22		4.5		4.79		4.91		5.16
中亚	哈萨克斯坦	68	4.2	115	2.9	32	4.1	105	3.2	90	4.0	57	5.1	82	4.6
	塔吉克斯坦	99	3.3	70	4.1	41	3.7	132	2.0	70	4.3	103	3.4	100	3.7
	(均值)		3.75		3.5		3.9		2.6		4.15		4.25		4.15
独联体	俄罗斯	35	4.9	114	2.9	23	4.5	66	4.2	59	4.6	44	5.3	59	5.1
	乌克兰	78	3.9	130	2.4	37	3.9	93	3.5	92	4.0	68	4.7	85	4.5
	摩尔多瓦	88	3.7	128	2.5	71	2.7	126	2.4	86	4.1	63	4.8	91	4.3
	阿塞拜疆	51	4.5	36	4.8	20	4.7	40	4.7	24	5.6	66	5.7	50	5.5
	亚美尼亚	80	3.9	85	3.7	64	2.9	125	2.5	52	4.8	73	4.5	77	4.8
	格鲁吉亚	69	4.2	82	3.8	39	3.8	69	4.1	69	4.3	61	4.8	68	5.0
	(均值)		4.18		3.35		3.75		3.57		4.57		4.97		4.87
中东欧	波兰	44	4.7	65	4.1	45	3.6	64	4.2	66	4.5	35	5.5	48	5.5

续　表

区域	国家/地区	基础设施总排名	总体得分	公路		铁路		港口		航空		通讯		电力	
				排名	得分	排名	得分	排名	得分	排名	得分	排名	得分	排名	得分
中东欧	捷克	49	4.6	74	4.0	26	4.4	94	3.5	35	5.3	46	5.3	18	6.5
	匈牙利	56	4.4	62	4.1	44	3.6	103	3.2	82	4.1	51	5.2	61	5.1
	罗马尼亚	83	3.8	120	2.7	73	2.6	92	3.5	89	4.0	69	4.6	58	5.2
	保加利亚	76	4.1	93	3.4	58	3.0	68	4.1	73	4.3	64	4.8	78	4.8
	塞尔维亚	75	4.1	100	3.2	79	2.2	113	3.0	76	4.2	47	5.3	69	5.0
	波黑	100	3.3	109	3.0	89	2.0	129	2.1	129	2.7	82	4.2	74	4.8
	立陶宛	47	4.7	37	4.7	27	4.4	39	4.8	68	4.4	48	5.2	47	5.6
	阿尔巴尼亚	94	3.6	57	4.3	101	1.2	67	4.1	83	4.1	91	3.9	81	4.6
	克罗地亚	48	4.6	19	5.5	70	2.8	45	4.6	74	4.2	40	5.4	39	5.8
	斯洛伐克	63	4.3	73	4.0	25	4.4	111	3.0	108	3.5	50	5.2	34	6.0
	爱沙尼亚	32	5.1	38	4.7	33	4.1	11	5.6	41	5.1	28	5.8	40	5.8
	拉脱维亚	55	4.4	107	3.0	29	4.2	29	5.1	37	5.2	59	5.0	55	5.2
	黑山	70	4.2	88	3.5	63	2.9	70	4.1	72	4.3	55	5.1	83	4.6
	（均值）		4.28		3.87		3.24		3.92		4.28		5.04		5.32
总均值（除中国）			4.22		4.02		3.44		3.91		4.43		4.66		4.94

资料来源：根据 WORLD ECONOMC FORUM. The Global Competitive Report 2017—2018 整理计算得到。www.weforum. org/reports。

亚蒙古和南亚的航空货运量非常有限,航空运输质量指数偏低,发展水平相对落后。

（三）通讯和电力基础设施情况

从通讯基础设施来看,衡量标准为每百人所拥有的固定电话和移动电话数量,除中国外沿线国家的平均质量指数为 4.66。其中,中东欧、独联体和西亚国家相对较高,基本为 5 左右;而南亚和东亚的这一指标低于 4,通信设施的供给数量非常有限。

从电力基础设施来看,沿线国家的电力质量指数平均为 4.94,除中国外,东盟、西亚、中东欧的质量指数达到或超过 5,电力基础设施发展水平相对较高;南亚、东亚和中亚国家指数位于 4 左右,相对偏低,电力供应能力有所不足。

（四）沿线国家对基础设施的投资需求

"一带一路"区域发展不平衡,对基础设施投资的需求巨大。沿线国家大部分是新兴发展中经济体,基础设施薄弱。随着各国工业化、城市化和区域经济一体化进程的不断加快,对城市基础设施和公共服务的有效供给产生了巨大需求。沿线的发达经济体也由于其现有的基础设施过于陈旧老化,不适应经济高速发展的需要,有待尽快更新换代。这些对基础设施数量和质量的需求,将会推动"一带一路"沿线的基础设施投资加速增长。[1]

根据牛津经济的统计与预测,2015 年亚太地区的基础设施投资约为995 亿美元,中东地区约为 845 亿美元,欧洲地区约为 138 亿美元。到2025 年,亚太地区的基础设施投资需求将达到 1 715 亿美元,年均增长7%,中东地区的需求则高达 1 712 亿美元,年均增长10.3%。[2]根据亚洲开发银行估计,2016—2030 年,亚洲地区基础设施投资需求总计达 26 万亿美元,年均投资需求 1.7 万亿美元。根据中国社会科学院测算,中方推动的六大国际经济合作走廊基础建设资金需求量超过 2 万亿美元。[3]按照中

① 姜巍:《"一带一路"沿线基础设施投资建设与中国的策略选择》,《国际贸易》,2017年第 12 期,第 44—52 页。

② 陈伟光等:《"一带一路"建设与中国全球经济治理话语权》,人民出版社 2017 年版,第 185 页。

③ 林毅夫等:《"一带一路"2.0:中国引领下的丝路新格局》,浙江大学出版社 2018 年版,第 184 页。

国 2015 年的交通、水利、市政等基础设施投资约占全社会固定资产投资的 20%计算,"一带一路"沿线 65 国未来每年的基础设施投资需求介于 1.8 万亿到 4 万亿美元之间。①根据普华永道于 2017 年 2 月发布的研究报告, 2016 年在"一带一路"沿线 66 国的核心基建项目及交易总额超过 4 930 亿美元,涉及公用事业、交通、电信、社会、建设、能源和环境七大行业。其中,中国占投资总金额的1/3。②

在"一带一路"倡议下,大力发展沿线各国基础设施的投资与合作,将成为加快沿线国家经济复苏、实现各国之间设施联通、促进经济长期发展的重要突破口。但沿线国家多为发展中国家,基础建设主要依靠财政资金,财政资金在总投资额中占比 80%以上,约一半国家的公共债务占 GDP 的比例超过 60%的传统警戒线,财政空间有限,仅靠公共资金投入远远无法满足"一带一路"融资需求。

四、区域性混合产品理论下的基础设施供给模式

本部分在上文关于"区域性混合产品"理论和"一带一路"沿线国家基础设施建设现状分析的基础上,分别从基础设施的提供方式和生产方式两个角度和层面,探讨其现实的和理想的供给模式。

(一)"一带一路"沿线国家基础设施的提供方式

从上文的理论分析可以得知,基础设施由于其所具有的"区域性混合产品"的属性,兼具内部收益和外部收益,因此,其提供方式也应该是公共提供和市场提供兼具的混合提供,国家财政出资和私人部门出资并重。

从现实情况来看,"一带一路"沿线国家对于基础设施建设资金的需求数额巨大,完全依靠政府或市场一方的提供存在很大困难。据亚洲开发银行测算,2020 年之前仅亚洲地区每年基础设施投资就高达 7 300 亿美

---

① "一带一路"沿线国家投资环境需求分析与 PPP 发展机会研究,中国投资资讯网,2016 年 3 月 29 日,http://www.ocn.com.cn/hongguan/201603/xvfkc29202951.shtml, 2018-04-08。

② 普华永道:《中国与"一带一路"基础设施》,2017 年 2 月 3 日,http://www.pwccn.com/zh/services/consulting/br-watch-infrastructure.html, 2018-04-08。

元。虽然"一带一路"相关国家开始探索投融资机制，比如针对基础设施投资的双边合作基金、亚投行等等，但针对"一带一路"基础设施投资的双边合作基金数量、规模和融资能力都比较有限，如中国和东盟的投资合作基金一期募资规模 10 亿美元，东盟基础设施建设资金募资总规模不到 10 亿美元，世行和央行每年可提供资金不足 200 亿美元，"一带一路"基础设施建设的需求资金缺口较大。①因此，无论从理论上还是实践中来看，都需要从多重渠道筹措基础设施的建设资金，需要构建多层次、全方位的"一带一路"金融支持体系。表 4 对"一带一路"沿线基础设施建设的提供方式和融资来源进行了总结。

表 4 "一带一路"沿线基础设施的提供方式与融资来源

性　质	类　别	机　构
纯公共提供	政府性资金	各国政府、官方发展援助等
准公共提供	政策性金融	国家开发银行、中国进出口银行等
准市场提供	开发性金融	世界银行、亚洲开发银行、亚洲基础设施投资银行、丝路基金、金砖国家新开发银行等
纯市场提供	商业性金融	商业银行、养老基金、主权基金、债权市场等

按照经济性质分类，可以把沿线基础设施的提供方式分为纯公共提供、准公共提供、准市场提供和纯市场提供四种，其对应的资金来源分别是政府性资金、政策性金融、开发性金融和商业性金融四类。传统的基础设施建设资金多来源于本国的政府财政、发达国家或国际组织的官方援助等无偿性的政府资金。但由于"一带一路"沿线国家多为发展中国家，限于经济发展和国家实力，仅凭政府开支无法满足如此巨额的资金需求，未来的基础设施建设更加需要其他来源的支持。以下主要对后三类提供方式作一个简单的介绍。

1. 政策性金融

政策性金融是指"在一国政府的支持和鼓励下，以国家信用为基础，严格按照国家规定的范围和对象，以优惠的贷款利率或条件，直接或间接

---

① 赵福军:《提升参与能力推进"一带一路"基础设施建设》,《中国经济时报》,2016 年 9 月 22 日,第 5 版。

为贯彻、配合国家特定经济和社会发展政策而进行的一种特殊性资金融通行为"。①政策性金融机构一般由政府直接创立,根据规定的范围和对象,以优惠存贷利率或条件,为贯彻国家或区域特定经济和社会发展政策而进行资金融通。政策性金融机构着眼于社会效应,强调政府的财政性补贴。

我国的政策性金融机构主要由国家开发银行和中国进出口银行等。政策性资金主要是财政补贴和"两优"贷款。其中,财政补贴主要起到杠杆作用,用于项目的孵化和启动。而"两优"贷款旨在以相对较低成本资金协助"走出去"企业控制风险,并帮助受援国发展经济。国家开发银行是我国最大投融资合作银行和世界上规模最大的开发性金融机构,具有中长期投融资优势。截至 2016 年年底,国家开发银行已为"一带一路"沿线国家累计发放贷款超过 1 600 亿美元,储备外汇项目 500 余个,融资需求总量高达 3 500 多亿美元。②中国进出口银行也设立了专门投资基金,主动参与海外项目投资。

2. 开发性金融

开发性金融是指单一国家或国家联合体通过建立具有国家信用的金融机构(通常为银行),为特定需求者建立中长期信用,实现长期经济增长以及其他政策目标的一种金融形式。③它与政策性金融不同的是,政策性金融是以由于商业性金融的条件向特定项目提供中长期大额贷款,不追求自身业绩,实质是财政拨款的延伸和补充。而开发性金融则是政策性金融的深化和发展,不但可以从事传统的政策性金融业务,而且通过市场化经营,其能力和潜力均远远大于政策性金融。

投入"一带一路"基础设施建设的开发性金融机构主要有包括世界银行、国际货币基金组织(IFM)、亚洲开发银行在内的传统国际金融机构和新兴多边开发性金融机构,后者主要有亚洲基础设施投资银行(简称亚投

---

① 李志辉、王永伟:《开发性金融理论问题研究——弥补政策性金融的开发性金融》,《南开经济研究》,2008 年第 8 期,第 3—15 页。

② 林毅夫等:《"一带一路"2.0:中国引领下的丝路新格局》,浙江大学出版社 2018 年版,第 134 页。

③ 杜晓力:《政策性金融与开发性金融关系问题的理论思考》,《农业发展与金融》,2006年第 12 期,第 25—28 页。

行)、丝路基金和金砖国家新开发银行(简称金砖银行)等。

亚投行于 2015 年底正式成立,法定资本为 1 000 亿美元,中国初始认缴资本为 500 亿美元左右,占法定资本的 50%,成为其最大股东。亚投行的主要目标就是解决亚洲发展中国家基础设施建设方面的困难,并提供广泛的金融服务,包括贷款、控股、提供担保和技术援助等。从这个角度讲,亚投行除了担当相关国家和地区基础设施建设贷款者的角色外,还能起到其他桥梁作用。亚投行的运行机制决定了要按支持金融机构一样考核项目可行性和回报率,是一种市场化投资。

丝路基金是按照市场化、国际化、专业化原则设立的中长期开发投资基金。其主要方向是在"一带一路"发展进程中寻求投资商机并提供相应的投融资服务,资金规模为 400 亿美元,首期资本金为 100 亿美元,投资方式包括运用股权、债权、基金、贷款等多种方式提供投融资服务,同时也可与国际开发性金融机构、境内外金融机构等发起设立共同投资基金,进行资产受托管理、对外委托投资等。

金砖银行于 2015 年 7 月正式开业,初始资本为 1 000 亿美元,对成员国及相关地区的基础设施投资也是其主要业务方向。该机构可为印度、俄罗斯等国基础设施融资提供有效渠道。此外上海合作组织开发银行也正在研究筹备阶段,可为成员国基础设施建设提供部分资金支持。

3. 商业性金融机构

商业性金融是在按照市场法则,以资金的营利性、安全性和流动性为原则,追求利润最大化的金融活动。截至 2015 年 6 月,共有 11 家中资商业银行在"一带一路"沿线国家设立了 55 家一级分支机构,其中五大国有银行是中资银行"走出去"的主力军。截至 2016 年年底,中国工商银行已在"一带一路"沿线 18 个国家和地区设有 127 家分支机构,建立了包括 25 类金融服务的跨境业务体系。在境外基础设施项目方面,累计支持了电力、资源、电信、交通等基建领域的近 300 个项目,承贷金额近 800 亿美元。[1]从地域分布看,中资银行分支机构大多集中在东南亚和西亚地区,在中亚和中东欧地区布局还有很大空间。

---

[1] 林毅夫等:《"一带一路"2.0:中国引领下的丝路新格局》,浙江大学出版社 2018 年版,第 143—144 页。

由于基础设施建设项目普遍融资规模大、期限长、风险高,而且"一带一路"沿线的商业和投资环境不利,政治风险和资金安全的不确定性,使得私人资本需要的回报率更高,商业性金融的作用也相对有限。因此,政策性金融和开发性金融就成为"一带一路"沿线基础设施建设最重要的资金来源,并由此决定了其提供方式所具有的"混合性"。

(二)"一带一路"沿线国家基础设施的生产方式

与混合产品提供方式所研究的谁来出资的问题不同,生产方式考虑的是由谁来组织生产。从整个社会来看,生产方式可以分为两类:一是公共生产,二是私人生产。从可能性来说,一切产品都可以公共生产;但同时,也都可以采用私人生产的方式。政府在多大程度上作为投资者或经营者去参与生产活动,对生产的效率有重大影响。

从基础设施的建设来看,其生产模式主要包括政府投资、私有化和PPP(Public-Private-Partnership)三大模式。PPP 即"公私合作伙伴关系",我国政府文件中称为"政府和社会资本的合作",是政府部门与私人部门合作提供公共产品的一种生产方式。广义的 PPP 是一个总称,包括诸多具体的公私合作形式,比如 PFI(私人融资计划)、MC(管理合同)、O&M(经营和维护)、BOT(建设—运营—移交)、BOO(建设—拥有—移交)、RCP(资源—补偿—项目)等模式。表5 分别从基础设施项目的规模大小和项目本身所具有的经营性程度列举了常见的一些 PPP 经营模式。

表 5 "一带一路"沿线基础设施项目的生产方式①

项目类型	大型项目	中小型项目
纯经营性	BOT、TOT	PPP、TOT
准经营性	TOT	PPP
非经营性	RCP	RCP

典型的 PPP 模式各具特色,都能适用于"一带一路"沿线国家的基础设施建设、运行甚至维护,都是政府和私人部门合作生产的有效手段。以PPP 为主的市场化项目运营方式将是"一带一路"沿线欠发达地区基础设

---

① 此表参考姚公安:《"一带一路"沿线欠发达地区基础设施融资模式:项目融资视角》,《现代管理科学》,2017 年第 3 期,第 66—68 页,并作调整修改。

施建设中符合实际而又比较合适的选择。

由于"一带一路"沿线国家经济发展水平偏低,财政资金不足,如果单纯通过国家财政投资基础设施建设运营,很难平衡大量的资金缺口。PPP模式较之政府投资,可以避免项目在建设期间对财政资金造成的短期巨大压力。同时,对于使用者付费的经营性项目而言,政府财政几乎可以完全不出资。因此,PPP模式可以有效地应对沿线国家资金不足问题,借助社会资本补充国家公共服务职能,在缓解财政压力的同时,为基础设施建设提供资金保证。

在"一带一路"沿线国家,长期以来基础设施的落后除了资金不足以外,还因为缺乏现金的工程建设技术、高效的项目管理经验和专业化的人才队伍等。而PPP模式通过整合全球基础设施建设、运营各阶段的优质技术及管理方式,可以以低成本、高效率的模式经营基础设施,提供公共服务。

PPP模式在基础设施领域除了提供融资作用、构建整合格局外,较之私有化生产的另外一大优势在于保留了国家对公共服务的监管权力。[①]PPP模式中,政府与社会资本的关联除了法律法规外,还受制于合同。PPP合同不仅明确了政府的监管权力,同时赋予了特定条件下政府介入PPP项目公司的权利。PPP模式下国家对基础设施和公共服务的监督不仅以法定的方式实现,还以约定的方式保证了每个项目围绕其各自特点开展经营,从而有助于实现生产效率的提升。

五、结　　语

作为"一带一路"倡议所提出的沿线国家"政策沟通、设施联通、贸易畅通、资金融通、民心相通"合作中的重要一环,基础设施的互联互通是"一带一路"建设的基础和先导。因此,研究沿线国家基础设施建设的状况和供给模式,找到问题和不足,明确改进方向,具有重要的现实意义。

---

① 肖光睿:《"一带一路"基础设施投融资模式》,《中国公路》,2017年第19期,第35—38页。

实践的发展和未来的政策需要来自理论的指导。本文从公共经济学的相关原理出发,对全球公共产品的类别进一步细化分析,基于基础设施消费上的不完全竞争性和排斥性的特征,提出"区域性混合产品"这一全新的概念。关于"一带一路"沿线国家的基础设施建设状况的一般讨论很多,但从基础设施所具有的消费特性出发,结合理论探讨其有效供给方式的研究较为少见。本文尝试将基础设施的供给模式分为提供方式和生产方式两个层面,在对现实情况和问题进行深入探析的基础上,分别讨论了其合理的供给机制,即应该进一步加强公私合作,无论在资金融通还是经营模式上,都要充分发挥沿线国家政府和市场的双重力量,以提升相关国家在基础设施投资、建设、运营和管理方面的能力。

"一带一路"倡议具有划时代意义,是中国参与全球治理的顶层设计,为区域和全球的合作与发展贡献了中国力量,也是中国担负起大国责任的表现。财政是大国治理的基础,大国财政是维护大国在全球治理中地位、责任和权利的重要保障。中国未来应发挥大国财政的责任和担当,加强与"一带一路"沿线国家合作,结合市场化机制,充分发挥亚投行和丝路基金等重要平台的作用,深化金融机构和金融市场合作,共同推进基础设施的建设与区域经济合作,通过共建实现成果共享。

"一带一路"倡议与中国对外援助

赵　裴 *

【内容提要】 对于中国"一带一路"倡议与中国对外援助之间的关系，国内外媒体和学界一直存在不同认识。本文通过比较"一带一路"倡议与中国对外援助政策制定、项目设计规划、建设绩效等几方面的联系与区别，提出："一带一路"倡议与中国对外援助都是中国对外发展合作的一种方式，体现了中国对于发展问题认识的不同阶段，两者统一于中国的人类命运共同体思想。

【关键词】 "一带一路"倡议；中国对外援助；发展理论；人类命运共同体

【Abstract】 The domestic and foreign academia has different understanding to the coordination between The Belt and Road Initiative and China's Foreign Aid. This paper explicates through exemplification and comparison policy implications、project design planning、project influence of The Belt and Road Initiative and China's Foreign Aid，proposes that both The Belt and Road Initiative and China's Foreign Aid are forms of China's foreign development cooperation，demonstrate the varying stages of China's understanding of Development issues，and unified in a community of shared future.

【Key Words】 The Belt and Road Initiative；China's Foreign Aid；Development Theory；A community of shared future

---

* 赵裴，上海外国语大学国际关系与公共事务学院助理研究员。

自 2013 年 9 月和 10 月习近平主席在出访中亚和东南亚国家期间先后提出共建"丝绸之路经济带"和"21 世纪海上丝绸之路"(简称"一带一路")的倡议以来,关于中国发起的"一带一路"倡议与历史延续已久的中国对外援助活动两者之间的关系一直为国内外媒体和学界所关注。一种观点认为,中国"一带一路"倡议与中国对外援助活动目的都是为了帮助对象国发展,"一带一路"倡议在某种意义上就是中国特色的对外援助,国外有媒体称之为中国版"马歇尔计划"。[①]一种观点认为,中国在推进"一带一路"建设过程中会运用更广泛和创新的经济手段帮助对象国实现发展,"一带一路"倡议是升级版(加强版)的中国对外援助。[②]还有一种观点认为,"一带一路"倡议是未来一段时期中国面向世界各国的总体经济方略,中国对外援助应当是"一带一路"倡议的组成部分。[③]

"一带一路"倡议提出已有近五年时间,世界上有 140 多个国家和地区表达了对共建"一带一路"的支持和参与意愿。截至 2017 年年底,中国与对象国签署"一带一路"建设相关项目近 2 700 个,协议金额超过 4 000 亿美元,中国企业在"一带一路"国家和地区建设了 75 个经贸合作区,创造就业岗位 25.8 万个。[④]2017 年,中国与"一带一路"国家和地区的进出口总额达到 14 403.2 亿美元,高于中国整体外贸增速 5.9 个百分点。[⑤]以这些实实在在的合作与项目为事实基础,以对象国家,合作目标,资本、技术、物资等发展资源的配置方向和投入方式为考察视角,在"一带一路"倡议提出的

① 参见《中国版马歇尔计划能走多远?》,英国《金融时报》(中文版),2014 年 11 月 6 日;白云真:《"一带一路"倡议与中国对外援助转型》,《世界经济与政治》,2015 年第 11 期,第 53—71 页。

② 参见张军:《"一带一路"其实更像升级版的对外援助》,2015 年 10 月 19 日张军在"'一带一路'与中国企业海外投资并购论坛"上的讲话。Eri Kilama, "The influence of China and emerging donors aid allocation: A recipient perspective", *China Economic Review*, No.38, 2016, pp.76—91.

③ 参见曹俊金:《"一带一路"倡议与对外援助制度之完善》,《国际展望》,2016 年第 3 期,第 54—69 页;Clarke M., "The Belt and Road Initiative: China's New Grand Strategy?" *Asia Policy*, Vol.24, No.1, 2017, pp.71—79.

④ 赵萌:《中国银行业累计向"一带一路"发放贷款超 2 000 亿美元》,《金融时报》,2018 年 4 月 27 日。

⑤ 国家信息中心"一带一路"大数据中心:《"一带一路"贸易合作大数据报告 2018》,第 9 页。

五年之后,现在已经可以更好地认识"一带一路"倡议与中国对外援助两者之间的关系。

一、"一带一路"倡议与中国对外援助政策比较

(一) 广大发展中国家既是"一带一路"倡议合作伙伴又是中国对外援助受援国

"一带一路"倡议提出以来,世界上积极响应和参与的国家和地区稳步增多。2015 年 3 月 28 日,中国国家发展改革委、外交部、商务部联合发布《推动共建丝绸之路经济带和 21 世纪海上丝绸之路的愿景与行动》,当时确认的"一带一路"沿线国家和地区为 65 个。三年后,习近平主席在 2017 年 1 月 17 日世界经济论坛 2017 年会开幕式上的讲话中表示,"一带一路"倡议得到 100 多个国家和地区的积极响应。到了 2018 年 3 月中国两会期间,中国商务部部长钟山谈到,参与"一带一路"建设的国家和地区已经超过 140 个。而据商务部统计,2017 年,中国对外援助惠及约 120 个国家和地区。这些国家也是新世纪以来长期接受中国援助的国家,一直变化不大。其中,亚洲地区 30 国,非洲地区 51 国,大洋洲地区 9 国,拉美和加勒比地区 19 国,欧洲地区 12 国。[1]至此,比较积极响应和参与中国"一带一路"倡议的国家和地区名单与中国对外援助国家和地区名单,可以发现,除了拉美和加勒比地区的国家和地区,亚洲、非洲、大洋洲、欧洲等地区的绝大多数中国对外援助国都是中国"一带一路"倡议合作伙伴国。2018 年 2 月 22 日中国外交部长王毅在中拉论坛第二届部长级会议开幕式上的讲话中,向拉美和加勒比地区的国家和地区发出了参与"一带一路"建设的积极邀请。[2]拉美和加勒比地区的国家对中国"一带一路"倡议并不陌生,抱有浓厚兴趣。未来,"一带一路"倡议很可能覆盖拉美和加勒比地区。

---

① 杨雪:《中国对外援助水平不断提升》,《中国社会科学报》,2018 年 4 月 25 日;国务院新闻办公室:《中国的对外援助(2014)白皮书》,人民出版社 2014 年版,第 4 页。

② Reuters, China invites Latin America to take part in One Belt, One Road, January 23, 2018.

由此可见,积极响应中国"一带一路"倡议的国家和地区名单与中国对外援助国家和地区名单具有很大的重合性。从另一个角度来看,中国对外援助受援国构成了参与中国"一带一路"发展合作的主体。同时还可以发现,"一带一路"倡议已经远远超过地理概念上的"一带一路"沿线,成了一个开放、透明和包容的,可以覆盖全球的国际发展合作平台。

(二)"一带一路"倡议与中国对外援助的最终目标都是有助于对象国发展经济、改善民生

习近平主席指出,"一带一路"贯穿欧亚大陆,东边连接亚太经济圈,西边进入欧洲经济圈。无论是发展经济、改善民生,还是应对危机、加快调整,许多沿线国家同中国有着共同利益。①在《中国的对外援助(2014)白皮书》中,将中国对外援助的目的概括为:支持和帮助发展中国家特别是最不发达国家减少贫困、改善民生……中国以积极的姿态参与国际发展合作,发挥出建设性作用。②不难发现,"发展"和"民生"是中国提出"一带一路"倡议和实施对外援助活动的核心词汇,两者构成中国实施对外经济合作的最终目标。细比较之下,"一带一路"倡议以"发展经济"为首要关切,中国对外援助以"改善民生"为主要关注点。但是,对于发展中国家而言,"改善民生"是"发展经济"的前提,两者关系紧密相连。

以中巴经济走廊项目为例,2013年5月,李克强总理在访问巴基斯坦时正式提出中巴经济走廊远景规划。"一带一路"倡议提出之后,中巴经济走廊被纳入"一带一路"框架之下,并成为"一带一路"的"旗舰项目"。对于中巴经济走廊的建设目标,中巴双方2014年2月发表联合声明提出:中巴经济走廊建设契合两国发展战略,有助于两国发展经济、改善民生及促进本地区的共同发展与繁荣。③而另一方面,巴基斯坦又是中国对外援助主要的对象国。据巴基斯坦媒体报道,2016—2017财年上半年巴基斯坦共接受国际援助41.07亿美元,绝大部分为优惠贷款。中国提供了其中的8.47亿美元,全部为优惠贷款,是巴基斯坦第一大援助来源国。习近平主席在介绍中国对巴援助时说:为支持巴基斯坦发展经济、改善民生,中方

---

① 《加快推进丝绸之路经济带和二十一世纪海上丝绸之路建设》,《人民日报》,2014年11月7日,第1版。

② 国务院新闻办公室:《中国的对外援助(2014)白皮书》,第2页。

③ 《中巴经济走廊,从梦想到现实》,《人民日报》,2017年2月21日,第23版。

决定向巴方提供无偿援助,用于联邦直辖部落区重建和巴方关切的民生项目。①由此可见,中巴经济走廊建设与中国对巴基斯坦援助的目标几乎完全一致。

（三）提供优惠贷款既是推动"一带一路"建设的主要方式又是中国对外援助的主要手段

如果说"一带一路"是各国共商共建共享的一艘大船,那么,资金支持则是驱动这艘大船起航并行稳致远的重要驱动力。资金缺乏一直是制约"一带一路"国家和地区发展的重要瓶颈之一,中国积极发挥建设引领作用,依托各中国国有银行和国际合作金融融资机构向这些国家和地区提供股权投资、项目贷款、出口信贷等方式的资金支持。其中,提供优惠贷款是最重要的资金支持方式。2017年5月,习近平主席在"一带一路"国际合作高峰论坛上宣布:中国国家开发银行、中国进出口银行将分别提供2 500亿元和1 300亿元等值人民币专项贷款,用于支持"一带一路"基础设施建设、产能、金融合作。②为什么称这3 800亿元等值人民币为专项贷款?因为"一带一路"建设的这些项目本身因为投资时间长、投资风险大,一般不能达到中资金融机构的贷款门槛标准。如果直接找中资金融机构贷款,或者不够申请资格,或者要提高贷款利率。而"一带一路"建设的这些项目由于是与中国共同合作建设,专项贷款只面向这些项目,降低了中资金融机构自身的运营成本,一定程度上防控了信贷风险,事实上是一种政策优惠贷款。

"一带一路"倡议提出后,中国主管对外援助的官员多次在不同场合提出,未来中国的对外援助资源将向参与"一带一路"建设的国家和地区倾斜。时任商务部援外司副司长俞子荣指出:根据国家整体战略需要和受援国需要,加大对"一带一路"沿线和周边重点受援国的援助力度,新增援助资金主要向"一带一路"沿线国家和周边国家倾斜,将围绕"一带一路"倡议重点实施一批重大项目。③2017年5月,习近平主席宣布:中国将在未

① 《习近平在巴基斯坦议会的演讲》,《人民日报》,2015年4月22日,第2版。

② 《习近平在"一带一路"国际合作高峰论坛开幕式上的演讲》,《人民日报》,2017年5月14日,第1版。

③ 《商务部:加大对"一带一路"沿线受援国援助力度》,中新网,12月8日电。

来 3 年向参与"一带一路"建设的发展中国家和国际组织提供 600 亿元人民币援助,建设更多民生项目。①商务部援外司负责人随后指出,600 亿元主要包括提供无偿援助和无息贷款,其中 550 亿元是无息优惠贷款。提供优惠贷款一直是中国对外援助的主要资金投入方式,约占七成左右。②通过"一带一路"五年的建设可以发现,中国在以资金方式支持"一带一路"建设时,仍然采用了提供优惠贷款的方式。区别在于,对外援助活动的优惠贷款更多体现在贴息利率方面,而"一带一路"专项贷款利率优惠并不明显,优惠更体现在放贷政策方面。

二、"一带一路"倡议与中国对外援助项目比较

(一) 民生项目

在衡量国家发展的各个维度中,相对于抽象又负有争议的政治民主与进步,以及枯燥而又难以让人理解的经济增长曲线,与人民日常生活息息相关的民生问题是直观而易感受的。在粮食、教育、卫生医疗、就业(关于发展中国家就业率的大部分数据都很明显失实)等民生问题非常尖锐的发展中国家,谈论国家发展问题是有一点奢侈的。有效解决民生问题是发展中国家健康发展的重要基础,如果在粮食、教育、卫生医疗、就业等民生问题上没有取得实质性突破,任何以经济增长数据为衡量指标的发展都是不可以持续的。

民生问题历来是中国对外援助关注的重中之重。《中国的对外援助(2014)白皮书》显示,包括人道主义、农业、物资、社会公共基础设施等民生领域的援助占中国对外援助总资金的45.4%。③2015 年 9 月,习近平主席

---

① 《习近平在"一带一路"国际合作高峰论坛开幕式上的演讲》,《人民日报》,2017 年 5 月 14 日,第 1 版。

② 国务院新闻办公室:《中国的对外援助(2014)白皮书》,第 2—3 页。

③ 中共十八大以来,围绕落实习近平主席宣布的系列重大援助举措,中国在农业、教育、卫生、减贫等领域实施了 2 000 余个民生援助项目,向受援国人民送去"中国温暖"。《积极开展对外援助 推动构建人类命运共同体》,商务部网站,http://www.mofcom.gov.cn/article/ae/ai/201710/20171002656068.shtml.

访问联合国总部并发表演讲,宣布为帮助发展中国家改善民生,未来5年中国将向发展中国家提供一系列新的援助项目:100个减贫项目、100个农业合作项目、100个促贸援助项目、100个生态保护和应对气候变化项目、100所医院和诊所、100所学校和职业培训中心。①"6个100"项目完全是面向发展中国家亟须解决的粮食、教育、卫生医疗、就业等民生问题,为中国对外援助继续聚焦受援国的民生问题注入了新的动力。

中国提出"一带一路"倡议同样是以改善相关国家的民生问题为行动初衷之一的。一方面,中国在"一带一路"倡议下分配出一部分资源用于民生项目的建设。例如,中国政府宣布:将积极调动政府、企业、社会组织等各方资源,与沿线发展中国家和有关国际组织密切合作,共同实施面向沿线发展中国家基层民众的3个"100"(100个"幸福家园"、100个"爱心助困"、100个"康复助医")的小微型民生项目。②另一方面,"一带一路"建设带来的当地国经济增长、就业、交通、通讯等方面的发展利好也可以间接地有利于改善当地国的民生,并且有助于保障中国直接援助项目的长效化。

（二）基础设施建设项目

《中国的对外援助(2014)白皮书》显示,2010年至2012年,交通和能源等经济基础设施项目建设资金量占这一时期中国对外援助资金的44.8%,将近一半。③近年来,在中国提出"一带一路"倡议之后,中国更是加大、加快了"互联互通"类基础设施合作项目的建设,包括铁路、道路、港口、机场、通讯、能源管线等不同领域的项目。这些建设项目的资金并不完全由中国提供,但是其中的很大一部分资金来自中国政府提供的优惠贷款(见表1),因此也可以被视作中国对外发展援助的一部分。"一带一路"倡议提出之后,中国在"一带一路"沿线国家以优惠贷款形式帮助其建设的"互联互通"项目已不再细划为中国对外援助项目还是"一带一路"合作建设项目,都被纳入了"一带一路"建设框架。

---

① 《习近平出席第七十届联合国大会一般性辩论并发表重要讲话》,《人民日报》,2015年9月29日,第1版。
② 《为什么要花这些钱? 怎么花这些钱?——商务部援外司负责人详解"一带一路"合作发展项目》,新华社北京5月15日电。
③ 国务院新闻办公室:《中国的对外援助(2014)白皮书》,第8页。

表 1　中国"一带一路"沿线建设的主要铁路工程及其资金来源

铁路名称	立项时间	项目进展	联通国家	联通城市	资金来源
本格拉铁路	2004 年 6 月	全线完工	安哥拉—赞比亚—刚果（金）	洛比托（港口城市）—加丹加	中国进出口银行提供优惠贷款。
埃塞俄比亚—吉布提铁路项目	2011 年 12 月	全线完工	埃塞俄比亚—吉布提	亚的斯亚贝巴—吉布提（港口城市）	70%资金由中国进出口银行以优惠贷款形式提供。
阿卡铁路	2012 年 8 月	一期完工	尼日利亚国内铁路	阿布贾—拉各斯（港口城市）	中国进出口银行提供优惠资金。
东非铁路	2013 年 8 月	一期完工	乌干达—肯尼亚—坦桑尼亚—卢旺达	马拉巴—蒙巴萨（港口城市）	中国进出口银行提供贷款。
尼日利亚沿海铁路	2014 年 11 月	前期准备	尼日利亚国内铁路	拉各斯（港口城市）—卡拉巴	中国进出口银行提供贷款。
中巴铁路	2015 年 4 月	可行性研究	中国—巴基斯坦	喀什—瓜达尔港（港口城市）	中方提供优惠贷款。
两洋铁路	2015 年 5 月	可行性研究	巴西—秘鲁	里约热内卢州（港口城市）—卡亚俄港（港口城市）	中国国家开发银行提供优惠贷款。
中泰铁路	2015 年 8 月	达成意向	中国—泰国	昆明—曼谷（港口城市）	中国提供部分资金。
雅万高铁	2015 年 10 月	签署协议	印度尼西亚国内铁路	雅加达（港口城市）—万隆	中国国家开发银行提供优惠贷款。
中老铁路	2015 年 11 月	开工建设	中国—老挝	玉溪—万象	两国政府共同出资 40%。其中，中国政府出资 70%，老挝政府出资 30%。余下的 60%由中老两国有关企业共同投资。

中国"一带一路"倡议和中国的对外援助活动都瞄准了"互联互通"项目,因为"互联互通"有利于对接不同发展阶段的各国政策和发展战略,深化务实合作,促进协调联动发展,实现共同繁荣。在中国看来,"互联互通"应该成为发展中国家实现快速发展,以及世界各国发展合作的基础条件。

(三)工业化项目

大部分"一带一路"倡议沿线上的发展中国家工业化进程都比较缓慢,而历史经验表明,工业化是绝大多数发展中国家实现国家发展,跻身发达国家不可逾越的阶段。中国明确提出,希望借助"一带一路"倡议帮助发展伙伴实现工业化加速发展。2015年中非合作论坛通过的《约翰内斯堡行动计划》强调,工业化是非洲实现自主可持续发展的必然途径,中非开展产业对接与产能合作互有需要、互有优势、互为机遇,双方愿将中国优势产业和优质产能同非洲实现工业化和经济多元化紧密结合起来,推动双方合作全面发展。①习近平主席2015年12月在中非领导人与工商界代表高层对话会上指出,非洲方兴未艾的工业化使非洲成为增长最快和最有希望的大陆。中国真诚希望同非洲国家分享中国工业化经验,愿为非洲工业化进程提供资金、技术、人才支持。②

中国境外工业合作区是中国通过"一带一路"倡议推动对象国加速工业化的重要项目抓手。2015年6月,经商业部批准,中国境外合作区投资促进工作机制正式建立,明确中国在境外与当地国合作建设的境外经贸合作区在业务上受商务部合作司指导。截至2017年年底,中国企业在"一带一路"沿线24个国家建设并初具规模的经贸合作区共有75个,仅中国企业在境外经贸合作区累计投资就达到307亿美元,为当地创造就业岗位25.8万个。③通过有偏向性地向制造业企业提供补贴贷款和政策优惠的形式,中国投资建设的境外经贸区绝大部分都是工业园区,中国希望以工业园区建设的示范效应推动当地国实施工业化发展战略的目的比较清晰。④

---

① 《中非合作论坛—约翰内斯堡行动计划》,http://www.fmprc.gov.cn/ce/cech/chn/ssyw/t1323148.htm,2018-03-27。

② 《愿为非洲工业化进程提供支持》,《新华每日电讯》,2015年12月5日,第1版。

③ 《工信部:我国将深化制造业开放合作》,《光明日报》,2018年5月1日,第5版。

④ 《境外经贸合作区:"一带一路"双赢平台》,http://zt.ccln.gov.cn/dgzl/cgzs0/57987.shtml。

而相比较之下,工业化项目却不是中国对外援助的主要投入方向,2012 年至 2014 年,工业化项目在 580 个中国对外援助项目中占 2.6%,工业化项目在 893.4 亿元人民币中国对外援助资金中占3.6%。[①]这些工业化项目几乎全部是受援国主动提出的援建项目,中国在对外援助时也没有明确提出工业化进程与国家发展之间的联系。

三、"一带一路"倡议与中国对外援助绩效比较

中国对外援助活动的成效首先体现在解决受援国民生问题上,改善其基本的生存条件。中国对外援助在提高受援国教育水平,改善医疗服务,建设社会公益设施等方面取得了令人瞩目的成就。以社会公益设施为例,社会公益设施是中国对外援助资源投入比较大的一个方向,作者根据公开资料统计了 2011 年以来开工建设的中国对欠发达国家大型公共设施援建项目,如表 2 所示。中国对外援建公共设施项目类型非常集中,可以分为两类:一类是政府办公项目,包括国际会议中心、总统府、议会办公楼、外交部办公楼等;另一类是文体项目,包括体育场与剧院等。从项目造价上看,不包括少数无法获得公开造价数据的项目,这些公共设施造价都比较高,除了改造维修项目在 1 亿元人民币以下,其他的新建项目大都在 2 亿元人民币以上。中国帮助发展中国家建设新的办公楼、国际会议中心、大型体育场、文化活动中心,有利于凝聚该国人心,增强民族自豪感,同时体现了该国的开放性与进步性,以及政治与社会的稳定。

同时,中国对外援助对受援国长远的发展规划也起到一定的推动作用。中国提出,要积极帮助其他发展中国家建设基础设施,加强能力建设和贸易发展,加大对环境保护领域的援助投入,帮助受援国实现经济社会发展。[②]但是,这些作用于长远发展规划的基础设施援助项目主要由受援国提出,中国经过调研后认为项目可行而实施立项。换句话说,中国对外援助的发展效果很大程度上取决于是否能够满足受援国需求。例如,库

---

① 国务院新闻办公室:《中国的对外援助(2014)白皮书》,第 9—10 页。
② 同上,第 8 页。

克群岛颁布了一项三年规划以合理使用中国援助,并确保中国的援助项目与库克群岛的《国家可持续战略计划》所定的发展目标吻合。[1]

五年来,中国"一带一路"倡议提出的以"互联互通"为发展前提,以"工业化"为发展产业支撑的发展理念越来越得到广大发展中国家的接受和欢迎。2016 年 7 月《第十一届亚欧首脑会议主席声明》明确提出:将亚欧会议活动更多聚焦于"互联互通",有助于提升亚欧会议的影响力。领导人重申决定将"互联互通"主流化,将政治、经济、数字化、机制、社会文化和人员交往等各领域"互联互通"纳入亚欧会议相关活动。[2]联合国工业发展组织总干事李勇认为,联合国发展峰会通过的 2030 年可持续发展议程中,把推动可持续工业化列为全球发展目标之一。各发展中国家应当紧紧抓住"一带一路"倡议对加速和深入南南合作的潜在贡献,以及对发展中国家的科技合作的影响,从而推动全球工业包容和可持续发展。[3]

表2　2011 年以来中国开工援建的大型公共设施

单位:百万元人民币

国　家	项目名称	开工时间	移交时间	投资额	项目性质
老挝	国际会议中心	2011.1	2011.9	405	政府办公
塞内加尔	圣路易马瓦德·瓦德体育场维修项目	2011.2	2014.10	—	文化体育
毛里塔尼亚	总统府办公楼、国际会议中心维修	2011.7	2012.11	69	政府办公
乍得	议会大厦	2011.7	2013.11	207	政府办公
赤道几内亚	外交部办公楼	2011.9	2015.1	—	政府办公
科特迪瓦	外交部办公楼维修	2011.12	2016.11	—	政府办公
柬埔寨	参议院新建办公楼及改造议长办公楼和会议厅	2012.1	2014.1	50	政府办公

① Dornan M., Brant P., "Chinese Assistance in the Pacific: Agency, Effectiveness and the Role of Pacific Island Governments", *Asia & the Pacific Policy Studies*, Vol.1, No.2, 2014, pp.349—363.

② 外交部文件:《第十一届亚欧首脑会议主席声明》。

③ 2018 年 4 月 20 日联合国工业发展组织总干事李勇在联合国工业发展组织主题日暨"一带一路"跨境合作论坛上的讲话。

国 家	项目名称	开工时间	移交时间	投资额	项目性质
秘鲁	中秘友谊馆	2012.9	2015.3	—	文化体育
巴布亚新几内亚	国际会议中心	2012.11	2016.1	117	政府办公
瓦努阿图	国家会议中心	2013.1	2016.5	91	政府办公
科特迪瓦	文化宫升级改造	2013.6	2016.5	200	文化体育
阿尔及利亚	歌剧院	2013.7	2016.2	272	文化体育
加纳	海岸角体育场项目	2013.7	2016.1	—	文化体育
塞内加尔	黑人文明博物馆	2013.12	2015.12	180	文化体育
格林纳达	国家田径场	2013.12	2016.1	149	文化体育
佛得角	总统府改扩建项目	2014.4	2015.12	68	政府办公
萨摩亚	体育设施维修改造项目	2014.9	2015.6	700	文化体育
几内亚比绍	司法大楼	2014.10	2016.1	89	政府办公
越南	越中友谊宫	2014.12	在建	180	政府办公
老挝	人民革命党中央办公楼	2015.2	2016.3	324	政府办公
刚果（金）	政府综合办公楼项目	2015.8	在建	—	政府办公
布隆迪	总统府	2015.11	在建	—	政府办公
卢旺达	政府综合办公楼	2016.3	在建	260	政府办公
多哥	议会大厦	2016.6	在建	110	政府办公
科特迪瓦	阿比让奥林匹克体育场	2017.1	在建	647	文化体育
马里	国际会议中心维修	2017.2	在建	150	会议中心
柬埔寨	国家体育场	2017.4	在建	1 100	文化体育
利比里亚	政府办公楼	2017.5	在建	250	政府办公
刚果（布）	新议会大厦	2017.5	在建	346	政府办公
利比里亚	议会辅楼	未开工		141	政府办公

资料来源:商务部网站,资料截至 2017 年 7 月。

特别需要予以特别注意的是,五年来,中国"一带一路"倡议在规则和标准"互联互通"方面已经取得一定效果,特别是在政策与法律层面积极影响了合作伙伴。为了获得来自中国的"一带一路"建设项目——大部分为利用优惠贷款进行的基础设施工程建设,以及邀请中国企业到本国投资建设境外经贸合作区,一些发展中国家政府主动制定更加灵活的政策,优化发展战略,改善自身的投资建设环境,为外来的投资建设提供支持。①为了配合中国与巴基斯坦合作的瓜达尔港经济特区的建设,巴基斯坦政府针对能源、税制等国内投资短板,专门为投资者出台了新的政策来鼓励投资:一是保障能源,即保障经济特区的电力和天然气供应方面享有优先权;二是减免税收,即为经济特区投资的企业提供为期10年的税收假期,并为企业有关生产设备的进口给予免关税待遇;三是一站式服务,即为有意投资经济特区的投资者提供一站式快捷服务。②这些优惠政策不止对中国投资者,对任何来巴基斯坦投资的外来投资者都适用。而为了适用中国在尼日利亚莱基自由贸易区建设的需要,尼日利亚国内甚至还修订了法律。尼日利亚1992年修订的投资法规定,投资者在尼日利亚国内最多只能出售其25%的股份,在境外经贸合作区建设被尼日利亚政府认为有助于其发展经济之后,这项国家保护主义的法律被认为损害了国家利益,在2014年被废除。

而在更高层次上,自"一带一路"倡议提出以来,很多发展中国家便开始寻求将本国的发展战略与"一带一路"倡议战略对接。这些战略对接不仅停留在口号阶段,而且以联合声明和具体合作备忘录形式明确下来。如在2016年10月习近平主席访问柬埔寨期间,中柬两国发表联合声明:双方同意加快中国"一带一路"倡议、"十三五"规划同柬埔寨"四角"战略、"2015—2025工业发展计划"的有效对接,制定并实施好共同推进"一带一路"建设合作规划纲要,落实好产能和投资合作谅解备忘录及产能与投资合作重点项目协议。目前,"一带一路"倡议已经与俄罗斯"欧亚经济联盟"、蒙古国"草原之路"战略、哈萨克斯坦"光明大道"战略、柬埔寨的"四角"战略、印度尼西亚的"全球海洋支点"构想、越南"两廊一圈"等国家和地

① Claude Baissa, "Planned Obsolescence? Export Processing Zones and Structural Reform in Mauri", https://www.mendeley.com/research-papers/planned-obsolescence-export-processing-zones-structural-reform-mauritius/, 2018-03-18.

② 《中国租瓜达尔港43年 巴政府为投资者出台三大利好政策》, http://news.cnr.cn/native/gd/20150910/t20150910_519836178.shtml, 2018-03-18.

区的战略规划形成对接。巴基斯坦与"一带一路"倡议的战略对接态度尤为积极。巴基斯坦交通部副部长阿尔塔夫·阿斯加尔（Altaf Asghar）表示,巴基斯坦新的道路规划首先要保证与中巴经济走廊的规划相契合,巴方资源优先保证中巴经济走廊交通项目的建设。①

四、发展视域下的"一带一路"
倡议与中国对外援助

通过对"一带一路"倡议与中国对外援助政策、项目和绩效的比较研究可以发现,中国"一带一路"倡议的合作伙伴与中国对外援助的对象国有很大的重合性,都是面向广大的发展中国家,"一带一路"倡议已经超越了地理上的"一带一路"概念,成为中国开展全球范围内发展合作的平台。中国在政策文件中一般把对外援助活动也称为经济合作活动,签订的对外援助协议称为经济合作协议,因为中国认为援助应该是平等和相互的,中国的对外援助活动应当既能够促进受援国发展,又能带动中国自身的发展。而中国发起的"一带一路"倡议更是明确提出"要聚焦发展这个根本性问题,释放各国发展潜力,实现经济大融合、发展大联动、成果大共享"。因为,中国"一带一路"倡议与中国对外援助活动都是围绕"发展"这一人类根本性问题来展开的,需要在发展视域下审视两者关系。

"仓廪实而知礼节,衣食足而知荣辱。"中国对外援助活动起步于中国建国初期,中国对非洲国家的第一笔援助物资是 1960 年 7 月无偿援助几内亚一万吨大米,由此打开了中国对非洲大规模援助的大门。长期以来,中国希望通过利用其有限的对外援助资源帮助受援国"吃饱穿暖",中国认为"生存权"是发展中国家优先的"发展问题"。中国在这些受援国实施的一些公共设施援助项目、基础设施援助项目,以及有限的工业援助项目,大部分是由受援国提出要求援建的。一方面,中国是为了表现尊重受援国的发展自主

---

① 2017 年 1 月 30 日笔者在伊斯兰堡对巴基斯坦交通部副部长阿尔塔夫·阿斯加尔（Altaf Asghar）的访谈,阿斯加尔先生对照地图对笔者详细讲解了中巴经济走廊的交通项目情况与巴方未来交通规划情况,并解释了两者之间紧密的对接关系。

性;另一方面,主要也是因为中国自身的发展建设经验还不丰富,对受援国的国情也缺乏了解,难以满足受援国希望得到中国发展指导的需求。中国的资金援助形式主要以贴息优惠贷款为主,这种形式的资金援助虽然能够减轻受援国的经济负担,但同时也限制了中国对外援助的资金规模。

进入 21 世纪以来,随着联合国千年发展目标的推动落实,广大发展中国家的民生问题已经得到一定程度的改善;另一方面,非洲、南亚等地区的发展中国家近年来保持了较快的经济增长率,广大发展中国家的发展热情高涨。2013 年,中国提出"一带一路"倡议,顺应了这一发展历史趋势,大量的"互联互通"类基础设施、境外经贸合作区等项目建设,有助于受援国加快其国内市场与国际市场的对接、企业的现代化转型,以及市场机制的完善。而在实际建设过程中,基础设施建设这种大型工程的开展,以及境外工业合作区这种新的经济和贸易合作形式不断会出现新的问题和困难,甚至陷入危机,挑战了发展中国家政府治理能力,迫使发展中国家政府通过优化政策、完善法律、提高效率等方式不断地提升自身处理新的经济建设和贸易合作的能力,以顺利度过危机。菲利普·布兰特(Philp Brant)将这个过程概括为"干中学"。①中国通过"一带一路"倡议实现了帮助发展中国家市场经济体系和政府治理能力共同发展。

政府与市场关系是政治经济学中最为基本,值得不断对其进行深入研究的一个问题。与发生在发达国家中的,政府与市场之间政策的"微调"不同,对于发展中国家而言,政府与市场关系具有不同意义,发展中国家政府与市场经常同时处于激烈的变革中,这既容易因为成功的变革带来经济的快速增长,也容易因为失败的变革带来社会的崩溃。既有发展理论认识到,不管政府还是市场都存在功能的有限性,发展中国家在发展过程中既有"政府失灵"问题,也有"市场失灵"问题。多数发展理论将"政府"与"市场"设立为跷跷板的两端,或者政府多一点市场少一点,或者政府少一点市场多一点,寻求双方协作的均衡点。这些理论前提是将"政府"与"市场"设立为对立面,或者政府干预市场,或者市场排斥政府。但一个不能忽视的事实是,大部分发展中国家既没有强有力的政府,也不存在一个生机勃勃的市场。

---

① Philp Brant. Chinese aid in the Pacific, 2015, http://apo.org.au/node/53695, 2018-05-13.

中国的发展经验证明,政府治理能力与市场经济体系共同发展是可能的。

如果说传统意义上的中国对外援助活动是"授人以鱼",通过粮食、医疗、教育、社会基础设施援助等形式来改善发展中国家的民生问题;那么新时代下的中国"一带一路"倡议就是"授人以渔",通过经济设施建设、境外经贸合作区建设、发展经验交流等形式来帮助发展中国家实现发展问题。中国对外援助活动向中国"一带一路"倡议的扩展体现了中国对于发展问题认识不断成熟和深刻的过程。经过新中国成立后近 70 年的发展摸索,特别是改革开放 40 年来的发展实践,中国已经形成一套内涵较为丰富的发展理念,如以互联互通基础设施建设为突破口,以经济一体化为优先发展方向的发展导向;以工业化带动贸易化,以贸易化带动现代化的发展思路;既要重视市场经济体系建设,又要重视政府治理提高的发展目标。这些经过了中国发展实践检验的发展理念引发了广大发展中国家极大的学习兴趣,并通过"一带一路"倡议这一合作平台在合作伙伴国落地生根。五年来,亚吉铁路、蒙内铁路、斯里兰卡汉班托塔港等"一带一路"倡议项目的建成推动了当地经济和社会的发展,越来越多的发展中国家参与到"一带一路"倡议合作中来,事实上接受中国的发展理念,这说明中国发展经验与知识已经成功融入到既有的人类发展知识体系中。

总之,"一带一路"倡议与中国对外援助活动都是中国对外发展合作的一种形式,中国对外援助是新中国成立以来中国对外发展合作的历史延续;"一带一路"倡议是新时代内涵更为丰富、内容更为广泛的中国对外发展合作。不易将中国的对外发展合作项目细分为"一带一路"建设项目还是中国对外援助项目,大部分的中国"一带一路"建设项目都带有部分的资金或政策优惠成分;而绝大部分中国对外援助项目都投向了中国"一带一路"倡议合作伙伴国。不管是更为聚焦于民生问题的中国对外援助活动,还是更为着力于发展经济的"一带一路"倡议,都体现了中国的人类命运共同体思想,中国人民不仅希望自己过得好,也希望各国人民过得好,坚持对话协商、共建共享、合作共赢、交流互鉴、绿色低碳,建设一个持久和平、普遍安全、共同繁荣、开放包容、清洁美丽的世界。①

---

① 《习近平出席"共商共筑人类命运共同体"高级别会议并发表主旨演讲》,《人民日报》2017 年 1 月 20 日,第 1 版。

"一带一路"倡议与中亚发展战略对接研究

萧净宇　黄萧嘉[*]

【内容提要】　在"一带一路"倡议稳步推进的背景下,中亚五国作为"丝绸之路经济带"沿线的重要国家,是保障"一带一路"倡议成功实施的中坚力量。"人类命运共同体"的提出昭示任何战略的实施都不应是单向的,而是需要通过参与各方的战略对接,实现互利互惠、共同发展。"一带一路"与中亚发展战略的对接正是这一理念的体现,因而意义重大。目前,中亚各国出于经济、安全、文化等多方面考虑,总体对"一带一路"倡议持有积极的态度。但"一带一路"在与中亚战略的对接中仍面临一些障碍与挑战。尽管如此,这一对接具有可行性和广阔的前景。而面对对接所遇到的障碍与挑战,中国必须作出战略选择。其中主要是加强区域一体化建设,重视信息安全等非传统安全领域的合作,有的放矢地提供区域性公共产品,同时加强对中亚周边关系的考量。

【关键词】　"一带一路"倡议;中亚五国;战略对接;区域性公共产品

【Abstract】　Under the steady progress of the Belt and Road Initiative, the five Central Asian countries, as important countries along the "Silk Road Economic Belt", are the backbone of the Initiative's success. The proposal of the "Community of a Shared Future" shows that the implementation of any strategy should not be unidirectional, instead, in order to achieve mutual benefit and common development, all involved parties need to perform a strategic integration. The integration between Belt and Road Initiative and Central Asian countries' development strategies reflects this concept and is of great significance. At present, out of economic, security, and cultural considerations, Central Asian countries are generally positive about the Belt and Road initiative. Although the Initiative still faces some obstacles and challenges in its strategic integration with Central Asia, there are feasibility and broad prospects in this integration. Faced with the challenges, China should make strategic choices. The primary options are strengthening regional integration, enhancing the cooperation in the field of non-traditional security such as that of information safety, providing effective public goods, and increasing the examination of peripheral relations.

【Key Words】　the Belt and Road Initiative; the five Central Asian countries; the integration between Belt and Road Initiative and Central Asian countries' development strategies; Regional public goods

*　萧净宇,广东外语外贸大学教授;黄萧嘉,清华—约翰·霍普金斯SAIS全球政治与经济双硕士研究生。

2013 年 9 月,中国国家主席习近平提出了"一带一路"倡议;2017 年 10 月,中共十九大又将"构建人类命运共同体"的理念作为习近平新时代中国特色社会主义思想的核心构成。由此体现出中国作为新兴大国的战略纲领。随着"一带一路"倡议的提出与推进,中国走向世界的步伐日益加快,中国同世界各国的关系日益密切。"一带一路"涉及六十多个国家。其中,中亚①作为其沿线的重要节点,是当代世界大国国际政治博弈的焦点之一。中亚位于欧亚大陆的中心,是中国向西开放的最前沿和在欧亚大陆的战略支点。近代英国地缘政治学家麦金德(Halford John Mackinder)认为它是整个"世界岛"的"心脏地带",谁掌握了这一中心地带,谁就无异于占领了世界战略制高点。②当代美国外交战略家布热津斯基(Zbigniew Brzezinski)也极为重视该地区的战略意义,称其为"大棋局"中的四大关键区域之一。③他们的理论影响了 20 世纪国际政治的发展趋势,率先成为美、俄等国制定中亚外交战略的重要依据。而我国"一带一路"倡议作为构建中国与中亚"合作共赢"的桥梁,其提出与实施不仅令世界瞩目,更对中国与中亚国家的战略对接提出了与时俱进的要求。

一、"一带一路"倡议与中亚发展战略对接的可行性分析

"一带一路"由"丝绸之路经济带"和"21 世纪海上丝绸之路"构成,是东西方贸易和文化交流的重要通道。它一端是充满活力的东亚经济圈,另一端是繁荣发达的欧洲经济圈,中间是发展潜力巨大的发展中国家和新兴国家。"一带一路"倡议在陆上依托传统国际大通道,以沿线中心城市为战略节点,打造新的亚欧大陆桥和国际经济合作走廊;在海上以沿线港

---

① 作为一个地理概念,中亚一词具有广义和狭义之分。本文中的"中亚"为狭义上的中亚,即仅指包含哈萨克斯坦、吉尔吉斯斯坦、土库曼斯坦、乌兹别克斯坦和塔吉克斯坦的中亚五国。

② 麦金德:《历史的地理枢纽》,林尔蔚、陈江译,商务印书馆 1985 年版,第 13 页。

③ 布热津斯基:《大棋局》,中国国际问题研究所译,上海人民出版社 1985 年版,第 197 页。

口为支撑,建设安全、顺畅、高效的国际运输大通道。

（一）"一带一路"倡议的战略要点

2015 年 3 月由国务院授权,国家发改委、外交部和商务部联合发布的《推动共建丝绸之路经济带和 21 世纪海上丝绸之路的愿景与行动》将"五通",即政策沟通、设施联通、贸易畅通、资金融通、民心相通五个方面作为"一带一路"倡议的主要内容,并在我国内蒙、西北、东北、东部沿海地区、西南地区和中部内陆地区分别部署了与沿线主要国家的对接实践。

表 1 "一带一路"倡议线路规划

丝绸之路经济带	线路 1	中国—中亚—俄罗斯—欧洲(波罗的海)
	线路 2	中国—中亚—西亚—波斯湾—地中海
	线路 3	中国—东南亚—南亚—印度洋
21 世纪海上丝绸之路	线路 1	中国沿海港口—南海—印度洋—欧洲
	线路 2	中国沿海港口—南海—南太平洋

资料来源:《推动共建丝绸之路经济带和 21 世纪海上丝绸之路的愿景与行动》,http://www.xinhuanet.com/world/2015-03/28/,2018-03-28。

上述规划线路中,"一带一路"直接对中亚发生作用的是"丝绸之路经济带",尤其是线路 1 和线路 2。它们分别对应以欧亚大陆桥为主的北线和以石油天然气管道为主的中线。其中的线路 3 和"21 世纪海上丝绸之路"则间接对中亚发生作用。但无论如何,"一带一路"作为"中国向世界提供的公共产品"[①],其"五通"政策对其沿线国家乃至全世界都具有重要意义。它不仅反映了中国积极参与全球治理和国际区域合作的愿望与努力,还有助于沿线国家创新区域合作模式,促进区域一体化的发展,探寻新的经济增长点,进而推动全球化均衡发展。

（二）中亚国家发展战略概要

20 多年来,中亚国家一直在探索自己的发展道路,推行"经济优先"和"多元外交"的务实政策。历年的国情咨文宣传并体现了各国发展战略的变迁,为考察中亚各国发展战略提供了依据。

---

① 王毅:《"一带一路"构想是中国向全世界提供的公共产品》,http://www.fmprc.gov.cn/web/wjbz_673089/xghd_673097/t1247712.shtml,2018-03-28。

例如,哈萨克斯坦总统纳扎尔巴耶夫(Нурсултан Абишевич Назарбаев)在 1997 年发表国情咨文《哈萨克斯坦—2030:所有哈萨克人民的繁荣、安全和改善福利》,对哈萨克斯坦发展战略方向与任务起到一定的指导作用。同时提出在 2030 年前的七个优先领域:(1)国家安全、(2)内政稳定与社会和谐、(3)发达的市场经济和高水平吸引外资投资基础上的经济增长、(4)卫生保健、教育和社会福利、(5)能源、(6)基础设施,尤其是交通和通讯、(7)最小化和专业化的国家机构。①在随后的每一年中,哈萨克斯坦总统都会发表国情咨文。2012 年发表的国情咨文《哈萨斯斯坦—2050年——健全国家的新政方针》首次提出哈萨克斯坦 2050 年的发展战略目标是,在提升国力,发展经济和全员劳动潜力的基础上,2050 年要跻身世界发展中国家前 30 强行列。2014 年的总统年度国情咨文提出了《哈萨克斯坦"阳光大道"新经济政策》。为此,哈政府制定出一系列发展规划,其中最主要是推出了"基础设施建设计划",主要包括:完善交通—物流基础设施,加快工业基础设施建设,发展能源基础设施建设;优化住宅公共事业基础设施建设及供水供热网络建设,加强社会事业基础设施发展,以及继续扶持中小企业和商业经营。此外,也强调重点发展多媒体、航天、机器人等技术,还规定了实现上述目标的手段,其中包括改善投资环境、实行国际标准、保护私有产权以及外国投资商的权利和合法利益,实施工业集群式发展。②在 2018 年的国情咨文中,哈萨克斯坦 2050 年的发展战略再次被提及,强调哈萨克斯坦长期发展目标不变,同时要能成功驾驭和适应世界第四次工业革命。③

2013 年,乌兹别克斯坦政府与联合国发展规划署、世界银行等开始合作制定《乌兹别克斯坦 2030 年前结构改革国家战略》。设定国家发展目标是进入世界中等收入国家行列。具体措施包括加速发展生产,改善工业结构,继续推动经济自由化和产品出口。乌兹别克斯坦总统在 2018 年国

①　«Первое Послание Президента народу Қазахстана: «Қазахстан—2030». Процветание, безопастность и улучение благосостояния всех казахстанцев», долгосрочные приоритетные цели развития РК(1997 г.), https://infopedia.su/9x3f7.html, 2018-03-28.

②　«Послание Президента Республики Казахстан Н. Назарбаева народу Казахстана», http://www. akorda.kz/ru/addresses/, 2018-03-22.

③　«Послание Президента Республики Казахстан Н. Назарбаева народу Казахстана», http://fakt.kg/?p=56402, 2018-03-28.

情咨文中指出,2018年国家的主要工作是继续支持创业活动和科技创新,为此要引进先进技术,鼓励国民赴国外先进机构学习并与之建立互利合作。①

土库曼斯坦制定了多元战略,除了大力发展自由经济和加强本国工业产品在国际市场上的份额以外,还鼓励天然气出口。为此,土库曼斯坦与中国进行战略对接,合作修建了土库曼斯坦—阿富汗—巴基斯坦—印度管道和跨里海天然气管道。在2018年,土库曼斯坦总统宣布"土库曼斯坦是伟大丝绸之路的心脏",并强调国家战略的重点是以团结、全面合作和开放为基础,确保经济加速发展和人民生活改善,进一步提升国家声望,扩大与其他国家各种组织的平等互利的合作。②

吉尔吉斯斯坦一直致力于推行可持续发展战略。总统热恩别科夫(Сооранбай Жээнбек)在2018年新年致辞中提出要致力于构建廉洁公正的社会,坚决扫除腐败,保障民族的统一与完整,提高社会保障效果,改善投资环境,去除国际交通死角。在与哈萨克斯坦总统交换致辞时,他还表示,坚信"中国—吉尔吉斯—乌兹别克斯坦铁路"建设的顺利建成将使吉尔吉斯斯坦变成过境运输的重要结点。③

塔吉克斯坦总统拉赫蒙(Эхмомали Рахмон)在2015年发布的国情咨文中宣布至2030年国家战略的发展重点,确定了在能源、交通、工业、农业、金融五个国民经济领域的优先发展方向。在2018年发布的国情咨文中,拉赫蒙进一步指出,无论世界局势和安全问题如何,塔吉克斯坦都会朝着经济可持续增长和实施战略目标的道路前进,以确保人民过上好日子。此外,他还指出,对于塔吉克斯坦来说,重要的是与全球和各区域构成的各级组织的更深的一体化,并与之建立广泛合作,为此要反恐、开放、合作、保护国家的安全和利益、吸引外资、创造有利的外部条件,以确保国家

① «Послание Президента Республики Узбекистан Шавката Мирзиёева Олий Мажлису,Ташкент,Узбекистан(UzDaily.uz)»,https://www.uzdaily.uz/articles-id-35503.htm,2018-03-22.

② «Обращение Президента Туркменистана Гурбангулы Бердымухамедова к туркменскому народу»,http://www.turkmenistan.gov.tm/?id=15795,2018-03-28.

③ «Полный текст Послания президента Эмомали Рахмона к парламенту»,http://avesta.tj/2017/12/22/polnyj-tekst-poslani ya-prezidenta-emomali-rahmona-k-parlamentu/22 декабря 2017,2018-03-22.

可持续发展。①

总体而言,中亚国家的发展战略均以发展经济、加强基础设施建设、开放合作和提高人民生活水平为主要目标,这与中国"一带一路"倡议的目标一致。

(三)"一带一路"与中亚发展战略对接的有利条件

正如中国外交部前部长杨洁篪所言,"对接不是你接受我的规则,也不是我接受你的规则,而是在相互尊重的基础上,找出共同点与合作点,进而制定共同的规则"。②战略对接是有条件的,即首先需要共同的对接愿望、良好的合作基础和对接能力。

1. 对接的共同愿望

中国与中亚发展战略对接首先是基于双方强烈的对接愿望。从经济贸易看,双方市场具有相互吸引力。一方面,中国是全球第一制造业大国和最大的发展中国家,城市化的快速推进和工业化的高速发展加剧了对能源及资源的进口需求。而且,中国人民生活水平的提升导致人均农畜产品消费水平不断上升,伴随着农业用地的减少,国内农业自给自足的历史已经结束,需要进口农畜产品来补充市场。而中亚地区石油、天然气等能源资源和农畜产品丰富,相关产品出口可以在满足其发展战略目标的同时为中国市场提供有益补充;另一方面,中国在国际贸易中占优势的是轻工、电子、机械等品类,而中亚国家对这些产品的需求有着很大空间。从安全合作领域看,安全合作是中国与中亚区域合作的重心。上海合作组织成立的主旨之一就在于建构地区安全共同体,使各成员国为《打击恐怖主义、分裂主义和极端主义上海公约》而紧密协作。从基础设施看,中亚国家的社会发展和各类基础设施的建设水平均属于欠发达水平。这主要是因为中亚国家资金投入和技术力量不足,而中国的基础建设经验恰恰可以在这方面提供支持和援助。

所以,"一带一路"倡议提出后,中亚国家纷纷表现出积极对接的愿望,

---

① 《Полный текст Послания президента Эмомали Рахмона к парламенту》, http://avesta.tj/2017/12/22/polnyj-tekst-poslani ya-prezidenta-emomali-rahmona-k-parlamentu/22 декабря 2017, 2018-03-22.

② 杨洁篪:《深化互信、加强对接,共建 21 世纪海上丝绸之路》, http://www.fmprc.gov.cn/ce/cejp/chn/zt/2015boaoa/t1249891.htm, 2018-03-22。

希望借中国提供的"丝绸之路经济带"倡议改善本国基础设施建设,实现自身经济发展的多元化,加快工业化进程。共建丝绸之路经济带已纳入中国与中亚五国签署的联合宣言等政治文件,中国与哈、塔、吉三国还分别签署了双边合作协议。中亚五国的国家发展战略都与丝绸之路经济带建设形成了契合点。哈萨克斯坦的哈萨克电视台2015年9月1日报道说,哈萨克斯坦总统纳扎尔巴耶夫在中国访问期间指出,中国提出的"丝绸之路经济带"计划与哈萨克斯坦的"阳光之路"计划将协同发展。[①]这种供需关系的动态平衡有利于促进双方战略对接和利益互补,发展共享的新增长点。

2. 多元合作与利益对接的基础

2015年10月1日报道,纳扎尔巴耶夫总统在会见中华人民共和国总理李克强时"特别强调了'一带一路'和'丝绸之路'的重要性,认为这条道路将会推动中亚所有国家的发展"。[②]吉尔吉斯斯坦学者科热米亚金(Сергей Кожемякин)认为"丝绸之路经济带"贯穿中亚国家,直达德黑兰,其重要意义在于不仅开辟了联结中国与伊朗的铁路干线,还使经济带沿线的中亚国家受益。[③]而中国"合作共赢"的理念及"一带一路"战略开放、包容的特性也为其与中亚发展战略的对接提供了顶层设计的保障和理念的支撑。

例如,2011年6月,中国与哈萨克斯坦签订《发展全面战略伙伴关系的联合声明》,并在此基础之上于2013年9月又签订《进一步深化全面战略伙伴关系的联合宣言》。此外,中国与其余四个中亚国家也分别建立了战略伙伴关系。中国与中亚谋求共同利益,政治互信度逐步提升,经济供需关系不断平衡,在科技、文化、军事、教育等方面的交流与合作迅速发展,并建立了相对完整的合作框架和机制,这成为推动双方战略对接的黏合剂。

---

① Программа телевидения 《 Kazakh. kz 》, Елбасы КХР-даты мемлекеттік сапары барысында казахстадых БАК екілдерімен де, тілдесті, 2 сентября 2015, http://video.mivzakon.co.il/, 2018-02-26.

② Программа телевидения 《 Kazakh. TV. KZ 》, Елбасы КХР Мемлекттшк кенесініц премьерімен кездесті, 1 октября 2015г., http://www.kt.kz/kaz/, 2018-03-22.

③ Сергей Кожемякин, В фокусе—Центральная Азия, 《 Правда 》, Москва, РФ., 2015, №.29, https://dlib.eastview.com/browse/doc/43355439, 2018-03-22.

表 2　中国在中亚既有的对接合作机制

产品类型	产　品　名　称
区域合作组织	上海合作组织(SCO)、欧亚会议(ASEM)
次区域合作组织	中亚区域经济合作(CAREC)
经济走廊	中国—中亚—西亚经济走廊产业合作、新欧亚大陆桥产业合作

资料来源:《推动共建丝绸之路经济带和21世纪海上丝绸之路的愿景与行动》,http://www.xinhuanet.com/world/2015-03/28/,2018-03-28。

正是在现有的合作机制框架下,中国与中亚国家进行了发展战略的有效对接。中国已与哈萨克斯坦的"光明之路"、塔吉克斯坦的"能源交通粮食三大兴国战略"、土库曼斯坦的"强盛幸福时代"和"民族文化发展战略与实践"、塔吉克斯坦的"2000—2020年发展规划"等战略实现了有效对接。

3. 良好的对接能力

"一带一路"与中亚发展战略既有的对接合作主要集中在反恐安全、能源、贸易投资、金融合作、基础设施建设等领域,具有合作领域广泛、合作方式多样化的特点。中亚各国积极将各自的发展战略与"一带一路"建设对接,致力于通过深化与中国各领域务实合作实现民族振兴和共同发展。除了安全合作,在互通互联方面,双方正加快完善公路、铁路、口岸、管道、通信线路、航线网络建设,积极开展陆海联运,努力打造现代化"立体丝绸之路"。在产能合作方面,中哈两国先行先试,并力探索国际产能合作新模式。在金融合作方面,中亚国家积极参与组建亚投行,努力探索"一带一路"建设新的融资模式,不断扩大与中方在本币支付和结算方面的合作。[①]其中成功的案例不少,如在基础设施方面,中国与中亚国家建设了阿拉山口口岸和霍尔果斯口岸等中哈边境口岸,开通了乌鲁木齐、霍尔果斯和喀什三个面向中亚的国际物流基地;在铁路运输合作方面,除了新欧亚大陆桥(1992年12月开通)和中国—中亚—欧洲班列可以接驳中亚外,中国义乌、北京、青岛、连云港、西安等城市也作为首发站开通了从中国到中亚的

---

① 钟声:《中国—中亚,"一带一路"共创辉煌》,《中国社会科学报》,2017年1月4日,第3版。

班列。而在人文交流合作方面,截至 2017 年年底,中国在中亚国家已成立 11 所孔子学院,为中亚人民学习汉语和中华文化提供了平台。

总之,在对接合作中,中亚有效地利用了中国提供的"一带一路"这一区域性公共产品。这种对接合作通常由政府牵头,企业或事业机构跟进,而且首先是制度的对接。由此保障了"丝绸之路经济带"建设的顺利进行。可见强大的对接能力不仅有利于对接成功,也为中国和中亚国家区域经贸与人文合作带来了新的机遇和广阔前景。

二、"一带一路"倡议与中亚发展 战略对接中的障碍

多年来,中国同中亚各国发展起来的友好合作关系,为共建"一带一路"提供了扎实的政治经济基础。经过多年的合作,中国已成为中亚首要的贸易伙伴和投资方。但中国与中亚共建"一带一路"还面临一些不容回避的障碍与挑战:

(一)域外大国的影响

"一带一路"倡议的提出,意味着我国在中亚地区的布局更加明晰,也意味着我国在中亚地区与其他大国的互动将更加频繁。作为"心脏地带",中亚地区成为大国博弈的中心已是不争的事实。

1. 美国因素

正如兰德公司 2005 年出台的一份分析报告所言,虽然美国在中亚国家独立的第一时间就与他们建立起正式外交关系,但中亚远离美国本土以及中亚的内陆封闭性使他们在独立后的最初十年里没有引起美国的注意。然而"9·11"事件使中亚地区在一夜之间成为了美国关注的焦点。[①]

美国对中亚的影响主要经历了四个阶段:第一阶段(1991—1996),美国支持中亚国家独立,聚焦于防止苏联核遗产的扩散;第二阶段(1997—

---

① Oliker, Olga and David A. Shlapak, U. S. Interests in Central Asia: Policy Priorities and Military Roles. Santa Monica, CA: RAND Corporation, 2005. https://www.rand.org/pubs/monographs/MG338.html. 2018-03-22.

2000），美国全面介入中亚事务，旨在防止俄罗斯重新把这些国家纳入自己的势力范围；第三阶段（2001—2005），美国借打击阿富汗国际恐怖主义之机，全面进入中亚；第四阶段（2005—2011），美国在中亚影响力达到鼎盛时期，于是转向"民主"输出和"颜色革命"的鼓动，不料适得其反，于是推出了"大中亚"政策。①这一战略尽管有利于促进中亚融入国际社会，但针对中、俄的意图十分明显。

1997 年，美国前副国务卿斯特普·塔尔博特（Strobe Talbott）发表的题为《告别卑劣：美国的中亚和高加索政策》的演讲被认为是美国开展中亚战略的"宣言"。②他强调，自中亚国家独立以来，美国最为关注的就是他们在政治、经济方面的改革。此外，一个自由稳定的中亚将起到欧洲与亚洲交流的桥梁作用。而其实，自"9·11"事件后，美国对中亚的战略作了调整，不仅转向侧重军事安全方面，而且将防范任何一个中亚周边大国利用地缘优势控制中亚作为其贯穿始终的目标。

20 世纪末，美国更是推出了"新丝绸之路"计划。其倡导人是约翰·霍普金斯大学中亚和高加索研究所负责人弗·斯塔尔（Frederick Starr）。他认为，恢复阿富汗的古丝绸之路可以为美国解决阿富汗问题提供途径。2005 年，斯塔尔进一步提出"大中亚"计划，旨在促进中亚和南亚交通、能源和经贸合作为主的地区整合政策，将中亚的能源向南输往巴基斯坦和印度洋这些能源需求大国或者通过南亚出海口到达国际市场。2011 年华盛顿首次公开提出"新丝绸之路"倡议。这是"大中亚"计划的升级版，意欲通过恢复被破坏的传统贸易路线和重要基础设施，将阿富汗进一步纳入该地区。③该倡议把中国和俄罗斯排除在外。尽管该计划后来搁浅，但"新丝绸之路"的影响力却并未消失。在中国周边的一些国家，如印度，对重启该计划的呼声一直很高，而且美国想通过该计划达成的战略意图依然存在。一旦该计划重启，对于中国"一带一路"的战略竞争野心将不言

① 张屹峰、潘光：《美国的中亚经济战略及其影响》，《和平与发展》，2009 年第 1 期，第 35 页。

② Strobe Talbott：A Farewell to Flashman：American Policy in the Caucasus and Central Asia，speech at Johns Hopkins University，July 21，1997，https://document. wikireading.ru/73985，2018-03-25.

③ Александр Лукин, Идея "Экономического пояса Шёлкового пути" и евразийская интеграция, «Международная жизнь» №.7, июль 2014г. сс.84—98.

而喻。

2. 俄罗斯因素

中亚五国原本属于苏联。但在苏联解体后直到 21 世纪初,与美国逐渐深入的战略不同,俄罗斯并未直接介入中亚地区政治。但是,普京上台后,俄罗斯重新调整了外交政策,尤其在抵御宗教极端恐怖势力威胁方面表现出坚定的决心和铁腕,并将中亚地区纳入外交关注重点之中,这获得了中亚国家的信任和欢迎。中亚格局开始转向美俄竞争的局面。

苏联解体以来,俄罗斯一直把中亚看成自己的势力范围,不允许他国染指。因此,进入 21 世纪后,面对 9·11 事件后中亚局势的剧变和美国一手策划的一系列"颜色革命",俄罗斯开始谋求恢复其在中亚的传统影响。应对挑战的现实需求促进了俄罗斯地缘政治思想的振兴,使一度遭到谴责的欧亚主义理论有了很大发展,形成了"新欧亚主义",主张借助语言、民族、文化、经济及安全上的互相依赖等有利条件,最终建立起以俄罗斯为核心的"欧亚联盟"。新欧亚主义奠基人亚历山大·杜金(А.Г.Дугин)认为此举就是在重建苏联。按杜金的构想,是要建立一个"在文化上表现为文明形式,而在政治上表现为帝国形式"的"大空间"。[①]所以,针对美国的"插足",俄罗斯于 2011 年 10 月正式宣布了"欧亚联盟"的主张,旨在以俄罗斯、白俄罗斯和哈萨克斯坦三国的关税同盟为基础,联合其他独联体国家,建立一个一体化超国家联合体。"欧亚联盟"作为一个概念,首次是由哈萨克斯坦总统纳扎尔巴耶夫 1994 年在莫斯科大学演讲时提出的。《欧亚经济联盟条约》于 2015 年 1 月 1 日正式启动,终极目标是建立类似于欧盟的经济联盟。可以说,对俄罗斯而言,积极推动"欧亚联盟"是为了维持自身在中亚地区的主导国地位,其战略意图强烈,不仅在于经济联盟,还包括政治和军事联盟,旨在打造一个可以与美国、中国和欧盟抗衡的联合体。

（二）中亚自身的因素

中亚作为欧亚大陆的"中心地带",必然难以摆脱来自世界各方的利益角逐。而中亚本身还面临三股势力、毒品走私、宗教政治化等非传统安全挑战。加之其内部各国因领土、水资源紧张、多种势力和机制的不平衡

---

① А.Г. Дугин, «Теория многополярного мира», Москва, 2013г. с.249.

和竞争而引发的不和谐局面,以及腐败严重、生态恶化、交通标准不一、体制僵化、通关壁垒未完全消除,等等,导致中亚地区的碎片化,严重影响中国与中亚战略对接的效率。

此外,中亚国家与中国存在一个文化价值观差异的问题,而其中又牵涉到民族主义的问题。中亚各国民族主义情绪较浓,有人视"一带一路"为中国的经济扩张和政治野心并抱保护主义心理。他们还担心自己会成为"过境国",即"一带一路"的实施只是对中亚地区的天然气和石油感兴趣,而不顾该地区的经济进步与长期发展。①尽管中国与中亚接壤的边境地区也许民族相同,语言相通,但由于文化价值观的不同,容易引起对事物的不同看法,从而引起跨文化冲突。这种跨文化冲突会影响双方区域认同感,从而阻碍双方合作交流,增加协调对接的成本。

三、中国的战略选择

基于中国"一带一路"与中亚战略的合作对接具有广阔的前景,亦面临严峻的挑战,中国有必要作出战略选择。

1. 加强信息安全等非传统安全领域的合作

安全领域的合作是中国与中亚区域合作的重点。在上海合作组织框架内,中国与中亚的安全合作已经取得显著成效。但是,鉴于恐怖主义的区域扩张和传统上地区领土争端的长期未决,"东突"势力的时而侵扰,中国西部和中亚地区严峻的安全局势不容小觑。在安全领域,不仅有必要巩固已有的传统合作,还必须拓展新型对接。当代人类受到的威胁更多地是来自非传统安全。尽管学术界对非传统安全的概念界定还存在争议,但一般认为,"非传统安全是与传统安全相对应的一个领域,是除军事、政治和外交冲突以外的其他对主权国家和人类整体生存和发展构成威胁的因素,比如生化武器等大规模杀伤性武器的扩散、国际有组织犯罪、毒品走私和买卖、计算机'黑客'袭击、形形色色的海上危机事态、艾滋病和'非典'等严重

---

① 菲利普·科斯塔·布拉奈里:《"一带一路"在中亚与俄罗斯的机遇》,王俊美译,《中国社会科学报》,2017 年 5 月 12 日,第 6 版。

传染病的阴影,等等"。①当今全球面临的能源匮乏、毒品走私、信息安全、金融安全、传染性疾病、人道主义援助等问题已囊括在其中。例如,信息安全作为一种重要的非传统安全,也是国际政治博弈的重要工具。中国在构建与中亚对接的"数字丝绸之路"的同时,应该把它作为一个重要战略选择。

2. 制定有效的区域性公共产品供给策略

从参与各国的利益出发,"一带一路"与中亚发展战略对接,其建立与维持实质上就是"供需平衡"的确立与持续。这首先是基于双方战略利益的一致性和作为区域性公共产品的"一带一路"供给的有效性。公共产品供给的集体行动困境,决定了区域公共产品最有效的供给模式是区域内少数国家供给,而且,需要以强大的综合国力为支撑。在经济预期方面,经济实力强大的国家更能够发生溢出效应,为区域经济发展提供市场。近年来,虽然中国在中亚地区的区域性公共产品供给已经初具规模,但是大多数供给仍在初步发展阶段,因此区域性公共产品供给的不成熟是推动中国与中亚合作所面临的现实困境。随着"一带一路"的推进,中国在中亚公共产品供给的能力有了质的提升,提供的公共产品不仅有基础设施、资金、反恐安全、贸易等硬实力层面的,还有理念、制度、文化等软实力层面的。通过在中亚公共产品供给的实践,中国与中亚国家建立了良好的双边关系,包括赢取了中亚国家的认同、提升了国际形象,拥有了区域规则制定与制度安排的话语权。

3. 重视与周边国家的良性互动

为保证在中亚产品供给的有效性,中国还必须考量区域的周边关系。有的放矢地对接"欧亚经济联盟"不失为一个明智之举。正如英国学者布拉奈里所言,中国要成功地在中亚实施"一带一路",就有必要与俄罗斯建立更为密切的合作关系,而不应满足于仅让俄罗斯停留在对"一带一路"的认识层面。②为此要继续发挥上合组织和亚投行的作用。这样,中国才能获得更有利于与中亚对接的国际环境,才能与俄方实现更大程度的资源共享,以节约成本,提高与中亚战略对接的效率。

---

① 赵可金、倪世雄:《中国国际关系理论研究》,复旦大学出版社 2007 年版,第 286 页。
② 菲利普·科斯塔·布拉奈里:《"一带一路"在中亚与俄罗斯的机遇》,王俊美译,《中国社会科学报》,2017 年 5 月 12 日,第 6 版。

"一带一路"倡议与欧亚地区区域性公共产品供给体系重构

【内容提要】 区域性公共产品供给不足是欧亚地区发展面临的重大障碍。后冷战时期的欧亚地区存在两种相互竞争的区域性公共产品供给模式：以俄罗斯为主导的"霸权供给"和以跨大西洋集团为主导的"集体供给"。两种模式因受欧亚地缘战略竞争因素制约无法实现区域性公共产品的有效供给，从而在解决欧亚国家发展诉求过程中作为有限。"一带一路"倡议的强经济性、弱地缘竞争性使它有可能在欧亚地区区域性公共产品供给过程中扮演重要角色。在这个过程中，中国主要通过"1 + N"、"2 + N"模式向欧亚地区提供区域性公共产品。中国与欧亚地区国家共建"一带一路"，能对欧亚地区的区域性公共产品供给体系形成有益补充，增加发展型区域性公共产品的供给，但不会从根本上重构该地区的公共产品供给体系。

【关键词】 "一带一路"；区域性公共产品；欧亚地区；中国外交

【Abstract】 One of the major obstacles that impedes the development of the Eurasian region is the short supply of the regional public goods. During the post-Cold War era, there are two regional public goods supply models compete with each other: Russia-dominated "hegemonic way" and "collective way" dominated by the transatlantic group. Due to the geo-strategic competition factors, neither the Russia-dominated way nor the transatlantic group way could ensure effective supply of regional public goods. Thus, these two models were limited in the process of resolving the development issues in Eurasia. What make the Belt and Road Initiative possible to play an important role in the supply of regional public goods in Eurasia are the nature of its strong economic and weak geo-competitive characteristics: China provides regional public goods mainly through the "1 + N" and "2 + N" models in Eurasia area. Having China and Eurasian countries jointly built the "Belt and Road" is a useful addition to the regional public goods supply system for Eurasia and can increase the supply of development-oriented regional public goods. However, it will not fundamentally reconstruct the region's public-goods supply system.

【Key Words】 the Belt and Road Initiative; Regional Public Goods; Eurasia Region; China's Diplomacy

---

* 马斌，复旦大学国际问题研究院俄罗斯中亚研究中心助理研究员；王润琦，加州大学圣迭戈分校(University of California, San Diego)国际关系与太平洋研究学院研究生。

欧亚地区是"一带一路"建设的核心地区。①"一带一路"倡议提出以后,中国与欧亚地区国家通过双多边途径开展合作;2015 年,中国与俄罗斯签署了《关于丝绸之路经济带和欧亚经济联盟建设对接合作的联合声明》,开启了中国与欧亚地区国家共建"一带一路"的新阶段。过去几年,"一带一路"建设在欧亚地区取得了不少积极进展。其中,欧亚地区的主要板块——中亚,在 2017 年是中国与"一带一路"国家贸易增长最快的区域②;欧亚地区的俄罗斯、哈萨克斯坦等已成为中国在"一带一路"沿线投资存量前十的国家。③欧亚地区国家能与中国共建"一带一路"的重要前提,是这种合作可在一定程度上满足它们的发展诉求④,特别是提供后冷战时期欧亚地区国家发展急需的公共产品。

所谓公共产品,在公共经济学中是指消费过程中具有非排他性、非竞争性等特征的产品;这个概念被应用于国际关系分析后形成了国际公共产品理论。一般说来,国际公共产品的成本分担和受益对象主要以国家或国家集团划分;受益空间超越一国界限乃至覆盖全球;受益时间包括当代和后代,或者至少是在不损害后代需要的基础上满足当代人的需要。⑤有效的国际公共产品供给的重要作用,在于弥补欧亚地区国家发展所面临的资源、技术、秩序等缺口。可供欧亚地区国家消费的国际公共产品在理论上包括国家公共产品、区域性公共产品、跨地区公共产品和全球公共产品等四种基本类型。⑥但在现实中,欧亚地区并未被嵌套进有效的国际

---

① 欧亚地区在本文中是指波罗的海三国以外的前苏联加盟共和国所在地区,主要包括中亚、外高加索和里海、俄罗斯等。

② 2017 年,中国与中亚国家贸易总额 360 亿美元,比 2016 年增长 19.8%,占中国与"一带一路"国家进出口总额的 2.5%。参见国家信息中心、"一带一路"大数据中心编:《"一带一路"贸易合作大数据报告(2018)》,2018 年 5 月,第 70—81 页。

③ 中华人民共和国商务部:《中国对外投资合作发展报告(2017)》,第 124—129 页,http://fec.mofcom.gov.cn/article/tzhzcj/tzhz/upload/zgdwtzhzfzbg2017.pdf,2018-03-10。

④ 本文所提到的发展问题不是以国际发展援助为核心的狭义概念,而是普遍意义上的经济社会发展。

⑤ Todd Sandler, "Assessing the Optimal Provision of Public Goods: In Search of the Holy Grail", in Inge Kaul, *Providing Global Public Goods: Managing Globalization*, New York: Oxford University Press, 2003, p.131.

⑥ 关于国际公共产品的分类可参见:Sandler Todd, Public Goods and Regional Cooperation for Development: A New Look, *Integration and Trade*, Vol.17, January-June 2013, pp.13—24.

公共产品供应体系,从而加剧了其发展难题。

当然,国际公共产品供应不足现象并非仅仅存在于欧亚地区,这是世界各地区均面临的普遍性问题。与国内公共产品主要依靠政府供给不同,国际公共产品即可由一国单独提供,也可由多国集体提供。但不管采取何种方式,其供给都要面临成本和收益失衡问题的挑战,出现这一情况的根源,在于国际社会缺乏一个政府或权威机制来克服"免费搭车"带来的成本分担问题和霸权国将国际公共产品"私物化"带来的收益分配问题。①后冷战时代欧亚地区公共产品供应问题的特殊性在于,它受到俄罗斯和跨大西洋集团主导的两套供应体系之间相互冲突的制约,以至于为更一般意义上的地区合作与发展服务的能力较低。本文将以此为切入点,在分析欧亚地区区域性公共产品供应体系冲突问题及其影响的基础上,从区域性公共产品供给体系重构角度探讨"一带一路"倡议在欧亚地区落地问题。

一、欧亚地区的区域性公共产品供给困境

苏联解体让欧亚地区秩序进入动荡、重构期。参与秩序重构事务的区内外大国或国家集团主要按照自己的标准、原则来设计和推行方案,以至于在这个过程中逐渐形成以俄罗斯为主导的欧亚集团和以美国欧盟为主导的跨大西洋集团。尽管两大集团会围绕欧亚地区的部分问题开展合作,但它们的关系更多是处在相互竞争甚至冲突的状态。受此影响,欧亚地区的区域性公共产品时常被主导国家或国家集团"私物化",成为服务各自特殊政治与战略目标的手段。其最终结果是加剧了欧亚地区公共产品供应不足的困境,不利于地区发展问题的缓和与解决。

简单来看,欧亚集团和跨大西洋集团是过去二十多年欧亚地区区域性公共产品的主要提供者。它们分别设立和维持了一系列地区组织、制

---

① 代表性论述包括:Charles P. Kindleberger, Dominance and Leadership in the International Economy: Exploitation, Public Goods, and Free Riders, *International Studies Quarterly*, Vol.25, No.2, 1981, pp.242—254;[美]罗伯特·吉尔平:《国际关系政治经济学》,杨宇光等译,上海:上海人民出版社 2006 年版,第 69—76 页;樊勇明:《区域性国际公共产品:解析区域合作的另一个理论视点》,《世界经济与政治》,2008 年第 1 期,第 7—8 页。

度安排,以"在一个较为有限的地理范围"获取"非排他性和非竞争性收益"。①俄罗斯主导的欧亚集团创设了独立国家联合体、关税同盟、独联体集体安全条约组织、欧亚经济联盟等;美国主导的跨大西洋集团则以欧盟、北约等地区或跨地区制度安排为基础,一方面通过设立较高的公共产品消费门槛推动欧亚地区国家转型和改革,另一方面通过向欧亚地区国家提供国际援助、安全保障等公共产品增进与欧亚国家之间的关系。在理想状态下,区域性公共产品的供应者增加有利于促进欧亚地区的安全、发展和秩序等基本福利;但过去二十多年的现实情况与理想状态之间存在巨大差距。欧亚地区不仅安全面临巨大挑战,而且,发展难题也一直悬而未决,最严重的时候,甚至出现了一批所谓的"失败国家"或"脆弱国家"。②究其原因,在于俄罗斯主导的欧亚集团与美国主导的跨大西洋集团主要仅从地缘政治战略竞争角度来思考和处理欧亚地区事务以及与此有关的区域性公共产品供给问题,不可避免地产生冲突和矛盾,致使实施结果产生了同理想状态的偏差。

俄罗斯在欧亚地区事务中曾长期占据主导地位,还曾一度将该地区事务纳入国内政治范畴;苏联解体以后,俄罗斯与欧亚地区大部分国家的政治、经济和社会文化联系仍然十分密切,再加上把后苏联空间纳为"势力范围"是除联合国常任理事国地位、全球核大国地位之外能够证明俄罗斯大国身份的主要支柱③,因此,它希望继续在该地区享有"特殊地位"。从 20 世纪 90 年代中后期开始,俄罗斯追求"大国地位复兴"的战略意图日渐清晰④,并综合运用政治、军事、经济、文化等手段来巩固和提升它在欧

---

① Sandler Todd, "Global and Regional Goods: A Prognosis for Collective Action", *Fiscal Studies*, Vol.19, No.3, 1998, pp.221—247.

② 关于"失败国家"的论述可以参见: Ashraf Ghani, Fixing Failed States: A Framework for Rebuilding a Fractured World, New York: Oxford University Press, 2008; Wim Naude, Amelia U.Santos-Paulino & Mark McGillivray, Fragile States: Causes, Costs and Responses, New York: Oxford University Press, 2011。

③ Jeffrey Mankoff, "Russia's Latest Land Grab: How Putin Won Crimea and Lost Ukraine", http://csis. org/publication/russias-latest-land-grab-how-putin-won-crimea-and-lost-ukraine, 2018-03-20.

④ 对此问题的代表性论述包括: Jeffrey Mankoff, Russian Foreign Policy: The Return of Great Power Politics, Rowman & Littlefield, 2011; Iver B.Neumann, "Russia as a great power, 1815—2007", *Journal of International Relations and Development*, Vol.11, No.2, 2008, pp.128—151 等。

亚地区的影响力。在这个过程中,提供区域性公共产品是俄罗斯吸引和稳定其他国家的重要手段。

近几年,普京政府在欧亚地区的政策重点是通过以欧亚经济联盟为基础的一体化建设和以乌克兰危机为标志的反分化斗争等来重新整合欧亚空间。欧亚经济联盟(Евразийский Экономический Союз)是俄罗斯从正面推动欧亚地区整合的主要着力点。2011年10月,出任总理的普京于《消息报》发表的文章提出了欧亚大陆一体化的计划,指出欧亚经济联盟将会成为一个强大的超国家共同体,将会是现今世界多极中的一极,成为欧洲大陆和亚太地区的重要纽带。[①]2015年1月1日,欧亚经济联盟根据俄罗斯、白俄罗斯、哈萨克斯斯坦三国总统2014年5月签署的《欧亚经济联盟条约》正式启动;随后,亚美尼亚、吉尔吉斯斯坦正式加入成为成员国。欧亚经济联盟的目标是保证商品、服务、资本和劳动力的自由流动,以推动地区经济一体化,形成"共同经济空间"[②],最终提升成员国国民经济的竞争力,促进成员国经济稳定发展以提高人民生活水平。而打压地区内的激进分化力量也是俄罗斯消除整合障碍的重要举措。欧亚地区的分化力量自苏联解体起就一直存在。它们大多在苏联国家改革和解体的过程产生和发展起来的,或是奉行民族主义政策,强调国家权力自主,或是要求加入欧盟、融入西方体系,具有比较突出的"去俄罗斯化"特征。当这部分政治势力获得政权后大多主张选择走"脱俄入欧"道路,从而对俄在欧亚地区的地位和利益形成极大挑战。长期以来,俄罗斯为防止形势进一步恶化,或是许以经济利益,或是提升政治地位、或是实施制裁和干预,甚少采取军事干预等极端手段。然而,2008年俄罗斯与格鲁吉亚发生武装冲突后,2014年俄罗斯再次采取强势出击,介入乌克兰国内冲突并兼并克里米亚,而且,不顾欧盟、美国的制裁坚定支持乌东部分离势力谋取合法政治地位。近年来,跨大西洋集团的主力美国重返亚太、欧盟内部问题频发,它们向欧亚地区提供区域性公共产品的能力和意愿有所下降。俄罗

---

① Владимир Путин, "Новый интеграционный проект для Евразии—будущее, которое рождается сегодня", *Известия*, 4 октября 2011, https://iz.ru/news/502761, 2018-05-17.

② "Обращение Президента России к главам государств—членов Евразийского экономического союза", 18 января, 2018, http://kremlin.ru/events/president/news/56663, 2018-04-10.

斯抓住这一时机在遏制地区分离主义继续蔓延方面取得一定成果。目前,虽然乌克兰国内冲突仍在继续,俄罗斯也承受着美国和欧盟等的经济制裁,但是,俄罗斯已通过强力回应向独联体内激进分化力量及其西方支持者表明了它打击分化力量、整合独联体的决心。如果美国战略重心东移政策没有重大改变,欧盟内部的尖锐问题无法得到缓解,那么,俄罗斯目前奉行的遏制、打压独联体内激进分化力量的政策也将在很大程度上得以延续,从而增强对地区整合事务的影响。

美国欧盟主导的跨大西洋集团对俄罗斯在欧亚地区的整合政策基本持怀疑、反对态度。对于欧亚经济联盟,它们认为俄罗斯是要以俄、白、哈等关税同盟国家为基础,把其他前苏联国家纳入欧亚经济联盟,从而形成"能够与欧盟和美国抗衡的东方政治经济巨人"①;尽管其长期前景并不清晰,但欧亚经济联盟显示了俄罗斯强力重塑后苏联空间的意图。②但在欧盟看来,俄罗斯主导的欧亚经济联盟限制了其东部邻国对于主权的选择。③对于俄打压欧亚地区分化势力的政策,跨大西洋集团认为俄罗斯是在用"家长式"的不平等姿态看待欧亚地区事务,没有把其他欧亚国家当成拥有独立、完整主权的国际行为体;俄对格鲁吉亚、乌克兰等国的"侵略"行为违反了国际法、破坏了国际秩序,应受到惩罚。与此同时,跨大西洋集团还推出一系列措施缓冲和弱化俄罗斯对欧亚事务的影响。美国、欧盟等在支持欧亚地区国家转型和发展的同时,也从自己立场出发整合欧亚空间,其基本出发点是它们对后冷战世界秩序的设想。苏联解体之后,美国欧盟主导的跨大西洋集团一方面欢呼冷战的胜利,认为"自由民主制度的发展,连同它的伴侣——经济自由主义的发展,已成为最近400年最为显著的宏观政治现象","在所有社会的发展模式中,都有一个基本程序在

---

① Abigail Hauslohner, "Russia, Kazakhstan, Belarus form Eurasian Economic Union", *New York Times*, May 29, 2014, http://www.washingtonpost.com/world/europe/russia-kazakhstan-belarus-form-eurasian-economic-union/2014/05/29/de4a2c15-cb01-4c25-9bd6-7d5ac9e466fd_story.html, 2018-03-22.

② Bruno S.Sergi, "Putin's and Russian-led Eurasian Economic Union: A hybrid half-economics and half-political 'Janus Bifrons'", *Journal of International Studies*, Vol.9, No.1, 2018, pp.52—60.

③ International Crisis Group, "The Eurasian Economic Union: Power, Politics and Trade, Europe and Central Asia Report", No.240, 2016.

发挥作用,这就是以自由民主制度为方向的人类普遍史"①;另一方面也努力参与欧亚地区的转型、发展、安全等事务,利用欧盟和北约"双东扩"等途径塑造欧亚地区新秩序。

美国和欧盟基于地缘政治竞争原则鼓励和推动欧亚地区国家走"独立发展"道路的政策,"挤压了俄罗斯传统的战略空间,它使俄罗斯产生了一种地缘环境的综合性压迫感和强烈的受挫感"②,让俄罗斯感觉"自己的弱点被美国利用","独联体空间被美国渗透",美国在苏联空间范围内长期支持"反俄"政策。③双方围绕如何处理欧亚地区事务出现的怀疑、对抗等导致它们合作提供区域性公共产品的前景变得黯淡。欧亚地区存在两大区域性公共产品供给集团的现实,不仅没有大大缓解公共产品供给不足的难题,反而导致资源的重复投入和浪费,并且,进一步限制了部分欧亚地区国家的政策选择范围。欧亚地区近年来发生的重大冲突,如 2008 年的格鲁吉亚"六日战争"、2013 年底爆发并延续至今的乌克兰危机,在一定程度上都是两种整合方案恶性竞争的结果。

战略竞争迫使俄罗斯与跨大西洋集团在向欧亚地区提供区域性公共产品过程中,具有将之"私物化"的强烈兴趣,即"为了自己的一国之私,把原本应该服务于整个国际社会的国际公共产品变为本国从国际社会谋取私利的工具"。历史上,霸权国将国际公共产品"私物化"的典型是美国。作为战后国际体系的霸权国,美国在国际公共产品供给中"事实上加上了'最终解释权归美国'的字样,从而将国际公共产品变成美国攫取自身国际战略利益的工具"。④美国在主导跨大西洋集团向欧亚地区提供区域性公共产品的过程中同样存在将之"私物化"的倾向,尤其是当俄罗斯在欧亚地区的行动被认为是挑战和威胁跨大西洋集团利益时,美国及欧盟就倾向于利用新建或调整制度安排等方式,重构欧亚地区国家消费区域性

---

① 弗兰西斯·福山:《历史的终结及最后之人》,黄胜强等译,中国社会科学出版社 2003 年版,第 55 页。

② 邢广程:《俄罗斯与西方关系:困境与根源》,《国际问题研究》,2016 年第 5 期,第 108 页。

③ 叶·普里马科夫:《没有俄罗斯的世界会怎样? 地缘战略是否会令美俄重现冷战》,李成滋译,中央编译出版社 2016 年版,第 130—136 页。

④ 李新、席艳乐:《国际公共产品供给问题研究评述》,《经济学动态》,2011 年第 3 期,第 134 页。

公共产品的权限,减少或阻止俄罗斯从该区域性公共产品供给体系中获利。比如,乌克兰危机爆发后,西方国家暂停了俄罗斯的"八国集团"成员国资格,发起针对俄罗斯的政治外交孤立和经济制裁。从区域性公共产品角度看,这类措施增强了跨大西洋集团向欧亚地区提供的区域性公共产品的"排他性",削弱或剥夺了俄罗斯消费这类公共产品的能力,从而服务于跨大西洋集团在欧亚地区的战略目标。与之对应,俄罗斯作为欧亚地区综合实力最为强大的国家,它以准"霸权"模式向地区内部提供公共产品,以获得区内国家对俄罗斯"特殊地位"的认可。当俄罗斯提供区域性公共产品获得的边际收益小于边际成本时,它同样愿意采取将公共产品"私物化"的方式,来实现其利益的均衡。

总之,俄罗斯和美欧分别主导的两大集团是欧亚地区主要的区域性公共产品提供者。俄罗斯与西方之间的地缘政治竞争成为制约两大集团供应公共产品的重要因素。在欧亚地区,这种地缘政治竞争突出表现为两种相互冲突的整合:一是强化与俄罗斯的关系;二是减少与俄罗斯的纠葛。前者的最新发展是 2015 年启动的欧亚经济联盟;后者的典型代表是部分独联体国家的"入欧"尝试。强化与俄罗斯关系的地区整合主要由俄罗斯推动;"脱俄入欧"努力则在很大程度上受到跨大西洋集团鼓励。受此影响,两大集团提出的区域性公共产品供给方案很难在推动地区发展方面取得重大成效①,从而加剧了欧亚地区的区域性公共产品供给难题。由于欧亚地区公共产品供应困境仅靠俄美主导的两大集团很难获得突破,而解决发展问题又是大部分欧亚地区国家近年来日益迫切的要求,因此,调整和重构公共产品供给体系就成为改善欧亚地区区域性公共产品供给状况的现实选择。

二、"一带一路"参与欧亚供应体系的基础

虽然国外政界和学界对"一带一路"倡议的态度相对多元,但中国官

---

① 关税同盟被认为是原苏联国家进行地区经济整合的第一个成功案例。参见:Svitlana Pyrkalo, "Customs Union of Russia, Kazakhstan and Belarus is first success in CIS integration, says EBRD", Nov.7, 2012, http://www.ebrd.com/news/2012/customs-union-of-russia, -kazakhstan-and-belarus-is-first-success-in-cis-integration, -says-ebrd.html, 2018-03-25。

方已明确指出,"'一带一路'构想是中国向世界提供的公共产品"。①对存在区域性公共产品供给困境的欧亚地区而言,"一带一路"倡议"不只是中国与周边国家的互动规划和战略,而(且)是中国提出的一个有助于欧亚大陆空间整合的方案和公共产品"。②"一带一路"倡议之所以具备成为欧亚区域性公共产品供给体系有益补充的潜力,主要是因为它的弱地缘政治属性,即不追求地缘政治层面的格局重组和势力范围。"一带一路"国际合作的弱地缘政治属性恰恰是它避免重蹈俄美供给体系覆辙的内部基础。

自 2013 年"一带一路"倡议提出以来,中国政府已通过多种方式、多种渠道向世界阐释"一带一路"基本目标、核心原则和主要路径等的发展属性,明确它"不是地缘政治的工具"。③一带一路的基本目标是"致力于亚欧非大陆及附近海洋的互联互通,建立和加强沿线各国互联互通伙伴关系,构建全方位、多层次、复合型的互联互通网络,实现沿线各国多元、自主、平衡、可持续的发展。"④"一带一路"的核心原则是秉持共商共建共享的理念,寻求与认同这一理念的国家实现共同发展和共同繁荣。"一带一路"建设的三大支柱是互联互通、产能合作、人文交流。前两者涉及基础设施、贸易、投资等经济事务,"从区域经济学角度来说,'一带一路'从根本上是一种路域经济,是依托重要经济通道形成的产业合作带,以及因道路辐射带动形成的生产力布局和区域经济发展体系"。⑤最后一项人文交流强调"不同的文明和文化相互借鉴、相互包容"⑥,这可为深化中国与沿线国家的双

---

① 中华人民共和国外交部:《王毅:"一带一路"是中国向世界提供的公共产品》,http://www.fmprc.gov.cn/web/wjbz_673089/xghd_673097/t1247712.shtml, 2018-03-23。

② 邢广程:《"一带一路"的国际区域和国内区域定位及其含义》,《中共贵州省委党校学报》,2015 年第 3 期,第 29 页。

③ 《王毅:一带一路不是中国独奏曲　而是各方参与交响乐》,中国新闻网,2015 年 3 月 8 日,http://www.chinanews.com/gn/2015/03-08/7110383.shtml, 2018-03-22。

④ 国家发改委、外交部、商务部:《推动共建丝绸之路经济带和 21 世纪海上丝绸之路的愿景与行动》,人民出版社 2015 年版,第 3—4 页。

⑤ 李建军、孙慧:《"一带一路"背景下中巴经济走廊建设:现实基础与路径选择》,《新疆大学学报》(哲学・人文社会科学版),2017 年第 1 期,第 6 页。

⑥ 中华人民共和国外交部:《发展中的中国和中国外交:王毅在美国战略与国际问题研究中心的演讲》,2016 年 2 月 16 日,http://www.fmprc.gov.cn/web/ziliao_674904/zyjh_674906/t1343410.shtml, 2018-03-28。

多边合作奠定坚实的民意基础和社会根基。①在这个过程中,中国主张各国"要相互尊重、平等协商,坚决摒弃冷战思维和强权政治,走对话而不对抗、结伴而不结盟的国与国交往新路"。②

弱地缘政治属性的"一带一路"要想在欧亚地区区域性公共产品供给方面发挥积极作用,不仅需要中国向国际社会准确解释宣传"一带一路"对欧亚地区发展的作用,还需要相关各方,主要是俄美主导的两大集团接受和认可中国的定位。

美欧主导的跨大西洋集团对"一带一路"在欧亚地区进展的看法可归纳为抵制论、怀疑论和支持论三类。"抵制论"的观点集中关注"一带一路",尤其是"一带一盟"对接给西方国家带来的挑战,特别是对地缘政治格局、地区秩序重构等的影响,并由此断定"一带一盟"对接是美国、欧盟等西方发达国家面临的巨大挑战。这种观点主要基于两项关键判断:"一带一路"是中国向世界输出"发展模式"的手段,将挑战传统的西方发展模式;"一带一盟"对接是中俄联合"对抗西方"的表现。③"怀疑论"观点并未把"一带一路"和"一带一盟"对接当作既成事实或必然前景,而是强调它们面临的一系列障碍。④"支持论"的观点则认为中国提出的丝绸之路经济带和俄罗斯主导的欧亚经济联盟的重心都在促进地区的经济社会发展。对此,欧美国家,特别是企业不应消极等待或怀疑、抵制,而应寻找合适方式参与其中。丝绸之路经济带和欧亚经济联盟对接框架内的具体投资、贸易、基础设施等项目,不仅有利于地区发展,对其他国家的企业而言也是发展机遇。⑤

---

① 邢丽菊:《推进"一带一路"人文交流:困难与应对》,《国际问题研究》,2016年第6期,第6页。

② 习近平:《决胜全面建成小康社会 夺取新时代中国特色社会主义伟大胜利:在中国共产党第十九次全国代表大会上的报告》,人民出版社2017年版,第59页。

③ 代表性论述包括:Francis Fukuyama, "Exporting the Chinese Model", Jan.12, 2016, Project Syndicate; Joseph Nye, "China turns soft power into a sharp tool", The Globe and Mail, Jan.10, 2018 等。

④ Michale Clarke, "Cracks in China's New Silk Road", March 15, 2016, China Policy Institute; "Pakistan learns the downside of taking infrastructure money from China", CNBC, Dec.12, 2017; Michael Clarke, "Beijing's March West:'One Belt, One Road' and China's Continental Frontiers into the 21st Century"; James McBride, "Building the New Silk Road", Council on Foreign Relations, May 22, 2015 等。

⑤ "One Belt One Road Initiative(OBOR):Editorial", Transnational Dispute Management, Vol.3, 2017.

简言之，"一带一路"倡议提出之后，西方主流观点是"怀疑论"和"抵制论"。近两年，随着"一带一路"项目不断落地并产生积极效果，支持"一带一路"的声音有所增多。在欧亚地区，2015 年 5 月中国俄罗斯签署"一带一盟"对接声明①，对此前的怀疑论、抵制论形成巨大冲击，很多欧美学者和媒体转变思路，重点分析"一带一路"可能带来的积极收益。这种转变对"一带一路"倡议参与欧亚地区的区域性公共产品供给而言具有积极意义。不过，应该看到的是，所谓"支持"更多是指欧美企业进入相应市场以获利，而非西方国家的整体参与。

与美欧主导的跨大西洋集团相比，包括俄罗斯在内的大部分欧亚地区国家对丝绸之路经济带的态度更为积极。"一带一路"倡议提出后，俄罗斯对其态度经历了一系列的转变。②起初，俄罗斯及部分欧亚地区国家的主流观点是把它当作中国新时期的地缘政治战略，强调由此带来的威胁和挑战。这导致俄罗斯在中国提出"一带一路"倡议后没有立即表达参与热情；在经过一段时间的怀疑、观望和了解后，再加上俄罗斯与西方关系危机导致中俄战略合作迅速提升③，俄罗斯便同中国签署"一带一盟"对接声明，在"一带一盟"框架内启动相关合作。俄方通过欧亚经济联盟与中方展开各方面对接，首先就是"一带一路"为节点的较发达地区间的交通基础设施。④目前，俄罗斯对"一带一路"的整体态度较为积极，双方在此框架内，接连开展能源开采、建筑和高科技领域等的合作。俄方认为"一带一路"能够间接促进地区间建立统一的货物质量要求和服务标准，为今后欧亚经济联盟的各国合作提供便捷。⑤这些动作的展开为降低"一带一路"参

① "Совместное заявление Российской Федерации и Китайской Народной Республики о сотрудничестве по сопряжению строительства Евразийского экономического союза и Экономического пояса Шелкового пути", http://kremlin.ru/supplement/4971, 8 мая 2015, 2018-05-17.

② Ivan Timofeev, Yaroslav Lissovolik, Liudmila Filippova, "Russia's Vision of the Belt and Road Initiative: From the Rivalry of the Great Powers to Forging a New Cooperation Model in Eurasia", *China & World Economy*, 62—77, Vol.25, No.5, 2017.

③ Ivan Krastev and Gleb Pavlovsky, "The Arrival of Post-Putin Russia", Policy Brief of European Council on Foreign Relations, March 2018, p.12.

④ Л.Син, М.В.Братерский, В.Чэньсин, Д.А.Савкин, "Россия и Китай в евразийской интеграции: сотрудничество или соперничество?" *Изд, Нестор-История*. Москва, 2015.С. pp.330—332.

⑤ "ЕАЭС и КНР в рамках Шелкового прорабатывают проекты в ТЭК и логистике." 17, апрель, 2015, https://ria.ru/east/20150417/1059099953.html, 2018-05-17.

与欧亚地区公共产品供给体系的地缘政治障碍打下良好基础。与此同时,部分欧亚地区国家在地区整合过程中奉行多元平衡外交也为中国向它们提供"一带一路"公共产品提供了机会。因为,不管是主张向东还是向西整合的欧亚国家,都把中国作为重要合作伙伴而非地缘政治整合力量,在经济领域,其他欧亚国家的这种倾向更加明显。换句话讲,主要以历史和现实联系为基础的欧亚地区整合首先属于区内国家事务,尽管美国、欧盟、中国等会在此过程中扮演重要角色,但它们是作为主要的区外影响因素而非整合对象发挥作用。中国在这种背景下与欧亚国家共建"一带一路",将成为处于整合过程中的欧亚国家的重要合作伙伴,但非唯一合作伙伴。"一带一路"方案目标是在中国和欧亚地区国家之间建立发展型区域性公共产品的供给机制。

综上所述,"一带一路"集中于经济社会发展,其弱地缘政治性是它参与欧亚地区区域性公共产品供给的内部基础,而处于相互竞争状态的两大集团对中国参与欧亚地区发展事务尽管存在一定疑虑,但仍对"一带一路"在推动欧亚地区国家发展抱有期待,这是"一带一路"能够向欧亚地区提供区域性公共产品的现实依据。

三、"一带一路"参与欧亚供给体系的方式

学者针对国际公共产品供给不足困境提出了两条解决路径:一是扩大和稳定供给,包括强化供给者的资源和意愿。二是降低和分摊成本。不管是从供给角度还是从消费角度展开的研究,都承认要想实现国际公共产品的有效供给,关键是建立"排他性消费机制和成本分担机制",从而使"国家可以局部而渐进地克服集体行动的障碍"。[1]因此,"一带一路"为欧亚地区区域性公共产品供给做贡献的方式主要存在两个方向,而保障这种贡献得以落实的则是中国与欧亚地区国家构建和维持共建"一带一路"的机制。

---

① 庞珣:《国际公共产品中集体行动困境的克服》,《世界经济与政治》,2012年第7期,第25页。

简单地看,中国通过"一带一路"参与欧亚地区区域性公共产品供给的模式,可根据成本收益方数量划分为四种,分别是:

"1＋N"模式。即中国是欧亚地区区域性公共产品的唯一供应方,受益者是区域内的 N 个国家。与美式、俄式霸权供给不同,中国通过单边途径向欧亚地区供给区域性公共产品的行为无论在数量还是在内容方面都较为有限,更重要的是,由于中国集中关注经济社会发展而努力规避相关地缘政治竞争,所以,它在这个过程中将区域公共产品"私物化"的可能性更低。中国在欧亚地区通过"1＋N"模式供应公共产品的典型领域是发展援助、自由贸易协定、投资协定等。此前,中国已经向欧亚地区国家,如吉尔吉斯斯坦、塔吉克斯坦等提供了多项援助,涵盖这些国家的基础设施、教育、卫生、能力建设等多个领域,为它们的经济社会发展提供了有力支持;2017 年,中国与格鲁吉亚签署自由贸易协定,实现了在欧亚地区自贸伙伴零的突破,目前,正与摩尔多瓦进行自由贸易协定谈判,这为在欧亚地区维持和推动自由贸易秩序奠定了良好基础。

"2＋N"模式。即中国与俄罗斯或欧盟、美国等合作供应区域性公共产品,受益者是区域内的 N 个国家。目前,中国已经针对欧亚地区发展的特定问题,分别与俄罗斯、欧盟合作,向欧亚地区提供区域性公共产品。"俄罗斯是丝绸之路经济带建设中的重要一环,对中亚各国影响巨大,对丝绸之路经济带建设向西发展起着至关重要的决定性作用。"①"一带一盟"对接最早也是受到了中俄积极推动,先在双边层面签署对接声明,才使中国能够与欧亚经济联盟合作推动地区发展问题的解决。欧盟、美国等跨大西洋集团的主导国家或国家集团也可是中国合作提供区域性公共产品的主要对象。2015 年,中国与欧盟已在亚洲基础设施投资银行框架内进行合作,向中亚地区基础设施建设进行投资,以解决地区发展瓶颈。不管中国与俄罗斯,还是与欧盟、美国等合作提供发展类型的公共产品,其受益方都将是欧亚地区内多个国家。

"3＋N"模式。即中国、俄罗斯、美国或欧盟三方合作供应区域性公共产品,受益者是区域内的 N 个国家。如前文所述,在俄罗斯和美欧主导欧

---

① 邢广程:《丝绸之路经济带建设与沿边合作》,《国际问题研究》,2017 年第 3 期,第101 页。

亚地区公共产品供给体系的情况下,中国向该地区提供公共产品的必须面对如何调适三方关系问题。事实上,俄罗斯与欧盟、美国等在中国提出"一带一路"倡议之前就围绕欧亚地区事务开展了多项合作,其重要成果就是双方共同向该地区提供了区域性公共产品。比如,双方在无核化和反恐等方面的合作,对增进欧亚地区的安全公共产品供应是一项积极因素。自乌克兰危机爆发以来,俄罗斯与西方关系日趋恶化,双方奉行的是相互经济制裁、政治外交对立的政策,因此,中国将俄罗斯、欧盟纳入三方合作框架以提供区域性公共产品的可能性仍然较低。

"N+N"模式。即中国与区域内 N 个国家合作供应区域性公共产品,受益者也是区域内的 N 个国家。这种模式与其他模式的最大差别在于它不强调中国应在向欧亚地区提供公共产品的过程中发挥积极引导作用,而更多是一种顺其自然的选择。"N+N"模式是区域性公共产品集体供给模式的一种。它作为一个大集团更容易陷入"集体行动的困境"。按照奥尔森的观点,小集团由于成员少、更容易降低实现"赏罚分明"的成本,所以,比大集团更容易实现公共产品供给,也即"相对较小的集团具有更大的有效性"。①目前,欧亚地区并不存在这种区域性公共产品的供给模式。

综上所述,"1+N"、"2+N"是中国通过"一带一路"参与欧亚地区区域性公共产品供给的主要模式;"3+N"的模式由于俄罗斯与西方关系处于对抗而短期内难以实现;"N+N"模式更多是理论可能性,在现实中尚未出现。中国主要通过这两种方式向欧亚地区提供"一带一路"公共产品的优势在于,它涉及的国家或国家集团数量有限,其成本、收益相对清晰,平衡就更容易实现,从而带来总体效用的增加。但是,中国通过以上方式向欧亚地区提供区域性公共产品的重要前提是它弱化地缘政治冲突而集中关注经济社会发展问题,并不是因为它能利用上述模式避免和消除国际性公共产品的供给难题。因此,中国通过"一带一路"参与欧亚地区区域性公共产品供给的主要取向应是对既存的供给体系进行有力补充,而不是彻底重构该体系。

---

① 曼瑟尔·奥尔森:《集体行动的逻辑》,陈郁等译,上海人民出版社 1995 年版,第64 页。

四、结　　论

俄罗斯与美国欧盟分别主导的欧亚集团和跨大西洋集团是后冷战时期欧亚地区区域性公共产品的主要供应者。它们之间的地缘政治竞争使欧亚地区的区域性公共产品供给形势更加严峻。随着近年来中国越来越积极地参与全球治理事务，它对欧亚地区发展问题的影响也相应增强。中国通过共建"一带一路"参与到欧亚地区区域性公共产品的供给，以推动该地区发展问题的解决。虽然欧亚地区国家迄今为止从中获得的收益大小存在差异，但"一带一路"倡议作为发展型区域性公共产品的催化剂和落脚点，已为欧亚地区国家探索合适发展道路提供支撑。中国在欧亚地区参与区域性公共产品的模式主要是"1＋N"、"2＋N"，辅以"3＋N"。需要强调的是，中国的"一带一路"倡议并不是要彻底解决欧亚地区发展所面临的区域性公共产品有效供给不足问题，而是通过制度、机制等的创设和运转，以及具体项目的开展，扩大欧亚地区区域性公共产品的供给，从而改善该地区的区域性公共产品供给状况。而且，"一带一路"的区域性公共产品供给方案并不是要取代欧亚地区同时存在的俄罗斯主导的模式和跨大西洋集团主导的模式，它主要是在经济领域对两种模式进行补充，从而更好地满足欧亚地区国家发展的需要。

国际公共产品与中国构建国际机制的战略选择

张雪滢[*]

【内容提要】 从金德尔伯格到吉尔平,"霸权稳定论"一脉相承,论证了美国在近半个世纪的时期里主动成为全球公共产品的"供给者"。但从当下看,"霸权稳定论"却是对国际公共产品的过时解释。探讨"霸权之后的合作与纷争"的学者基欧汉,看似阐明了现有的国际机制在霸权之后短期的后续安排,但无法说明霸权之后新兴国家(非霸权)建立国际机制的可能性及必要性。基于上述观点,本文对此问题进行了探讨,本文指出,霸权与国际公共产品的提供并无直接联系,中国无论在实力还是意愿上都不是一个霸权国家,但非霸权行为体也可以探索政府间更有效的全球治理机制。事实表明,中国以"合作共赢"、"责任分担"、"协作领导"、"公正平等"为原则的提供理念能极大地避免国际公共产品被"私物化"的可能性,也减少了国际公共产品供给动力不足的问题,中国主导建立的亚洲基础设施投资银行是美国霸权相对衰落后新兴经济体进行国际机制构建的成功尝试。

【关键词】 美国;中国;公共产品;国际机制;亚洲基础设施投资银行

【Abstract】 Kindleberger and Gilpin states "hegemonic stability theory", explainingthe rationality of the United States as a unipolar hegemony in supplying international public goods in the past half century, which however, is an outdated interpretation. Keohane explores the world after the hegemony, which seems to shed light on the short-term arrangements of existing international mechanisms after hegemony, but it cannot explain the possibility and necessity that emerging countries (non-hegemonic) will establish international mechanisms after hegemony. Based on the above viewpoint, the article conducted an exploration of this question. The author analyzes "privatization" and "insufficient supply of public goods" are the reasons for the failure of the U.S. hegemony's provision of international public goods. The paper points out that hegemony is not directly related to the provision of international public goods. China is not a hegemonic country in terms of capability and willingness, but non-hegemonic actors can also explore new international mechanisms for more effective global governance among intergovernmental cooperation. The facts show that the principles for China's provision of international public goods are: win-win cooperation, sharing responsibility, cooperative leadership, as well as justice and equality, which could avoid the possibility of privatization and reduce the problem of insufficient supply of international public goods. The author takes the Asian Infrastructure Investment Bank as an example, figuring out China's exploration in creating new international mechanisms is a significant attempt as an emerging, non-hegemonic economy after the relative decline of hegemony.

【Key Words】 the United States; China; public goods; international institution; AIIB

---

* 张雪滢,复旦大学国际关系与公共事务学院博士研究生。

一、前　言

最早将公共产品引入国际关系学的美国学者查尔斯·P.金德尔伯格认为：国际经济体系的稳定运转需要某个国家来承担"公共成本"。①由于不存在一个实质上的"世界政府"，根据成本收益的缜密分析，美国在近半个世纪的时期里主动成为全球公共产品的"供给者"，并使美国成为世界单极霸权。这一实践被罗伯特·吉尔平（Robert Gilpin）做出理论解释。即："霸权国家会通过提供稳定的金融体制、开放的贸易体制、可信赖的安全体制和有成效的援助体制等国际公共产品，以此获得其他国家对霸权国所建立的国际体系的肯定，在认同感中逐步提升体系内的稳定和繁荣。"②但这一理论放到今天，就成了一种稍显过时的观念。

罗伯特·基欧汉（Robert O.Keohane）在《霸权之后：世界政治经济中的合作与纷争》一书中阐述了他的主要观点：霸权有利于国际机制的创建，但是霸权衰落不必然地意味着国际机制的毁灭，由于其相对独立性和本身具有的惯性，建立在国际机制上的合作在霸权之后仍是可能的。他认为，霸权稳定论有两个中心命题：世界政治中的秩序是由一个主导国家创立的，国际机制的构建一般需要依赖霸权国家的存在；国际秩序的维持需要霸权国家的持续存在。正如金德尔伯格所说："要使世界经济稳定，需要一个稳定者，而且只能有一个稳定者。"基欧汉基本同意第一个命题，对第二个命题则抱以质疑态度，"霸权稳定论的第二个命题是错误的：国际机制建立以后，合作并不必然需要一个霸权领导者的存在，因为霸权之后的合作是可能的"。③但是，基欧汉虽然阐明了现有的国际机制在霸权之后

---

① Charles P.Kindleberger（ed.），*The World in Depression 1929—1939*，Oakland：University of California Press，1986. pp.7—8.

② 罗伯特·吉尔平：《国际关系政治经济学》，杨宇光译，上海人民出版社 2006 年版，第105 页。

③ 罗伯特·基欧汉：《霸权之后：世界政治经济中的合作与纷争》，苏长和译，上海人民出版社 2006 年版，第 31 页。

短期的存续安排,但却未说明霸权之后新的国际机制该如何建构。伴随着全球新兴经济体的快速发展,中国被视为美国霸权式微过程中极有力的崛起力量,也试图为全球经济治理寻找更多有效的国际机制,促进各国更深层次的合作与发展,世界继续朝着积极面进步。亚洲基础设施投资银行就是一个尝试。那么就有几个问题值得深入分析:美国在战后进行公共产品供给的布局和战略逻辑是什么? 又是什么导致了布雷顿森林体系的瓦解与美国霸权的式微? 在没有霸权国主导的情况下,中国在新阶段能否填补美国缺陷,它将提供什么样的公共产品? 原则是什么? 既有霸权及其盟友将如何看待新机制与新大国? 在全球或区域范围内构建新的国际机制不仅是中国正在进行的尝试,更是霸权衰落之后既有国际机制如何得以保持存续活力和在没有霸权主导下如何构建新的国际机制的关键探索。国际公共产品供应不足问题的不断涌现,美国特朗普政府选择在全球责任上采取收缩战略,这一时机下探讨中国如何避免美式公共产品的供给缺陷,其又将贡献怎样的公共产品及贡献国际公共产品的理念规则就显得十分重要。

二、霸权与国际公共产品供给:问题与现有机制

(一) 霸权提供存在的问题

成也霸权,败也霸权。美国因为战后提供国际公共产品而逐渐成为国际单一霸权,在成为霸权过程中使得自己和坚定支持它主导世界的国家获得巨大利益回报,并巩固了它的霸权统治。然而,它的实力经过冷战的长期消耗已经明显下降,在提供公共产品的能力和意愿上都大不如从前,国际公共产品的供应开始出现严重不足的问题。

产生上述问题的原因在于美国将国际公共产品"私物化"的倾向太过强烈,以及"全球权力的分散""搭便车""强国竞争"等问题而致使提供公共产品的成本与美国的收益相比太重,致使美国提供公共产品的意愿和能力都不足以适应现实需要。

金德尔伯格早就从理论上论证了国际公共产品被霸权国家"私物化"的必然性。霸权几乎必然存在剥削,责任也可能会退化为剥削;剥削的实

质是运用霸权国的权力产生更有利自身的结果。①苏珊·斯特兰奇认为，自 20 世纪 70 年代以来，美国的单边主义与转嫁责任的倾向日益明显，这使得它不能再像布雷顿森林体系鼎盛时期那样提供一个稳定的世界体系。②不可否认，美国式霸权对第二次世界大战后欧洲和日本的经济复苏发挥了重要作用，但与此同时，美国也最大化利用自己所建立的国际机制，将国际公共产品变成美国攫取自身国际战略利益的工具。

国际公共产品的"私物化"倾向已昭然若揭，换言之，美国所承诺的那种"全球公共产品供给者"的大国姿态，也许只是"有选择的全球公共产品供给者"。在 1997 年亚洲金融危机前，亚洲新兴市场对美国市场和货币的依赖性已经非常严重。在危机期间与危机后，亚洲危机国家缺乏美元的情况更加严重，由于害怕失去为它们提供大部分外汇储备的美国市场，亚洲国家的外交主动性也受到一定限制。然而 1997 年当美国国防部长威廉·科恩对雅加达、曼谷和首尔进行访问时，明确要求这些国家的政府用正在日益短缺的外汇储备去支付美国在金融危机发生前卖给它们的武器装备。③可见，在亚洲金融危机日益加深甚至有可能引起全球经济危机的时候，美国政府最担心的不是如何发挥最后贷款人的作用，而是逼迫相关国家兑现与美国的武器合约。④

基欧汉和奈将霸权稳定论中的霸权定义为一种状态，即"一个国家是足够强大的，能够维持管理国家间关系的基本规则，而且它愿意去这样做"。霸权国家在拥有权力支持的基础上，还有一定程度上的主观能动性去将自己的能力投射到海外，以构建出一个稳定的国际运行机制。霸权稳定论的假设一部分是建立在集体物品理论上的，由于公共产品的非排

---

① Charles P.Kindleberger, "Dominance and Leadership in the International Economy: Exploitation, Public Goods, and Free Riders," *International Studies Quarterly*, Vol.25, No.2, 1981, pp.242—254.

② Eric Helleiner, "Still an Extraordinary Power, But for How Much Longer? The United States in World Finance," in Thomas C.Lawton, James N.Rosenau and Amy C.Verdun, eds., *Strange Power: Shaping the Parameters of International Relations and International Political Economy*, Aldershot U.K. and Burlington, VT.: Ashgate, 2000, p.239.

③ 樊勇明:《区域性国际公共产品——解析区域合作的另一个理论视角》,《世界经济与政治》,2008 年第 1 期,第 7—17 页。

④ Charlmers Johnson, Blowback: *The Costs and Consequences of American Empire*, New York: Henry Holt, 2004, p.6.

他性,大多数行为者都会倾向于扮演"免费搭便车者"的角色,不主动承担国际责任,国际社会缺乏统一健全的国际机制,从而导致信息不流通和交易成本的增加。而拥有超常权力并且经济军事机体庞大的霸权国家此时往往就会出面主动组织构建一种合理的,有原则性地基于各方国家同意的国际制度,哪怕这种领导者的角色是以消耗一定本国的资源为代价的。

（二）霸权国的条件要素与国际机制

霸权稳定论概而言之即:一个居霸权地位的自由国的存在,是世界市场经济充分发展的必要条件。根据吉尔平等提出的理论,国际公共产品是指建立在最惠国待遇原则基础上的自由开放的贸易制度,稳定的货币体系,功能完善的金融体系,可信赖的国际安全体系以及有成效的国际援助体系。[1]霸权国一般会以一定的组织机制形式作为载体实现国际公共产品的供给,因而建立有效的国际机制与霸权国承担相应的国际责任是相辅相成不可分割的。

作为能够提供国际公共产品的霸权国家需要具备哪些条件呢? 其中,无论是从现实主义角度出发或是自由主义倾向,强大的经济实力是霸权国家的第一要素。根据金德尔伯格的归纳,霸权国需要具备六个经济条件:首先,有一个充满活力的市场,能够做到为其他国家的过剩产品提供消费市场;其次,能够提供稳定的资金来源,尤其是在经济衰落时期;第三,能够时刻提供通融的资金,当国际货币体系发生恐慌而停止运作时,能够发挥再贴现机制的作用力挽狂澜;第四,能够管理外汇兑换体制,保持国际市场汇率的基本稳定;第五,能够协调不同国家的货币政策,保持国际货币流通兑换的正常运转。戴维·莱克提出,霸权国还需要能够清晰定义并保护转运过程中货物以及海外资产的基本产权。[2]

同时霸权稳定论也预测到霸权国家必然衰落的事实:霸权国因国际公共产品的提供而陷入自我损耗的困境,并且在边际成本递增、边际收益递减规律的作用下,霸权必然衰落,新的霸主将可能以战争的形式取而代之。那么,在霸权衰落之后,全球化的发展使得各国彼此依赖加深,相对实

---

[1] 罗伯特·吉尔平:《国际关系政治经济学》,杨宇光译,上海人民出版社 2006 年版,第88 页。

[2] 戴维·莱克:《国际关系中的等级制》,高婉妮译,上海人民出版社 2013 年版,第56 页。

力趋于平均化,没有一个霸权国异军突起时,新的国际机制是否得以构建?美国霸权时期对国际体系的构建最为典型的就是以贸易、金融和货币三方面支撑起来的布雷顿森林体系,这将战后的世界重新归置到一个有序规范的运行机制中去,同时也将美国在国际经济领域的权威制度化。

随着 1973 年中东石油危机的爆发和美国内政外交的各方压力,布雷顿森林体系瓦解,这也成为美国霸权衰落的显著标志。自 20 世纪 70 年代至今,尚未出现一个与美国完全匹敌的超级霸权国家,这也使得霸权衰落后既有的国际机制如国际货币基金组织(IMF)、世界银行(WB)等没有被新的机制或国际力量所打破,根据其自身运行的惯性在没有霸权的庇护下持续进行下去,不可否认的是美国依然在这些全球性的国际机制中占据重要一席,但 2008 年席卷世界的经济危机过后,欧元区陷入次贷危机的泥沼,日本经济元气尚未恢复又再次低迷,美国的经济也遭受重创。稳步增长并在 2009 年成为世界第二大经济体的中国受到关注。许多国际机构认定中国 GDP 超越美国只是早晚的事情。美国国家情报委员会 2012 年发布的报告预测,到 2030 年,美国可能结束超级大国的地位,成为"同等大国中的首位"。[①]如果中国的未来真的像不少经济学家预测的那样乐观,那么它能否像美国一样,或者说它可否克服美国的缺陷,又将贡献怎样的全球公共产品?

三、亚洲基础设施投资银行与国际公共
产品提供的机制创新

中国是否会接替美国成为下一个全球单极领导?——在一个权力更加分散的国际体系中,任何一个国家都无力单独为世界提供国际公共产品。但不少学者仍然预测中国会成为霸权国。那么中国在多大程度上符合霸权国家的条件?中国能否在权力分散且不成为霸权国的情况下,建

---

① Matt Smith, "U.S. to Face 2030 a 'First among Equals': Report Projects," *CNN*, December 11, 2012, https://edition. cnn. com/2012/12/10/us/intelligence-2030/index. html, 2018-02-25.

立长效有力的国际机制呢？我将从中国的实力现状与霸权国家所具备的要求作对比，从而探究中国在原有霸权衰落以后建立国际机制的可能性。

2018年2月20日，美国大西洋理事会发布《全球国家影响力指数》，报告显示，全球影响力集中在少数国家手中。10个影响最大的国家，拥有世界上一半的影响力。美国在全球影响力仍保持全球领先，但其份额一直在下降，而且远远小于其在强制力（GPI）方面的表现；而中国的上升令人印象深刻。[①]不仅在其所在的地区，而且在地区之外，包括在北约成员国和在非洲的一些地方，已经超过美国，大大扩大了其影响力。

中国惊人的发展速度和发展潜力让"中国威胁论"的论调越发猖狂，那中国真的可以替代美国成为新一轮霸权从而成为国际机制新的主导构建者吗？中国又在多大程度上符合霸权国家的要求？

正确评估一国的霸权地位，首要前提是厘清"霸权"的概念。罗伯特·基欧汉在《权力与相互依赖》中说到，霸权是"一国有足够的能力来维持治理国家间关系的必要规则，并且有意愿这样做的情形"。[②]该定义强调"实施领导权的决定是'激活'权力能力和结果之间既定关系的必须"，这实际上触及了"权力转化（power conversion）"的问题，从而在潜在权力和现实权力之间搭建了一座桥梁。[③]由此可见，"霸权（hegemony）"并不是一个带有侵略色彩的贬义词，而是一种中性的国家能力及其使用状态的描述，因而衡量中国是否具备的霸权国家实力并不等同于默认了"中国威胁论"。

通常意义上，霸权国家需要具备强大的经济实力，雄厚的军事后盾，可复制的政治制度，面向全球的长期战略，为世界广为接受的文化元素和有一定野心和气度的大国胸怀，就其最重要的经济因素来考量：首先，中国13亿人口和辽阔的国土面积为产品市场提供了客观的物质基础；其次，虽然人民币还未达到与美元匹敌的国际核心货币的地位，但中国作为美国最大的债权国具有大量的美元储备，并且近期人民币加入特别提款权

① Moyer, Jonathan D., Tim Sweijs, Mathew J.Burrows, Hugo Van Manen. "Power and Influence in a Globalized World." 2018. *The Atlantic Council and Pardee Center for International Futures*, University of Denver, Denver, CO.p.3.

② Robert O.Keokane and Joseph S.Nye, *Power and Interdependence：World Politics in Transition*, Boston：Little, Brown, 1977, p.44.

③ 李晓、李俊久：《美国的霸权地位评估与新兴大国的应对》，《世界经济与政治》，2014年第1期，第116页。

（SDR）也意味着人民币在未来世界的流通性更强，从而在为国际货币市场提供通融稳定的资金角度来看，中国具备霸权国家的潜质；第三，在协调各国货币政策和管理国际外汇兑换体制方面，中国还没有过多的涉及，但与前面几项客观物质要求相比，在管理层上的要求相对而言不具硬性，是可以在后期学习且不断培养的。综上，就最基础的经济要素来看，中国强大且不断茁壮发展的经济实力基本具备霸权国的条件。

但从其他要素来看，中国与成熟的霸权国相比还有一定差距。从军事角度来看，美国强大的军事优势自第二次世界大战结束就早已显现，且经过半个世纪的冷战与军备竞赛，美国当今的军事实力依然远远超出其他国家。尽管近年来中国也开始进行军事战略的调整：中国 2015 年国防白皮书（首次以《中国的军事战略》做标题）要求，"适应国家战略利益发展的新要求，积极参与地区和国际安全合作，有效维护海外利益安全"。[①]但与美国强大的既有基础和持续的高额投入相比还有较大差距。美军加强了在太平洋地区的部署。这种转变从 2005 年左右开始，在 2012 年 1 月题为《维持美国的全球领导地位：21 世纪国防优先任务》的报告中再次得到确认。该报告指出，美军"将不可避免推进亚太地区的再平衡"。[②]在 2017年出版的关于《美中军事：军队、地理和持续演变的力量平衡 1996—2017年》报告中，兰德公司通过数据推理，表示从整体能力来看，解放军的实力还赶不上美军。[③]

从政治制度而言，当今中国逐渐开始尝试探索并定义自身别具一格的发展道路，且众学者正在敦促中国道路更加具有解释性及推广性。从文化战略等软实力来看，如何更好地加强中国的软实力，增强其影响力是中国亟需思考的重要议题，一定程度上也是中国构建国际机制所需要的无形资本。

冷战期间美国在霸权达到顶峰时期，抓住机遇建立了一系列有利于

---

① 中华人民共和国国务院新闻办公室：《中国的军事战略》，2015 年 5 月，第 14 页。

② 美国国防部：《维持美国的全球领导地位：21 世纪国防优先任务》，华盛顿特区，2012年 1 月，第 2 页。

③ Eric Heginbotham, Michael Nixon, The U.S.-China Military Scorecard: Forces, Geography, and the Evolving Balance of Power, 1996—2017, Rand Corporation, https://www.rand.org/pubs/research_reports/RR392.html, 2018-04-18.

巩固其国际地位与世界秩序的国际机制,基欧汉指出,由于建立国际机制的成本巨大,一个较为合理且完善的国际机制一旦建立就会具有一定的"黏性"或路径依赖效应,尽管在未来可能发生权力结构的变动与更替,既有机制也不会轻易被舍弃或改变。在 20 世纪 70 年代以后,美国霸权相对衰落,但也出现了大量的区域性的国际机制,无论是原霸主美国,或是新崛起的日本、中国,也都尝试建立或主导一些新的国际机制,如美国推行的跨太平洋伙伴关系协定(TPP),日本主导的亚洲开发银行(ADB),和中国的亚洲基础设施投资银行(AIIB)等。这说明尽管国际机制的建立困难重重,但是在霸权之后新的国际机制的建构依然是可能的。

随着中国近年来经济实力突飞猛进,国际地位显著提高,综合国力不断增强,改变对外的姿态,合理有效地使用自己的权力,正确划分自己的国际定位,不仅是中国为了自身发展而需要迫切考虑的,也是国际社会对当今中国的要求。而当今中国似乎也一改往常风格,尤其是在新一届领导人主持工作后,中国对外交往愈发频繁,参与国际活动的积极性也明显增强。2017 年,习近平主席借助达沃斯论坛,将中国定位为多边主义和全球化的捍卫者,以此回应的是特朗普的狭隘民族主义。

由于中国的不断崛起,对现有国际秩序中的不相称、不协调、不平等问题的改变诉求更加突出。2009 年,二十国集团匹兹堡峰会确定的国际货币基金组织份额改革就是为解决这种不合理的一种初步改革。2013 年9 月和 10 月,中国国家主席习近平在出访中亚和东南亚国家期间,先后提出共建"丝绸之路经济带"和"21 世纪海上丝绸之路"的重大倡议,得到国际社会高度关注;2015 年 3 月,为推进实施"一带一路",中国政府特制定并发布《推动共建丝绸之路经济带和 21 世纪海上丝绸之路的愿景与行动》;5 月习近平访问哈萨克斯坦被视为"一带一路"的落实之旅。三年多来,"一带一路"倡议在世界各地生根发芽。有学者认为,"一带一路"沿线地区逐渐形成区域性或区域间此之外,作为金砖国家重要成员之一,中国还推动设立类似于世界银行与国际货币公共产品供应的新格局,为沿线国家大大促进了区域合作。①2015 年亚洲基础设施投资银行(AIIB)正式

---

① 黄河:《公共产品视角下的一带一路》,《世界经济与政治》,2015 年第 6 期,第 138—155 页。

成立,其创始会员国涵盖了除美日外的主要西方国家,及亚欧区域的大部分国家,成员遍及五大洲。

亚洲基础设施投资银行问世三年来,中国作为新兴大国是否能够扮演起美国曾经的霸权角色来推动国际供给产品的供给?下面将具体用亚洲基础设施投资银行(AIIB)的实例来说明。

亚洲基础设施投资银行是一个政府间亚洲区域多边开发机构,重点支持亚洲地区的基础设施建设,成立宗旨是促进亚洲区域的建设互联互通化和经济一体化进程,并且加强中国及其他亚洲国家和地区的合作。总部设在北京,至今已有 84 个成员国加入或有意向加入。①

亚洲基础设施投资银行的成立是依托于全球化的一种历史大势。一方面,亚洲基础设施投资需求巨大。当前,亚洲很多国家正处于工业化、城市化起步或加速阶段,对交通、能源、通信等基础设施需求很大,但供给严重不足,面临建设资金短缺、技术和经验缺乏的困境。②另一方面,中国基础设施建设经验得到世界广泛认同,资本输出也已经具备条件。中国经济的崛起除了坚定推行改革开放等政策之外,还主要得益于庞大的基础设施建设投资,如果没有先进的港口、公路、铁路、机场,以及对能源、电信、农业和城市发展的持续投入,中国就不可能维持长期高增长。与此同时,中国积累了 3 万多亿美元外汇储备,有动力扩大对外投资,并带动其他亚洲国家一起发展。习近平总书记在十九大报告中承诺,中国开放的大门不会关闭,只会越开越大。

筹划建立亚洲基础设施投资银行是中国向世界表明提供国际公共产品的决心。那么,中国基于怎样的考虑建立亚洲基础设施投资银行——这一新的国际机制?从中国的主观因素来看,亚洲基础设施投资银行的成立不仅是其解决国内问题的需要,更是其在新时期开展外交的要求。

首先,从经济实力来看,今天的中国是亚洲第一大经济体,是亚洲经济增长的最大引擎。据统计,2017 年中国 GDP 增长 6.9%。过去五年,中国经济平均增长 7.1%,实现城镇新增就业 6 500 万人以上,财政赤字率一

---

① About Us, AIIB, https://www.aiib.org/en/about-aiib/index.html, 2017-07-17.
② 黄志勇、谭春枝:《筹建亚洲基础设施投资银行的基本思路及对策》,《东南亚纵横》, 2015 年第 10 期,第 3—9 页。

直没有超过 3%。供给侧改革取得阶段性成效,2016 年以来减少钢铁产能超过 1.15 亿吨,减少煤炭产能 5 亿多吨。不仅继续稳居世界第二大经济体,也成为全球仅有的两个超"10 万亿美元俱乐部"的成员之一。2000 年中国 GDP 首次突破 1 万亿美元,到突破 10 万亿美元只用了短短 14 年时间,而美国却用了 31 年,这不得不说是一个经济发展史上的奇迹。据国际货币基金组织数据显示,2014 年中国 GDP 占全球产出的 13.4%,占亚洲的 47%,2007—2014 年金融危机以来,中国经济对世界经济增长的贡献率超过 30%,是全球最大的引擎。由此可见,中国已经具备为亚洲甚至是世界提供一定程度上的公共产品的能力。

与此同时,基础设施建设是亚洲经济保持持续发展的最大潜力。亚洲各国市场需求巨大,基础设施普遍落后,但是发展面临资金缺口。以东盟为例,新加坡基础设施最优,泰国、马来西亚次之,其余国家则相对落后。无论是交通网络,通讯设施普及率,或是互联网使用率、电力设施、人均 GDP 等,亚洲各国平均水平基本均在世界平均水平之下。[①]亚洲各国需要加强基础设施建设但是却缺乏资金技术支持,而亚洲基础设施投资银行恰好为其发展提供良好的条件。

其次,亚洲基础设施投资银行的筹建也是新时期中国展现国家实力的一个良好契机。"一带一路"倡议包括"五通",即政策沟通、设施联通、贸易畅通、资金融通、民心相通,亚洲基础设施投资银行可为"一带一路"的一系列目标提供必要的建设途径和资金保障。随着综合国力的不断增强,美日等国对中国的危机感也越发增强。比如美国控制中国在国际货币基金组织的认缴金额以压制其投票权,掌控排除中国的 TPP 谈判等。美国控制着国际货币基金组织和世界银行,日本主导政府开发援助(ADB),中国也需一个能由其自由平等发声的平台来更好地维护其国家利益并且更好地履行国际责任,因而亚洲基础设施投资银行的建立也是新时期中国提升国际话语权的尝试,在国际经济金融规则制定方面获得了更大影响力。

作为一家新的多边融资平台,亚洲基础设施投资银行的"游戏规则"

---

① 孙立鹏:《创建亚投行意义重大前景光明——专访中国现代国际关系研究院世界经济研究所原所长陈凤英》,《领导文萃》,2015 年 9 月,第 13—14 页。

与现有的国际金融体系有很大的区别。一方面亚洲基础设施投资银行充分借鉴了现有的金融机构的好的经验和做法,同时也寻求更好的标准,避免国际金融体系走过的弯路。并且其股份分配中体现了新兴经济体的优势。根据协定,亚洲基础设施投资银行法定股本为 1 000 亿美元,域内外成员认缴股本比例为 75∶25,以 GDP 为依据进行分配,优先突出了发展中国家携手推进亚洲区域发展的新局面。并且与国际货币基金组织、世界银行相比,亚洲基础设施投资银行提供的援助更加纯粹且不附带政治条款,可以从实际上为受援助国提供更多的帮助。需要特别注意的是,亚洲基础设施投资银行是一家国际金融机构,而不是中国的一家银行,中国虽然在亚洲基础设施投资银行的建制过程中扮演了主导地位,但始终注意平衡中国与其他成员国之间的关系。亚洲基础设施投资银行行长由金立群担任,但五位副行长由来自英国、韩国、印度、德国、印度尼西亚五个国家的专业人士担任。[1]中国在亚洲基础设施投资银行创建与设计中表现出来的谨慎性与公益性给其他成员国释放了一个安全信号,使得加入亚洲基础设施投资银行的损益比更具有说服力。

第三,在 2017 年年底特朗普政府发表的《美国国家安全战略报告》,充满着对中国在印太及全球范围"取代美国"的担心。在安全问题上,对中国扩充军备、扩大领土主张、挑战美国的航行自由行动、向敏感的西方网络发起网络攻击以及近来将南海岛礁军事化的批评。[2]在经济问题上,特朗普说"中国和俄国挑战美国的实力、影响和利益,试图侵蚀美国的安全和繁荣,中俄两国也同时在挑战国际经济秩序,让经济变得不那么自由和公平"。中共十九大报告中,中国国家主席习近平宣布"中国进入了一个'新时代',到本世纪中叶,中国将以社会主义现代化强国的昂扬姿态屹立于世界民族之林"。[3]

---

① 《亚投行本月正式成立 50 人竞争副行长职位》,凤凰财经网,2015 年 12 月 1 日,http://finance.ifeng.com/a/20151201/14101676_0.shtml, 2017-11-12。

② Donald Trump, National Security Strategy of the United States of America, December 2017. https://www.whitehouse.gov/wp-content/uploads/2017/12/NSS-Final-12-18-2017-0905.pdf,最后登录时间:2018-02-14。

③ 习近平:《决胜全面建成小康社会,夺取新时代中国特色社会主义伟大胜利——在中国共产党第十九次全国代表大会上的报告》,中国政府网,2017 年 10 月。http://www.gov.cn/zhuanti/2017-10/27/content_5234876.htm, 2018-01-15。

从亚洲基础设施投资银行案例上来看,中国是亚洲基础设施投资银行的发起国,且其总部设在北京,即将出任行长的金立群也是中国人,中国又是最大的股东,那么不少国家或许会对中国的否决权产生疑虑。亚洲基础设施投资银行是否会变成中国操控亚洲的工具呢,也成为像美国一样将公共产品"私物化"的工具? 从理论上来说,中国作为最大的股东,确实拥有一票否决权,但是亚洲基础设施投资银行"公开、公平、透明"的原则是中国倡议并实行的,中国没有动机去破坏自己的成果;中国的传统文化就不具备扩张性,自古以来中国就不喜好滥用权力干涉他国,甚至作为安理会的常任理事国也很少投否决票;随着新成员的加入,中国的投票权在不断被稀释,亚洲基础设施投资银行自有的开放与包容特性使其具有平等和透明的本质取向。

美国对亚洲基础设施投资银行的态度经历了三个变化:从强力压制到缓和再到现在的"只谈合作,不谈加入"阶段,未来,特朗普政府将会继续前任政府的战略对中国采取"平衡战略",并且可能将更加偏向经济层面。一是特朗普对中国"一带一路"倡议将会持机会主义立场,并不执拗反对,相反认为如果这一倡议能够为美国经济或安全利益加分,那么不排除合作的可能,而其商人出身的身份特征,也会使他从交易角度看待"一带一路"倡议,通过部分参与合作,换取中国在其他问题上的让步。二是使用印太战略,平衡中国。对于印太战略究竟是一带一路的"竞争对手"还是"替代选择"仍然属性不明。但是从这一战略应对的部署也可以发现,中国成功地用"一带一路"倡议塑造了这些国家的外交行为,这些国家开始跟着中国重视基建这样的共同发展议程。三是特朗普的"美国优先",其外交战略的首要目标是保护美国经济和安全,所以在经济和安全上趋向保守主义的他,在经贸往来上肯定会与中国有更多的竞争,以此回应国内政治的需求。无论美国如何回应中国的挑战,其政策必将植根于现实。如何防止崛起大国重建东亚秩序,以及在全球范围潜在地挑战美国利益的可能,将会成为对美国国家治理和全球领导力的决定性挑战。因此,亚洲基础设施投资银行的战略部署过程中,一定会受到美国及其盟友的"明里或暗里"的反对。

四、中国参与国际公共产品
提供的基本原则探讨

公共产品的提供出发点应是为增进全球公共利益而设计的,然而在过去的实践中,霸权国家往往通过提供公共产品来巩固自身的霸权地位,以国际机制的形式固化自身的国家利益。以本国利益为出发点和落脚点的公共产品是偏离服务全球公共利益的轨道的,因此从长远角度看注定是失败的,不得民心的。

在新时代下,提供国际公共产品的方式是多元的,领域是广泛的,但中国提供的国际公共产品是基于如下原则的:

一是合作共赢的原则。"合作共赢"是中国外交的基本原则之一,中国强调"共赢"而非"零和"的原则,以中国发展带动其他国家,而非要将国际机制"私物化",秉承共同繁荣,开放包容的"一带一路"倡议就是中国为国际社会提供的可持续的巨大国际公共产品。在"一带一路"国际合作高峰论坛上,中国与沿线国家共同签署了一份包括5大类、76大项、270多项的成果清单。① "一带一路"和构建人类命运共同体理念被写入相关联合国决议是中国智慧被世界认可的体现。习近平主席创造性地提出义利相兼、以义为先的正确义利观,不搞"我赢你输、我多你少",成为新时期中国对非洲提供公共产品的重要指导原则,通过对非合作助力非洲国家谋求自助和可持续发展,最终实现中非双方的共同繁荣。②

二是责任分担的原则。如打击恐怖主义、跨国犯罪、毒品走私、反对腐败、气候变化等,都是需要共担责任的全球治理议题。这其中有些全球性议题,需要付出巨大的国内成本,在全球气候治理议题上,本着共同目标,经过大量谈判,各国都作出尽量减少本国碳排放量的承诺,形成"共同但有区别的责任",但美国在特朗普政府执政时期,甚至退出了经过艰苦卓

---

① 《把握"四大基于"实现互利共赢》,李瑞宇,外交部网站,www.fmprc.gov.cn/web/dszlsjt_673036/t1530386.shtml,2018-03-20。

② 王毅:《中国践行正确义利观,助力非洲可持续发展》,外交部网站,http://www.fmprc.gov.cn/web/zyxw/t1429222.shtml,2018-03-22。

绝谈判的巴黎气候协定。全球性问题的治理有时确实需要付出巨大的国内成本,作为一个负责任的大国,中国政府公布《气候变化行动目标》并向联合国提交"自主贡献文件",宣布在碳排放不晚于 2030 年达到峰值和 2020 年非化石能源目标达到 20% 的既有承诺基础上,2030 年碳排放强度将比 2005 年下降 60%—65%。①

三是协作领导的原则。十九大报告指出,中国始终做世界和平的建设者、全球发展的贡献者,国际秩序的维护者。中国在许多国际多边场合都表示将努力推动公正合理的国际政治经济秩序,值得注意的是,中国的这种"领导"并非等于支配、等于自利、等于强制、等于包办。②中国提出的"协作领导"是在推动自身利益和他国利益实现共同发展中形成的,而非霸权式的领导,为避免大国结盟,中国倡导"包容性增长"理念,以促进国际体系成员在不同文化、不同政治体制不同发展模式的情况下,实现更高层次的合作,达到更高水平的共同进步。

四是公正平等的原则。西方设计的秩序往往有利于少数西方国家,但中国提供国际公共产品的出发点并非如此,而是尊重主权平等,尊重各国选择自己的政治模式、发展道路与制度安排,譬如它鼓励沿线国家因地制宜,结合经济发展结构与水平参与"一带一路"倡议。而针对非洲国家,它提出"真实亲诚"对非合作方针,中国开展对非合作将继续坚持不干涉内政,不附加任何政治条件,不强加于人,不以破坏生态环境为代价,遵守非洲国家的法律法规,尊重当地的风俗习惯。

2005 年 9 月 21 日,副国务卿罗伯特·佐利克敦促中国成为"国际体系的负责任的利益攸关方"。③佐利克说,"从中国的角度看,与我们一起工作来构建未来的国际体系将更好地服务于其国家利益"。他看似为中国着想,其真实意图是要让中国和美国一起,来维护现存的由美国建立的国际体系,而不是去推翻它,或者说产生另辟新的国际体系的想法。

---

① 《全球气候治理的中国方案》,《光明日报》,凤凰网网站,http://news.ifeng.com/a/20160613/48962878_0.shtml, 2017-12-16。

② 陈志敏、周ня荣:《国际领导与中国协进性领导角色的构建》,载《世界经济与政治》,2017 年第 3 期,第 15—34 页。

③ Robert Zoellick, "Whither China: From Membership to Responbility?" September 21, 2005,https://2001-2009.state.gov/s/d/former/zoellick/rem/53682.htm, 2018-01-15。

但是，由于中国的不断崛起，对现有国际秩序中的不相称、不协调、不平等问题的改变诉求更加突出。改革开放以来，中国始终坚持走和平发展道路，努力承担自己应尽的国际责任，为世界提供更多国际公共产品。随着国力的大幅提升，中国已经是联合国会费的第三大承担国、联合国维和行动捐款的第二大贡献国、联合国安理会常任理事国中派出维和部队最多的国家、对世界经济增长和全球减贫贡献最大的国家、在应对气候变化的《巴黎协定》及其后续机制建设中发挥关键作用的国家。中国的"一带一路"倡议更是得到 100 多个国家的支持和积极参与。所有这一切都表明，中国正通过实际行动切实承担国际责任、提供更多优质国际公共产品。

五、结　　论

从美国建立霸权到布雷顿森林体系瓦解，我考察了美国在第二次世界大战后为国际提供全球公共产品的历史，并对其背后的战略逻辑进行剖析。同时，结合金德尔伯格、吉尔平、基欧汉等人对霸权稳定论的解读，认为"稳定论"其实是美国为自己在战后提供公共产品，谋求全球霸主地位的一种解释。随着新兴国家经济体的崛起及全球权力的分散化分布，在现今时代下单一国家无法再为全球提供充足的公共产品。文章认为，基欧汉仅对霸权之后国际机制如何短期存续进行解释，但无法说明霸权之后新兴国家（非霸权）建立国际机制的可能性及必要性。霸权与国际公共产品的提供并无直接联系，中国无论在实力还是意愿上都不是一个霸权国家，但非霸权国家也可以探索全球政府间更有效地治理全球问题的新的国际机制。未来，美国及日本也许仍会对中国提出的如亚洲基础设施投资银行，"一带一路"倡议等展开"平衡"或"掣肘"的战略，但事实表明，中国成功地用亚洲基础设施投资银行，"一带一路"等国际公共产品的提供模式塑造了这些国家的外交行为，从新的印太战略可以看出，这些国家也开始跟着中国重视基建这样的共同发展议程。以"合作共赢"、"责任分担"、"协作领导"、"公正平等"为原则的国际公共产品的提供极大避免了"私物化"公共产品的意图，也减少了国际公共产品动力不足的可能性，中国主导建立亚洲基础设施投资银行是霸权相对衰落后新兴经济体进行国际机制构建的成功尝试。

区域性公共产品和金砖合作机制

钱亚平 *

【内容提要】 过去十年里，金砖国家从一个投资概念发展成了全方位的合作机制。这些国家之间存在着巨大的异质性，为什么能够超越分歧，形成新型的合作机制？金砖合作如何进一步深化？当前已有一些学者对此进行了理论分析，但并不能完全解释金砖合作的动力。本文从区域性公共产品视角出发，试图分析金砖国家为何愿意采取集体行动，以及如何避免集体行动困境的问题。

【关键词】 区域性公共产品；金砖合作；"一带一路"

【Abstract】 BRICS has transformed from an investment term into a comprehensive mechanism during the past decade. Why are these countries able to cooperate with each other and form an institutionalized cooperative mechanism due to their significant heterogeneity? How could they deepen their cooperation? Some scholars have provided insightful researches on the impetus of BRICS cooperation; however, all those approaches do not adequately explain why this particular group of countries has been able to cooperate with each other while excluding others. This article examines the dilemma of collective action of BRICS countries from the perspective of regional global goods.

【Key Words】 Regional public goods; BRICS cooperation; the Belt and Road

---

* 钱亚平，复旦大学发展研究院金砖国家研究中心博士后。

2009年，金砖国家领导人在俄罗斯叶卡捷琳娜堡举行了首次会晤，标志着金砖国家从一个投资概念转向为一个国际对话与合作机制，并成为全球经济治理的重要平台之一。①随着2014年金砖国家新开发银行和应急储备安排的成立，金砖合作从概念迈向实体，并发展为覆盖外交、经贸、财金、安全、文化等诸多领域的全方位合作框架。金砖国家地处不同的大洲，在经济规模、经济结构、政治制度、意识形态和文化传统等方面都存在着明显的异质性，为什么能超越彼此的差异和分歧，形成新的合作机制？如何从理论上解释金砖持续合作的动力？本文从区域性公共产品视角出发，对上述问题进行了探讨。

一、金砖国家合作的动因

按照区域间主义理论，在多个国家共处的区域或跨区域中，存在着共同的需求和利益，因此在全球性国际公共产品供应严重不足或无法满足其个性化需求的情况下，共同需求和共同利益将会驱使区域及区域间的国家或国家集团联合起来，共同设计出一套安排、机制或制度，并为之分摊成本，即将较小的公共区域嵌入较大的公共区域里，以提高公共产品的使用效率。②黄河认为，这些只服务于特定区域或跨区域，其成本又是由区域内或区域间国家共同分担的安排、机制或制度称为区域性或区域间公共产品。③按上述定义，金砖合作机制就是金砖国家提供的区域性公共产品。它们实际上是在全球性公共产品供给不足的背景下，通过跨国合作解决问题的模式，是全球性公共产品的一种替代。④

那么，金砖合作机制为何可以形成？金砖国家为何愿意提供区域性公共产品？本文认为，金砖国家提供公共产品的能力、意愿、作为区域性大国的相似身份以及它们对现有秩序的不满促成了它们之间的合作。

---

① 《"金砖四国"领导人会晤在叶卡捷琳堡举行》，《人民日报》，2009年6月17日，第1版。

② 黄河：《公共产品视角下的"一带一路"》，《世界经济与政治》，2015年第6期，第141—142页。

③ 黄河：《公共产品视角下的"一带一路"》，《世界经济与政治》，2015年第6期，第142页。

④ Antoni Estevadeordal, Brian Frantz & Tam Robert Nguyen, *Regional Public Goods: From Theory to Practice*, IDB Publications Section, 2002, p.63.

第一,金砖国家拥有提供区域性公共产品的能力。对发展中国家而言,区域性公共产品的供给比国内公共产品和全球性公共产品的供给要困难得多。①这是因为,大多数发展中国家通常没有能力提供充足的公共产品,而且发展中地区许多区域性公共产品产生的外溢并不能直接惠及供给国。②金砖国家经济的迅速崛起给了其参与公共产品供给的可能性,使这些国家从国际公共产品的消费者走向了参与者和倡导者。金砖国家均是地区乃至全球大国,国土面积占全球的29.6%,人口占全球的42.6%。经济实力的增长为金砖国家参与国际公共产品供给奠定了坚实的物质基础。从1999年至2008年10年间,巴西、俄罗斯、印度和中国"金砖四国"的经济一直保持高速增长,年均GDP增长率分别达到3.33%、6.99%、7.22%和9.75%(见表1),大大高于同期世界平均水平,按购买力平价计算对世界经济增长的贡献率已超过50%。到2008年,金砖四国的GDP总量占世界的比重已从1999年的7.46%上升到2008年的15%左右。2006年至2016年,金砖国家外汇储备总额从16 397亿美元增长到40 519亿美元,占比从30.7%提升到36.9%,这些外汇储备正是美欧应对金融危机的借款来源。如2008年金融危机爆发后,国际货币基金组织(IMF)于2009年4月宣布通过发行债券的方式增资5 000亿美元,用于帮助需要救援的国家。中、巴、俄等纷纷表态购买国际货币基金组织债券③,尽管这些购买的债券并没有提高它们在国际货币基金组织的份额及发言权,但却充分表明,金砖国家有能力为地区和全球提供公共产品。

第二,金砖国家都有提供区域性公共产品的意愿。西方学者一度将金砖国家批评为"不负责任的利益攸关者",认为它们享受了西方主导的全球规范和国际规则的好处,但却不愿承担相应的国际责任。④事实并非

① 安东尼·埃斯特瓦多道尔、布莱恩·弗朗兹、谭·罗伯特·阮等:《区域性公共产品:从理论到实践》,张建新、黄河等译,上海人民出版社2010年版,第12—13页。

② Daniel G.Arce & Todd Sandler, "*Regional Public Goods: Typologies, Provision, Financing, and Development Assistance*," Launching Seminar in Stockholm, March 6, 2002, p.32.

③ 《中国政府已同意购买不超过500亿美元的IMF债券》,新华社,2009年9月3日,http://www.gov.cn/jrzg/2009-09/03/content_1407857.htm, 2018-05-19。

④ Stewart Patrick, "Irresponsible Stakeholders: The Difficulty of Integrating Rising Powers," *Foreign Affairs*, Vol.89, No.6, November/December 2010, pp.44—53.

如此,如在世界贸易组织谈判中,中国、巴西、印度、南非逐渐成为发展中国家的领导者和发展议程的设置者①,正是它们的共同努力,发展问题才成为WTO多哈回合谈判的主题。②中国国家主席习近平更是在多个场合提到,中国的发展得益于国际社会,也愿为国际社会提供更多公共产品。③2017年9月3日,习近平在出席金砖国家工商论坛开幕式并发表主旨演讲时指出:"金砖国家要合力引导好经济全球化走向,提供更多先进理念和公共产品。"④

第三,相似的身份促使金砖国家走到一起。金砖国家都是重要的地区大国,处于相似的发展阶段,都渴望获得国际认可,愿意并有能力承担一定的国际责任。作为地区大国,它们都是区域经济合作的积极推动者。因为发展阶段相似,它们在许多领域有着广泛的共同利益,如在气候治理领域,金砖国家都面临着加快经济结构调整,优化能源结构,发展低碳经济的共同目标。⑤同时,金砖国家还希望将国内的成功与发展结合起来,这些共同认知和诉求使"金砖国家"从一种外在的身份标签逐渐转化为内生的共识。⑥

第四,公共产品"私物化"引起金砖国家的集体不满。虽然金砖国家有了提供国际和区域性公共产品的能力和意愿,但是金砖联盟的可能性并非完全基于成员国的经济实力或作出的经济预测。⑦另一个促使合作的重要因素是对美国主导的国际公共产品"私物化"的集体不满。

霸权稳定论者认为,无政府状态下国际合作得以形成的原因,就是霸

---

① Gregory Chin, "Reforming the W1Ü: China, the Doha Round and Beyond," in Amrita Narlikar and Brendan Vickers eds., *Leadership and Change in the Multilateral Trading System*(Leiden: Martinus Nijhoff, 2009).

② Amrita Narlikar, "New Powers in the Club: the Challenges of Global Trade Governance," *International Affairs*, Vol.86, No.3, 2010, p.720.

③ 习近平:《守望相助,共创中蒙关系发展新时代——在蒙古国国家大呼拉尔的演讲》,《人民日报》,2014年8月23日,第2版;习近平:《中国发展新起点全球增长新蓝图——在二十国集团工商峰会开幕式上的主旨演讲》,《人民日报》,2016年9月4日,第3版。

④《习近平出席金砖国家工商论坛开幕式并发表主旨演讲》,《人民日报》,2017年9月4日,第1版。

⑤ 康晓:《金砖国家气候合作:动力与机制》,《国际论坛》,2015年第2期,第33—38页。

⑥ 贺刚:《情境结构、实践施动与金砖国家的合作进程》,《外交评论》,2018年第2期,第100页。

⑦ Peter K. Yu, "Access to Medicines, BRICS Alliances, and Collective Action," *American Journal of Law & Medicine*, Vol.34, No.2/3, 2008, p.358.

权国生产和提供国际公共产品,因此霸权是国际体系的稳定器。①但是,霸权国提供公共产品的根本目的在于维护其霸权,因此不可避免地使国际公共产品私物化,即霸权国将原本应服务于整个国际社会的公共产品变成谋取一己私利的工具。②此外,霸权国提供国际公共产品难以顾及区域的个性化偏好,针对性不足,无法满足区域国家的具体需求。③当今的国际制度和全球治理规则是由美国为首的西方国家主导的,这些全球治理机制实质上仍然是私人产品,反映了西方国家的偏好和利益。发展中国家在这种供给体系中处于结构性弱势。2008 年全球金融危机的爆发将这一矛盾彻底暴露出来,金砖成员国追求国际地位和利益的共识超过了国家间的异质性。④以七国集团(G7)和国际货币基金组织为核心的传统金融治理机制并不能提供解决问题的公共产品,它们事先没有预测到金融危机的爆发,事后也没有提供出有效的解决方案。但同时,西方国家并不愿意改革这些机制,在国际货币基金组织 2010 年份额和治理改革方案生效之前,西方七国拥有 43%的投票权,美国拥有 16.74%的投票权,且拥有否决权。这使得国际货币基金组织成了美欧的私物;而金砖国家在全球治理制度中的地位远不能与它们的实力相匹配。

这种与经济实力完全不匹配的制度结构引起了以金砖国家为代表的新兴经济体的强烈不满,它们迫切希望改变既有体系。同时,西方国家也逐渐意识到,要寻求全球问题的解决方案,不可能避开这些新兴大国。⑤没

① 查尔斯·P.金德尔伯格:《1929—1939 年世界经济萧条》,宋承先、洪文达译,上海译文出版社 1986 年版;罗伯特·吉尔平:《国际关系政治经济学》,杨宇光等译,经济科学出版社 1989 年版;Charles Kindleberger, "Dominance and Leadership in the International Economy: Exploitation, Public Goods, and Free Rides," *International Studies Quarterly*, Vol.25, No.2, 1981, pp.242—254; Stephen D.Krasner, "State Power and the Structure of International Trade," *World Politics*, Vol.28, No.3, 1976, pp.317—347.

② 樊勇明:《区域性国际公共产品——解析区域合作的另一个理论视点》,《世界经济与政治》,2008 年第 1 期,第 23 页。

③ 陈小鼎:《区域公共产品与中国周边外交新理念的战略内涵》,《世界经济与政治》,2016 年第 8 期,第 43 页。

④ 王飞:《金砖国家金融合作:全球性公共产品的视角》,《国际金融》,2017 年第 1 期,第 25 页。

⑤ Andrew Hurrell, "Hegemony, Liberalism and Global Order: What Space for Would-Be Great Powers?" *International Affairs*, Vol.82, No.1, 2006, p.3.

有金砖国家参与的全球峰会面临合法性缺失的危机。①因此,金砖国家被邀请参加七国集团的会议,这为它们合作提供了契机。正是从这时起,金砖国家在七国集团会议、联合国大会、二十国集团会议等国际会议场合开始了小范围的磋商和会晤,表明新兴大国探索共同利益和合作领域的意愿与日俱增。

二、金砖合作机制下的区域性公共 产品供给及其特点

从首届领导人峰会开始,金砖合作不断深化,不同于私人产品是由市场制度实现供给的,也不同于霸权国提供公共产品,金砖合作机制下的区域性公共产品是由政治制度来实现需求和供给的,其供给建立在区域各国政治协商建立的框架基础上的。②金砖国家已经形成以首脑会晤为中心,外长、财长和行长、经贸部长定期举行会议,安全事务高级代表会晤,常驻多边机构代表定期会晤,金砖国家事务协调人和副协调人会议,工作组定期沟通的多层次政策决策机制;金砖国家也从原来的"金砖四国"扩大到金砖五国,并建立了金砖国家与发展中国家对话的"金砖+"模式。

(一)经贸类区域性公共产品

金砖国家经贸合作机制是金砖国家最重要的区域性公共产品之一。区域合作中公共产品的有效供给是区域经济合作的前提和条件,也是新兴大国进行国际区域合作的基础,它能够有效地降低贸易成本、促进要素的跨区域流动,从而提高交易效率。③2011年金砖国家领导人《三亚宣言》首次将经贸与金融合作并重,确立了以包容性发展为方向、经贸领域为重点全新的经济合作模式。此后,金砖国家建立了由领导人峰会确定顶层

① 托马斯·菲斯:《超越八国集团的全球治理:高峰会议机制的改革前景》,《世界经济与政治》,2007年第9期,第55—61页。

② 樊勇明、薄思胜:《区域公共产品理论与实践——解读区域合作新视点》,上海人民出版社2011年版,第65页。

③ 生延超、欧阳峣、刘长生:《分工协作、经济规模与大国区域合作中公共产品供求均衡》,《商业经济与管理》,2014年第9期,第77页。

设计,经贸部长会议和经贸联络组进行政策协调,工商理事会和工商论坛推动企业对话,以及智库峰会建言献策的多维度合作体系。[①]当前,金砖国家间已经形成涵盖贸易和投资便利化、服务贸易、电子商务、知识产权、经济技术合作、多边政策协调等较为完整的经贸合作架构。在这一机制下,2016年,五国间贸易总额近3 000亿美元,超过全球80%国家的GDP。

从历年峰会来看,经贸合作始终是最重要的议题,也通过了《金砖国家贸易投资合作框架》《贸易投资便利化行动计划》《金砖国家经济伙伴战略》等一系列合作框架。但客观来说,金砖国家经贸合作的程度仍相当低,鲜有涉及约束性的贸易投资自由化内容。即使是历次峰会重点讨论的贸易便利化问题,也仍然存在许多关税和非关税壁垒,真正落地实行的并不多,甚至连简化签证问题都尚未解决。因此,金砖国家在这一领域所提供的公共产品,远落后于金砖国家经贸合作的实践,仍有很大提升空间。[②]

（二）金融类公共产品

金砖国家成员的数量较少,合作过程中的成本和收益相对比较清晰。2012年,在印度新德里召开的金砖国家峰会上,印度正式提议成立金砖国家开发银行。2014年巴西峰会上,金砖国家领导人宣布签署成立金砖国家开发银行协议。[③]新开发银行的启动资本是1 000亿美元,初始认缴资本500亿美元,由五国平均出资,各国因此享有平等投票权。新开发银行是俱乐部产品,金砖国家通过成本共担,为各国经济发展提供金融资源,弥补现有国际金融机构功能的缺失。这类区域性公共产品匹配性强,公共产品的供给主体与消费主体高度一致,既可以防止地区大国的主导,将公共物品私物化,也可以克服小国的"搭便车"。金砖国家新开发银行开业近三年来,已批准项目13个,项目金额33亿美元,2018年还计划有一批总额40亿美元的主权贷款和非主权贷款项目落地;这些项目为各国提供基

---

① 沈铭辉、仇莉娜:《金砖国家合作机制建设:以经贸合作为视角》,《国际经济合作》,2017年第9期,第17—22页。

② 沈铭辉:《金砖国家合作机制探索——基于贸易便利化的合作前景》,《太平洋学报》,2011年第10期,第28—35页;叶明、张磊:《贸易便利化对金砖国家区域经济合作影响分析》,《复旦学报》(社会科学版),2013年第6期,第158—166页。

③ 《金砖国家领导人第六次会晤福塔莱萨宣言》,《人民日报》,2014年7月17日,第2版。

础设施发展解决了融资需求。

同时,金砖国家还成立了初始资本规模为 1 000 亿美元的应急储备安排,以应对金砖国家可能面临的短期性流动性危机问题。应急储备安排作为跨区域的金融安全网,也是一种俱乐部产品,它不仅可以对成员国的金融和经济稳定起积极的作用,对其他发展中经济体也有正外部性。

（三）人文交流类公共产品

人文交流是金砖合作的地基,相对于金砖各国与发达国家的关系,金砖国家间的人文合作基础十分薄弱,但如果没有民意基础,金砖合作就容易受阻。卫生领域是金砖国家最先开展合作的人文领域,这是因为疾病的防治是全球公共产品中最薄弱的环节,需要每个国家积极参与。[①]金砖国家都是发展中大国,它们在卫生领域面临许多共同的问题,如传染性疾病和慢病的防控等;也有许多共同利益,如在打破知识产权协定对仿制药物的约束、提高医药产品可及性等方面持相似立场。通过合作,金砖国家生产的"质优价廉"的疫苗等可以普及于广大发展中地区。如近年来,中国生产的乙型脑炎疫苗仅在印度就已用于超过 1.3 亿儿童的接种。当前,金砖国家在人文领域的交流与合作开始逐步向科技、教育、文化、青年、媒体等领域迈进。

（四）理念类公共产品

金砖合作机制特别强调发展的理念。梳理历次峰会宣言可见,金砖合作始终关注广大发展中国家,尤其是非洲和最不发达地区的发展问题。金砖国家还推动发展问题成为二十国集团、联合国等机构的核心议题,二十国集团的发展议程在很大程度上反映了金砖国家对这一问题的理解。[②]在金砖国家的推动下,2016 年二十国集团领导人杭州峰会成为发展特色最突出、发展成果最丰富的一次峰会。[③]

由上可见,金砖合作机制在区域性公共产品供给上有着自己鲜明的

---

① 斯科特·巴雷特:《合作的动力——为何提供全球公共产品》,黄智虎译,上海人民出版社 2012 年版,第 7 页。

② 汤蓓:《金砖国家对全球发展治理机制的选择性参与》,《复旦国际关系评论》(第 18 辑),第 35—54 页。

③ 《王毅部长在金砖国家外长联大会晤上的发言》,2016 年 9 月 21 日,外交部网站,http://www.fmprc.gov.cn/web/zyxw/t1399252.shtml,2018-05-28。

特征：

第一，针对性。金砖国家的跨区域合作，主要针对金砖国家共同面临的问题和症结，具有明确的问题导向，更符合这些国家的需求。如金砖国家新开发银行的设立，就是为了解决发展中国家的发展融资问题。虽然金砖国家发展迅速，但是这些国家的发展融资仍面临巨大的缺口。据全球基础设施中心预计，2016 年至 2040 年，全球基础设施投资需求将增至94 万亿美元。以巴西为例，巴西基础设施建设的投资规模巨大，到 2040年前共需 2.7 万亿美元，但目前的投资仅达到 1.5 万亿美元，还有 1.2 万亿美元的缺口尚待填补。① 这些资金，光靠这些国家自身很难解决。新开发银行的成立，就是"为金砖国家以及其他新兴市场和发展中国家的基础设施建设、可持续发展项目筹措资金"。② 综观新开发银行已经开展的项目，主要集中于新能源、水、卫生、交通、农业等金砖国家急需融资的领域。

第二，平等性。金砖合作机制是个平等的机制。俄罗斯总统普京指出，金砖合作机制的活动"是建立在平等、尊重和顾及彼此的观点与共识的原则之上的"。③ 金砖合作机制的平等性首先体现在金砖合作机制内部，南非无论在人口、面积还是经济实力等方面，都不能与其他四个金砖国家同日而语，但在金砖集团内，南非拥有平等的地位。金砖四国接纳南非，也向国际社会表明，新兴大国想要与非洲建立平等互利的关系，而不是西方大国与非洲之间"中心—外围"的不平等关系。在金砖国家新开发银行中，股权分配和治理结构也都以"平等"作为基本原则——银行的治理结构和股权分配不与各国的经济规模挂钩，而是按照国别进行平均分配。如果按照经济实力决定权责的话，中国在五国中经济实力最强，如应急储备基金 1 000 亿美元，中国出资 410 亿美元，南非 50 亿美元，其他 3 国各出资180 亿美元，但中国并没有据此要求最高的投票权。此外，金砖银行行长在创始成员国中按印度、巴西、俄罗斯、南非、中国的顺序轮流产生，中国也是排在最后。中国正是出于平等的原则，愿意以提供公共产品的原则来

---

① *The Global Infrastructure Outlook*，https：//outlook.gihub.org/，2018-05-18.

② 《金砖国家领导人第六次会晤福塔莱萨宣言》，《人民日报》，2014 年 7 月 17 日，第2 版。

③ 弗拉基米尔·普京：《金砖国家——开启战略伙伴关系的新视野》，新华网，2017 年 9月 1 日，http：//www.xinhuanet.com/world/2017-09/01/c_129693875.htm，2018-05-28.

进行制度设计,而不是从议程设置中谋取私利,将公共产品私物化。

第三,包容性。2011 年南非加入金砖充分体现了金砖合作机制的开放性。南非加入金砖国家扩大了金砖国家的代表性,它使金砖国家在地理上更具有全球性,尤其是南非作为整个非洲大陆的代表,它的加入增强了金砖国家代表新兴经济体的合法性。①金砖合作机制的包容性还体现在"金砖＋"模式上,从 2013 年开始,历届金砖国家领导人会晤期间,东道国都会邀请该地区的非金砖国家进行对话交流并形成了惯例,这充分说明金砖国家愿意推进南南合作,将公共产品的供给扩大到广大发展中地区。

可见,金砖治理模式不同于原有"霸权治理"下的等级制,而是一种新的平等、公正的治理模式。金砖合作是以成员需求为导向的新的国际公共产品供给模式,旨在克服传统全球金融治理中存在的公共产品供给问题,遵循的是平等、公正、自愿、合作等原则。全球治理存在着巨大的赤字,从公共产品角度看,要改善、填补全球治理赤字,需要金砖国家提供更多的公共产品。金砖合作机制就为全球治理提供了更多的选择,能够改善全球治理的改革,提供优质的国际公共产品。

三、金砖合作机制的未来展望

不过,未来金砖国家能否继续采取集体行动也受到不少质疑,尤其是当后危机时代合作的紧迫性消失后,金砖国家如何继续推进合作?客观来说,自身利益通常是提供公共产品的更可靠源泉②,金砖合作的深入,一是有赖于金砖国家提供公共产品的能力和意愿的加强,二是有赖于它们之间合作不确定性的消除,只有通过不断的实践加强彼此的认同,扩大共同利益的空间,才能实现金砖合作的可持续发展。

当前金砖合作的确面临着一系列挑战。第一,金砖国家内部经济增

---

① He Wenping, "When BRIC becomes BRICS: The Tightening Relations between South Africa and China," *East Asia Forum*, March, 2011, http://www.eastasiaforum.org/2011/03/03/when-bric-becomes-brics-the-tightening-relations-between-southafrica-and-china, 2018-05-28.

② 斯科特·巴雷特:《合作的动力——为何提供全球公共产品》,黄智虎译,上海人民出版社 2012 年版,第 11 页。

长产生分化。经济权力决定了一国对国际公共产品供给的偏好,是支持其参与区域合作的前提和动力。[1]但自 2013 年以来,受结构性因素、周期性因素等的影响,金砖国家的经济增速有所放缓,面临着下行的压力。根据国际货币基金组织 2018 年 1 月发布的《世界经济展望》,2016 年南非、俄罗斯和巴西的经济增速分别为 0.3%、−0.2% 和 −3.5%,2017 年三国的经济增速分别为 1.3%、1.5% 和 1.0%,它们的实际 GDP 增速从高于全球变成低于全球,只有中国和印度仍保持较高增长。[2](见下表)据估计,未来五年,南非、俄罗斯和巴西的经济增速大约维持在 2% 左右,与印度和中国将存在较大差距。金砖国家经济增长出现分化,客观上会影响到金砖合作的信心和基础。

2013—2019 年金砖国家经济增速(%)

年 份	2013	2014	2015	2016	2017	2018(估)	2019(估)
世界产出	3.3	3.3	3.4	3.1	3.8	3.9	3.9
俄罗斯	1.3	0.6	− 2.8	− 0.2	1.5	1.7	1.5
巴 西	2.5	0.1	− 3.8	− 3.5	1.0	2.3	2.5
南 非	2.2	1.4	1.3	0.3	1.3	1.5	1.7
中 国	7.8	7.4	6.9	6.7	6.9	6.6	6.4
印 度	5.0	5.8	7.9	7.1	6.7	7.4	7.8

资料来源:IMF,World Economic Outlook。

此外,金砖国家内部都面临着一定的政治经济困境,如各国都面临着经济结构转型的问题,俄罗斯是资源依赖型国家,印度、巴西、南非等基础设施相对不足,中国虽然拥有丰富的基础设施建设经验、技术,但近些年经济运行也存在着增长内生动力不足、产能过剩等问题,各国都需要探索自己转型的道路。另一方面,巴西、南非还面临着国内政局动荡的问题。

第二,金砖合作在各国外交政策中的战略定位不一致。以中国为例,近年来,中国提出了不少新的外交倡议,如"一带一路"倡议和澜湄合作机

---

① 王飞:《金砖国家金融合作:全球性公共产品的视角》,《国际金融》,2017 年第 1 期,第 27 页。

② IMF,*World Economic Outlook*,April 2018,January 2018。

制。其中"一带一路"倡议是中国外交的顶层设计,澜湄合作机制则是中国主导的新型次区域合作机制,与之相比,金砖合作机制在中国外交政策中定位并不清晰,甚至有被边缘化的趋势。俄罗斯、印度、巴西、南非也都有着各自的发展战略。俄罗斯将金砖合作作为政治工具,以此来提高其与西方打交道的回旋余地,实现外交突围。①在区域合作方面,俄罗斯力推欧亚经济联盟,计划到2025年建立一个高度一体化的统一市场。印度莫迪政府2014年提出了"季风计划",规划了一个由印度主导的延伸到整个东南亚地区的海洋世界,并积极推行"东向行动政策"。巴西和南非一方面希望通过金砖合作获得金融和投资支持,提升自己在国际事务中的话语权,同时也希望借此来增强自己在地区乃至全球的影响力。②可见,各国对金砖合作的定位都不一致。

第三,金砖合作需要进一步加强共识和凝聚力。国际社会并不看好金砖合作,认为这种基于危机应对的合作会在危机结束之后终结。有人指出,金砖国家之间的分歧远胜于它们之间的共性,金砖国家之间存在着边界分歧、资源和地位的竞争、价值和利益的严重分歧,无法形成政治团体,也不能就任何有意义的事情达成一致。③即使金砖国家内部,对此也颇有疑虑,如俄罗斯国家杜马国际事务委员会主席康斯坦丁·科萨切夫(Konstantin Kosachev)曾表示,"金砖四国更像是一个口号,而非组织"。④在"金砖国家"转向政治实体后,金砖"褪色"论仍时常被重提。⑤金砖合作机制仍是一个松散的、非正式的联盟。金砖国家之间如何挖掘共同利益?如何推进可持续的合作?

---

① 于长江:《俄罗斯的金砖国家外交述评》,《西伯利亚研究》,2014年第6期,第37—40页。

② 樊勇明、沈陈:《改变全球格局的战略力量——金砖国家的内部粘合机制与发展方向前瞻》,《人民论坛·学术前沿》,2014年第9期下,第14—15页。

③ Andrew Hurrell, "Hegemony, Liberalism and Global Order: What Space for Would-Be Great Powers?" *International Affairs*, Vol.82, No.1, 2006, pp.1—19; Philip Stephens, "A Story of Brics Without Mortar," *Financial Times*, November 24, 2011.

④ 昆廷·皮尔:《金砖四国并非盛会?》,英国《金融时报》,2009年6月17日。

⑤ Harsh V.Pant, "The BRICS Fallacy," *The Washington Quarterly*, Vol.36, No.3, 2013, pp.91—105; Ruchir Sharma, "Broken BRICs: Why the Rest Stopped Rising," *Foreign Affairs*, Vol.91, Issue 6, November/December 2012, pp.2—7; Graham Allison, "China Doesn't Belong in the BRICS," *The Atlantic*, March 26, 2013.

　　首先,金砖国家要进行发展战略的对接。当前金砖合作已经是一个成形的机制,但"一带一路"倡议是中国外交的顶层设计,且需要通过具体的机制加以落实,因此,金砖合作机制与"一带一路"倡议有必要进行对接。如上所述,"一带一路"倡议与印度的"季风计划"、俄罗斯的欧亚联盟等跨区域经济合作计划也有共通之处,这说明大家有着许多相似的目标,虽然在某些领域也存在相互竞争,但如果能充分挖掘和利用各国的内生动力和利益交汇点,通过各领域的合作和试点项目,就能够为金砖国家提供巨大的合作空间。如金砖国家可以推动基础设施规划方面的合作,争取在基础设施建设融资、运作方面达成框架性协议,实现优势互补,推动国际产能转移、基础设施建设等领域的合作。

　　其次,金砖国家要提升政治和战略互信。中国和部分金砖国家仍存在领土分歧,如与印度的边界划分问题,若是处理不妥当,有可能出现争端升级乃至军事对峙现象。中印、中俄之间也因缺乏政治和战略互信,阻碍了双方关系的发展。因此,金砖国家应加强沟通与交流,夯实合作的政治基础,加强互信。

　　第三,金砖合作机制的持续发展,需要各国在各个领域不断协调,塑造共同利益和集体身份,形成金砖认同。尽管金砖合作已经走过十余年,但金砖各国对金砖合作机制仍然缺乏认同。这从各国媒体对金砖合作的关注度中可见一斑,五国媒体通常是在本国作为领导人会晤的东道国时,才会特别关注金砖峰会的相关消息。因此,需要加强金砖国家之间的人文交流机制建设,在金砖机制下扩大民间交流的途径,共同塑造金砖认同。

　　第四,要确定金砖合作的重点。金砖国家领导人联合声明内容越来越多,每次的峰会声明和宣言多达上百条,仿佛无所不包,但真正落实的并不多。金砖国家更需要把自身机制建设做实,这样合作机制才能持久,但合作的深度和广度必须有所侧重。①例如金砖国家新开发银行和应急储备安排就是金砖合作的两大基石,尤其是金砖新开发银行,标志着金砖合作从宏观政策进行磋商、对话进一步发展到经济金融层面的更实质性的

---

① 江时学:《金砖国家在全球治理中的地位和作用》,《当代世界》,2017 年第 10 期,第29—32 页。

务实合作。①金砖国家需要将合作落地,一方面要继续加强新开发银行的制度建设,发挥其作为区域金融机构的积极作用;另一方面还要筹划建立"金砖国家评级机构"、金砖国家债券市场等,将金砖国家金融合作具体化、实心化;同时推动金砖国家在产业领域的进一步合作,为金砖国家提供更多实体性的公共产品。

第五,金砖国家还要在议题领域加强合作。如在国际大宗商品、粮食等领域,金砖国家要加强合作,共同争取这些领域的价格主导权。俄罗斯是能源的供给大国,巴西和南非是铁矿石等的出口大国,中国和印度则是能源的消耗大国,但是,金砖国家作为大宗商品的主要供求方和需求方,却没有掌握定价权。因此,金砖国家应积极建立能源合作机制,加强在矿产资源开采和加工方面的相互协作,从单打独斗到集体抱团,建立区域性的能源合作机制,争取大宗商品的定价权。在粮食领域,金砖国家都是农业大国,在世界粮食生产中具有重要地位。但金砖国家同时面临着粮食单产水平偏低,粮食消费需求增长、贫困人口巨大等风险,因此,金砖国家应拓展粮食领域的技术合作和经验交流,并在WTO谈判粮食安全问题上加强合作。此外,在卫生领域,尽管金砖国家拥有共同立场,但是要维持联盟与合作仍是巨大的挑战。金砖国家应加强这一领域的合作,因为它们有能力为自己和欠发达国家提供通用药品和专利药品所需的药物成分②,而这些合作不仅具有非竞争性和非排他性的公共产品特性,而且能产生积极的外部性。

综上所述,金砖国家自身能力和意愿的上升、对美国主导的国际秩序的共同不满以及金砖国家相似的发展阶段和大国地位,是其联合起来提供区域性公共产品的动力。但是,金砖合作机制要持续发展,金砖国家一方面要夯实基础,另一方面也要通过协调和沟通消除不确定性不断地塑造集体身份认同,形成更多的共识,寻求共同的利益空间,才能为国际社会提供更多的公共产品,形成独特的金砖治理模式。

---

① 周方银:《金砖合作机制能走多远? ——对国家博弈过程与利益基础的分析》,《人民论坛·学术前沿》,2014 年第 11 期,第 84—95 页。

② Peter K. Yu, "Access to Medicines, BRICS Alliances, and Collective Action," *American Journal of Law & Medicine*, Vol.34, No.2/3, 2008, pp.345—394.

中国地方政府参与"一带一路"沿线区域性公共产品提供的路径和风险研究
——以新疆、云南、广西、黑龙江为例

钟惟东[*]

【内容提要】"一带一路"倡议是中国向世界提供的公共产品。"一带一路"倡议要落地生根,迫切需要针对不同国家和地区提供有针对性的区域性公共产品,我国地方政府是参与"一带一路"沿线区域性公共产品提供的重要主体之一,地方政府的参与,能使区域性公共产品的供给渠道更加多元化。本文以新疆、云南、广西和黑龙江4个省区作为对象,探讨了地方政府参与"一带一路"沿线区域性公共产品提供的路径与特征,并同时指出,地方政府参与区域性公共产品供给也面临诸多不容忽视的风险和挑战,因此在积极参与的同时,需要做好风险防控。

【关键词】 中国地方政府;"一带一路"倡议;区域性公共产品

【Abstract】 The Belt and Road Initiative is a public goods that China provides to the world. Different countries and regions along the Belt and Road demand for specific regional public goods, local government in China is one of the important subjects participating in the provision of regional public goods. The participation of local governments in China makes regional public goods supply channels more diversified. Based on Xinjiang, Yunnan, Guangxi and Heilongjiang provinces and regions, this paper explores the path and characteristics of local government participation in the provision of regional public goods along the Belt and Road Initiative, and points out that local government participation will meet many risks and challenges that cannot be ignored. Therefore, while actively participating in the provision of regional public goods, it is necessary to pay attention to risk prevention and control.

【Key Words】 Local government in China; The Belt and Road Initiative; Regional public goods

---

* 钟惟东,博士,复旦大学国际关系与公共事务学院。

2013 年 9 月和 10 月，国家主席习近平先后提出共建"丝绸之路经济带"和"21 世纪海上丝绸之路"的重大倡议（简称"一带一路"倡议），即通过"一带一路"沿线国家的国际合作实现共同发展和共同繁荣；2017 年 10 月，中共十九大报告中更是强调要以"一带一路"建设为重点，坚持引进来和走出去并重，遵循共商共建共享原则，加强创新能力开放合作，形成陆海内外联动、东西双向互济的开放格局。"一带一路"倡议的主要目的是促进中国与"一带一路"沿线国家的区域合作，而区域合作产生区域性公共产品。2015 年 3 月 23 日，外交部部长王毅在中国发展高层论坛午餐会发表演讲时指出，"一带一路"构想是中国向世界提供的公共产品。"一带一路"倡议向世界提供互联互通、金融机构、共同发展、全球治理等物质和理念上的公共产品。[①]

随着经济全球化和区域化进程不断加快，参与到国际合作和区域合作进程之中的行为主体呈现多元化趋势，包括主权国家、次国家政府、国际组织和跨国公司等。次国家政府参与区域性公共产品提供是已有研究中比较忽视的，同时也是值得关注和研究的问题。本文结合"一带一路"倡议，探讨我国次国家政府如何参与沿线区域性公共产品提供以及可能存在哪些风险。

一、次国家政府参与区域性公共产品供给

（一）次国家政府

20 世纪 70 年代以来，次国家政府参与国际间合作和区域合作逐渐成为一种世界性趋势，我国改革开放后地方政府也不断参与到国际合作和周边区域合作中，这种现象受到研究者的广泛关注。所谓次国家政府指那些只在一国局部领土上行使管辖权的政府，即所有在中央政府以下的各级政府，在联邦制国家，次国家政府包括联邦成员单位以及州省以下的

---

① 郑东超、张权：《"一带一路"为世界提供四大公共产品》，《当代世界》，2017 年第 5 期，第 40 页。

各级地方政府,在单一制国家中,指的是各级地方政府。①按照此定义,在我国次国家政府包括省、市、县、乡镇四级地方政府,实际上等同于地方政府的概念。

（二）区域性公共产品

正如全球化趋势呼唤国际公共产品的出现,区域合作的发展和深入产生区域性公共产品的需求。国际公共产品存在容易被大国"私物化"的倾向,导致国际公共产品供应不足。②在全球性国际公共产品供应严重不足以及被"私物化"的背景下,共同需求和共同利益将会驱使区域内国家或国家集团联合起来,共同设计出一套安排、机制或制度并为之分摊成本③,也就是说共同需求和共同利益产生区域性公共产品的需求。与全球性公共产品相比而言,区域性公共产品的优势在于更切合本地区不同国家的需求,具有较强的针对性,比较有效地避免搭便车现象,从而使得区域性公共产品更能满足所覆盖地区的稳定和发展需要。

区域性公共产品是介于国际公共产品和国内公共产品之间的公共产品。从受益性范围来看,区域性公共产品惠及一个相对确定的区域,这个区域通常由地理范畴内相邻的国家或地区组成,公共产品在这种有限的地理范围内产生非竞争性和非排他性收益。根据公共产品的非竞争性和非排他性特征,区域性公共产品可分为纯公共产品、不纯的公共产品、俱乐部产品和联产品4种。④

（三）次国家政府参与区域性公共产品供给

伊夫·杜恰切克(Ivo Duchacek)的平行外交理论认为,次国家政府作为一个相对独立的外交政策行为者的出现,使一国外交事务的决策过程发生了两大分化:地域性分化和功能性分化,这种分化趋势为次国家政府的国际参与提供了介入机会。冷战后国际合作从以国家利益为中心的"高级政治"领域转变到以不涉及主权问题的经济、文化、社会、环境等"低

---

① 陈志敏:《次国家政府与对外事务》,长征出版社 2000 年版,第 5 页。

② 樊勇明、薄思胜:《区域公共产品理论与实践——解读区域合作新观点》,上海人民出版社 2011 年版,第 2 页。

③ 同上,第 16 页。

④ 安东尼·埃斯特瓦多道尔、布莱恩·弗朗兹、谭·罗伯特·阮等:《区域性公共产品:从理论到实践》,张建新、黄河等译,上海人民出版社 2010 年版,第 21 页。

级政治"领域,低级政治需要导致区域性公共产品的需求日益增加。次国家政府的外交行为具有非主权性和从属性特征,次国家政府发挥作用的领域主要集中在非传统安全、经济和文化等"低级政治"领域。①国际交往中的低级政治需要为次国家政府参与国际合作、区域合作和区域性公共产品提供了良好契机。中央政府和地方政府间关系的变化,地方政府承担了更多的财政压力和社会治理责任,权力转移是次国家政府参与国际合作的合法性基础。②非传统问题相互依存的深化、国际联系的增强,是驱动次国家政府参与国际合作的拉力;中央权力的下放、次国家政府的跨界利益关注及其国际事务参与能力的增强,是驱动次国家政府参与国际合作的推力。③现有文献对次国家政府研究主要集中在次国家政府外交和参与国际合作等方面。

区域性公共产品的提供主要是以地区间国家集团或国家联合为主,国家间协商是实现区域性公共产品提供的基本范式。④但实际上,参与公共产品提供的国家综合实力存在差异,区域性公共产品提供模式也存在差异。根据供给主体的特点,区域性公共产品的提供模式可分为轴心国家主导供给模式(如欧盟)、霸权国主导供给模式(如北美自由贸易区)和小国联盟主导供给模式(如东盟)三种。⑤这种关于区域性公共产品提供模式的划分,还是以主权国家为依据。中央政府和次国家政府在区域性公共产品提供中存在相对明确的分工,中央政府主要负责宏观层面的国家战略制定和推广,而次国家政府主要是负责宏观战略的具体实施,着重在微观执行和战略操作。中央政府和次国家政府构成立体型战略行政体系。次国家政府外交如今已成为中国开展同周边地区跨境合作的主要形式,是国家总体对外战略的一大补充和重要组成部分,对国家外交战略的有效实施起着积极而显著的作用。中央政府与地方政府在战略目标和发展

① 刘雪莲、江长新:《次国家政府参与国际合作的特点与方式》,《社会科学战线》,2010年第10期,第164页。

② 同上,第163页。

③ 陈志敏:《次国家政府与对外事务》,长征出版社2000年版,第63页。

④ 樊勇明、薄思胜:《区域公共产品理论与实践:解读区域合作新观点》,上海人民出版社2011年版,第17页。

⑤ 胡望舒、寇铁军:《区域性国际公共产品研究评述》,《地方财政研究》,2016年第9期,第83—84页。

选项上的差异也是地方政府谋求自主性的重要因素。①

贸易全球化、投资国际化、交通便利化和互联网技术的发展使得次国家政府成为相互依赖世界中的一个重要节点。低级政治需要导致相邻地域但属不同国家的地方事务日益国际化成为世界性的潮流。地方国际化程度越高,地方则越有可能支持中央政府更为广泛地参与国际经济体系。②次国家政府追求管辖区域的经济和社会发展,使得次国家政府参与区域合作和区域公共产品提供具有现实基础,也是现实需要。次国家政府参与区域性公共产品提供是国际发展中的客观事实,如我国云南和广西作为地方政府代表中央政府参与大湄公河次区域合作(GMS),吉林参与图们江区域的合作开放计划。

二、中国地方政府参与"一带一路"沿线区域性公共产品提供的路径

(一)"一带一路"倡议与区域性公共产品

"一带一路"倡议的目的是建设政治互信、经济融合、文化包容的利益共同体,主要内容为"五通"即政策沟通、设施联通、贸易畅通、资金融通、民心相通。"一带一路"倡议是中国提供给世界的公共产品,具有全球性。实际上,"一带一路"倡议涉及诸多亚洲、欧洲和非洲等沿线国家和地区,这些国家和地区制度不同、经济和社会发展程度不一、文化和习俗差异较大,参与"一带一路"倡议的动机、需求和合作深度也不一样。"一带一路"倡议要落地生根就需要与不同国家和地区合作的具体化和可操作化,因此迫切需要针对不同国家和地区提供不同的区域性公共产品。

基于"一带一路"倡议的诸多跨国活动具有区域性公共产品属性,具体来说包括纯公共产品、不纯的公共产品、俱乐部产品和联产品四类,其

① 任远喆:《次国家政府外交的发展及其在中国跨境区域合作中的实践》,《国际观察》,2017 年第 3 期,第 104 页。

② 苏长和:《国际化与地方的全球联系——中国地方的国际化研究(1978—2008 年)》,《世界经济与政治》,2008 年第 11 期,第 32 页。

中纯公共产品包括沿线环境治理、防治疾病、区域或跨区域贸易与金融合作协定等,不纯的公共产品包括减少污染、传染病的预防、水源安全等,俱乐部产品包括电网、交通基础设施、卫星发射等,联产品包括防治或减少自然灾害、消灭跨国恐怖主义威胁、互联网接入等。①同时,黄河提出要通过鼓励私人资本通过 PPP 模式参与基础设施项目投资、区分核心行动和补充性行动的关系、带动官方和金融机构资金的投入等方式构建"一带一路"倡议下公共产品融资机制。②杨海燕针对区域公共产品供给的困境和合作的可能性,通过博弈论分析提出"一带一路"倡议下区域性公共产品的三种供给模式:"小集团"模式下的区域公共产品供给、利他主义价值观下的区域公共产品供给、多边合作机制约束下的区域公共产品供给。③

(二)中国地方政府参与"一带一路"沿线区域性公共产品提供的实践

正如前文所述,次国家政府即地方政府在国际合作、区域合作和区域性公共产品提供中都发挥着重要的作用。"一带一路"倡议为中国地方政府参与沿线区域性公共产品供给提供了舞台。一方面,"一带一路"倡议是国家层面的宏观战略,微观执行和战略操作需要地方政府的参与,需要地方政府将"一带一路"倡议具体化和具有可操作性。"一带一路"倡议的落地生根,需要发挥地方政府的独特优势。另一方面,地方政府是相互依赖的国际社会中一个重要节点,本身具有追求区域经济增长和社会发展的自主性动力和需求,参与到"一带一路"倡议是实现区域发展千载难逢的机会。

中央政府也是通过实际行动支持中国地方政府加强与国外开放合作并参与到"一带一路"倡议中来。2016 年,外交部在宁夏首次举办省区市全球推介活动,开辟中央外交为地方服务的新途径。王毅部长在会上指出,外交部举办推介会活动有三个目的:一是为国家发展做好服务;二是为地方开放创造条件;三是为各国驻华使团了解中国国情打造平台。④截

---

① 黄河:《公共产品视角下的"一带一路"》,《世界经济与政治》,2015 年第 6 期,第 143 页。

② 同上,第 153—154 页。

③ 杨海燕:《区域公共产品的供给困境与合作机制探析——基于合作博弈模型的分析》,《复旦国际关系评论》,2015 年第 1 期,第 31—32 页。

④ 《外交部举办首次省区市全球推介活动》,http://www.fmprc.gov.cn/web/zyxw/t1344537.shtml,2018-03-28。

至 2018 年 5 月,外交部已经举办 12 个省区市和雄安新区的全球推介会,此类省区市全球推介会还将继续扩展。

地方政府对参与"一带一路"倡议表现出极大的积极性和自主性。大多数地方政府已编制和发布对接"一带一路"倡议的实施方案、工作重点和建设项目清单。各地方政府参与"一带一路"倡议实施方案的动力,既有来自中央政府行政指令的推力,也有"一带一路"倡议发展前景带来的拉力,同时来自地方政府的自主性。为便于分析和论述,本文仅考察新疆、云南、广西和黑龙江四个省份参与"一带一路"沿线区域性公共产品提供的实践,以期管中窥豹。

新疆连接中亚、南亚、西亚,是我国向西对外开放的重要窗口,是"丝绸之路经济带"核心区。2014 年 6 月,新疆提出"五中心三基地一通道"的发展定位,同年 9 月通过了《推进新疆丝绸之路经济带核心区建设的实施意见》和《推进新疆丝绸之路经济带核心区建设行动计划(2014—2020 年)》对接"一带一路"倡议,积极参与到中巴经济走廊、中蒙俄经济走廊、中蒙俄亚欧大陆桥建设,制定与周边地区的国际铁路网络建设规划,如中巴铁路、中吉乌铁路,与沿线国家间开展经济贸易和文化合作,助力"一带一路"的设施联通、贸易畅通、民心相通等方面的建设。

云南地处我国西南地区,是连接东南亚、南亚的国际大通道和辐射中心。云南在与东南亚、南亚国家和地区的多个合作倡议中发挥了积极作用,如参与大湄公河次区域经济合作(GMS)、孟中印缅地区合作论坛、云南—以色列创新论坛等合作和对话机制。基础设施建设方面,云南已实现中越、中缅通道境内段公路全程高速化,中老通道境内段高速公路于 2017 年建成通车,泛亚铁路东线境内段已全线建成通车,澜沧江—湄公河航道二期整治、中越红河水运、中缅伊洛瓦底江陆水联运项目等水运建设正在推进。

广西地处北部湾,是面向东盟的国际通道,具有与东盟国家陆海相连的独特优势,是海上丝绸之路和丝绸之路的重要连接节点。广西致力于打造中国—中南半岛经济走廊、中国—东盟信息港、中国—东盟港口城市合作网络"一廊两港"建设,完善中国—东盟博览会、中国—东盟商务与投资峰会的多边合作和对话机制,创立跨境产能合作示范基地、要素资源配置基地、人文交流基地和北部湾自由贸易试验基地,与越南、马来西亚开展"两国一检"通关新模式。广西以国际园区建设作为产业合作路径,如中马钦州产业园和马中关丹产业园的"两国双园"模式、中越跨境经济合作区。广西与东盟国家地缘接近,习俗相近,文化相同,人员流动频繁。为促进与东盟国家人文交流和吸引东盟国家学生来广西留学,专门设置了针对东盟国家留学生的奖学金,广西已成为我国接纳东盟留学生最多的省区。[①]

黑龙江省地处东北亚中心腹地,是我国"一带一路"倡议中向北开放的重要窗口。黑龙江利用地域优势参与中蒙俄经济走廊,创立黑龙江(中俄)自由贸易区、沿边重点开发开放试验区、跨境经济合作示范区,参与中俄同江铁路大桥等基础设施建设。围绕"哈欧班列"打造跨境物流通道,已经打造建成"哈尔滨—汉堡"、"哈尔滨—明斯克"、"大庆—泽布鲁日"、"哈尔滨—莫斯科"四条核心线路,实现东北地区和欧洲地区的陆上铁路畅通。

从上述四个省区参与"一带一路"沿线区域性公共产品提供的实践看,总体上,中国地方政府参与"一带一路"沿线区域性公共产品提供主要以不纯的公共产品、俱乐部产品和联产品为主,几乎没有纯公共产品的供给(见表1)。理论上说,由一个国家的地方政府提供一个跨国的区域性纯公共产品是不太现实的,毕竟地方政府的财政能力和行政权力不足以支撑跨国的区域性纯公共成品的提供。

表 1　中国地方政府参与"一带一路"沿线区域公共产品提供

地方政府 ＼ 类型	不纯的公共产品	俱乐部产品	联产品
新　疆	中巴经济走廊、中蒙俄经济走廊	中蒙俄亚欧大陆桥、中巴铁路、中吉乌铁路	
云　南	大湄公河次区域经济合作(GMS)、孟中印缅地区合作论坛、云南—以色列创新论坛	中越、中缅通道境内段高速公路、泛亚铁路	澜沧江—湄公河航道整治、中越红河水运、中缅伊洛瓦底江陆水联运项目

① 吴崇伯:《福建构建 21 世纪海上丝绸之路战略的优势、挑战与对策》,《亚太经济》,2014 年第 6 期,第 111 页。

续　表

地方政府 ＼ 类型	不纯的公共产品	俱乐部产品	联产品
广　西	中国—中南半岛经济走廊、中国—东盟信息港、中国—东盟港口城市合作网络	中国—东盟博览会、中国—东盟商务与投资峰会、"两国双园"模式、中越跨境经济合作区	"两国一检"通关模式、东盟国家留学生奖学金制度
黑龙江	中蒙俄经济走廊	哈欧班列、中俄同江铁路大桥、黑龙江(中俄)自由贸易区、中俄博览会	跨境经济合作示范区、沿边重点开发开放试验区、综合保税区

此外,中央政府的"一带一路"倡议明确要求围绕政策沟通、设施互通、贸易畅通、资金融通、民心互通"五通"进行展开。上述四个省区的提供实践以实现中央政府"五通"要求编制和规划参与"一带一路"倡议的实施方案,我国地方政府参与"一带一路"沿线区域性公共产品提供上,仔细对地方政府对"五通"类公共产品的提供来看,还是存在重彼轻此的倾向,总体而言地方政府重基础设施互通、贸易畅通,轻政策沟通、资金融通和民心相通(见表2)。

表2　中国地方政府参与"一带一路"倡议"五通"类公共产品的供给

地方政府 ＼ 类型	政策沟通	设施互通	贸易畅通	资金融通	民心相通
新　疆	中巴经济走廊、中蒙俄经济走廊	中蒙俄亚欧大陆桥、中巴铁路、中吉乌铁路	乌鲁木齐国际陆港区、喀什经济开发区、霍尔果斯经济开发区,综合保税区、口岸	跨境人民币业务	中国—亚欧博览会新闻部长论坛、友好城市

类型 地方 政府	政策沟通	设施互通	贸易畅通	资金融通	民心相通
云　南	大湄公河次区域经济合作（GMS）、孟中印缅地区合作论坛、云南—以色列创新论坛	中越、中缅通道境内段高速公路、泛亚铁路、澜沧江—湄公河航道整治、中越红河水运、中缅伊洛瓦底江陆水联运项目	国际口岸、瑞丽国家重点开发开放试验区、临沧国家级边境经济合作区、红河综合保税区、勐腊（磨憨）重点开发开放试验区、昆明综合保税区	云南沿边金融综合改革试验区、跨境人民币业务	云南卫视在东盟国家落地入网、友好城市
广　西	中国—中南半岛经济走廊、中国—东盟信息港、中国—东盟港口城市合作网络	南宁—友谊关高速公路、"钦州港—缅甸—马来西亚"集装箱直航航线、"渝桂新"国际联运大通道	中国—东盟博览会、中国—东盟商务与投资峰会、"两国双园"模式、中越跨境经济合作区	广西沿边金融改革政策、跨境人民币业务	"两国一检"通关模式、东盟国家留学生奖学金制度、友好城市
黑龙江	中蒙俄经济走廊	哈欧班列、中俄同江铁路大桥	黑龙江（中俄）自由贸易区、中俄博览会、跨境经济合作示范区、沿边重点开发开放试验区、综合保税区、跨境电子商务	中俄本币结算、跨境投融资	"中俄文化大集"、中国俄罗斯（哈尔滨）文学合作交流会、省内大学与俄罗斯高校合作办学、中俄旅游节、友好城市

（三）中国地方政府参与"一带一路"沿线区域性公共产品提供的路径

从上述四个省区参与"一带一路"沿线区域性公共产品提供的实践看,中国地方政府主要通过以下四个路径参与沿线区域性公共产品提供。

参与路径一:中央搭台,地方唱戏。地方政府参与到"一带一路"沿线区域性公共产品提供的推动力主要来自上层,很大程度上取决于中央政府。国家战略划定了地方政府可以作为的边界。[①]2015 年 3 月,国家发展改革委、外交部、商务部三部委联合发布《推动共建丝绸之路经济带和 21 世纪海上丝绸之路的愿景与行动》,其中将新疆维吾尔自治区定位为丝绸之路经济带核心区,广西为 21 世纪海上丝绸之路与丝绸之路经济带有机衔接的重要门户,云南为面向南亚、东南亚的辐射中心,福建为 21 世纪海上丝绸之路核心区,长三角、珠三角、海峡西岸、环渤海等经济区为海上丝绸之路建设的排头兵和主力军。地方政府在国家战略基础上,发挥地方自主性和积极性,基于地方优势和特色对接"一带一路"倡议,各省级政府结合省情陆续发布自己省份的《参与建设"一带一路"的实施方案》。

参与路径二:地方政府通过地缘性优势参与到"一带一路"沿线区域性公共产品提供。我国疆域宽广,与 14 个周边国家有陆地接壤,涉及东北亚、中亚、西亚、南亚和东南亚国家,这些国家制度、经济发展水平、历史、习俗和人群都存在较大差异。位于不同地理位置的地方政府具有不同的地缘性优势,对周边国家和地区的历史、文化、经济发展水平、人群生活习惯等方面的熟悉和了解,对"一带一路"沿线区域性公共产品提供可发挥独特的优势。如新疆在连接中亚、西亚和南亚、云南在连接东南亚、南亚和湄公河区域、广西在连接南亚和东盟国家、黑龙江在连接东北亚国家中都发挥了自身的独特优势。

参与路径三:基础设施和经贸合作是介入"一带一路"沿线区域性公共产品提供的直接机会。中国对外承包工程商会等机构发布的《"一带一路"国家基础设施发展指数报告(2017)》指出,大部分"一带一路"沿线国家为发展中国家,基础设施普遍比较落后,人均保有量低,各国对基础设

---

① 任远喆:《次国家政府外交的发展及其在中国跨境区域合作中的实践》,《国际观察》,2017 年第 3 期,第 112 页。

的改进和升级具有强烈的需求。大多数"一带一路"沿线国家和地方对交通、通信、电力、能源等方面基础设施具有迫切的需求。"一带一路"倡议主要目的是追求沿线国家和地区的共同发展和共同繁荣,而经贸合作是实现发展和繁荣的重要途径之一。"一带一路"倡议有利于推动沿线国家和地区间贸易成本降低,同时中国企业在沿线国家和地区设立境外经贸合作区,为东道国创造税收和就业岗位,推动沿线国家和地区的经济增长。

参与路径四:"一带一路"倡议对沿线国家和地区而言是国际性公共产品,对我国地方政府而言是一项重大的国内发展战略。我国提出西部开发、东北振兴、中部崛起等区域发展战略,"一带一路"倡议为这些区域发展带来重大的发展机遇。中巴经济走廊、中蒙俄经济走廊、中国—中南半岛经济走廊是"一带一路"倡议中具有代表性的区域性公共产品,上述分析表明我国地方政府积极参与到此类区域性公共产品的供给。

三、中国地方政府参与区域性公共产品提供的潜在风险及防控建议

区域性公共产品供给不会一帆风顺,而是面临诸多不容忽视的风险和挑战。认识到区域性公共产品供给的潜在风险,有利于加强风险防控,做好风险评估预警及防控工作,建立健全应对机制,有效防范各类风险挑战。通常而言,潜在风险主要体现为政治风险和经济风险。

(一)潜在风险

政治风险主要来源于国内和国际两个方面。国内方面,服务于国家整体战略是地方政府参与区域性公共产品提供的一个核心原则。从纵向关系来看,地方政府经济自主性和经济实力的增强可能会导致自主性行为增强,追求地方利益的动机可能会促使地方政府在参与区域性公共产品提供中产生偏离中央政府决策的倾向。国际制度的加强,一方面为地方政府开辟了广阔的国际活动空间,另一方面成为地方政府扩张自身权力、削弱中央控制的同盟。①现实中,某些地方政府可能会从本地区的利益

---

① 陈志敏:《次国家政府与对外事务》,长征出版社 2000 年版,第 44—45 页。

出发更多地考虑经济目标,忽视非经济领域的国家目标,甚至为了本地区的经济利益而损害国家利益;地方政府把它理解成政策优惠与税收优惠的新措施、上投资项目的新机会。①此外,从横向关系来看,区域毗邻的地方政府在区域公共产品提供中存在既合作又竞争的关系,地方政府单纯考虑自身在区域合作中的利益最大化,可能会导致地方政府间利益分化和不良竞争行为的出现。地方之间的市场分割和保护主义并没有随着国际化程度的加深而得到抑制和减少。②纵向的政策偏离和横向的地方政府间不良竞争都有悖于服务国家整体战略的原则,应坚决予以纠正。

国际方面,政治风险主要来自国外的宏观政治风险和微观政治风险。宏观政治风险包括国家政局的动荡、政权更替和战争,以及国际合作中政府的背信弃约。"一带一路"沿线国家和地区民族种族问题复杂、宗教信仰多样化,地缘政治复杂,存在潜在冲突和战争的可能性。参与国的利益考量和投机需要我们保持必要的警惕。如湄公河国家秉持"大国平衡"策略,参与了日湄合作、湄公河下游行动计划和澜湄合作机制等具有重叠作用的多重合作机制。③

经济风险指地方政府参与沿线区域性公共产品中可能面临的经济损失或本地利益受到伤害。"一带一路"沿线区域性公共产品尤其是基础设施建设需要投入大量的资金、人才和技术,项目沉淀成本非常高,预期投资回报是否能够如期收回存在不确定性。贸易和投资保护主义可能提高区域性经贸合作成本和加大基础设施建设的障碍。因此,地方政府的施政手段可能会受到区域性公共产品的掣肘,地方的本地利益可能会因此受到损害。

(二)风险防控建议

服务于国家整体战略,地方政府利益服从于国家利益,这是我国地方政府参与"一带一路"沿线区域性公共产品提供的核心原则。主权国家及

① 李向阳:《"一带一路"建设需防国家利益"地方化"政策误区》,《〈瞭望〉新闻周刊》,2015 年第 7—8 期,第 57 页。
② 苏长和:《国际化与地方的全球联系——中国地方的国家化研究(1978—2008 年)》,《世界经济与政治》,2008 年第 11 期,第 31 页。
③ 罗圣荣:《澜湄次区域国际减贫合作的现状、问题与思考》,《深圳大学学报》,2017 年第 5 期,第 110 页。

国家利益是地方政府参与一切国际活动的核心基石与前提,地方政府自主性的增强不能损害中央政府的权威。

加强对"一带一路"沿线国家和地区的研究,建立风险评估和预警防范机制。"一带一路"沿线国家和地区制度、经济发展水平、文化和习俗存在较大差异,因此在参与区域性公共产品提供时要加强对沿线国家和地区的研究,识别潜在的政治风险和经济风险,并建立预警和防范机制。

倡导合作共赢,建立区域性公共产品多方参与机制。中国地方政府要与"一带一路"沿线区域性公共产品受益国或受益地区政府建立合作机制,实现政策沟通。构建多层次的区域性公共产品沟通交流机制,吸引区域性公共产品受益国或受益地区政府共同参与,倡导合作共赢。区域性公共产品的提供尤其是沿线国家内部或与中国互通的基础设施建设,要建立合理的成本共担机制,可采用 PPP、BOT、BT 等多种模式,充分利用国内资本和沿线国家资本或国际资本。

加强与"一带一路"沿线国家和地区的社会和文化融合。中国地方政府参与"一带一路"沿线区域性公共产品提供中,存在重设施互通、贸易畅通,轻民心互通的倾向,这不利于与"一带一路"沿线国家和地区的社会和文化融合。在区域性公共产品提供中,要注意到沿线国家和地区的本土化需求,切合当地社会和文化习俗。

四、结　论

本文对新疆、云南、广西和黑龙江四个省区参与"一带一路"沿线区域性公共产品提供的实践分析发现:总体上,中国地方政府参与"一带一路"沿线区域性公共产品提供主要以不纯的公共产品、俱乐部产品和联产品为主,几乎没有纯公共产品的供给;从地方政府对"五通"类公共产品的提供来看,还是存在重彼轻此的倾向,总体而言地方政府重基础设施互通、贸易畅通,轻政策沟通、资金融通和民心相通。

国内和国际两个方面都有可能导致政治风险,国内主要存在纵向关系上地方政府偏离中央政府决策的倾向和横向关系上地方政府间利益分化和不良竞争,国际方面主要表现在宏观和微观的政治风险。沉淀成本过高、贸易和投资保护主义以及区域性公共产品的掣肘都有可能带来经济风险。为防止国家利益"地方化",地方政府参与提供区域性公共产品时必须坚持服务于国家整体战略,地方政府利益服从于国家利益,这是我国地方政府参与"一带一路"沿线区域性公共产品提供的核心原则;同时要加强对"一带一路"沿线国家和地区的研究,建立风险评估和预警防范机制;倡导合作共赢,建立区域性公共产品多方参与机制;加强与"一带一路"沿线国家和地区的社会和文化融合。

共建公正合理的海洋新秩序[*]

黄一玲[**]

【内容提要】 海洋秩序是国际秩序在海洋领域的映射，国际秩序的演进与国家之间海洋权益的争夺与海洋强国的兴衰更替密切相关。共建公正合理的海洋新秩序是人类共同开发利用海洋、应对人类共同面临挑战的需要。构建海洋新秩序应以公正、合理为两大价值目标，中国应与其他各国一起把握海洋经济发展浪潮，分享海洋经济发展机遇；统筹海洋新秩序构建与全球化进程；以"21世纪海上丝绸之路"为纽带共建海洋伙伴关系，建立包括海洋经济合作机制、海洋科技海洋文化交流机制在内的一系列多层次海洋合作机制，推动海洋秩序的法制化进程，共建公正合理的海洋新秩序。

【关键词】 海洋秩序；公正；合理

【Abstract】 The marine order is the mapping of the international order in the marine field, and the evolution of the international order is closely related to the competition for the rights and interests between the countries and the rise and fall of the maritime power. The construction of a just and reasonable new marine order is the need of human development and utilization of the ocean, and also the need to deal with the challenges facing mankind. Fair and reasonable are two value goals for the construction of marine new order. China should be together with other countries to grasp the tide of development of marine economy, to share marine economic development opportunities, to build partnership in "twenty-first Century ocean maritime Silk Road" and to establish a multi-level maritime cooperation mechanisms including the ocean security dialogue and cooperation mechanism, marine economic cooperation mechanism, marine science and technology exchange and cooperation mechanism and ocean cultural exchanges mechanism, in order to promote the legalization process of sea order and establish a fair and reasonable new marine order.

【Key Words】 marine order; justice; reasonable; China; Silk Road

[*] 本文系2016年中国海洋发展研究会基金项目"中国特色大国海洋战略研究"（CAMAJJ201604）阶段性成果。

[**] 黄一玲，华东政法大学马克思主义学院副教授。

298

海洋秩序是国际秩序的一部分,它在很大程度上体现着国际权力格局和国际利益格局。自人类社会演进到海权秩序主导世界格局发展的新时代以来,海洋就成为大国权力角逐和利益争夺的战略新空间,现实主义者认为世界大国一定是主宰着海洋秩序规则的海洋大国。发展海洋经济、维护海洋安全、保障海洋权益、拓展本国海洋战略空间已经成为世界各国制定内政外交政策的重要战略支点。

海洋一直是大国角逐的重要战略空间。全球化时代,随着海上利益新空间的不断拓展,中国必须重视维护中国的海洋权益和海洋安全。《中国海洋发展报告(2013)》指出,受到国际格局的影响,海洋大国对海上要道的争夺与竞争从未停歇。海上安全面临着传统因素与非传统因素的双重隐忧,海岛归属的争端不断升温,不仅关系到国家的主权与安全,更关系到国家的未来发展。因此,中国需要积极参与全球海洋新秩序的构建,在海洋规则的制定与海洋机制建设中发挥作用,打破传统少数大国主导海洋秩序的局面,推动公正、合理的海洋新秩序的构建,从而维护海洋持久和平。

一、国际海洋秩序的形成与演变

海洋秩序是一个历史范畴。作为国际秩序的重要组成部分,海洋秩序会随着国际局势的变化而动态发展,从而反映出一定历史阶段国际社会的特点。海洋秩序包括各国所普遍接受的处理国家之间海洋关系的原则、准则、规范以及由此形成的海洋权益结构。海洋秩序体现和建构着国际海洋利益格局,它建立在各国尤其是大国海洋经济实力、军事实力、科技实力等在内的海洋综合实力基础之上,体现为一系列的海洋机制。海洋秩序的变动反映着各国国家实力对比的变化,也体现着国际秩序的变迁。

(一)国际秩序视域中的海洋秩序演变

海洋秩序是国际秩序在海洋领域的映射,因而客观分析海洋秩序的变迁需要置于国际秩序视域中探讨。海洋是人类不可缺少的生存空间,对于国际社会的形成与发展具有重要影响。在人类活动大规模向海洋拓展以来,尤其是在这种拓展高度关联国家利益和体现为国家行为的情况下,海洋在国家发展中的重要性日渐凸显,并且深刻地影响着国际秩序的演进。在国际社会形成与发展的错综复杂的历史进程之中,国家在海洋贸易与对外战略活动之中需要利用海洋。在此过程中,不同实力的国家之间在海洋领域存在着各种合作与竞争,也形成了最初的海洋秩序。

海洋秩序的形成与国际秩序的建立密切相关。国际秩序是不同国际行为体围绕国际社会某种目标或某种价值追求,依据一定规则运行形成的相对稳定的机制。国际秩序的演进与国家之间海洋权益的争夺与海洋强国的兴衰更替相关联。自15世纪人类进入大航海时代以来,西方航海探险家在经济利益的驱使下进行的航海探险活动将世界日益联接在一起,各种文明逐渐打破了孤立的、封闭发展的状态而日益紧密的联接在一起,人类历史才真正形成为了世界历史,世界各国逐渐被纳入以发达国家为中心的殖民主义体系中来。由此,建立在跨洋贸易基础之上的国际贸易秩序和国际社会秩序初步形成,海洋成为世界强国都高度重视的战略生存空间,某种程度上海洋秩序即当时的国际秩序。随之海洋争端也纷至沓来,为解决海洋争端而制定的规则、条约和法律等推动了相应的国际组织乃至国际秩序的形成与发展。

国际秩序变迁影响着海洋秩序的发展,两者在变化方向上总体上保持一致。以地理大发现为起点的海洋秩序历经威斯特伐利亚体系、维也纳体系、凡尔赛—华盛顿体系、雅尔塔体系等国际体系变迁,经过从强权即公理、以大国力量对比划分海洋势力范围阶段到逐渐加强包括国际法、国际组织在内的国际机制建设阶段,国际海洋秩序正朝着制度化方向发展。从秩序制度化程度来看,海洋秩序可以分为高制度化秩序和低制度化秩序。低制度化秩序主要是国家之间依赖外交关系和道义约束,包括非正式对话、会议论坛等磋商机制建立和维持秩序。早期的海洋秩序属于低制度化秩序阶段,因而国家间的关系以及国家权力的此消彼长都会影响到海洋秩序的构建,海洋秩序的发展基本上受制于大国关系的影响。随着海洋秩序的发展以及各国对海洋的日益高度重视,各国在海洋秩序构建方面的努力逐渐演进到依靠制度、法律等维系的高制度化秩序阶段。高制度化秩序主要利用政府间组织、法律文件作为建立、维护海洋秩序的载体。海洋秩序发展脉络正是由低制度化向高制度化发展,这与国际秩序制度化发展过程大致是同向的。

（二）海洋秩序变迁的多重影响因素

海洋秩序是以国家为载体的多种因素综合博弈的产物。海洋秩序变迁的主要影响因素有科技因素、经济因素、政治安全因素以及文化因素。回顾海洋秩序的变动，不难发现海洋体系的构建仍然由大国权力关系所主导。各国海上力量是影响国际体系的关键因素之一，一个国家对海洋资源的调控、占有能力取决于该国海洋实力的大小。国家海洋实力主要包括海洋硬实力和海洋软实力。其中，海洋硬实力包括海洋军事实力、海洋经济实力、海洋科技实力；海洋软实力主要包括海洋战略和国家执行海洋战略的凝聚力等。

海洋国土作为国家领土的重要组成部分，海洋安全至关重要。历史上，一些国家之间的冲突与战争爆发于陆、海交接的边缘地带。各国制定海洋战略首要都是维护国家利益，力图拥有一个安全的海洋环境。在海洋秩序演变的过程中国家之间的海洋权益斗争成为主旋律，各国都致力于本国海洋权益的维护。海洋权益不仅包括海洋政治、安全权益还包含海洋经济权益。21世纪人类的实际生存空间将进一步向海洋拓展，包括海洋渔业、海洋交通运输业、海洋油气业、深海矿产业等在内的海洋产业方兴未艾，对各国未来经济发展都产生着不可估量的影响。例如，美国是世界上最大的贸易国，其90%以上的贸易通过海洋。[①]经济全球化时代，对以单纯军事意义上的制海权维度为切入点而形成的传统海权理论提出了更高的要求。[②]由此，各国对海洋权益的争夺由过去以军事安全为目的变为获取海洋经济利益为主，科技、经济力量正成为构建海洋秩序的主要动力之一。随着海洋经济的迅速崛起，海洋经济权益的维护正成为各国海洋战略新的重点，也成为海洋秩序变革的重要推动力。

从客观长远来看，推动海洋秩序变迁的根本原因是生产力的发展。因为生产力的发展直接影响到国家经济、军事各领域，也直接影响到国家的海洋实力。而科技作为第一生产力，对于海洋秩序发展的影响不可忽

---

① Dana R.Dillon, The China Challenge: Standing Strong against the Military, Economic and Political Threats that Imperil America, Rowman & Littlefield Publishers, 2007, p.25.

② 刘新华、秦仪:《现代海权与国家海洋战略》,《社会科学》,2004年第3期。

视。在大航海时代,航海技术是反映一国科技水平的重要指标。18世纪英国的工业革命推动了英国的技术革命,也提升了英国的整体实力,进一步增强了英国争夺海洋霸权的动机。通过运用殖民、战争等一系列手段,最终"日不落帝国"英国成为世界上最重要的海洋霸权国,使得海洋秩序带有浓厚的大英帝国的烙印,也深刻地影响着国际秩序。同样,后来居上的美国取代英国霸权而成为新的海洋霸权国与美国科学技术的高度发达密不可分。科技的发展为一国建立具威慑力的海洋军事力量奠定了基础。科技的发展也对各国海洋资源的开放利用产生着重要影响。发达国家凭借先进的海洋资源开发技术使得其在海洋秩序塑造过程中占据优势,也对主张实现海洋资源合理分配的发展中国家构成挑战。

海洋文化包括海洋秩序观、海洋意识、海洋价值观等,深刻影响着国家的海洋行为和海洋战略的制定,从而影响着全球海洋秩序的塑造。作为人类文明的摇篮,海洋文化包含着丰富的内涵,成为影响人类文明进程的重要因素。全球化、地区主义与民族主义思潮彼此交织、交锋,也影响到海洋意识、海洋秩序观的演变发展。格劳秀斯的"海洋自由论"与塞尔登的"闭海论"争论伴随着海洋秩序的变革。在世界海洋秩序演进、发展过程中,海洋秩序价值内涵不断丰富与完善,并且呈现出多样化和多层次化发展。开放、自由、分享海洋秩序观与保守、封闭、独占的海洋秩序观之间将长期处于相互较量之中。

(三)海洋秩序建构的不同范式

海洋秩序经历了漫长复杂的变迁过程,海洋秩序建构过程中存在多种思路与不同的范式。归纳起来,主要存在霸权化与法制化两种海洋秩序建构模式。

1. 海洋秩序霸权化建构模式

海洋秩序霸权化建构模式以国家实力特别是海洋实力为基础,是强权政治在海洋领域的体现。在世界历史由陆权中心时代演进到海权中心时代的过程中,西方国家海洋利益的争夺加剧了彼此之间的矛盾。各海洋强国纷纷划分自己的海洋势力范围,进行着海洋利益的博弈。海洋秩序霸权化建构模式体现出现实主义的倾向,其理论基石之一是马汉的海权论,该理论强调国家应建立强大的海军控制海洋以掌握制海权。大航海带来了人类海权崛起战略机遇期,回顾此段历史过程,不难发现能够充分汲取海权红利并且控制海上关键性通道、关键地理枢纽的国家最终将成为拥有强大海权的海洋霸权国。从被称为"海上马车夫"的荷兰到打败西班牙"无敌舰队"的英国的迅速崛起，海洋霸权国的产生与更替成为国际秩变迁的重要内容。海洋贸易的发展推动着资本日益全球化，从而形成现代资本主义国际体系。正如马克思所指出的："资产阶级，由于一切生产工具的迅速改进，由于交通的极其便利，把一切民族甚至最野蛮的民族都卷到文明中来了。"①随着西方海洋强国之间矛盾日益尖锐，最终出现了灾难空前的两次世界大战。第二次世界大战之后，新崛起的美国迅速取代英国成为新的世界霸权国，同时也成为新的海上霸权国。海洋霸权国享有最多的海洋权益，同时主导海洋规则制定权，而广大发展中国家难以获取应有的海洋权益，难以享有海洋发展红利，这表明由海洋大国主导形成、体现发达国家意愿的国际社会旧秩序一直延续至今，海洋霸权主义依然存在，这是导致不公正不合理的海洋旧秩序存在的主要因素。

2. 海洋秩序法制化建构模式

另一种海洋秩序建构思路与模式，即海洋秩序法制化。早期海洋秩序法制化程度比较低，主要体现为海事法律、国家之间的双边条约等。早在公元2世纪，马西纳斯就主张海洋为人类共有，提出自由利用海洋的观点。公元8世纪古罗马即开始编撰海事法。其后"领海主权"原则、"公海自由"原则等相继确立，逐渐形成最初比较简单的海域管辖制度，为最初的海洋秩序建立奠定了基础。在新航路开辟和地理大发现过程中起源于葡萄牙所实施的"发现原则"也演变为国际法中重要的"先占原则"，这些都构成了制度化海洋秩序的组成要素。

海洋法制化提供了国家之间通过合约、召开会议等方式和平解决海洋争端的途径。进入15世纪，国家之间海洋争端增加，急需找到稳妥的解决方法。1478年达成的《阿尔卡索瓦斯条约》将葡萄牙和西班牙两国之间存在的海洋利益矛盾加以化解。条约规定西班牙对加那利群岛的宗主权，以加那利群岛的平等线为界分为南北两个部分的待发现世界，北部由西班牙开发，南部由葡萄牙开发，由此开启了强国通过条约划分海洋势力范围的先例。此后，海洋争端国家之间签订条约的形式被各国纷纷效仿。

---

① 《马克思恩格斯选集》(第1卷)，人民出版社1972年版，第255页。

17世纪欧洲三十年战争爆发,这场战争的爆发缘于英国、法国、荷兰与西班牙之间争夺海洋商业利益。为结束旷日持久的战争,1648年威斯特法利亚会议召开,会议专门对海洋秩序作出了安排。例如:"应有充分的贸易自由,在海上和陆地都应安全通行。"①威斯特法利亚会议首开以国际会议解决海洋争端的先河。第二次世界大战后海洋大开发进入新时代,联合国的建立、多元国际行为体的参与、协调以及利益结构多元化发展推动着海洋秩序的法制化发展,海洋秩序进入成文法时代。例如,《杜鲁门公告》表明人类对海洋的划分更加细化到专属经济区、大陆架乃至国际海底,1982年被世人公认为"海洋宪法"的《联合国海洋法公约》生效,它对毗连区、专属经济区范围等作出了具体规定,从而成为构建国际海洋新秩序的法律基础。

上述海洋秩序霸权化建构模式与海洋秩序法制化建构模式在人类海洋秩序形成过程中相互交织,在历史发展的时间线上并没有清晰的分割时间点。海洋秩序霸权化建构模式更多地以现实主义为思想基础,海洋秩序法制化建构模式则汲取了国际关系中理想主义者的思想。随着第三世界民族解放运动蓬勃发展,越来越多的发展中国家要求打破传统西方国家所建立的旧的海洋秩序,力图建立权力合理分配、权利合法分享的公正合理的海洋新秩序。在海洋新秩序的建构之中,采用海洋秩序法制化建构模式,通过法律手段争取海洋权益正成为越来越多国家的共识。

二、共建公正合理的海洋新秩序的必要性

摒弃强权政治,突破零和博弈的传统冷战思维,共建公正合理的海洋新秩序正成为21世纪越来越多国家的共同诉求。全球已经设立联合国海洋事务与海洋法司、国际海底管理局、政府间海洋委员会等海洋治理相关组织,国际社会正通过国际组织、法律、外交等多种形式对海洋进行多渠道治理。在中国等诸多发展中国家的积极努力下,经济—法律方式正取

---

① 世界知识出版社编:《国际条约集(1648—1871)》,世界知识出版社1984年版,第31—33页。

代传统的军事—政治方式成为推动海洋秩序变革的主要方式；海洋秩序霸权建构模式正逐渐向海洋秩序法制化建构模式发展，公正合理的海洋新秩序正在逐步形成之中。

（一）共建公正合理的海洋新秩序是人类共同开发利用海洋的需要

罗马法中将海洋作为"人法物"中的"共用物"。马尔西安曾经指出："根据自然法，空气、流水、大海及海滨是共用物。"①由此可见，海洋作为全人类共同的财富的思想古已有之。"海洋是人类共同遗产"是《联合国海洋法公约》中规定的一项重要原则。《联合国海洋法公约》第 136 条明确规定国家管辖范围以外的海床及其底土及其资源是人类的共同遗产；并且《联合国海洋法公约》第 311 条第六部分禁止《联合国海洋法公约》的缔约国对有关海洋是人类共同遗产这个基本原则作出修订。《联合国海洋法公约》还指出："任何国家不得有效声称将公海的任何部分置于其主权之下。"由此可见，海洋属于公共资源，公海的各种矿产、生物等资源理应属于全人类，其应该得到人类公正、合理的使用。国家不论大小都有权对属于全人类的海洋资源进行开发、利用。此外，我们还应认识到不仅海洋物质资源属于全人类所有，海洋文明也是全人类的精神财富。回归历史，从古埃及尼罗河文明到希腊爱琴文明，海洋文明历来是人类文明不可或缺的组成部分，理应属于全人类共同享有的财富。不论是发展中国家还是发达国家，都有公正、合理使用人类共同的海洋财富的权利。当前已有的国际法构成推进海洋新秩序法制化的基础。例如，《联合国海洋法公约》（LOSC）编纂和发展有关的海洋空间利用和海事活动的国际法规则。②迄今包括中国在内的 145 个国家已经成为《联合国海洋法公约》的缔约国。海洋新秩序在构建过程中还需要体现一定的价值追求并遵循着合理的价值指引。自从格劳修斯提出海洋自由论以来，海洋自由包括公海航行自由、海洋贸易自由、公海捕鱼自由等被大多数国家接受。从本质上讲，基于规则的海洋秩序主要取决于国际法和《联合国海洋法公约》，它提供了审理个体与

---

① 优士丁尼：《法学阶梯》第 2 卷，徐国栋译，中国政法大学出版社 2000 年版，第 110—111 页。

② 《联合国海洋法公约》于 1982 年 12 月 10 日在牙买加的蒙特哥湾召开的第三次联合国海洋法会议上通过，于 1994 年 11 月 16 日生效。

集体国家利益的一种手段。①目前海洋自由原则与人类共同继承财产原则并列成为国际海洋秩序的重要原则,在塑造海洋新秩序方面发挥着关键作用。

当今的海洋已经成为人类生存和发展的重要公共空间,海洋是人类的共同遗产,这是已经得到各国普遍认可的一项原则。海洋不应当仅仅成为大国依凭实力瓜分的对象,而是全人类共同享有并应共同维护的宝库,海洋资源理应在公平基础上得到全人类共同利用开发。人类目前最重要的共同利益是保护海洋环境质量以及海洋资源,只有在国家之间密切合作的稳定的国际制度框架之下才能够保护这些人类共同的利益。②在人类海洋经济兴起时代,各国应推进合理、公正地进行海洋资源开发、利用,共同维护海洋生态环境。《联合国海洋法公约》专门作出了有关公海生物资源保护和管理的规定。其中,第118条规定各国有义务在养护和管理公海生物资源方面进行合作;第119条要求采取措施维持或恢复公海生物种群数量,使其能产生最大可持续产量。③基于此,各国应共同履行对海洋生物养护义务,不断提升人类海洋开发技术和海洋资源利用效益,加强海洋领域相关科技的交流与共享,提升各国对于海洋资源开发利用率和海洋环境保护能力。随着国家之间经济相互依存度的提升,经济合作组织大量出现,但是各种类型的经济合作组织必须在尊重国际法的基础上运行。海洋权益是国家利益的重要组成部分,包括广大发展中国家在内的所有国家都应当积极参与到海洋新秩序的构建中来,共建公正、合理的海洋新秩序,确保各国平等、合理使用海洋资源的权利,让海洋成为人类谋求共同发展的重要空间,共建人类文明、环保、和平、和谐与繁荣的海洋。

(二)共建公正合理的海洋新秩序是应对人类共同面临挑战的需要

当前人类共同面临诸多严峻挑战,海洋新秩序的构建存在诸多困境,

---

① Robert L.Friedheim, Negotiating the New Ocean Regime, Columbia: University of South Carolina Press, 1993, pp.2—3.

② A.Pardo, The Common Heritage: Selected Papers on Oceans and World Order (1967—1974), Valletta: Malta University Press, 1975, pp.175—176.

③ 参阅《联合国海洋法公约》相关条款。具体为:Conservation and Management of the Living Resources of the High Seas, LOSC Part VII, Section 2, Article 119.

各国需要共同努力加以克服。首先,国际社会面临无政府状态挑战。与陆地不同,海洋仍处于产权基本尚未分化的状态以及准入自由、人类共有的状态,由公法而且主要是国际公法来规范。①作为国际关系协调的产物,国际海洋法律体系的实际效用仍然存在着局限;并且国际海洋法律体系还受制于国际社会无政府状态,客观上也受到大国博弈的影响。

其次,人类正面临着传统安全与非传统安全的双重挑战。海洋和平是实现世界和平的重要前提之一。人类需要开放、公正的海洋秩序,以有效长期维护世界和平。作为国际秩序的基本特征之一,绝对性的主权是一种权益,其授予能够表明在领土边界内对政治系统进行独立控制的任何政权。②海洋安全是维护国家主权的必然要求。海洋秩序不仅关系到国家安全,更关系到国家的未来发展。在此背景下,构建公正合理的海洋秩序已经成为各国一起维护海洋安全的最大公约数。全球大多数的跨境贸易商品特别是石油、矿产等大宗商品都是通过海上运输的,因此确保海上运输通道安全具有现实紧迫性。海盗对于货物跨海运输安全构成着威胁,这需要各国之间通力合作,共同应对海洋运输安全威胁。应对国际恐怖主义、全球气候变暖、生态危机等议题也需要各国加强合作。海洋秩序建立过程中涉及国际组织、国家的利益,当今的国际社会国家之间的竞争与合作并存,大国之间的海洋权利与利益博弈日趋激烈。各国为争夺海洋战略空间彼此纵横捭阖、明争暗斗,与海洋利益有关的海洋争端此消彼长,大国对海洋运输要道的争夺从未停歇,一些海洋领土争端问题长期存在得不到有效解决。世界上有130多个沿海国家和地区间存在着海洋权益争端,有370多处海域划界存在着纠纷,1 000多个岛礁有争议。③

由此可见,当前海洋治理结构存在缺失与不完善,海洋和平需要各国切实加以维护。尽管当代海洋秩序相较于过去已经有了诸多进步,但在现实主义的海权思想仍有较大影响力的今天,现有海洋秩序尚未完全摆脱大国的控制。一方面,不可否认海洋军事力量仍是海洋秩序的决定性

① 卡尔·施米特:《海洋秩序观初探》,郑志华、郑溶译,《云南大学学报》(法学版),2012年第4期。

② Liselotte Odgaard, Maritime Security between China and Southeast Asia, Ashgate Publishing Company, Burlington, 2002, p.207.

③ 郭擎:《构建全球化时代海洋新秩序》,《理论月刊》,2008年第3期。

影响因素之一；但另一方面，也应看到随着经济全球化深入发展，各国之间相互依存日益加深，出现了"一荣俱荣、一损俱损"的局面。在此情形之下，传统意义上过分强调各国绝对收益，忽视合作收益的思维有待改变。无论是大国还是小国，强国还是弱国，都应突破传统"零和"博弈思维和海洋霸权理念的束缚，以和为贵，尽己所能推动建设公正合理的海洋新秩序，以建设人类先进的海洋文明、维护海洋和平作为目标，积极打造"人类命运共同体"，这是符合全人类长远利益、惠及人类子孙后代的明智决策。

随着人类对海洋认识水平的不断，推动海洋秩序由低制度化向高制度化发展，构建公正合理的海洋新秩序的呼声日益提高。新的海洋秩序应当平衡包容性与排他性制度安排、平衡海洋开发与环境保护、平衡经济全球化和民族主义。一个有效的海洋秩序需要全体国际社会成员，包括国家、国际组织等追求合理的共同目标、制定有效的运行机制和落实相应的保障，来进行共建新型海洋秩序。海洋秩序的构建和维护不能单靠一国之人力、物力与财力，它需要国际社会共同努力。国际社会应该通过国际法体系对海洋权益进行合理、公正的分配，必须不断完善现有的海洋法律制度体系，能够与时俱进地创新海洋法律体系以适应新形势。目前在海洋法领域存在一些争议，需要通过沟通、协商加以妥善解决。国家之间应依法就一些长期海洋分歧进行沟通，努力达成共识。为合理开放利用、保护海洋资源以及海洋生态系统，各国应该坚持平等互利、和谐共存、求同存异，推动相关国家之间平等对话、协商解决海洋争议，促成合作博弈的达成，努力实现各方共赢。

三、"21世纪海上丝绸之路"与建设
公正合理海洋新秩序

中国是世界海洋大国，其拥有大约1.8万公里漫长海岸线，300万平方公里的广阔的海洋疆域，濒临南海、黄海、渤海和东海，曾深得"渔盐之利"与"舟楫之便"。[①]进入21世纪，中国作为最大的新兴国家，在海洋新秩序

---

① 林宏宇：《中国海洋战略困境：历史、现实与未来》，《学术前沿》，2012年第7期。

构建过程中作用日益重要。

海洋新秩序目标包含实现和平与体现正义两个重要的维度。从和平的维度看,传统西方大国主导的海洋秩序是霸权主义、强权政治的产物,历史上海洋霸权国通过战争掠夺与海外殖民地的方式维持自身实力,西班牙、荷兰、英国等皆是如此。与上述西方海洋霸权思想不同,"中国海权是一种隶属于中国主权的海洋权利而非海洋权力,更非海上霸权"。①中国历来提倡以和为贵,习近平总书记提出坚持和平发展道路,共建"一带一路"。"一带一路"包含"陆上丝绸之路"和"海上丝绸之路",它是一条合作发展、全面发展、共赢发展之路。中国发展既不会重蹈西方发达国家通过战争、侵略等方式损人利己的发展模式,也不会陷入新兴崛起大国"修昔底德陷阱"。中国既要实现自身的发展,也愿意和各国共享世界经济发展新机遇,让各国分享中国改革发展红利。中国的国际秩序建构方案是建立一个和谐的世界和公正、合理的国际新秩序,反映在海洋秩序方面即建立公正、合理的海洋新秩序。

从正义的维度看,海洋新秩序目标的正义维度强调各国海权平等性,中国反对霸权国肆意践踏他国海权的行为。在构建海洋新秩序的过程中,中国与广大发展中国家具有共同的利益和价值诉求。中国主张不分国家大小与实力强弱,享有平等海洋地位,海洋权益应合理分配,各国应合作共建公正合理的海洋新秩序,以"21世纪海上丝绸之路"为纽带共建海洋伙伴关系,建设"21世纪海上丝绸之路",致力于与沿线国家一同共建和平、文明、繁荣之海。

第一,把握海洋经济发展浪潮,分享海洋经济发展机遇。

当前人类进入大规模开发利用海洋的新时代,第三次海洋经济发展浪潮已经到来。21世纪是海洋的世纪,海洋经济成为世界经济新增长点。中国要实现更好的发展,就必须加速海洋经济的发展,努力使中国成为海洋经济强国。习近平总书记提出我国在现阶段推进海洋强国建设,一定要"坚持陆海统筹,坚持走依海富国、以海强国、人海和谐、合作共赢的发展道路"。②

---

① 高新生:《大海防战略促进新海洋秩序建立》,《中国社会科学报》,2013年11月13日。

② 习近平:《进一步关心海洋认识海洋经略海洋　推动海洋强国建设不断取得新成就》,《人民日报》,2013年8月1日,第1版。

中国提出的 21 世纪"海上丝绸之路"充分体现了合作共赢的理念,显示出其显著的包容性,沿线各国都可以参与"海上丝绸之路"的建设。中国希望与世界各国一道,一同把握海洋经济发展浪潮,分享海洋经济发展机遇,实现共同发展。

第二,以海洋新秩序的构建推动全球化的再平衡。

海洋是 21 世纪各国高度重视的新战略空间,但是旧有的海洋秩序由西方大国主导,发展中国家难以维护自身利益和实现自身发展。面对海洋经济方兴未艾给各国带来的新发展机遇,各国应当以海洋新秩序构建为契机,进一步推动全球化的再平衡。作为发展中国家和联合国安理会常任理事国,中国应努力提升自身在海洋事务中话语权,让广大发展中国家得以充分利用海洋经济发展机遇,共享海洋经济新机遇,并由此进一步推动全球化的进程。各国应当重视海洋的重要性,统筹海洋新秩序构建与全球化进程,以海洋新秩序的构建推动全球化的再平衡。

第三,加强海洋经济合作机制建设,建设"21 世纪海上丝绸之路"。

海洋经济已经成为 21 世纪各国经济发展的重要组成部分。中国国家发改委与国家海洋局发布的《中国海洋经济发展报告》指出,2015 年我国海洋生产总值达 64 669 亿元人民币,占国内生产总值的 9.4%,保持略高于同期国民经济增速的平稳发展态势,我国海洋生产总值占 GDP 比例近10%。在经济全球化时代,各国发展海洋经济需要彼此之间深化合作。"21 世纪海上丝绸之路"沿途经过东盟各国,致力于发展面向南海、印度洋、太平洋的海洋经济带,提供了一个促进海洋经济繁荣发展的现实框架,是一项给世界海洋秩序带来新面貌的重要倡议,充分体现了中国希望各国通过海洋纽带实现共同发展的良好愿望,也体现了中国作为世界大国的大国格局和责任担当。"21 世纪海上丝绸之路"建设有利于各国共享海洋资源,共同发展海洋经济,建立繁荣的海洋,这对于共建公正、合理海洋新秩序具有积极的现实意义。

第四,构建海洋科技文化交流机制,共建"21 世纪海上丝绸之路"。

经济的发展、生态环境的保护都离不开文化科技的进步。在世界各国之间文化交流日益频繁的背景下,中国应当加强与海上丝绸之路沿线各国之间的海洋文化交流机制建设,共建人类海洋文明。历史上,中国一直是注重陆权的国家,民众对海洋了解比较少并且缺乏海权概念,这导致在人类进入海洋时代以后中国逐渐被世界秩序边缘化。在国家利益空间大幅度向海洋拓展和海洋经济重要性进一步提升的当下,中国对海洋战略重要性的认识得到进一步加强。中共十八大报告明确提出"建设海洋强国"的战略目标,民众海洋观念逐步强化。未来中国需进一步深化陆海统筹思想,加强全民海洋权益教育,大力增强国民现代海洋意识,以中华优秀传统文化为基础培育和谐的海洋新文化;不同国家拥有不同特点的海洋文化,需要彼此之间开展海洋文化的交流、沟通。

此外,随着海洋在国家发展中地位的提升以及海洋生态保护重要性的凸显,加大国家海洋科技研发力度,提升国家海洋科技实力,从而提升国家在海洋秩序相关领域中的话语权显得尤为重要。当前中国海洋技术发展相对滞后,需要吸引全球优秀科技人才,大力发展海洋科技实力,加速研发海洋资源勘探技术、海水净化技术、海洋新资源开发与利用技术、海洋生物技术等,增强我国对海洋资源的开发利用能力。为此,中国需要大力向欧美其他海洋科技强国学习,加强与其他国家在海洋科技领域的深入交流与合作机制建设,共建海洋科技技术共研、共享机制,不断推动海洋科技创新,建设智慧的海洋。

结　　论

综上,海洋秩序经历了复杂的变迁过程,这是政治因素、经济因素、科技文化因素等多种因素共同作用的结果。随着海洋秩序法制化的发展,构建公正合理的海洋秩序的呼声日益高涨。当前共建公正合理的海洋新秩序不仅是人类共同开发利用海洋的需要,也是应对人类共同面临挑战的需要。在此背景下,中国应以建设"21世纪海上丝绸之路"为契机,与各国一起把握海洋发展机遇,建立海洋经济合作机制、海洋科技海洋文化交流机制等一系列多层次海洋合作机制,积极推动公正合理的海洋新秩序的形成,共同建设和平、繁荣、文明的海洋。

中美贸易摩擦的原因、影响及应对措施*

谭小芬　李　昆　梁雅慧**

【内容提要】　特朗普上台以来贸易保护主义抬头。2017 年 8 月美方对华发起 301 调查，标志着中美贸易摩擦升温。2018 年以来中美贸易摩擦愈加频繁，经过多轮谈判磋商，5 月下旬中美达成共识停止互相加征关税，但美方态度多变。在全球经济复苏背景下，中美双方征税措施若落地将对中美经济甚至全球经济都造成较大冲击，贸易战的结果将是双输的，中美双方应向合作共赢方向努力。本文从中美贸易关系的演进历程谈起，结合历史数据和国际经验深入分析中美贸易摩擦的直接原因和根本原因、宏观影响和行业影响及中国的应对措施。

【关键词】　中美贸易战；贸易战原因；贸易战影响；贸易战应对措施

【Abstract】　The rise of trade protectionism since Trump was in power. In August 2017, the U.S. launched a 301 investigation into China, marking a rise in Sino-U.S. trade frictions. Sino-U.S. Trade friction between China and the United States has become more frequent since 2018, until the United States launched a trade war with China in late March. After several rounds of negotiations, China and the United States reached a consensus in late May to stop increasing tariffs on each other. However, the US revived the trade war in mid-June. The changing attitude of the United States has led to an increasingly tense relationship between the two sides. Under the situation of global economic recovery, if the taxation measures of both China and the United States are implemented, this will have a great impact on the Sino-U.S. economy and even the global economy. The result of the trade war will be double loss. China and the United States should strive for win-win cooperation. This paper begins with the evolution of Sino-US trade relations. Combining historical data and international experience, this paper provides the direct causes and fundamental reasons of the US trade war, its macro and industrial impactand China's countermeasures.

【Key Words】　Sino-US trade war; Reasons for trade war; Impact of trade wars; Countermeasures for trade war

---

　　*　本文是教育部哲学社会科学研究重大课题攻关项目"中国资本账户开放的进程安排与风险防范"（14JZD016）阶段性成果。

　　**　谭小芬，中央财经大学金融学院教授、国际金融研究中心副主任；李昆，中央财经大学金融学院硕士研究生；梁雅慧，中央财经大学金融学院硕士研究生。

一、中美贸易政策和贸易摩擦的演进历程

1979 年 1 月 1 日中美建交,同年 7 月,双方就两国贸易发展中一系列问题签署《中美贸易关系协定》,此后两国贸易往来日益频繁,经贸合作日益密切。

从中美建交至 20 世纪末,两国贸易关系走向正常化,美国对华贸易政策总体友好。建交以来,中美贸易总额由 1979 年的 24.52 亿美元迅速扩张到 2000 年的 744.62 亿美元。在贸易政策方面,1980 年后美国逐渐放松了对中国的出口管制,在技术产品对华出口方面也逐步简化审批手续。《中美贸易关系协定》给予中国最惠国待遇,在贸易活动中给予中国一定的优惠和豁免政策,这种情况一直持续到 1989 年。到 20 世纪 90 年代,克林顿总统上台后为了尽快使美国从 1990 年经济危机中复苏,贸易方面积极推动美国出口,推行"公平贸易"的政策,但是美方认为其他国家并未实行自由贸易,而是对其本国市场加以严密保护,这种"不公平"的贸易行为损害了美国的利益。[1]尽管当时在亚太地区,美国采取措施的重心在日本,但随着中美贸易扩张,美国对华也采取了一定的贸易政策,以争取更多贸易利益。[2]

进入 21 世纪后,两国贸易关系快速发展,美国对华的贸易政策既有合作又有牵制。一方面,中国加入 WTO 后中美贸易往来更为密切,贸易总额和涉及的贸易领域迅速扩大,在此过程中美国也受益于中国充足且廉价的劳动力和广阔的市场。中美双方积极致力于推动中美经贸合作健康发展,于 2006 年建立中美战略经济对话机制,对于促进双方乃至全球经贸关系的良性发展起到重要作用。另一方面,美国也在小心提防中国经济实力和国际地位的发展和提升。进入 21 世纪以来,美国对华贸易调查在立案和制裁数量明显增加,调查领域和工具也在扩展。[3]

美国对华贸易调查频率,与美国经济状况有较大关系。比如在 2008年金融危机期间,美国经济遭受重创,为尽快复苏,美国贸易保护主义抬

---

① 姜峥睿:《合作与摩擦:中美贸易关系发展研究》,吉林大学 2017 年博士论文,第 59 页。

② 卢令成:《中美贸易摩擦的原因及对策研究》,吉林财经大学 2017 年硕士论文,第 16 页。

③ 鲁政委:《揭开特朗普对华贸易战的"军火库"》,http://opinion.jrj.com.cn/2018/03/09094924216004.shtml,2018-03-15。

头,中美贸易摩擦加剧,美国对华贸易调查和制裁数量明显增加。随着美国经济逐步恢复,经济增长内生动力日益修复,2012 年至 2015 年间,摩擦有所降温(如图 1)。

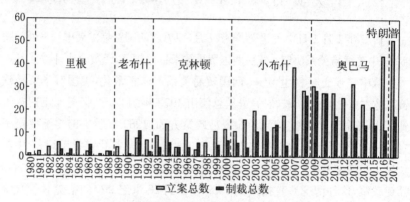

图 1　美国对华贸易救济与贸易调查总量

数据来源:国发院 G20-国际财经研究小组。

特朗普上台之后,中美贸易形势愈发紧张,矛盾日益升温。2016 年总统选举在即,民主党和共和党都将强势贸易主义作为选票筹码,这一年美国对华贸易调查立案数创历史新高。①但是在 2017 年特朗普执政元年,摩擦并未随着总统选举的结束而减弱(见图 1),反而加剧,2017 年美国对华贸易调查立案数到达历史峰值(51 起),其中依据美国国内贸易法对华发起的贸易调查占到一半(26 起),这主要由于特朗普的贸易保护主义色彩,特朗普上台以来对华动作不断(见表 1)。

表 1　特朗普上台以来对华贸易的一些做法

时　间	人物/机构	事　　　件
2017.2.2	美国商务部	对中国不锈钢板材反倾销和反补贴调查作出裁决,征收高额反倾销税和反补贴税。
2017.3.30	USTR	发布《2017 年度国别贸易壁垒评估报告》,大篇幅列举中国对美破坏公平贸易或违反 WTO 规则的证据,涉及知识产权保护、产业政策、服务贸易、数字贸易、农业等七大类。

① 卢锋、李双双:《中美贸易战靴子何时落下?》,http://www.ftchinese.com/story/001076951?from=singlemessage&archive,2018-03-30。

续　表

时　间	人物/机构	事　件
2017.4.28	USTR	发布《特别301报告》,继续将中国列入《优先观察名单》,认为中国存在大量侵权行为,并认为中国在市场准入、强制要求美国在华企业研发本土化等方面存在问题。
2017.8.8	美国商务部	初步裁定中国出口美国的铝箔产品接受了16.56%—80.79%不等的补贴。
2017.8.18	USTR	正式对中国在技术转让、知识产权、创新等领域的实践、政策和做法发起301调查。
2017.11.30	特朗普政府	向WTO提交拒绝中国在全球贸易规则下获得"市场经济"待遇的要求。
2018.1.22	特朗普	批准对进口太阳能板和大型洗衣机征收关税,分别最高达30%和50%。
2018.3.8	特朗普	对美国进口的钢铁和铝分别征收25%和10%进口关税。
2018.3.23	特朗普	基于301调查报告签署备忘录,宣称将对华进口加征关税,涉及商品价值约600亿美元。
2018.4.3	USTR	宣布将对原产于中国的进口商品加征25%的关税,涉及约500亿美元中国对美出口。
2018.4.6	CNBC报道	特朗普正要求USTR考虑向中国另1 000亿美元商品实施关税,以回应中方的报复行动。
2018.4.16	美国商务部	对中国电信设备制造商中兴通讯发布长达七年"禁售令"。
2018.5.3—5.4	努钦	努钦率美方代表团访华,但会谈并不顺利。
2018.5.29	白宫	将对500亿美元含有"重要工业技术"的中国进口商品加征25%的关税。
2018.5.19	中美双方	中美双方在华盛顿就双边经贸关系发表联合声明,双方达成阶段性一致。
2018.6.2—6.3	中美双方	刘鹤带领中方团队与美国商务部长罗斯带领的美方团队在北京就两国经贸问题进行磋商。
2018.6.15	白宫	对中美关系发表声明,宣布对总额500亿美元的商品征收25%的关税。

数据来源:Wind资讯、公开新闻。

二、中美贸易摩擦的原因

（一）直接原因

1. 美国认为对华巨额贸易逆差损害本土低端制造业就业与发展

美国对华贸易逆差持续扩张。美国是世界上最大的贸易逆差国,而中国作为美国第一大进口来源国,贡献了美国 20% 以上的进口额。[①]特朗普在总统竞选时就誓言要缩减美国的贸易逆差,但是在其上任的第一年,2017 年美国商品和服务贸易逆差总额较前一年飙升 12.1%,创九年来新高。美国对华贸易逆差非但没有缩小反而有继续扩张的趋势,2017 年达3 367 亿美元,对华贸易逆差占到美国总贸易逆差的一半以上。

美方认为巨额贸易逆差挤占了本国市场,损害其本土低端制造业就业与发展。特朗普在总统选举时多次强调这一观点。由于对华贸易逆差贡献了美国总逆差的一半以上,中国成为美方指责和采取措施的主要对象。[②]从近几年中美双方的贸易结构上看,中国对美出口的商品多为电机电气设备、机械设备、纺织玩具等制造业产品,劳动密集、附加值低。[③]中国已经发展成熟的中低端制造业一定程度上影响了美国本土制造业的发展,挤出了相应产业的就业。

特朗普当选后,始终试图推进低端制造业回流美国,重建美国制造业全产业链。特朗普上台后的一系列举措,先是退出 TPP,后是减税,都是为了让低端制造业回归美国本土打基础,因为制造业作为一国产业结构的中流砥柱,上至设计、研发,下至消费、出口,美方认为构建制造业全产业链不仅有利于降低美国的贸易逆差、提升美国蓝领工人就业率、抑制核心技术转移出美国,同时更有利于美国制造业的长远发展,提高制造业对美国

---

① 姜超:《中美贸易冲突的影响有多大?》,https://wallstreetcn.com/articles/290992,2018-02-25。

② 毕吉耀、张哲人、李嫒:《特朗普时代中美贸易面临的风险及应对》,《国际贸易》,2017年第 2 期,第 17 页。

③ 朱铭:《浅谈中美贸易摩擦的演进趋势及我国的对策》,《中国市场》,2017 年第 21期,第 74 页。

经济增长的贡献。

2. 贸易赤字持续扩张叠加中期选举渐进,特朗普短期政治压力加剧

总统选举期间,特朗普誓言要大幅削减贸易逆差,但是在他执政的第一年美国贸易赤字不降反升,继续扩张的贸易赤字给特朗普较大压力,在此情形下,特朗普政府大概率会继续打贸易牌向选民作出交代。除此之外,2018 年 11 月 6 日美国将迎来中期选举,特朗普已宣布要竞选连任。贸易保护是除税改政策之外特朗普另一重要的拉票工具。在美国,代表着制造、能源、钢铁、运输、军工、农业等传统行业利益的中部和南部地区,是特朗普所在共和党的传统票仓;与总统竞选时相同,特朗普大概率地将继续通过高举贸易保护主义的大旗,赢得这些地区选民的支持,这是他赢得中期选举的重要筹码。

3. 特朗普及其政府核心要员奉行贸易保护主义

自总统竞选开始,特朗普就表现出鲜明的贸易保护色彩,对比特朗普与其前任奥巴马在贸易政策方面的态度,虽然两人都在强调"公平贸易",但特朗普的态度更加激进并偏向鹰派。[①]现任白宫贸易顾问、坚决反对贸易赤字的纳瓦罗对特朗普贸易保护主张影响较大,而且 2018 年以来,白宫多名高级官员离任,特朗普政府中的核心要员对华态度更偏向鹰派。如此前对中国态度偏向鹰派的蓬佩奥接任蒂勒森美国国务卿职位,对华贸易态度强硬的库德洛接任白宫首席经济顾问职务。

(二)深层原因

1. 美国经济长期增长内生动力不足

2008 年金融危机之后,美国采取了量化宽松货币政策,通过增加货币供给、降低利率刺激经济增长。当前美国经济增长已趋于平缓,在制造业、消费和就业方面长期可持续增长动力不足的特征逐步显现,加之通胀预期升温,一旦物价高涨、经济过热,美联储将不得不收紧货币供给,经济需求的过度扩张将终结。

2. 中国经济实力和国际影响力的增强弱化了美国世界霸主的地位

在美国自身经济动能不足的情况下,中国在经济实力和国际影响力

---

① 张莱楠:《开启中美经贸新模式与减少中美贸易摩擦研究》,《区域经济评论》,2017 年第 6 期,第 99 页。

上与日俱增,更加重美方的不安情绪。在经济实力方面,中国一些宏观经济指标已超越美国,叠加对美巨额的贸易顺差,从经济实力上中国已经和美国构成了可比性。在国际地位方面,中国在国际舞台的影响力越来越大,包括"一带一路"、人民币国际化、持续对外开放等政策稳步进行,与各国的外交、经贸关系均较好。2016 年在杭州举行的 G20 峰会中,中国积极参与全球经济治理体系的完善,彰显大国责任,加深了国际对中国的认可。此外,2016 年 10 月 1 日人民币加入特别提款权(SDR),2018 年 3 月26 日中国正式挂牌原油期货,也都体现了中国在国际上的话语权不断提高。在行业竞争方面,美国的一些传统优势行业逐渐感受到来自中国的竞争。近年来,中国的高铁、移动互联网支付、电商零售、中国 C919 大飞机等领域已站上世界领先地位,中国企业开始对美国企业构成直接竞争和威胁。

3. 美方认为遏制中国高新技术行业发展是美国的长久之计

近几年来中国高新技术产业发展迅速,挑战美国核心竞争力。研发支出的投入(见图 2),中国在高新技术领域呈追赶态势。高强度研发支出使中国在高新技术领域成果显著,2016 年中国高新技术产出占全球总体规模 32%。尤其在智能手机、汽车等领域市场规模和占有率显著提升。"中国制造 2025"意味着中国将持续投入先进、高端制造业,加大研发和创新力度,其中列出的许多新兴行业都触及了美国具有核心竞争力的领域,引起美国的担忧。

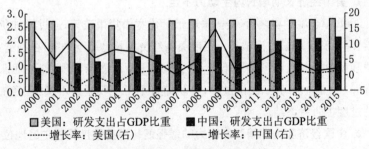

图 2　中美研发支出强度对比(%)

数据来源:Wind 资讯。

301 调查报告发布,美方重点关注中国的高新技术产业。美国时间

2018年3月22日,美国总统特朗普签署备忘录,宣布将对来自中国的大约600亿美元的进口商品征收关税,并限制中国企业对美投资并购。在301调查结果中不难发现,美方矛头直指中国高新技术产业,如汽车制造、新能源汽车、航天领域和云计算以及中国投资收购美国本土企业的领域。美方主要有三类指控,一是美方认为中国企业在与美国企业合作时利用正式或非正式的合资要求及其他外资限制要求来强制美国企业技术转移;二是美方认为中国政府以国家补贴、促进技术相关产业对外投资政策等方式鼓励中国企业到美国进行投资和收购,变相获取先进技术;三是美方认为中国政府通过支持对美国商业网络的攻击以盗取知识产权和商业敏感信息。

美国试图通过遏制中国来维持其在高新技术产业中的优势地位。在全球产业链中,美国一直以技术和知识产权为比较优势和竞争优势,并以此站在产业链顶端。而近年来随着中国高新技术的迅猛发展叠加中国政府政策上的支持引导,美国愈发感到其核心竞争力正在遭受严重威胁。技术和知识产权是美国国际竞争力和经济得以维持和发展的关键因素,面对来自中国与日俱增的威胁,美国必然试图通过遏制中国来维持其在高新技术领域的优势,进而保证美国全球霸主地位。因此贸易战的真实目的不单是缩小贸易逆差,美国对华在高新技术方面的限制大概率会是一个长久的过程。

三、结合国际经验分析中美贸易摩擦的影响

(一)国际经验回顾与总结

1. 美国与欧盟、苏联、日本的贸易摩擦回顾

追溯历史,美国与欧盟、苏联、日本的贸易摩擦颇具代表性(见表2)。

美欧贸易摩擦主要集中于20世纪70年代至21世纪初期。主要原因是经济危机或钢铁行业竞争。经济危机引发的贸易战通常两败俱伤,针对钢铁行业的贸易战则使美国获利、欧盟受损,最终贸易战以通过两者协商或WTO裁定以达成协议而告终。

美苏贸易摩擦主要集中于20世纪70年代。主要原因是美国对苏联

石油产业的觊觎以及渴望在美苏政治地位争霸中压倒苏联。石油产业竞争引发的贸易战并没有达到美国的目的，也并未抑制苏联石油行业的战后复苏，而且恰逢美国国内经历石油危机和苏联经历粮食危机，两者达成贸易合作。

美日贸易摩擦主要集中于 20 世纪 70 年代至 90 年代。主要原因是美国对日贸易逆差逐渐增大、行业竞争及日本产业升级和经济实力增强对美国构成威胁。但是行业层面的贸易战并未抑制日本产业崛起，贸易制裁仅能短期小幅缩窄贸易逆差，并未长久降低美日间的贸易逆差。最终使得日本出口严重受挫的是 1985 年 9 月 22 日的广场协议（日本与美、德、法、英签订），日本同意美元软着陆，五国共同引导美元有序贬值。美国在日元升值前抛售美元资产低位买入日元资产，在日元升值后（1988 年左右）高位卖出日元资产，同时由于美元贬值促进出口贸易，美国获利颇丰。而在协议签订后日元升值，日本贸易顺差和经济增长均大幅受挫，通胀下行，而日本当局却在没有意识到未来会产生泡沫的情况下错误地使用了积极的低利率货币政策和宽松的财政政策，之后在美国高位抛售日元资产时，日本经济泡沫破裂，进入了长达 20 年的经济衰退。

2. 国际经验总结

对比美国与这三大经济体打过的贸易战，可以总结出四方面结论。

第一，从原因上看，美国发起贸易战的对象均为在经济危机、行业竞争或国际政治地位等方面对美国形成威胁的国家，而且都是当时经济实力最强的经济体之一。

第二，从结果上看，在行业层面的贸易战，如果美国内部有同等替代品，则能打击到对方出口，如欧洲钢铁行业的贸易战。但如果美国内部找不到同等替代品或该行业与美国未构成竞争关系，则仅能短暂冲击受制国的贸易和经济，很难达到长期影响，如日本在 20 世纪七八十年代逐步崛起的高端制造业，而且如果该行业与美国构成互补关系，则美国的贸易制裁都难以对受制国构成威胁，最终会以合作告终，如苏联具有比较优势的石油产业；在汇率层面的贸易战，对受制国危害最严重，影响也最深远，同时也会影响到众多第三方国家，如美日 1985 年的广场协议。

第三，从应对能力上看，同为资本主义国家的美、欧两大经济体经济实力相当，经济结构与体制也相似，其间的贸易战最终多以协商、让步、达成协议而告终；美国对苏联的成功遏制更多的是政治层面的，而且两者在经济结构和体制上差异较大，美国联合其他国家利用苏联的弱点进行逐一攻破；美国对日本的成功遏制主要基于日本对美国在政治、军事等方面的依赖，日本步步退让和妥协，最终贸易战向有利美国方向发展。

第四，从宏观经济指标上看，以1985年以来的美日广场协议、美对日两次超级301条款、美欧香蕉战、美欧钢铁战五个主要事件为例分析贸易战后双方宏观经济指标的变化规律（见表2）。贸易逆差方面，美对日广场协议对日本贸易顺差短期打击较大，但美对日贸易逆差在1990年开始再次进入增加趋势，之后的两次超级301条款的打击使得美对日贸易逆差再次短期大幅减少。美对欧打击力度较小，不能缓解美国贸易逆差。汇率方面，汇率受美元强弱、双方货币政策、国际资本流动、地缘政治风险等多因素影响，贸易战后的汇率变化没有明显规律。经济增速方面，美国经济韧性较强，日本经济增速回落，但更多与其错误的宏观经济政策有关。美欧钢铁战明显使得美国获利、欧盟受损。物价方面，除了日本1994年的通缩主要与泡沫破裂有关，其他事件后双方物价大概率会有通胀表现。

表2　历史上贸易战后双方宏观经济指标变化

年份	事件	美国贸易逆差	汇率	经济增速	物价
1985	美日广场协议	一段时间后减少	日元升值	美国平稳，日本受挫	一段时间后均通胀
1989	对日首次超级301	继续增加	日元升值	均受挫	短期通胀
1994	对日再次超级301	短期大幅减少	日元贬值	美国平稳，日本受挫	美国平稳，日本通缩
1999	美欧香蕉战	继续增加	欧元贬值	美国平稳，欧盟走高	均小幅通胀
2002	美欧钢铁战	继续增加	欧元升值	美国走高，欧盟受挫	无明显变化

数据来源：Wind资讯。

（二）中美贸易摩擦与国际经验对比分析

国际经验印证了前文对中美贸易摩擦的原因分析，其主要集中于两国在综合国力和行业竞争的相对变化上。综合国力方面，中国近年来在经济实力和国际地位上的崛起引发美国不安;行业竞争方面,中国在高新技术领域的发展将冲击美国的主导地位,这将打破过去多年来中美贸易所涉及领域互补性大于竞争性的较稳定关系,冲击美国在相关高新技术行业的绝对竞争力。

然而,与国际经验相比较,无论是前文提到的贸易逆差、就业、中期选举等直接原因驱动,还是基于美国国际地位和行业竞争力的深层次考量,美国并不能达到其预期目标。

第一,不会带来贸易逆差的改善。首先,贸易逆差是由各国的产业结构差异和比较优势所决定的,形成世界分工体系,美国在农业、能源、高端制造和高端服务业上具有比较优势,中国在低端制造业上具有比较优势,同时,中国当前服务业开放力度不大,美国又限制高新技术对华出口,所以美国向中国出口以农业为主,美国从中国进口以低端制造业为主,形成了美国对中国较大的贸易逆差,当前两者的经贸关系仍是互补性大于竞争性,贸易摩擦并不会改善美国的贸易逆差。[1]其次,传统的贸易差额计算方式在中美贸易框架下有失公允。中国制造业出口以加工贸易为主,中国从亚洲进口原材料,加工完成后,将产成品出口至美国,附加值最低的部分在中国,附加值最高的设计和营销却在美国,但中国出口至美国的产成品价值却全计入了贸易逆差额中,而且当前世界的国际贸易已经不仅局限于货物和服务贸易,还有人才要素流动这一难以计量价值的贸易形式,所以美国统计的对华巨额贸易逆差本身就具有统计方法上的缺陷。[2]最后,美国贸易逆差还受到美元国际储备货币因素和美国消费远大于储蓄的影响,美国要向其他国家输出美元,与资本账户赤字相对应的就是贸易账户逆差,美国国内的过度消费,国内供给不足,进口是必然选择。从上述分析可以发现,中美之间的贸易不平衡是多方面因素决定的,参考国际经验,美国增加进口关税并不能改善美国的贸易逆差。

第二,即使美国改善了部分低端制造业蓝领工人的就业,也会带来社

---

① 任泽平、熊柴、华炎雪、罗志恒:《深度解读"中美贸易战"》,《四川省情》,2018 年第 4 期,第 40 页。

② 朱维巍:《究竟谁才是中美贸易失衡的主因——来自中美分行业产品异质性视角的经验证据》,《世界经济研究》,2014 年第 9 期,第 44 页。

会福利水平的损失,而且若贸易摩擦程度过重,甚至将给其他领域的就业带来负面影响。若美国能在贸易摩擦的同时快速建立起低端制造业产业链,或许能给该领域工人创造新的就业机会,但是建立起本土该产业链需要时间,在这段时间内,原需要从中国进口工业品原材料的美国厂商将不得不提高成本,进而将传导至整个制造业链条,最终传导至消费者的物价水平走高,这将是美国整个社会福利的损失。而且,如果贸易摩擦的影响过于深远,成本管控水平较差或进货渠道依赖中国的美国厂商或许将面临裁员或倒闭,这也会带来新的失业。

第三,美国并不能遏制中国产业升级,更不能阻碍中国经济的持续稳步发展。结合历史看,中国与失败的苏联和日本有较大不同。当前中国面临的国际环境及经济市场化程度均优于苏联,对美国依赖程度较日本更低,政治体制更加稳定。所以,中国不可能对美国妥协,也更不可能像日本一样签订屈辱的承诺协议,当然也会积极地与美国沟通、协商,尽力维护与美国或其他国家的和平友好合作关系,将贸易摩擦对双方的损害降到最低。

（三）中美贸易摩擦的经济和金融影响

双方贸易摩擦已经拉开序幕,若任由事态升级,结果将是双输的。第一,对美国经济而言,不仅其大部分工业品价格走高将引起通胀,损害消费者利益;中国对其农业品、汽车、飞机等的反制措施将挫伤其出口贸易,同时汽车和飞机出口企业利益也会受到一定影响。此外,美国当前激烈的贸易保护主义、"美国优先"等霸权主义思想,会引起众多第三方国家的不满或质疑,将影响其与多数国家的国际关系。第二,对中国经济而言,美国发起的贸易制裁将使中国出口受挫,经济受损。对农产品和化工品的反制措施将推升农产品化工品价格,利好该行业企业,但两者作为重要的上游行业之一将一定程度推升食品 CPI 和中游工业企业成本,进而冲击消费者利益并压缩部分工业企业利润空间,影响社会福利。第三,对全球经济而言,中美贸易摩擦将影响世界经济,尤其是当前正处于 2008 年金融危机后全球经济刚开始复苏的阶段,经济还比较脆弱,贸易摩擦对各国经济均将产生不同程度的负面冲击。第四,对全球金融市场而言,贸易摩擦引发了全球市场的避险情绪,短期内对股市打击较大,如 2018 年 3 月 23 日全球股市大跌。当前,经济复苏带动美国进入美联储加息周期、欧央行也进入"温和"退出量化宽松阶段,加息和退出 QE 进程的节奏具有很大的不确定性,尤其 2018 年开年经济超预期美股大跌,金融市场波动较大,在这个时点上爆发贸易摩擦会非常不利于全球金融市场的稳定。

（四）中美贸易摩擦的行业影响

特朗普发起贸易摩擦的最主要原因,一个是降低美国对华贸易逆差,另一个是打击中国高科技制造业崛起。所以美国对华的贸易制裁将主要针对中国对美出口中价值占比较大的行业和中国高新技术产业,而中国的反制措施也应主要针对美国对华出口中价值占比较大的行业。就目前的情势进展来看,双方基本上也是这样做的。2018 年 3 月美方宣布对华加征关税的产品清单,涉及 1 333 项、500 亿美元商品,清单主要涉及机械、电气设备、通信、航空航天器、铁道车辆轨道装置、光学医疗设备等行业,6 月美国贸易代表办公室重新公布的清单总金额不变、产品种类减少至 1 102 种产品,主要涉及机器人、航空航天、工业机械和汽车等。而 3 月中国宣布反制措施的产品清单,涉及 106 项、500 亿美元商品,清单主要涉及大豆等农产品、化工品、汽车、飞机等行业。按照 2017 年贸易规模,中国对美出口 5 056 亿美元,美国对华出口 1 304 亿美元,且中国始终表示以同等力度、同等规模反制,意味着中国的反制空间较小。此外,中美贸易摩擦所针对的这些领域对中国产生的行业影响还要考虑该行业本身的出口依赖度(即出口数量与国内总产量之比)和进口依赖度(即进口数量与国内总消费量之比)以及该行业对美国的进出口依赖情况(对美进出口额占该行业总进出口额的比重)。

1. 中美贸易摩擦对大类行业的影响分析

根据 HS 一级行业分类(共 22 类)的中国海关总署统计数据,2017 年中国向美国出口金额占比前五大行业依次为机电音响设备(46.2%)、杂项制品(11.88%)、纺织服装(9.88%)、贱金属(5.24%)、车辆航空船舶及运输设备(4.58%)。若美国打击这些行业,将短期使得中国对美贸易顺差下降。2017 年中国从美国进口金额占比前五大行业依次为机电音响设备(22.01%)、车辆航天航空船舶及运输设备(19.02%)、植物产品(11.02%)、化工品(9.47%)、光学医疗仪器仪表(7.64%)。若中国打击这些行业,将在短期内增加美国对华贸易逆差。

根据 HS 一级行业分类(共 22 类)的中国海关总署统计数据,2017 年中国前五大出口较依赖美国的行业为武器弹药（61.80%）、杂项制品（32.05%）、艺术品收藏（30.88%）、木制品（26.30%）、鞋帽伞（26.15%）。美国若打击这些领域，对中国相应行业的出口企业将有较大影响。2017年中国前五大进口较依赖美国的行业为植物产品（27.60%）、车辆航空船舶及运输设备（27.28%）、木制品（20.57%）、武器弹药（19.19%）、艺术品收藏（13.88%）。中国若打击这些领域，依赖进口这些原材料或商品的下游工业企业或终端零售企业将受到较大影响。

2. 中美贸易摩擦中加征关税清单所涉行业对中国的影响分析

根据 HS 二级行业分类（共 98 章）的海关总署数据，针对中美贸易中规模占比较大的子行业和目前双方贸易制裁和反制措施清单中主要涉及的子行业（见表3和表4），可以得出如下结论：

第一，中国的电机电气音响设备、光学医疗设备、纺织服装、鞋靴、皮革箱包、家具、玩具的出口依赖度较高，大多为劳动密集型中游制造行业，农产品、化工品、贱金属、精炼石油的进口依赖度较高，大多为上游原材料行业。

第二，美国打击中国的领域，只有电机电气设备和机械设备是美国对华进口占比最大的领域，钢铁、铝和光学医疗设备是占比排名第10—15位的领域，铁道车辆轨道装置、航空航天和药品是占比不突出的领域，所以整体上，美国打击中国的领域以高端制造，即中国制造"2025"领域为主，该因素的考量多于贸易逆差因素。这些领域，出口美国部分占行业总出口比例较大的是航空航天器、铁道车辆轨道装置和机械行业，但只有机械行业的出口依赖度较高，所以美国的打击可能对机械行业工业企业的外需冲击较大，影响其外销渠道的收入来源，需求的减少可能会增加机械行业的闲置产能。同时对原材料的采购规模将下降，影响将传导至上游有色金属等行业的需求，有色金属价格可能因此走弱。

第三，中国打击美国的领域，在中国对美总进口额比重的排名中基本上均位于前16名，这对美国是不小的打击，但也会对国内造成一定冲击。就中国而言，车辆（汽车）、油籽饲料（大豆）、航空航天器（飞机）、杂项化学品和谷物领域的进口额中美国部分占比都较大，并且农产品、化工品、民用飞机的进口依赖度也较高，所以中国对美国的反制措施可能会给国内农产品、化工品、民用飞机产业链带来较大影响。农产品方面，农产品外购渠道受阻,国内农产品价格上涨,利好国内农业景气度走高。化工品方面,近年来受环保政策影响,国内化工企业减产或停产,国内市场供给压力较大,化工品又是工业行业的主要原料之一,若加征进口关税将会使进口化工品价格上涨,利好国内化工行业景气度走高,但会进一步增加下游工业企业的成本压力。飞机方面,民用飞机从美国进口受阻,航空公司可能会寻求从其他国家进口以抵御冲击。

综上可以看出,美国对中国的贸易措施对机械制造产业链影响较大,但对高科技制造领域影响较小,同时结合前面国际经验的结论,美国并不能遏制中国高新技术产业的崛起。中国对美国的反制措施对美国打击力度较大,但也使国内进口渠道受阻,不利于相关下游行业成本,但是将利好农业、化工行业景气度走高,并且有利于促进农产品、化工品和国产豪华汽车加快进口替代及国产化进程,同时长期依赖进口的民用飞机也可借此机遇加速自主研发创新。

表 3　美国对中国贸易制裁涉及的关键行业在中美贸易中的重要性

HS 二级行业分类	2017 年中国向美国出口该类产品金额(亿美元)	占中国向美国总出口比重(%)	占比排名	占中国出口该类产品总额比重(%)	占比排名
电机、电气、音像设备及其零附件	1 068.94	24.87	1	17.86	33
核反应堆、锅炉、机械器具及零件	916.45	21.32	2	23.89	18
钢铁制品	102.04	2.37	10	17.99	32
光学、照相、医疗等设备及零附件	96.73	2.25	11	13.71	46
铝及其制品	37.42	0.87	15	16.57	37
铁道车辆、轨道装置、信号设备	31.86	0.74	22	29.10	12
航空器、航天器及其零件	12.60	0.29	32	34.35	4
药品	12.57	0.28	35	17.05	36

数据来源:Wind 资讯。

表4 中国对美国反制措施涉及的关键行业在中美贸易中的重要性

HS二级行业分类	2017年中国从美国进口该类产品金额(亿美元)	占中国从美国总进口比重(%)	占比排名	占中国进口该类产品总额比重(%)	占比排名
车辆及其零附件,但铁道车辆除外	150.93	9.80	3	19.05	13
油籽、子仁、工业或药用植物、饲料	145.65	9.46	4	32.72	3
航空器、航天器及其零件	141.12	9.17	5	55.25	1
塑料及其制品	69.72	4.53	8	10.11	36
有机化学品	36.68	2.38	11	6.58	52
杂项化学产品	32.49	2.11	13	20.39	10
谷物	15.10	0.98	16	23.59	6

数据来源:Wind资讯。

四、中国的应对措施

中美贸易摩擦愈演愈烈,已成为2018年的最大风险点。从长期来看,不论未来事态如何发展,中国都应汲取本次贸易摩擦的经验教训,时刻警惕美方的多变并做到未雨绸缪。

第一,在态度上,针对美方的贸易制裁,中方应坚决反对。对于美方的种种措施,中方一直保持强硬态度回击:2018年4月和6月,美国两次宣布对华约500亿美元进口商品加征25%的关税,中国都及时回应以同等强度的关税措施反击。同时,中方也应积极向美方寻求协商机会,力求尽快缓和双方紧张的关系,寻求合作又不大幅损害双方利益的解决方式,避免中美贸易摩擦继续升级。

第二,对短期经济冲击谨慎制定宏观经济政策。结合日本的经验,日本的失败,主要是由于日本自身战略失误而造成,美国对日本的直接打击只占很小部分。当前中国也经历了与当时日本类似的问题,如人口老龄化、过高的储蓄率等,所以当下的中国不能自乱阵脚,要实行灵活谨慎的宏观经济政策。

第三,应对美国发起贸易战的风险,增强自身实力。美国对中国低端制造业外需的压制可以倒逼中国加速改革,或许是中国的一个机遇。未来应继续扩大对集成电路、半导体、人工智能、电子设备等领域相关高新技术的研发投入与优惠扶持,逐步健全国内高端制造产业链,实现产业升级,提高出口产品的多样化,降低对低端产品出口美国的依赖。同时,加快推进国内结构性改革、稳步加强国内经济体制改革并完善国内市场建设,扩大内需,不仅有利于中国经济的长期可持续发展,也有利于解决中美贸易冲突的问题。

第四,适度扩大开放,尤其是服务业开放。①李克强总理在两会期间提到中国将持续扩大开放,尤其是服务业开放,特别是医疗、养老、金融等领域,还提到对抗癌药品将实行进口零税率。中国服务业开放对国际其他国家来说是一个拥有巨大潜力的新市场,美国也必定想在其中分一杯羹,这又将是中国在贸易摩擦中的重要筹码。

第五,争取第三方国家的支持,加强国际合作。2018 年 5 月 31 日美国正式宣布对加拿大、墨西哥和欧盟的进口钢铁和铝分别征收 25% 和 10% 的关税,此举随即招致三者的反抗。全球化是世界经济发展不可逆的趋势,随着国际社会反对贸易保护的声音越来越强烈,中国可以此为契机加强国际间交流合作,扩大多边贸易往来,共同对抗美国的贸易保护措施。

---

① 徐高:《中美经贸困局的博弈出路》,《企业家日报》,2018 年 2 月 12 日 A02 版,第 3 页。

中国—东盟铁路合作中的日本因素分析 *

邹春萌　王　闯 **

【内容提要】 随着"一带一路"倡议的实施,中国加快基础设施走出去步伐,与东盟的铁路合作迅速展开。但来自日本的竞争和影响是中国—东盟铁路合作不可回避的重要因素。出于经济与政治目的,日本通过政商协作、发展援助、低利率吸引、舆论攻势等各种手段与中国展开激烈的市场竞争,给中国与东盟的铁路合作和"一带一路"倡议在东盟的顺利推进带来严峻挑战。理性地看待中国—东盟铁路合作中的日本因素并予以积极应对,对于推进中国—东盟铁路合作,服务"一带一路"建设至关重要。

【关键词】 中国—东盟;铁路合作;"一带一路";日本的竞争与影响

【Abstract】 With the implementation of the Belt and Road Initiative, China's cooperation with ASEAN countries in railway develops rapidly. However, Japanese competition and influence is an inevitable factor for China-ASEAN railway cooperation. In order to counterbalance China's influence in ASEAN and achieve its economic and political objectives, Japan carries out fierce market competition with China in the region through variety of means, such as political and commercial negotiation, development aids, low interest rate and public offensive. Thus, Japan brings serious challenges to China-ASEAN railway cooperation and the implementation of the Belt and Road Initiative in ASEAN. To promote China-ASEAN railway cooperation and the implementation of the Belt and Road Initiative, reasonable attitude and active response to Japanese factor are of significance.

【Key Words】 China-ASEAN; Railway Cooperation; the Belt and Road Initiative; Japanese Competition and Influence

* 本文是云南大学人文社会科学研究基金项目《"一带一路背景下中国—东盟铁路基础设施合作的问题研究》的中期成果(课题编号:17YNUGSP02);本文同时受到云南省哲学社会科学创新团队"澜湄合作研究"的资金支持。

** 邹春萌,云南大学国际关系研究院研究员、云南大学周边外交研究中心研究员;王闯,河北大学学生处。

一、引　言

在东盟"10＋1"框架下,中国、日本与东盟的经济联系愈加紧密,两国均已成为东盟重要的经贸合作伙伴。中国连续多年位居东盟最大的贸易伙伴国,而日本已是东盟最大的外资来源国和第四大贸易伙伴。在东盟市场上,中日竞争无处不在,在铁路领域的竞争尤为激烈。东盟铁路运输系统年久失修,没有真正发挥经济传送带的作用,急需现代化的改造与升级。中国与日本作为铁路输出大国,积极拓展东盟市场。截至2017年底,在东盟铁路建设项目的争夺上,中日两国各有收获。中国中标了印度尼西亚雅万高铁、中老铁路、中泰铁路、马来西亚东海岸铁路以及越南河内城轨项目;而日本拿下了泰国曼谷—清迈高铁项目,并援助改造缅甸仰光—曼德勒铁路。尽管中日两国各有胜负,但中国高铁在东盟市场上的形势并不乐观。目前,越南河内至胡志明市的高铁项目更倾向于日本的新干线;新马高铁项目被日本列为"最优先"的基础设施出口项目,新加坡亦更倾向于日本新干线①;缅甸皎漂至昆明铁路项目已被缅甸政府以谅解备忘录到期为由而取消,这与日本的背后干扰不无关系。显然,在东盟铁路市场上,日本给中国带来了巨大压力和挑战,不仅是中国推进铁路合作最强有力的竞争对手和重要的影响因素,也是中国在该区域推进"一带一路"建设的主要绊脚石。因此,深入分析中国与东盟铁路合作的日本因素,对于中国—东盟铁路合作和国家"一带一路"建设尤为重要。

从国内研究来看,相关文献主要聚焦在三个方面,即中日高铁的优劣势对比、中国高铁海外投资的风险预测及"一带一路"背景下中国高铁与日本高铁海外竞争的战略考量。王明慧、莫凯从中日高铁的发展历史、发展模式、运行速度、工程技术、高速列车、安全保障体系、服务质量和经济效应等八个方面对中日高铁的优劣势进行了全面比较,指出中国高铁在技术引进和建造成本等方面具备世界一流水平,而日本在技术积累、品牌影

---

① 新马高铁项目的前景因马来西亚领导人的更替变得更为扑朔迷离,将面临被取消的困境。

响力和服务质量等方面更具优势。①刘瑞指出日本针对中国"一带一路"倡议和对外投资布局,在项目标准、区域布局和金融支持等方面的竞争态势不断增强。②邹春萌认为域外大国的竞争与干预是中泰铁路面临的潜在风险之一,其中日本是主要的风险因素。③张继业认为日本投资东盟国家互联互通基础设施不仅着眼于政策本身,还着眼于日本在东盟经济利益的保障以及地缘战略上对中国"一带一路"倡议的反制。④李毅、李梦生结合泰国高铁、印度尼西亚雅万高铁、缅甸高铁和印度高铁等具体项目,指出日本的竞争态势对中国高铁海外输出战略带来重要影响。⑤

从国外研究来看,相关文献大多侧重于中日高铁技术海外竞争优劣势的对比,也有部分学者从对象国的视角出发,指出应从本国需求和建设风险的角度理性考虑与中日两国的铁路合作。中国与日本在东南亚铁路市场的竞争有三大优势,即巨额外汇储备和国家金融政策的支持、高铁技术上的低碳节能和速度方面的优势,以及贷款、还款方式灵活性。⑥但在机车出口、融资等方面的风险较大,日本提供的低息贷款和官方发展援助更符合某些经济欠发达的东南亚国家的需要。⑦同时,相较于日本高铁,中国高铁走出去需发挥自身的地缘优势,注重援助细节,努力提升服务水平。⑧

总之,国内外文献主要侧重于中日高铁的对比研究,分析中国高铁在

---

① 王明慧、莫凯:《中日高速铁路的比较分析与思考》,《交通运输工程与信息学报》,2012年第2期,第39—43页。

② 刘瑞:《基础设施出口战略博弈下的中日竞争与合作》,《东北亚学刊》,2016年第4期,第38—43页。

③ 邹春萌:《"一带一路"背景下的中泰铁路合作:积极影响与潜在风险》,《深圳大学学报》(人文社会科学版),2018年第1期,第87—94页。

④ 张继业:《日本推动东盟国家互联互通建设的政策分析》,《现代国际关系》,2017年第3期,第53—61页。

⑤ 李毅、李梦生:《日本在中国高铁海外输出进程中的影响》,《东北亚论坛》,2016年第5期,第17—26页。

⑥ Hong Yu. "China's Eagerness to Export Its High-speed Rail Expertise to ASEAN Members", *The Copenhagen Journal of Asian Studies*, Vol.32, No.2, 2014, pp.13—36.

⑦ Dragan PAVLIĆEVI, Agatha KRATZ. "Implications of Sino-Japanese Rivalry in High-Speed Railways for Southeast Asia", *East Asian Policy*, 2017.09:15—25.

⑧ Pingping Yuan. "The Comparative Analysis of High-speed Rail in the International Market Between China and Japan", *International Journal of Intelligent Information and Management Science*, Vol.5, No.4, 2016, pp.284—287.

东南亚地区面临的风险因素,指出日本是中国在海外市场的主要竞争者。但是,国内外文献对于日本如何影响和干预中国—东盟铁路合作的研究较少。基于此,本文将重点围绕日本在东盟铁路市场上采取的竞争策略、动因及产生的负面影响,深入剖析中国与东盟铁路合作进程的日本因素。

二、日本在中国—东盟铁路合作中的竞争策略

在东盟铁路市场上,日本通过多种手段的综合运用与中国展开激烈角逐。不仅有日本政府的引领和首相的推介,也有日本企业、商会、媒体的支持,还有日本政府开发援助(ODA)和文化的影响。

(一) 政商协作推动

中日两国都是铁路建设的强国,高铁技术处于世界一流梯队。由于高铁建设是高投资、高风险的基础设施项目,日本在东盟铁路市场上与中国竞争的一大策略就是政商共同推动,政府在政策导向、外交战略、领导人推销等方面发挥引领作用,而企业在品牌营销、融资模式、技术推广等方面协作配合。以雅万高铁为例,2015年3月,中国与印度尼西亚政府签署《中印尼雅加达—万隆高铁合作谅解备忘录》;4月,两国政府签署开展雅万高铁项目的框架安排;6月,中方联合体与印尼方联合体组建合资公司;8月,中方呈交关于雅万高铁项目的可行性研究报告,双方合作顺利推进。但在此过程中,日本采取一系列措施,极力向印尼政府推介新干线,力图影响甚至改变印尼政府的选择。在政府层面,截至2015年8月,日本政府先后五次派特使向印尼政府游说,提供优化方案。从日本方案来看,其预估项目总成本为45亿美元,低于中国的53亿美元,并提供总价的75%、期限为40年的贷款,条件是需要印尼政府担保。在企业层面,日本企业、商会和媒体配合日本政府,极力宣扬新干线的安全性、正点率和服务质量,宣称日本新干线代表了安全与快速。即便雅万高铁项目失利后,日本仍没有放弃努力,并以更加紧密的"官民一体"形式加强新干线的推销,希望对项目的后续进展施加影响。

(二) 发挥政府开发援助作用

推广新干线是日本对东盟经济外交的重要内容,采取的另一重要手

段就是政府开发援助。日本外务省 2016 年出版的《开发合作白皮书》明确写道,推进高质量基础设施建设是政府开发援助的主要内容。①日本的政府开发援助不仅能给企业投资东盟创造条件,还能为东盟各国带来大量的就业机会,提高生活水平,反过来又有助于日本企业和日本产品进入东盟。在湄公河国家,2012 年至 2015 年日本政府开发援助高达 6 000 亿日元,2016 年至 2018 年的援助达 7 500 亿日元。②为了保证铁路基础设施建设项目的顺利推进,日本表示要动用所有的日本经济合作工具。③东盟成员国泰国是日本政府开发援助的主要受援国,日本政府开发援助占其受援资本的 30% 左右。政府开发援助帮助日本产品在泰国民众心目中树立了良好的口碑,使日本高铁比中国高铁更具有品牌优势,这对日本拿下曼谷—清迈的高铁项目起到了积极作用。此外,日本提供约 1 000 亿日元政府开发援助帮助缅甸改造仰光至曼德勒的铁路,为其抢占缅甸铁路市场作铺垫。

（三）以低利率吸引

出于搅局中国—东盟铁路合作的心态,日本往往通过向意向国提供低息甚至无息贷款的方式,以巨大的经济利益为诱饵试图影响东盟国家的选择,干扰中国与有关国家的正常谈判。在雅万高铁项目的竞争中,日本曾向印尼提供 0.1% 的贷款利率,远低于中国的 2%;在泰国高铁项目中,日本提供的贷款利率为 2%,是中国的一半。除了正常的政府融资利率低以外,日本政府开发援助的利率通常在 1% 左右,而中国在 2% 左右。④针对曼谷—清迈高铁的低利率,日本共同社分析称,日本未来如何募集资金和确保盈利等都是难题。⑤日本"几乎为零"的利率政策并不是为了

① 《日媒:日本将充分利用对发展中国家援助　欲靠对外撒钱推进印太战略》,参考消息,http://www.cankaoxiaoxi.com/world/20180220/2256220.shtml,2018-04-20。

② 张继业、钮菊生:《试析安倍政府的湄公河次区域开发援助战略》,《现代国际关系》,2016 年第 3 期,第 31 页。

③ Ministry of Economy, Trade and Industry of Japan, "Partner-ship for Quality Infrastructure", May 21, 2015, http://www.meti.go.jp/english/press/2015/pdf/0521_01a.pdf?crazycache=1. 2018-04-23.

④ 何帅:《日本在中日海外投资竞争中的手段动机和对策——以高铁竞争为例》,云南大学 2016 年硕士学位论文,第 24 页。

⑤ 《日本在亚洲与中国抢高铁大单　日官员称纯粹为搅局》,环球网,http://finance.huanqiu.com/cjrd/2015-05/6542312_2.html,2018-05-03。

赚取正常的经济利润,而是为了与中国争夺国际高铁市场份额,破坏中国与东盟的铁路合作。

（四）制造舆论攻势

在东盟铁路市场,日本政府官员、媒体通过不实宣传贬低中国高铁。一方面,日本质疑中国高铁技术的自主创新,认为中国的京沪高铁、京津城际铁路等是山寨日本的新干线,是"盗窃"日本技术,侵犯了日本的知识产权。[1]另一方面,日本以甬温事故为借口,大肆宣扬中国高铁不安全、偷工减料、贪腐严重等问题。2011 年 7 月 25 日,日本《朝日新闻》《读卖新闻》发表社论,不仅批评中国轻视高铁的安全问题,还说中国高铁缺少核心技术,信号系统和线路问题是导致事故的主要原因。[2]在雅万高铁的竞争中,日本政府和媒体以此大做文章,通过夸大的不实宣传企图误导印尼政府和民众,干扰印尼政府的选择。

（五）运用文化影响力

除了在经济上给东盟国家更优厚的条件外,多年来日本还运用文化软实力加速向东盟市场渗透。在各种基金会和商会的配合下,日本通过向东盟国家提供大量培训机会来提高东盟国家对日本文化的认知,提升文化影响力。在泰国曼谷—清迈高铁项目的谈判过程中,日本政府就承诺向泰国提供大量的去日本培训的机会,以此增加谈判筹码。据统计,日本是泰国最受欢迎的留学目的地,在出国留学的学生中约有 95% 首选日本作为目的地。日本文化对泰国的影响非常深。在泰国,日本产品就是优质与高科技的代名词,泰国民众以开丰田、本田和马自达等日本车为荣。因此,日本赢得了曼谷到清迈的高铁建设项目,其中文化的影响也不能忽视。

三、日本竞争中国—东盟铁路的动因

日本与中国争夺东盟铁路市场,既有经济动因,也有政治目的。在经

---

① 李毅、李梦生:《日本在中国高铁海外输出进程中的影响》,《东北亚论坛》,2016 年第 5 期,第 22 页。

② 刘迪:《日本媒体怎解读动车事故》,http://view.news.qq.com/a/20110729/000009. htm,2018-05-03。

济上,是为了维护其在东盟市场上的传统势力、保持在该地区的经济话语权、缓解国内经济发展压力;在政治上,通过对抗中国高铁和中国资本以分化中国尤其是"一带一路"实施以来的区域影响力,达到制衡中国目的。

（一）经济上的考量

1. 维护传统的经济外交市场

东南亚一直是日本传统的经济外交区域。第二次世界大战结束后,日本"脱亚入欧"的幻想破灭,在美国控制下日本失去了建立政治大国的资格,转而寻求战后重建和经济发展。从 20 世纪 50 年代到亚洲金融危机之前,东南亚 1/4 的外来投资和 35% 的外部贷款来自日本,应该说日本是东南亚最大的贸易伙伴和投资来源。[①]亚洲金融危机期间,日本金融业和制造业受到冲击,不得不向东南亚提供大约 800 亿—900 亿美元的援助,以帮助各国解燃眉之急,从而尽快偿还日本银行的欠款。金融危机结束后,日本推行日元国际化,第一步就是推动日元的亚洲化,因而继续向东盟国家提供金融救助和推动货币金融合作。不管是自愿还是被迫,日本一直与东盟国家保持密切的经济关系。然而,21 世纪以来,中国迅速增长的经济影响力正在波及日本在东盟经营几十年的市场,让日本倍感压力。特别是"一带一路"倡议的提出,中国视东盟为"一带一路"的枢纽地区,是"一带一路"倡议率先突破的重点区域。由此,中国高铁迅速在东盟国家布局,中国—东盟铁路合作明显加快。作为铁路市场的"先行者",日本不会坐视中国在该地区获取利益,势必通过各种手段保障其在东盟的经济实力和经济影响力,维护传统经济利益。

2. 缓解日本经济萎靡的需要

在 2008 年金融危机的冲击下,加上国内老龄化严重和日元持续强势的双重影响,日本经济持续萎靡。虽然安倍政府采取了一系列改革举措,但未改变日本低迷的经济状态。2013—2016 年,日本 GDP 平均增速不到 1.2%,失业率为二十多年来的最低水平,对外贸易依然赤字。[②]日本经济低迷的背后,体现出日本经济内生性的隐忧。[③]从 20 世纪 90 年代以房地

---

① 张蕴岭:《日本的亚太与东亚区域经济战略解析》,《日本学刊》,2017 年第 3 期,第 4 页。

② "安倍经济学有效吗?",21 世纪经济报道,http://epaper.21jingji.com/html/2017-10/10/content_71861.htm,2018-05-03。

③ 姜跃春:《"安倍经济学"与日本经济走势展望》,《亚太经济》,2017 年第 1 期,第 93 页。

产为标志的泡沫经济破灭以来,日本国内经济持续萎靡,日本经济已经失去了10年,如果再不寻求对外经济新的增长点,日本经济将失去发展的20年甚至30年。在经济外交引领下,推动对外贸易扩大、促进海外投资已经成为日本经济不得不采取的措施。抢占东盟铁路市场,继续保持与东盟各国的经济合作是日本的既定方针,对缓解日本经济"内生性"动力不足,促进经济长远发展具有重大的战略意义。因此,日本在泰国、印度尼西亚、马来西亚、新加坡、缅甸、菲律宾等东盟国家极力推广新干线,与中国高铁进行激烈竞争,就是为日本萎靡的经济状态寻找新的突破口。

（二）政治上的博弈

1. 分化中国影响力

中国与日俱增的地区影响力和世界影响力令日本政府倍感不安。日本担心中国的崛起不仅将波及其东盟的经济市场,也将使其逐渐丧失在东南亚地区的政治和文化影响力。因此,在铁路基础设施合作领域,日本不惜与中国展开激烈争夺,以平衡和分化逐步扩大的中国影响力,并维护其在东盟区域的话语体系。这正符合"安倍主义"打造"自由与繁荣之弧",分化中国、围堵中国的目的。①当然,作为美国在亚太地区的盟友和利益代表,日本通过干扰中国—东盟铁路合作,压缩中国在东盟的市场空间和地缘通道,也是为了配合与协助美国亚太战略的实施,实现遏制中国和平崛起之目的。

2. 谋求政治大国地位

日本战后70年的外交战略理念经历了经济中心主义、正常国家论和大国化政治诉求等演进历程。②第二次世界大战结束初期到70年代,以依附美国来发展经济和弥补侵略国家战争创伤的日本经济一跃成为世界第二。经济上的成功刺激了日本谋求政治大国的设想。为此,日本从国内、国外两个方面入手,不断突破和平宪法的限制,谋求政治经济大国地位。对内,安倍政府推动修改和平宪法和解禁集体自卫权;对外,除了激化钓鱼岛纷争以外,日本在东盟市场上堵截中国高铁走出去步伐,希望输出日

---

① 成汉平:《安倍出访东南亚诠释"安倍主义"》,《World Affairs》,2013年第3期,第41页。

② 吕耀东:《战后日本外交战略理念及对外关系轨迹》,《日本学刊》,2015年第1期,第74页。

本新干线来强化与东盟国家的经济依存关系,从而以经济合作带动政治和安全合作,谋划经济、政治和安全利益,不断提高在东盟国家"独立"的政治影响力,为实现其政治大国目标铺路。

四、日本竞争带来的负面影响

日本与中国在东盟铁路市场的竞争给中国高铁走向东盟造成较大的负面影响,不仅使中国高铁走向东盟的进程受阻,不利于"一带一路"建设率先在东盟取得突破,也不利于中国—东盟关系的深化发展。

第一,使中国—东盟铁路合作进程受阻。在东盟铁路市场,日本提供超低的贷款利率,在增加中国铁路输出成本、降低成本收益率的同时,还为对象国提供了进一步讨价还价的空间,掣肘中国与东盟铁路合作的推进。通常对象国都存在"鹬蚌相争渔翁得利"的心态,力图利用中日之间的竞争,不断压低铁路建设成本,以服务本国国家利益。在与泰国进行铁路合作谈判时,泰国总以日本的贷款利率低为由与中国讨价还价,使中泰铁路合作进程波折反复。2016年3月,泰国政府以中方贷款利率高为借口,决定不再向中方融资,并且大大缩短规划总里程,使中泰铁路合作推进受阻。在雅万高铁项目开展过程中,日本媒体不忘煽动印尼民众情绪,以阻碍工程的顺利进行。2018年1月,雅万高铁沿线的征地拆迁工作才正式开展,比预期的工期推迟了将近一年,这与日本的干扰不无关系。

第二,影响"一带一路"倡议在东盟的顺利推进。"一带一路"倡议不仅要加强顶层设计,还要在沿线国家开展实实在在的合作。与东盟国家基础设施的互联互通建设,特别是铁路建设是推进"一带一路"倡议的优先领域。[1]日本一直对中国"一带一路"倡议存有戒心和担忧。从经济上看,中资企业在"一带一路"沿线各国的投资,势必与早已开始海外投资的日本企业产生竞争,在已经基本丧失资本红利和人口红利的情况下,日企将面临中国企业的巨大压力;从政治上看,"一带一路"倡议将使中国陆上与

---

① 李毅、李梦生:《日本在中国高铁海外输出进程中的影响》,《东北亚论坛》,2016年第5期,第24页。

海上两种力量实现联合,将改变中国的地缘政治格局,日本十分担忧其海外力量受到牵制和挤压。日本视中国的"一带一路"倡议为"21世纪的马歇尔计划",把中国高铁走出去看成"新经济殖民"。①一些西方学者也认为,一种以中国版门罗主义与人民币为基础的地区霸权将建立起来。②因而,不难理解中国与东盟之间铁路合作处处都有日本的影子。但这无疑给"一带一路"倡议率先在东盟国家取得突破带来巨大挑战。

第三,不利于中国与东盟关系的升级发展。日本在东盟高铁市场的竞争手段在给中日双方造成极大损耗的同时,拖延了东盟国家基础设施现代化改造升级的步伐,不利于各国经济的发展,还会给中国—东盟经济关系设置障碍,阻碍中国—东盟自贸区升级版建设。一方面,日本政府和媒体大肆宣扬"中国威胁论",抹黑中国高铁形象和国家形象,还依靠美国、拉拢印度和澳大利亚共同牵制中国,让东盟国家心存疑虑,对中国技术、中国资本存有戒心,无益于中国与东盟经济关系的顺利发展。经济关系的担忧会降低政治、安全和外交关系的互信。这与东盟共同体致力于加强内部团结、化解地区纷争,使东南亚从动荡走向稳定、从对抗走向合作、从贫穷走向繁荣的初衷不一致,不利于"中国—东盟命运共同体"的建设。③另一方面,东盟国家会利用中日之间的竞争,借机施展"大国平衡"外交,力求国家利益最大化,使中日双方都很难在东盟铁路市场上取得更大的突破。久而久之,中国—东盟关系将变得更加复杂,并给域外大国干预地区安全与稳定以更大的空间。

五、结　论

来自日本的竞争和影响是中国—东盟铁路合作中不可回避的重要因

---

① 丁梦:《从高铁外交审视中日两国在东南亚的竞争》,《学术探索》,2017年10月,第49页。

② Tyler Durden. "Abe Scrambles to Keep ADB relevant as Xi Dispenses 'Belt' Whipping", http://www.zerohedge.com/news/2015-11-21/abe-scrambles-keep-adb-relevant-xi-dispenses-belt-whipping, 2018-05-16.

③ "新闻背景:东盟50年及东盟共同体建设进程",人民网,http://world.people.com.cn/n1/2017/1110/c1002-29639328.html,2018-05-03。

素。为了制衡中国,分化中国在东盟区域的影响力,以实现其自身在该区域的经济与政治目的,日本通过政商协作、政府开发援助支持、低息甚至无息贷款的吸引及制造舆论攻势等方式与中国在东盟铁路市场上展开激烈竞争,对中国与东盟的铁路合作带来严峻挑战,也对中国"一带一路"倡议在东盟的顺利推进造成负面影响。如何理性地看待日本的竞争和妥善应对日本的竞争,对于推动中国—东盟铁路合作、使"一带一路"倡议率先在东盟突破至关重要。首先,要正视日本在东盟铁路市场上的竞争优势和自身的不足,要不断学习日本海外投资的先进经验和理念,增强自主创新能力,提高核心技术水平,树立中国高铁的产品形象。其次,借助"澜湄合作""中国—东盟自贸区升级版"等优质平台与东盟深入开展铁路合作,重点关注铁路沿线的民生问题,为铁路的顺利建设打下良好的群众基础,降低铁路投资风险。第三,做好"一带一路"倡议的宣传,在宣传中国高铁时要尽量弱化地缘政治色彩,专注于铁路合作的经济前景,用切实的利益消除东盟国家对中国资本和中国技术的疑虑。第四,积极探索中日在东盟铁路市场上的合作可能性,以降低竞争压力和投资风险,实现合作共赢。

《复旦国际关系评论》稿约

1.《复旦国际关系评论》为学术性与思想性并重的国际政治研究类系列出版物,由复旦大学国际关系与公共事务学院主办,每年出版2辑。《复旦国际关系评论》坚持学术自由之方针,以推动中国国际政治研究的发展为目标。欢迎海内外学者赐稿。

2.《复旦国际关系评论》每辑专题由编辑委员会确立,除专题论文外,还刊载其他中文研究性论文,兼及译稿、研究评论、书评及其他相关撰述。译稿请注明原文语种及出处。稿件需为未在任何报章、刊物、书籍或出版物发表的作品,会议论文以未出论文集为限。

3. 研究性论文一般以一万字至二万字为宜,其他类型的文字可在一万字上下。

4. 来稿可为打印稿,也可为电子文本。来稿须符合《复旦国际关系评论》文稿体例。

5.《复旦国际关系评论》实行匿名审稿制度,由学术委员会审定稿件。收到稿件后三个月内,《复旦国际关系评论》编辑部即通知作者关于稿件的处理意见。文字打印稿恕不退还。

6. 凡在《复旦国际关系评论》发表的文字并不代表《复旦国际关系评论》的观点,作者文责自负。

7. 凡在《复旦国际关系评论》发表的文字,著作权归复旦大学国际关系与公共事务学院所有。未经书面允许,不得转载。

8.《复旦国际关系评论》编辑部有权对来稿按稿例进行修改。不同意修改者请在投稿时注明。由每辑执行主编负责具体工作。

9. 来稿请附作者署名、真实姓名、所属机构、职称学位、学术简介、通讯地址、电话、电子邮箱地址,以便联络。

10. 打印稿请寄:复旦大学国际关系与公共事务学院《复旦国际关系评论》编辑部(邮政编码:200433,地址:上海市邯郸路220号)。电子文本请寄:jxzh@fudan.edu.cn,传真:021-65647267

《复旦国际关系评论》稿例

一、文稿请按题目、作者(以"星号注"形式注明作者单位)、内容提要(200字左右)、关键词(3—5个)、正文之次序撰写。节次或内容编号请按一、(一)、1、(1)……之顺序排列。文后请附英文题目和英文提要。

二、正文每段段首空两格。独立引文左右各缩进两格,上下各空一行,不必另加引号。

三、正文或注释中出现的中、日文书籍、期刊、报纸之名称,请以书名号《》表示;文章篇名请以双引号""表示。西文著作、期刊、报纸之名称,请以斜体表示;文章篇名请以双引号""表示。古籍书名与篇名连用时,可用·将书名与篇名分开,如《论语·述尔》。

四、正文或注释中出现的页码及出版年月日,请尽量以公元纪年并以阿拉伯数字表示。

五、所有引注均须详列来源。经典注释可随文夹注,其他注释一律采用"页下脚注"格式,并当页标号,请参考下列附例:

(一)书籍

1. 中文

(1)专著:倪世雄等:《当代西方国际关系理论》,复旦大学出版社2001年版,第32—34页。

(2)编著:倪世雄主编:《冲突与合作:现代西方国际关系理论评介》,四川人民出版社1988年版,第71页。

(3)译著:罗伯特·吉尔平:《国际关系政治经济学》,杨宇光等译,经济科学出版社1989年版,第207页。

(4)文集中的文章:黄仁伟:《关于中国和平崛起道路的再思考》,载上海市社会科学界社联合会编:《人文社会科学与当代中国——上海市社会科学界2003年度学术年会文集》,上海人民出版社2003年版,第164—175页。

2. 西文

(1)专著:Robert Keohane and Joseph Nye, *Power and Interdepend-*

ence：*World Politics in Transition*，Boston，M.A.：Little Brown，1977，pp.35—44.

（2）编著：Kenneth Oye, ed., *Cooperation under Anarchy*，Princeton，N.J.：Princeton University Press，1986，p.38.

（3）译著：Nikolai Kondratieff，*The Long Wave Cycle*，trans. Guy Daniels，New York：Richardson and Snyder，1984，chapter 2.

（4）文集中的文章：Raymond Aron，"War and Industrial Society,"in Leon Bramson and George Goethals, eds., *War：Studies from Psychology，Sociology，and Anthropology*，New York：Basic Books，1968.

（二）论文

1. 中文

（1）期刊论文：阎学通：《中国面临的国际安全环境》,《世界知识》2000年第3期。

（2）报纸文章：丁刚：《多边合作求安全》,《人民日报》2005年3月23日,第三版。

2. 西文

（1）期刊论文：Barry Buzan，"Economic Structure and International Security：The Limits of the Liberal Case,"*International Organization*，Vol.38，No.4(Autumn 1984)，pp.597—624.

（2）报纸文章：Robin Wright and Glenn Kessler，"Bush Aims for 'Greater Mideast' Plan,"*Washington Post*，February 9，2004，p.A-1.

六、第一次引用应注明全名及出版项,再次引用可以简化为"作者、著作、页码",如与前一引用完全相同,可简化为"同上"（英文用"Ibid."表示）。

七、互联网上下载的资料除应注明作者、题目、时间等信息外,还应注明完整网址。

八、请尽量避免使用特殊字体、编辑方式或个人格式。

复旦大学国际关系与公共事务
学院系列出版物已出书目

《复旦国际关系评论》已出版书目

第1辑《世纪之交的国际关系》/徐以骅　主编　蒋昌建　副主编

第2辑《国际关系研究:理论、视角与方法》/包霞琴　苏长和　主编

第3辑《大国外交:理论·决策·挑战》(上、下)/肖佳灵　唐贤兴　主编

第4辑《超越威斯特伐利亚》/陈玉刚　袁建华　主编

第5辑《国际关系与认同政治》/何佩群　俞沂暄　主编

第6辑《多边治理与国际秩序》/潘忠岐　主编

第7辑《环境问题与国际关系》/薄　燕　主编

第8辑《国际责任与大国战略》/潘忠岐　主编

第9辑《国际公共产品与地区合作》/张建新　主编

第10辑《知识社群与主题意识》/唐世平　陈玉刚　主编

第11辑《中国与诸大国关系》/陈玉刚　主编

第12辑《中国话语与国际关系》/苏长和　俞沂暄　主编

第13辑《国际体系变革与新型大国关系》/张建新　主编

第14辑《国际秩序与国际秩序观》/陈玉刚　主编

第15辑《中美贸易:失衡与摩擦》/张建新　主编

第16辑《一带一路与国际合作》/黄　河　主编

第17辑《网络安全与网络秩序》/沈　逸　主编

第18辑《金砖国家与全球经济治理》/朱杰进　主编

第19辑《国际发展合作新方向》/郑　宇　李小云　主编

第20辑《一带一路倡议与国际关系》/宋国友　主编

第21辑《国际法治与全球治理》/秦　倩　主编

第22辑《"一带一路"与区域性公共产品》/黄　河　贺　平　主编

《复旦政治学评论》已出版书目

第1辑《革命后社会的政治与现代化》/陈明明　主编

第 2 辑《制度建设与国家成长》/刘建军　主编

第 3 辑《执政的逻辑:政党、国家与社会》/刘建军　陈超群　主编

第 4 辑《权利、责任与国家》/陈明明　主编

第 5 辑《历史与理性》/洪　涛　主编

第 6 辑《中国民主的制度结构》/陈明明　何俊志　主编

第 7 辑《共和国制度成长的政治基础》/陈明明　主编

第 8 辑《文化与民主》/郭定平　主编

第 9 辑《转型危机与国家治理》/陈明明　主编

第 10 辑《集体行动的中国逻辑》/陈周旺　刘春荣　主编

第 11 辑《中国模式建构与政治发展》/陈明明　主编

第 12 辑《治理与制度创新》/陈明明　主编

第 13 辑《比较视野中的现代国家建设》/陈明明　主编

《复旦政治哲学评论》已出版书目

《复旦政治哲学评论　第 1 辑》/邓正来　主编

《复旦政治哲学评论　第 2 辑》/邓正来　主编

《复旦政治哲学评论　第 3 辑》/邓正来　主编

《复旦政治哲学评论　第 4 辑》/邓正来　主编

《马基雅维利与古人:复旦政治哲学评论　第 5 辑》/洪　涛　主编

《世俗与后世俗:复旦政治哲学评论　第 6 辑》/洪　涛　主编

《康德的法哲学:复旦政治哲学评论　第 7 辑》/洪　涛　主编

《历史境遇中的自由主义:复旦政治哲学评论　第 8 辑》/洪　涛　主编

《卢梭的难题:复旦政治哲学评论　第 9 辑》/洪　涛　主编

《寻找马克思:复旦政治哲学评论　第 10 辑》/洪　涛　主编

《复旦公共行政评论》已出版书目

第 1 辑《城市治理与公共权力:边界、责任与合法性》/刘　晔　主编

第 2 辑《公共政策与政府治理》/顾丽梅　主编

第 3 辑《危机、安全与公共治理》/李瑞昌　主编

第 4 辑《公共财政与政府改革》/朱春奎　侯一麟　马　骏　主编

第5辑《知识增长与治理创新》/敬乂嘉　主编

第6辑《观念与治理》/李春成　主编

第7辑《网络时代的公共管理》/敬乂嘉　主编

第8辑《政府间关系与管理》/敬乂嘉　主编

第9辑《公共管理的未来十年》/敬乂嘉　主编

第10辑《公共应急管理:发展与比较》/敬乂嘉　主编

第11辑《公共行政发展:寻找决定性力量》/敬乂嘉　公　婷　苏彩足主编

第12辑《科技创新与城市治理》/敬乂嘉　主编

第13辑《全球公共行政:发展、趋势与展望》/Jose A. Puppim de Oliveira　敬乂嘉　Paul Collins　主编

第14辑《多中心治理:分权、合作与创新》/敬乂嘉　主编

第15辑《购买服务与社会治理》/敬乂嘉　主编

第16辑《数据治理与政府能力》/刘淑华　敬乂嘉　主编

第17辑《金砖国家对治理模式的探索》/敬乂嘉　主编

第18辑《公民资产与财政国家》/张　平　敬乂嘉　主编

《复旦城市治理评论》已出版书目

第1辑《世界城市群与大都市治理》/唐亚林　陈水生　主编

第2辑《城市公共服务创新研究》/唐亚林　陈水生　主编

第3辑《城市精细化治理研究》/唐亚林　陈水生　主编

图书在版编目(CIP)数据

"一带一路"与区域性公共产品/黄河,贺平主编.
—上海:上海人民出版社,2018
(复旦国际关系评论;第 22 辑)
ISBN 978 - 7 - 208 - 15511 - 4

Ⅰ.①—… Ⅱ.①黄… ②贺… Ⅲ.①"一带一路"
-关系-公共经济学-研究 Ⅳ.①F125②F062.6

中国版本图书馆 CIP 数据核字(2018)第 237497 号

责任编辑 刘华鱼 赵荔红
封面设计 王小阳 夏 芳

· 复旦国际关系评论 第二十二辑 ·
"一带一路"与区域性公共产品
黄 河 贺 平 主编

出 版 上海人民出版社
(200001 上海福建中路 193 号)
发 行 上海人民出版社发行中心
印 刷 常熟市新骅印刷有限公司
开 本 635×965 1/16
印 张 22.25
插 页 4
字 数 326,000
版 次 2018 年 10 月第 1 版
印 次 2018 年 10 月第 1 次印刷
ISBN 978 - 7 - 208 - 15511 - 4/D · 3305
定 价 68.00 元